ŒUVRES COMPLÈTES

DE

# LAMARTINE

PUBLIÉES ET INÉDITES

VIES

DE QUELQUES HOMMES ILLUSTRES

II

HÉLOISE, ABÉLARD.
GUILLAUME TELL. — GUTENBERG. — JEANNE D'ARC.
CHRISTOPHE COLOMB. — CROMWELL.

TOME TRENTE-CINQUIÈME

PARIS
CHEZ L'AUTEUR, RUE DE LA VILLE-L'ÉVÊQUE, 43.

M DCCC LXIII

ŒUVRES COMPLÈTES

DE

# LAMARTINE

—

TOME TRENTE-CINQUIÈME.

# HÉLOÏSE—ABÉLARD

# HÉLOÏSE – ABÉLARD

### ANNÉE 1070 DE J.-C.

On n'écrit pas cette histoire, on la chante. On ne craint pas de la chanter dans un livre historique destiné à reproduire les plus grandes choses de la pensée et du cœur qui ont influé sur le sort des nations : car l'amour est aussi une des grandeurs de notre nature; et quand ce sentiment est porté jusqu'à l'héroïsme de la femme, le dévouement; quand il est allumé par la beauté, excusé par la faiblesse, expié par le malheur, transformé par le repentir, sanctifié par la religion, popularisé dans toute une époque par le génie, éternisé par la constance sur la terre et par ses aspirations à l'immortalité dans le ciel, cet amour se confond presque avec la vertu, il fait de deux amants deux héros et deux saints dont les aventures deviennent l'entretien, et dont les larmes deviennent les larmes d'un siècle.

Telle est l'histoire ou le poëme d'Héloïse et d'Abélard. Aucune histoire, aucun poëme, n'ont touché plus profondément le cœur des hommes depuis huit siècles. Ce qui émeut si profondément et si longtemps les hommes fait partie de leur histoire; car l'humanité n'est pas seulement esprit, elle est sentiment : ce qui l'attendrit l'améliore. L'admiration et la pitié amollissent son cœur; et le cœur, dans l'humanité comme dans l'homme, est l'organe le plus sûr et le plus fort de la vertu.

Ces deux histoires n'en font qu'une. Elles sont tellement entrelacées comme les deux âmes et les deux existences des deux époux, que la vie de l'un est le contre-coup perpétuel de la vie de l'autre, et que le même événement ou le même sentiment, répercuté dans un double écho, n'y produit qu'un seul et même intérêt.

Racontons.

Pierre Abélard était fils d'un chevalier breton, nommé Béranger ; sa famille seigneuriale possédait, dans les environs de Nantes, le château et le village de *Palais*. Béranger exerçait, comme tous les seigneurs du temps, le métier noble de la guerre. Son fils Abélard fut élevé par lui pour les armes. Mais la piété de sa race, attestée par l'habit religieux que prirent dans leur âge avancé Béranger, sa femme et ses filles, associa à l'éducation militaire du jeune Abélard l'étude des lettres, de la philosophie et de la théologie. La grande et unique profession intellectuelle et libérale de cette époque, l'Église, attirait à elle tous les jeunes hommes dans lesquels se signalaient de bonne heure la poésie, l'éloquence, l'amour de la gloire, les ambitions de l'esprit. Abélard était le plus heureusement doué des hommes de son siècle : il dédaigna le métier peu intellectuel de l'homme d'armes ; il abandonna à ses frères son droit d'aînesse sur les domaines et sur les vassaux de sa maison. Il quitta la demeure paternelle ; il alla d'école en école et de maître en maître recueillir, à l'exemple des disciples des philosophes de l'antiquité, ces trésors enfouis des littératures grecque et latine, que la Gaule et l'Italie commençaient à exhumer des manuscrits, à remettre en lumière, et à adorer comme les mystères profanes de l'esprit humain. Son cœur passionné et son imagination impressionnable ne se contentèrent pas de ces langues mortes : il écrivait, il parlait en grec et en latin, mais il chanta en français.

Les poésies dont il composait lui-même la musique, afin que la passion dont elles étaient animées se communiquât par deux sens à la fois à l'âme, devinrent le manuel des poëtes; elles se répandirent avec la rapidité d'un écho qui se multiplie par tous les cœurs; elles furent l'entretien des lettrés, les délices des femmes, la langue secrète des amants, l'interprète des sentiments inavoués, le chant populaire des villes, des châteaux, des chaumières; elles portèrent le nom du jeune musicien et du poëte familier dans toutes les provinces de la France. Il eut sa gloire confidentielle dans le secret de l'âme de tout ce qui aimait, rêvait, soupirait ou chantait au printemps de sa vie. Une voix mélodieuse, qui ajoutait la vie et la palpitation aux paroles et à la musique, une adolescence précoce en renommée, une beauté grecque du visage, une taille élevée et souple, une démarche noble, une modestie où la pudeur de l'âge rougissait de la maturité du talent, ajoutaient en lui l'attrait à la gloire. Il était le rêve des yeux, de l'oreille et du cœur des femmes qui l'avaient vu, ou qui seulement avaient entendu prononcer son nom. C'est ainsi qu'Héloïse se le retrace elle-même longtemps après la ruine de ses illusions et de son amour.

Mais il chantait ainsi dans ses vers précoces des sentiments qu'il n'éprouvait pas encore. Ses poésies amoureuses étaient des jeux de son imagination. Imitées des poëtes antiques, elles avaient l'accent du cœur, mais ce n'était pas du sien. Il vivait à l'ombre, dans l'étude, dans la piété et dans des perspectives de gloire. Ses chants n'étaient pour lui qu'un délassement; la philosophie et l'éloquence le possédaient tout entier. Sa parole assouplie par la difficulté des vers, son élocution rendue plus harmonieuse par la musique, la fécondité riche et spontanée de sa pensée, la mémoire nourrie de fortes et universelles lectures, l'éclat, la propriété et la nouveauté des images dans lesquelles il sculptait ses idées pour les rendre palpables à ses auditeurs, faisaient de ce jeune homme assis au pied des chaires célèbres de l'université de Paris le maître des maîtres, et l'orateur le plus écouté et le plus populaire des écoles. Or, les écoles de cette époque du monde, c'était le forum du genre humain; c'était ce que l'enseignement, la science, la religion, l'opinion, la presse, la tribune, furent depuis. La parole à peine retrouvée régnait sur le monde; une seule autorité la dominait, c'était l'Église. Mais l'éloquence, la philosophie et la foi, toutes également renfermées dans le sanctuaire, ne s'exerçaient que sur les mêmes textes. On ne luttait, dans des disputes inintelligibles aujourd'hui, que pour faire triompher à l'envi la révélation par les arguments de la raison profane, et pour appeler Platon et les philosophes en témoignage du Christ et des apôtres. On sent à quelles subtilités de dialectique ces controverses devaient aiguiser l'esprit.

Mais ces controverses sont quelquefois des exercices qui fortifient, pour d'autres vues de la Providence, la raison humaine, et qui donnent au monde de grands talents et de grandes renommées.

Le jeune homme suivit le courant de son siècle. Il monta à la tribune de son temps, les chaires des écoles publiques, autour desquelles le peuple tout entier se pressait alors d'autant plus qu'il sortait d'une plus profonde ignorance, et qu'il attendait on ne sait quelle lumière commençant à poindre. Abélard, d'abord humble et docile disciple, s'éleva peu à peu sur les applaudissements de ses auditeurs jusqu'au niveau des oracles de l'école, puis jusqu'à lutter d'arguties et d'éloquence contre eux. Enfin il les effaça tous, fonda une école de philosophie à Melun, entraîna à sa suite la jeunesse fanatisée par son génie, consterna par sa popularité croissante ses rivaux, qui professaient dans le vide à Paris, se consuma lui-même du feu qu'il allumait dans l'imagination publique, excita l'envie de tous les lettrés de l'université et de l'Église, se retira deux ans dans la solitude de sa terre natale pour retremper ses forces, et reparut plus fort, plus célèbre et plus dominateur à Paris. Il assit son camp, dit-il, c'est-à-dire son école, sur la montagne alors presque solitaire où s'élève aujourd'hui le temple de Sainte-Geneviève.

Ce fut le *mont Aventin* d'un peuple de disciples quittant les écoles anciennes pour venir écouter la parole jeune et hardie d'Abélard. Chacun de ces disciples payait un prix modique au philosophe : c'était l'humble salaire d'un peuple altéré de vérités. Ce salaire, multiplié par le nombre incalculable des auditeurs, élevait la fortune d'Abélard aussi haut que sa renommée. Il était dans la fleur de ses années, de sa gloire, de sa vertu même; car jusque-là il n'avait eu d'autre passion que sa passion pour la vérité et pour la foi. L'orgueil si naturel à celui que les hommes écoutent, et la volupté si séduisante à celui que les femmes admirent, l'exaltèrent et l'amollirent à la fois. Un double piége l'attendait au moment où il touchait à sa maturité, à son génie et à sa gloire.

Il avait alors trente-huit ans. Il régnait par l'éloquence sur l'esprit de la jeunesse, par la beauté sur le regard des femmes, par ses poésies amoureuses sur les cœurs, par ses mélodies musicales chantées dans toutes les bouches. Qu'on se figure dans un seul homme, le premier orateur, le premier philosophe, le premier poëte, le premier musicien de son temps, Antinoüs, Cicéron, Pétrarque, Schubert, dans une même célébrité vivante et jeune, on aura une idée de la popularité d'Abélard à cette période de sa vie.

Or il y avait alors à Paris un chanoine riche et puissant de la cathédrale, nommé Fulbert, qui vivait dans le quartier savant de la cité. Fulbert avait chez lui une nièce (quelques-uns disent une fille), aimée par lui d'un amour paternel. Cette nièce, âgée de dix-huit ans, plus jeune, par conséquent, de vingt ans qu'Abélard, était célèbre déjà dans Paris par sa beauté et par un génie précoce. Son oncle, le chanoine Fulbert, avait mis en elle toutes ces complaisances dangereuses de vieillards qui, en ornant de tous les dons de l'intelligence et de l'art une nature d'élite, ne s'aperçoivent pas qu'ils préparent une victoire plus belle à la séduction, à l'amour, au malheur. Cette nièce se nommait Héloïse.

Les médaillons et la statue qui la retracent d'après les traditions contemporaines, et les moules pris après la mort dans son sépulcre, la représentent comme une jeune fille d'une taille élevée et d'une rare perfection de formes. Une tête d'un ovale légèrement déprimé par la contention de la pensée vers les temps, un front élevé et plane, où l'intelligence se jouait sans obstacles, comme un rayon dont aucun angle n'arrête la lumière sur un marbre ; des yeux largement encadrés dans leur arcade, et dont le globe devait réfléchir la couleur du ciel ; un nez petit et légèrement relevé vers les narines, tel que la sculpture le modelait, d'après la nature, dans les statues des femmes immortalisées par les célébrités du cœur; une bouche où respiraient largement, entre des dents éclatantes, les sourires de l'esprit et la tendresse de l'âme ; un menton rapproché de la bouche et légèrement creusé au milieu, comme par le doigt de la réflexion souvent posé sur ses lèvres; un cou long et flexible, qui portait la tête comme le lotus porte la fleur en ondoyant avec la vague; des épaules arrondies et inclinées d'une seule ligne avec les bras, des doigs effilés, des courbes flexibles, des articulations minces, des pieds de déesse sur son piédestal; voilà la statue : qu'on juge de la femme ! Qu'on restitue la vie, la carnation, le regard, l'attitude, la jeunesse, la langueur, la flamme, la pâleur, la rougeur, la pensée, le sentiment, l'accent, le sourire, les larmes, au squelette de cette autre Inès, on reverra Héloïse ! Ses traits, disent les historiens du temps et Abélard lui-même, étaient encore moins frappants sur les yeux par la beauté que par la grâce; la grâce, cette physionomie du cœur, qui attire, qui invite, qui force à aimer parce qu'elle aime. Beauté suprême, bien supérieure à la beauté qui ne force qu'à admirer.

Mais laissons parler ici Abélard :

« Sa renommée, dit Abélard, s'était répandue dans toute la France. Tout ce qui peut séduire l'imagination des hommes vint s'offrir à moi. Héloïse devint l'amour de mes rêves, et je crus que je pourrais parvenir à m'en faire aimer; car j'étais alors si célèbre, et ma jeunesse et ma beauté ajoutaient tant de prestige à ma gloire, que je ne pouvais être repoussé par aucune femme que j'illustrerais de mon amour. Je m'enivrai d'autant plus de cette espérance qu'Héloïse était elle-même versée dans l'étude des lettres, des sciences et des arts, qu'une correspondance poétique existait déjà entre nous, et que j'osais lui écrire avec une liberté moins timide que je n'aurais osé lui parler. Je me laissai tout entier enflammer par cette passion ; je cherchai tous les moyens d'établir entre nous des relations de familiarité et des occasions d'entretien. »

Rien n'était plus facile à Abélard. L'oncle et la nièce conspiraient, à son insu, avec lui : la nièce, par ses attraits ; l'oncle, par son orgueil. La familiarité d'un homme si illustre était une gloire pour une maison. Abélard fit insinuer par des amis communs à Fulbert que, le soin de ses affaires domestiques étant pour lui une importune diversion aux études et aux lettres, sa passion dominante, il voulait se décharger de ces embarras de l'esprit et demander une hospitalité de famille dans une maison honorée et studieuse, où il vivrait en fils dans la demeure d'un père. Fulbert, pénétré de joie et de vanité à ces ouvertures, fit offrir son foyer à Abélard. Il y trouvait, dit-il, le double avantage d'illustrer son nom par la cohabitation avec le premier homme du siècle, et d'achever sans frais l'éducation littéraire de sa nièce, qui, rapprochée ainsi d'Abélard, l'oracle du temps, puiserait toute vertu et toute science à sa source. On peut croire aussi, et tout l'atteste dans les complaisances et dans les fureurs futures de Fulbert, que l'oncle, enthousiaste d'Abélard, et rêvant pour sa nièce un époux, le seul, selon lui, digne d'elle, se prêtait, dans un intérêt tout paternel, à un rapprochement dont pouvait naître l'inclination et l'union de ces jeunes cœurs.

Quoi qu'il en soit, Abélard habita dans la maison de Fulbert. Cette familiarité domestique, favorisée par l'oncle de cette belle disciple, leur offrit, à l'un et à l'autre, les occasions, et on pourrait dire la nécessité de s'aimer. Bien loin de s'opposer à la douce intimité du maître et de l'écolière, Fulbert conjura Abélard de donner à sa nièce tous les secrets et toutes les perfections de sa science poétique, oratoire, théologique, afin d'achever en elle ce prodige d'intelligence que la nature avait commencé et que la France s'étonnait d'admirer dans une femme. Il lui remit toute son autorité paternelle sur sa nièce, et, selon la rude discipline du temps, il l'autorisa même à la frapper, si elle manquait d'obéissance ou d'aptitude à retenir ses leçons; en un mot, il fit d'Héloïse une sorte d'esclave intellectuelle, et d'Abélard un maître absolu.

Héloïse n'était que trop disposée à voir, non-seulement un maître, mais un dieu, dans le plus beau et dans le plus renommé des hommes de son siècle. Ses progrès dans tous les arts répondirent aux désirs de son oncle. Elle ne travaillait plus pour le monde, mais pour Abélard ; toute sa gloire était de lui plaire. La nature, l'amour et le génie s'entendaient pour faire de cette jeune fille la merveille de son temps.

Abélard s'enivrait de son ouvrage. Ces deux âmes, tentées par tant d'intimités, ne pouvaient manquer de tomber dans le piége que l'imprévoyance ou la complicité leur avait ouvert sous de si spécieux prétextes et sous de si douces complaisances : le monde extérieur s'anéantit pour eux, ils s'aimèrent. Abélard, qui n'avait plus d'autre pensée qu'Héloïse, chanta son amour en des poésies où les vers et la musique, trempés au même feu, répandirent le nom d'Héloïse comme un secret céleste divulgué à la terre, que tout le monde se confia en répétant ces chants divins, et qui finit par arriver à l'oreille de Fulbert lui-même.

Mais Fulbert affecta de ne pas entendre ou de ne pas croire cette profanation de son foyer domestique. Il répondait qu'Abélard était, par son génie et par sa piété, trop au-dessus du reste des mortels pour descendre, même aux séductions de l'amour, du ciel de la science et de la gloire, que son intelligence habitait avec les anges; peut-être aussi attendait-il de jour en jour qu'Abélard, vaincu par l'attrait toujours croissant, lui demandât la main de son écolière, qu'il était heureux de lui accorder.

Cependant Abélard, combattu entre sa passion pour Héloïse et sa passion pour la renommée, hésitait misérablement à se prononcer. Il craignait, en s'avouant dompté par une beauté terrestre, de déchoir, aux yeux du monde, de cette réputation de pureté et d'impassibilité platonique qu'une philosophie éthérée avait faite à sa jeunesse. Il craignait sans doute aussi de renoncer, par le mariage, à cette perspective de dignités, d'honneurs et de fortune que l'Église, à laquelle il était déjà lié par quelques noviciâts, ouvrait devant lui. Ses disciples ne reconnaissaient plus en lui le même homme. L'amour faisait, dans son cœur, une douloureuse diversion à son génie. Ses amis gémissaient tout haut de sa décadence; la langueur de sa passion avait passé dans son éloquence : tout le feu de son âme s'évaporait dans ses soupirs ; il n'en restait que les cendres pour ses leçons. Il se sentait si peu semblable à lui-même qu'il avait renoncé à improviser des discours où il ne trouvait plus sur ses lèvres que l'image et le nom d'Héloïse. Il était réduit à apprendre de mémoire les leçons qu'il avait professées autrefois, et à se répéter, de peur de décliner dans l'estime publique. Ses rivaux et ses ennemis triomphaient. On le montrait au doigt comme un débris de lui-même; on le citait comme un scandale de la faiblesse humaine; on le foulait aux pieds comme un dieu tombé de son piédestal. Héloïse s'affligeait plus encore que lui de cette dégradation de celui qu'elle adorait pour lui-même. Elle le suppliait, à genoux, de la sacrifier à sa gloire; de se laisser adorer par elle comme une divinité qui reçoit le cœur et l'encens des mortels, sans avoir d'autre communauté avec ses adorateurs que l'adoration qu'on lui offre; de ne plus l'aimer, si cet amour devait coûter un rayon à sa réputation; ou, si l'amour désintéressé d'Héloïse était devenu un besoin et une consolation pour lui, de la reléguer au rang de ces femmes méprisées du monde, dont ni la religion ni les lois ne consacrent les sentiments, esclaves du cœur qu'on n'affranchit jamais par le nom d'épouses ! Le mépris de l'univers souffert pour Abélard était, disait-elle, la seule gloire à laquelle il lui fût donné d'aspirer. Sa honte, à ce prix, ferait son orgueil.

Abélard, après de déplorables hésitations, ne put se décider ni à accepter un tel suicide d'Héloïse ni à déclarer son amour devant le monde. Il continua d'habiter la maison de Fulbert. Lâche à la fois envers l'amour et lâche envers la vertu, il flotta entre deux faiblesses : il n'eut ni le courage de sa passion ni celui de sa gloire. Ici, comme toujours, le cœur de la femme fut viril, le cœur de l'homme fut féminin. Son amour cependant se nourrissait de ces angoisses.

Fulbert, justement irrité d'un silence qui pouvait ressembler à du mépris, et qui rendait son hospitalité suspecte, ferma sa maison à Abélard. Cette séparation déchira le cœur d'Héloïse, humilia celui d'Abélard. Le maître et l'écolière ne purent se déshabituer de cette vie où les regards, les entretiens, les études, les chants, les contemplations à deux, leur avaient fait une seule âme. Ils se revirent en secret. Fulbert s'offensa de ce mystère. Abélard enleva Héloïse, et la conduisit respectueusement à Nantes, dans sa maison paternelle, où il la confia, comme son épouse, à la tendresse de sa propre sœur. Revenu immédiatement après à Paris, il alla se jeter aux pieds de Fulbert, implora son pardon et obtint par son repentir la main de sa nièce. Héloïse, pardonnée et rendue à la fois à son oncle et à son amant, devint secrètement l'épouse d'Abélard. « Après une nuit passée en prières dans une église de Paris, dit-il, nous reçûmes le matin la bénédiction nuptiale, en présence de l'oncle d'Héloïse, de quelques-uns de ses amis et de quelques-uns des miens. Ensuite nous nous retirâmes sans bruit, chacun de notre côté, pour que cette union, connue seulement de Dieu et de quelques familiers, ne portât point honte ou préjudice à ma renommée. »

Les deux époux, heureux à l'insu du monde, affectèrent dès lors de se montrer rarement ensemble, et d'éteindre toutes les rumeurs qui avaient couru sur leur amour. Le monde y fut un moment trompé, et Abélard jouit de nouveau à la fois des délices de son amour et du retour de sa gloire.

Mais les domestiques de Fulbert, confidents nécessaires de ces fréquentations secrètes, ébruitèrent le mariage. Les envieux d'Abélard triomphèrent de sa faiblesse, et l'accusèrent d'avoir sacrifié la philosophie, l'éloquence, la gloire, à une nouvelle Dalila. Son orgueil en souffrit; il osa nier ses liens, comme s'ils eussent été une honte. La généreuse Héloïse elle-même, préférant à son propre honneur la réputation de son amant, répandit et fit répandre qu'elle n'était unie à Abélard que par le culte de l'admiration et de l'amour, entachant ainsi sa propre vertu pour relever le lustre de celle d'Abélard.

Ces bruits offensants pour Fulbert le portèrent à des reproches mérités contre sa nièce, dont le pieux mensonge déshonorait ainsi son sang. Abélard, craignant pour elle les ressentiments de son oncle, l'arracha de nouveau à la tutelle de Fulbert, et la conduisit à Argenteuil, village voisin de Paris, dans un monastère de femmes. Ces monastères, semblables aux autels antiques, donnaient un droit d'asile inviolable aux vierges ou aux épouses qui en franchissaient le seuil; il lui fit prendre le voile blanc de novice, sans toutefois lui faire prononcer encore des vœux irrévocables. Il se voua lui-même à l'état monastique et au sacerdoce; et, une fois investi de ce caractère sacré, il revêtit de ses propres mains Héloïse de l'habit des servantes du Christ, lui coupa les cheveux et la donna à Dieu, n'ayant ni le courage de la revendiquer pour épouse, ni le courage de la laisser dans le siècle, auquel il renonçait pour jamais. Héloïse, heureuse d'immoler sa vie à celui auquel elle avait déjà immolé sa renommée, se prêta à tout comme une victime qui se couche d'elle-même sur l'autel des sacrifices. Tout lui était doux, même le supplice qu'elle subissait par la volonté et pour l'amour ou plutôt pour l'orgueil de son époux.

Les portes du monastère d'Argenteuil se refermèrent sur la Sapho du onzième siècle. Beauté, génie, amour, tout fut enseveli dans ces catacombes, sans qu'on entendît, pendant quinze ans, les plus belles années de la victime, un reproche, un regret ou un soupir sortir de ce sépulcre!

Abélard, libre et purifié aux yeux de ses disciples, reprit avec une ardeur et un éclat nouveau le cours de ses leçons et l'empire de sa popularité. Mais l'indignation de Fulbert couvait une vengeance. Trois fois trompé dans sa tendresse pour sa nièce, par la séduction, par la perfidie et par la lâcheté d'Abélard, il se voyait arracher par la même main la présence de sa pupille chérie, la gloire de sa maison, son honneur et sa félicité. Il n'avait cultivé avec tant de soin cette merveille de son sexe que pour la voir dédaigner par l'époux même auquel il l'avait enfin cédée, entachée comme une concubine, répudiée, méprisée dans sa tendresse, enfermée enfin comme une repentie dans un monastère; retranchée, jeune et brillante, du nombre des vivants, pour écarter une fausse honte du front d'un ingrat suborneur, et condamnée à s'abreuver de larmes pendant qu'il s'emparerait des applaudissements du siècle!... On ne justifie pas la vengeance d'un père ainsi offensé; on l'explique : il avait tout pardonné pour qu'Héloïse fût la glorieuse épouse du plus beau génie de son temps, et, avant d'être reconnue épouse, elle était répudiée! Le désespoir alluma la haine, et la haine médita le crime.

Les portes de la maison d'Abélard s'ouvrirent une nuit par la complicité achetée de ses serviteurs. Des bourreaux, guidés et soldés par Fulbert, le surprirent pendant son sommeil; ils l'accablèrent d'outrages, et le laissèrent baigné dans son sang et dégradé par son châtiment. L'humiliation et le remords, pires que le supplice, firent détester à Abélard la vie que ses ennemis lui avaient laissée comme un supplice de plus. La lumière du jour lui devint odieuse. Le désespoir qu'il éprouva de cet outrage impuni égala la vaine gloire dont il avait été altéré jusqu'à l'ingratitude et jusqu'au lâche sacrifice d'Héloïse; il ne chercha plus qu'à disparaître de ce monde qu'il avait rempli de sa renommée, et qu'il remplissait maintenant de sa honte.

« Je me rappelais douloureusement, écrit-il, de combien d'éclat je brillais encore la veille de ce jour, et par quelle prompte ignominie cette gloire était éteinte! Je voyais par quel juste châtiment de Dieu j'étais puni!... par quelles *justes* représailles l'homme que j'avais trahi venait à me trahir à son tour! Il me semblait entendre les joies malignes de mes ennemis, les applaudissements que mes rivaux donnaient à cette justice distributive. Je compris que je ne pourrais plus paraître en public sans être montré du doigt et sans devenir l'objet d'une ignominieuse pitié! Enfin le sentiment de ma dégradation me couvrait de tant de confusion que (je l'avoue) ce fut plutôt la honte que la piété qui me jeta dans les solitudes du cloître. Je voulus cependant, avant de me ravir au monde, lui enlever irrévocablement Héloïse; par mon ordre, elle prononça ses vœux éternels. Ainsi, tous les deux, le même jour, nous embrassâmes en même temps la vie des cénobites, elle à Argenteuil, moi dans l'abbaye de Saint-Denis. Touchées de sa jeunesse et de sa beauté, les compagnes d'Héloïse voulurent en vain la détourner du sacrifice qu'elle allait consommer. Elle leur répondit en pleurant, non sur elle, mais sur son époux, par ces vers que le poëte romain met dans la bouche de Cornélie, veuve du grand Pompée :

» — O mon illustre époux! ô toi dont je n'étais pas digne
» de partager la couche! c'est ma fatale destinée qui pèse
» sur la tienne! Pourquoi, misérable que je suis, ai-je
» formé des nœuds qui devaient entraîner ta ruine! Tiens,
» reçois, dans l'holocauste de ton amante, l'expiation des
» malheurs que j'ai attirés, par mon amour, sur toi!... »

» En prononçant ces mots entrecoupés de ses sanglots, Héloïse se précipita à l'autel comme on se précipite à l'abîme; elle y saisit le voile funèbre bénit par l'évêque, et se consacra pour toujours, devant le peuple assemblé, au Dieu qui reçut son serment! »

Tel est le récit du sacrifice d'Héloïse par Abélard lui-même. L'ombre du monastère la couvrit ensuite pendant de longues années; flamme recouverte, jamais éteinte. Abélard porta dans le monastère de Saint-Denis son inquiétude, ses talents, vivifiés encore par la concentration sur l'étude, son ambition, qui n'avait fait que changer de nature, et ce zèle intolérant des réformes, par lequel les nouveaux prosélytes croient racheter trop souvent leurs égarements. Les moines relâchés de Saint-Denis, et l'abbé qui tolérait et partageait leurs désordres, s'irritèrent de ses admonitions; il fut obligé d'aller porter ses sévérités et ses innovations dans un couvent voisin, dépendant de l'abbaye de Saint-Denis, à Deuil. Il y releva sa chaire de philosophie, et remplit de nouveau les écoles et l'Église du bruit de ses doctrines et de ses nouveautés en matière de foi.

L'Église s'offensa de ces hardiesses, comme les moines s'étaient offensés de ses objurgations. On ne sait quel écrit subtil et quintessencié sur l'*unité* et la *trinité*, dans lequel il expliquait ce mystère sans avoir besoin d'appeler la foi en aide à l'insuffisance des raisonnements humains, servit de prétexte à ses ennemis ligués contre cet importun novateur. Un concile le cita devant lui à Soissons, pour rendre compte de ses doctrines. Il y fut condamné solennellement. On le relégua, pour expier son erreur, dans le monastère cloîtré de Saint-Médard! Il y entra le désespoir dans le cœur. « La trahison de Fulbert, s'écrie-t-il, me paraît moins intolérable que ma nouvelle injure! » Le légat du pape, plus impartial et plus tolérant, lui remit promptement sa peine.

Rentré dans l'abbaye de Saint-Denis, il y retrouva, dans les moines, ses ennemis implacables. Ils ne tardèrent pas à le faire déclarer *ennemi de l'État*, criminel de *lèsenation*, pour avoir dit que saint Denys, évêque d'Athènes, converti par saint Paul, n'était pas le même que saint Denys des Gaules, premier évêque de Paris. Obligé de s'exiler lui-même, malgré la complaisance d'une rétractation qu'il avait faite pour désarmer la haine des moines de Saint-Denis, il s'enfuit avec un seul adolescent, son disciple, dans un désert de la Champagne. « Là, dit-il, au bord d'une petite rivière ombragée de chênes et bordée de roseaux, nommé l'Arduze, je me construisis de mes propres mains un petit oratoire, bâti de branchages et couvert de chaume. J'étais seul, et je pouvais chanter avec le Prophète : « *J'ai fui; je me suis éloigné, et j'ai habité dans la solitude!* »

Mais il ne fut pas seul longtemps. L'esprit de dispute et de nouveauté soufflait alors dans le monde avec une telle force, que ceux qui possédaient la parole de vie entraînaient à leur suite des peuples entiers de disciples et d'auditeurs. La jeunesse avait une telle soif de vérité dans ce siècle, que la controverse seule lui paraissait un pas vers le grand mystère, et que du choc des doctrines contre les doctrines elle espérait toujours voir jaillir l'éclair qui ne jaillissait jamais.

« Lorsque l'on connut ma retraite, écrit-il, mes disciples accoururent de toutes parts, des villes et des châteaux, pour se construire d'humbles cellules dans mon désert. On les vit abandonner les couches molles de duvet pour les lits en feuilles, les tables somptueuses pour de grossiers herbages; c'est ainsi, comme le dit saint Jérôme, que les philosophes de l'antiquité fuyaient les cités, les jardins, les riches campagnes et les doux ombrages, les concerts des oiseaux, la fraîcheur des fontaines, les ruisseaux murmurants, qui pouvaient charmer les yeux et les oreilles, séduire les sens et amollir la vertu. C'est ainsi que les fils des prophètes vivaient en solitaires dans des cabanes sur les bords du Jourdain, se nourrissant de farine d'orge et de racines, loin des villes et des passions humaines... Mes disciples se construisaient des cellules sur les bords de l'Arduze, plus semblables à des ermites qu'à des écoliers. Mais plus leur nombre augmentait, plus leur vie était studieuse et sainte ; en sorte que mes ennemis voyaient leur honte se multiplier avec ma gloire. Cependant c'était l'indigence qui m'avait forcé à rouvrir mon école. Je ne pouvais me livrer aux rudes travaux de la terre, je ne voulais pas m'avilir à mendier mon pain. Mes disciples cultivaient les champs, bâtissaient les cellules. Bientôt elles ne purent suffire à les contenir. Ils élevèrent un vaste édifice commun en charpente et en pierre. J'appelai ce monastère du nom du Dieu consolateur : *le Paraclet.* »

Mais les ennemis d'Abélard lui envièrent même le désert. Ils virent ou feignirent de voir dans le nom de l'Esprit consolateur, auquel Abélard avait dédié son monastère, une sorte d'invocation philosophique à une seule personne de la Trinité, à l'exclusion des deux autres. Saint Bernard le désigna à la vindicte de l'Église. Il fut obligé de déserter le désert lui-même, et d'aller chercher à l'extrémité des côtes de la mer de Bretagne, parmi les écueils et les grèves de l'Océan, un asile plus inaccessible à l'envie et à la persécution. C'était l'abbaye de Saint-Gildas, dans le diocèse de Vannes. Les moines qui l'habitaient, dégénérés de la sainteté monastique des premiers âges, en avaient fait un repaire de toutes les barbaries et de tous les vices. L'âpreté des lieux était surpassée par celle des hommes. C'était un promontoire sans cesse battu par les vagues d'une mer gémissante. Des montagnes d'écume assiégeaient jour et nuit des rocs retentissants; une côte, creusée en voûte et en cavernes par l'éternel assaut des lames qui s'y engouffraient comme dans des abîmes, et qui en ressortaient, par d'autres bouches, comme des laves jaillissant du volcan. Des falaises à pic enlevaient à l'abbaye la vue de la terre : on eût dit un navire en perdition éternelle sur un rivage inaccessible aux nautoniers.

« La vie de ces moines, dit Abélard, leur supérieur, était débordée et indomptable. Les portes de l'abbaye n'étaient ornées que de pieds de biche, d'ours, de sanglier, trophées sanglants de leur chasse. Les moines ne se réveillaient qu'au son du cor et des chiens de meute aboyant. Ils étaient cruels et sans frein dans leur licence. En guerre avec les seigneurs voisins, ils étaient tour à tour opprimés ou oppresseurs. » Ils riaient de l'indignation que leurs mœurs excitaient dans Abélard. Bientôt leur haine contre celui qui prétendait les réformer se porta jusqu'au crime. Insulté, menacé, attaqué dans les forêts, empoisonné, dit-il, jusque dans le calice du sacrifice, la fuite le déroba avec peine à la sédition des moines. Les seigneurs de ces contrées l'arrachèrent au fer des assassins. Il s'abrita dans un site plus désert encore des domaines de son abbaye, criant au Seigneur du fond de ses calamités comme le prophète.

Cependant quinze ans s'étaient écoulés dans ces ambitions de savoir, de gloire, de sainteté, et dans ces tribulations de la vie, pour Abélard, sans qu'il eût donné un seul signe de souvenir à celle dont il avait enseveli le cœur encore jeune et vivant à Argenteuil. Héloïse ne se plaignait ni de cette dureté ni de ce silence ; elle respectait comme une vertu de plus cette négligence et ce mépris de son époux, croyant que la terre, et le ciel, et son propre cœur, n'étaient bons qu'à être sacrifiés à ce plus grand et à ce plus adoré des hommes. Abélard était demeuré intact dans son adoration sur l'autel qu'elle lui avait élevé dans son âme. Tous ses soupirs allaient à Dieu pour lui ; mais elle les renfermait entre Dieu et elle, de peur qu'un de ses souvenirs ou un de ses regrets ne scandalisât le monde ou ne troublât la contemplation sublime de son époux. Les portes du monastère d'Argenteuil n'ébruitaient rien de cet immense amour qui survivait derrière leurs murs.

Une persécution les brisa. Suger, abbé de Saint-Denis, prétendit que le monastère d'Argenteuil appartenait à son ordre, et il chassa impitoyablement les religieuses, comme un troupeau sans bercail et sans pasteur. Le cri de leur détresse arriva jusqu'à Abélard. Soit que ses propres malheurs eussent attendri son âme, soit que la mémoire des félicités de la jeunesse, qui se ranime au soir de la vie comme une voix sourde quand le bruit tombe, soit que la comparaison entre le dévouement de cette femme immolée, les ingratitudes du monde et le néant de la gloire rallumassent en lui les saintes reconnaissances d'un amour mal éteint, Abélard accourut de son désert au secours d'Héloïse errante et persécutée.

Il la conduisit au Paraclet avec ses compagnes, lui fit don de ce monastère dont elle devint l'abbesse, et la visita souvent pour assister de sa présence et de sa fortune l'indigence de celle à qui il avait ouvert cet asile. Agé alors de plus de cinquante-huit ans, revêtu du costume sacerdotal, devenu père spirituel d'époux charnel qu'il avait été, le monde respecta cette union de deux âmes tendres qui n'avaient de commun dans le passé que des gémissements, dans le présent que des saintetés, dans l'avenir que le ciel.

Mais ses ennemis ne les respectèrent pas : ils semèrent d'odieuses calomnies sur la pureté de ce commerce tout mystique entre Abélard et son ancienne épouse. Il se retira de nouveau, pour les faire tomber, dans son désert de Bretagne. Il préféra exposer sa vie de nouveau au poignard et au poison que d'exposer la vertu d'Héloïse aux langues acérées de ses calomniateurs. Il écrivit alors les mémoires de sa vie, dont nous venons de donner les principaux traits dans ce récit.

Ce livre, confié à l'amitié, parvint à Héloïse. Il fit éclater, par les souvenirs qu'il retraçait, le cœur d'Héloïse, quinze ans muet. Un commerce de lettres tendres d'un côté, froides de l'autre, s'ouvrit entre les deux époux séparés par la main de Dieu et des hommes. La Sapho du christianisme y épanche dans une inexprimable passion cette flamme d'un amour purifié par le sacrifice, et que rien ne peut éteindre sur la terre, parce qu'il ne s'alimente que du feu du ciel.

L'adresse seule de ces lettres d'Héloïse est un hymne de tendresse infinie, parce que cette suscription trahit l'hésitation passionnée d'une main de femme qui cherche, qui trouve et qui rejette tour à tour tous les noms capables d'exprimer les plus forts attachements de l'âme, sans pouvoir en trouver un qui la satisfasse, et qui finit par les accumuler tous ensemble, afin qu'il n'y ait pas dans la nature une sorte de tendresse qui ne soit confondue dans la sienne :

« *A son seigneur, ou plutôt à son père, son esclave, ou plutôt sa fille, son épouse, ou plutôt sa sœur; à Abélard, Héloïse!* »

« Quelqu'un, dit-elle dans la première de ces lettres, aussitôt après avoir lu le récit de leurs amours par Abélard; quelqu'un m'a apporté naguère par hasard l'histoire que vous venez de confier à un ami. Aussitôt que j'eus reconnu aux premiers mots de la suscription qu'elle venait de vous, j'ai commencé à la lire avec d'autant plus de précipitation que j'adore davantage celui qui l'a écrite ! Celui-là que j'ai perdu, je croyais le retrouver, comme si son image avait dû se reproduire et s'incarner dans les signes de sa main; elles sont bien tristes et bien amères, ô mon unique trésor, les lignes de ce récit qui retrace notre conversion et nos inépuisables malheurs.

» Je doute que personne puisse la lire ou l'entendre sans fondre en pleurs. »

Puis, faisant allusion à son exil nouveau et aux persécutions dont il est entouré à Saint-Gildas : « Au nom du Christ même qui semble encore nous protéger, dit-elle, nous qui sommes ses petites esclaves, comme nous sommes les vôtres, nous vous conjurons de nous informer par de fréquentes lettres des naufrages au milieu desquels vous êtes encore ballotté, afin que nous, qui vous restons seules au monde, nous puissions participer à votre douleur ou à votre consolation. Ordinairement c'est consoler un affligé que de s'affliger avec lui ; ces lettres nous seront d'autant plus douces qu'elles nous seront témoin que vous vous souvenez de nous !...

» Oh ! que les lettres des amis absents sont délicieuses à recevoir ! Si les portraits des amis séparés par la distance ravivent leur mémoire et trompent le regret par une vaine et décevante consolation, combien plus ces lettres, qui sont eux-mêmes, qui portent les véritables empreintes de l'ami absent !... Grâce soit rendue à Dieu de ce qu'au moins la haine ne nous défend pas d'être ainsi l'un à l'autre présents. »

Elle l'interpelle ensuite, par les soins qu'il doit comme père à ses religieuses, de leur prodiguer sans cesse ses lettres, ses avis, ses ordres ; mais on voit qu'elle se sert à son insu de ce prétexte sacré pour prendre elle-même la part principale et délicieuse de ce commerce. « Pensez, sans parler des autres, pensez, écrit-elle, à l'immense dette que vous avez contractée aussi envers moi. Peut-être alors, ajoute-t-elle avec une joie mal dérobée d'être la première et la dernière dans sa vie, peut-être alors ce que vous devez à toutes ces saintes femmes ensemble, l'acquitterez-vous plus facilement à une seule, à une seule qui ne vit que pour vous !... Et pourquoi, poursuit-elle avec un tendre et jaloux reproche sur tant d'années d'oubli ou de silence, pourquoi, lorsque mon âme est inondée de tant d'angoisses, pourquoi n'avez-vous pas tenté au moins de me consoler, absente par vos lettres, présente par vos paroles?... C'était là un devoir qui vous obligeait d'autant plus envers moi, que nous sommes unis par le sacrement du mariage; et vous êtes d'autant plus coupable à mon égard que toujours, comme tout l'univers en a été témoin, je vous ai aimé d'un amour immense et impérissable!...

» Vous savez, ô ma seule tendresse! vous savez combien en vous perdant j'ai perdu! Plus grande est ma douleur, plus pieuse doit être la consolation. Ce n'est point d'un autre, c'est de vous seul que je l'attends. Vous y êtes obligé, car vous êtes le seul qui puissiez m'attrister, qui puissiez me réjouir et qui puissiez me consoler! N'ai-je pas fait aveuglément toutes vos volontés? Ne me suis-je pas perdue moi-même pour vous obéir? J'ai fait plus encore, incroyable sacrifice! mon amour s'est exalté jusqu'à la démence et au suicide. C'est par votre ordre, en revêtant ces habits, que j'ai changé à votre gré de cœur, pour vous faire voir que vous en étiez le possesseur absolu!...

» Jamais, Dieu m'en est témoin, je n'ai voulu de vous autre chose que vous! Bien que le nom de votre épouse fût le plus fort et le plus saint des titres, tout autre eût suffi à mon cœur; car, plus je me serais humiliée pour vous, plus j'aurais ainsi mérité de vous un retour plus tendre, et moins j'aurais enchaîné votre génie et nui à votre gloire!...

» Je prends Dieu en témoignage que si le maître du monde entier m'eût jugée digne de sa main, et m'eût offert avec son nom l'empire de tout l'univers, le nom de votre esclave m'eût semblé plus glorieux que celui d'impératrice!... Quels rois pourraient se comparer à vous? Quel pays, quelle cité, quel village n'était impatient de vous contempler? Quelle femme, quelle vierge n'a pas désiré que vos regards tombassent sur elle?... Quelle reine n'a pas envié mon bonheur?...

» N'aviez-vous pas deux dons qui fascinaient irrésistiblement les cœurs de toutes les femmes : l'éloquence et le chant? C'est par ces dons qu'en vous délassant de vos études de philosophie, vous composiez ces chansons d'amour qui, partout répétées à cause du charme de la poésie et de la musique, faisaient redire votre nom et le mien à toutes les bouches. Ainsi mon nom retentit dans beaucoup de pays, et l'envie de beaucoup de femmes à cause de vous s'alluma contre moi!... Et quelles perfections d'esprit et de corps n'ornaient pas en effet votre adolescence?...

» Je vous ai fait du mal, et pourtant, vous le savez, j'étais innocente!... Dites-moi seulement pourquoi, depuis que je me suis faite captive dans le cloître par votre volonté, vous m'avez punie en me négligeant, en m'oubliant, en me privant de votre présence et même de vos lettres?... Dites-le, si vous l'osez! Ah! je le sais, moi, et le monde le soupçonne : c'est que votre amour n'était pas aussi pur, aussi désintéressé que le mien; dès que vous avez cessé de désirer un bonheur profane, vous avez cessé d'aimer.

» ... Ah! faites, je vous en supplie, ce que je demande : c'est si peu, et si facile à vous! Parlez-moi au moins de loin par ces paroles qui me rendent l'illusion de votre présence. J'avais cru tout mériter de vous, quand, si jeune, j'embrassais pour vous complaire les austérités du cloître; quelle récompense ai-je attendue de Dieu, pour l'amour de qui j'ai bien moins fait ce que j'ai fait que pour l'amour de vous?... Quand vous avez marché vers Dieu, j'ai suivi!... Comme si vous vous souveniez de la femme de Loth, qui regarda derrière elle, vous avez cru devoir me lier par l'habit et les vœux monastiques, quand vous-même vous quittiez le siècle!... Ah! que c'était bien mal me connaître!... J'en ai profondément gémi, j'en ai rougi! M'en chasser, moi; moi, qui pour vous obéir n'aurais pas hésité alors à vous suivre jusque dans les enfers! car mon cœur n'était pas avec moi, mais avec vous... Faites donc qu'il soit bien avec vous, je vous en conjure, et il sera bien avec vous, si vous l'exaucez, si vous lui rendez tendresse pour tendresse...

» Jadis on pouvait douter de la pureté des motifs qui m'attachent à vous; mais la fin ne montre-t-elle pas quelle fut la nature de mon amour dès le commencement? Je me suis sevrée de toute félicité mondaine, je ne me suis réservé des jouissances terrestres qu'une seule, le droit de me regarder comme toujours à vous.

» Ah! par ce Dieu à qui vous vous êtes consacré, je vous adjure de me rendre votre présence autant qu'il vous est permis, c'est-à-dire en m'écrivant quelques lettres de consolation, afin que, fortifiée par cette lecture, je m'élève avec plus d'ardeur au service de Dieu!... Lorsque autrefois vous aspiriez à des délices profanes, vous me visitiez par de fréquentes épîtres qui apprenaient le nom d'Héloïse à toutes les lèvres; toutes les places, toutes les maisons retentissaient de ce nom. Eh quoi! pour m'élever aujourd'hui à Dieu, ne pourriez-vous faire ce que vous faisiez jadis pour me solliciter à des tendresses terrestres? Ah! pensez-y!... Je finis cette longue lettre par ce seul mot : Mon unique et mon tout, adieu! »

Abélard rompt enfin un silence de tant d'années, ému par ces accents : « O ma sœur, dit-il à son épouse, vous qui me fûtes si chère dans le siècle, vous qui m'êtes plus chère mille fois en Jésus-Christ, je vous envoie la prière que vous me demandez avec tant d'instance. Offrez à Dieu avec vos compagnes un holocauste d'invocation pour expier nos graves et innombrables fautes, pour conjurer les périls qui m'enveloppent à toute heure du jour! » Puis il disserte longuement mais froidement avec elle sur l'efficacité de la prière collective des communautés de femmes. Ensuite il revient aux dangers qui l'atteignent, il semble oublier les afflictions d'Héloïse pour ne penser qu'aux siennes, comme si elle était assez heureuse de souffrir pour lui.

Cependant, à la fin de la lettre, l'amour semble se trahir dans un dernier vœu qui ajourne à la mort une réunion si vainement désirée pendant la vie ! « O ma sœur, s'écrie-t-il, si Dieu me livre aux mains de mes ennemis, s'ils me donnent la mort, ou si par quelque événement ordinaire je m'achemine vers le terme commun à tous les hommes, faites, je vous l'ordonne, transporter mon corps inhumé ou abandonné ailleurs, dans votre cimetière, afin que vous, mes filles, que dis-je, mes sœurs en Jésus-Christ, ayant sans cesse mon tombeau sous les yeux, vous soyez plus sollicitées par ce sépulcre à répandre pour moi des prières devant Dieu ! Car, pour une âme affligée par tant de revers et repentante de tant de faiblesses, je ne pense pas qu'il y ait ici-bas un séjour plus sûr et plus salutaire que celui qui est consacré à l'*Esprit consolateur*, et qui mérite si bien ce nom... Ce sont des femmes qui, soigneuses de l'ensevelissement du Christ, l'embaumèrent de parfums, et veillèrent autour du sépulcre. Aussi furent-elles les premières consolées. »

A l'exception de ce retour involontaire d'amour après la tombe, les lettres d'Abélard sont sèches de larmes, froides de cœur, dures souvent de paroles. On sent l'homme plein de lui-même ; Héloïse n'est pleine que de lui.

« *A mon unique après Jésus-Christ, à mon unique en Jésus-Christ*, écrit-elle. Ah ! c'est à vous qu'il appartient de célébrer nos obsèques, à vous d'envoyer à Dieu celles que vous avez rassemblées en sa présence ! Non, jamais Dieu ne permettra que nous vous survivions ; mais, si vous mouriez avant nous, nous songerions à vous suivre plutôt que vous ensevelir, puisque, destinées aussitôt nous-mêmes à la tombe, nous n'aurions pas la force de préparer la vôtre!... Si je vous perds, que me restera-t-il à espérer? Comment demeurer dans ce pèlerinage de la vie où je ne suis retenue que par la pensée que vous l'habitez encore? O la plus malheureuse de toutes les malheureuses! Élevée par vous au-dessus de toutes les femmes, n'ai-je donc obtenu cette gloire que pour être précipitée de plus de félicité dans plus de désastres? Nous vivions chastement, vous à Paris, moi à Argenteuil; nous nous étions ainsi séparés pour nous consacrer plus saintement, vous à vos études, moi à la prière parmi de saintes vierges. C'est pendant cette vie si pure que le crime vous a frappé. Ah! que ne nous frappa-t-il ensemble! Nous avions été deux pour les torts : vous fûtes seul pour l'expiation; et le moins coupable a porté la peine! Ce que vous avez souffert un moment dans votre supplice, il est juste que je le souffre toute ma vie!

» S'il faut vous avouer la faiblesse de mon âme misérable, je n'y trouve pas le repentir! Mon bonheur fut si doux que je ne puis ni en avoir l'horreur ni l'arracher à ma mémoire! Dans mon sommeil, au milieu même des cérémonies où la prière doit être le plus pure, les lieux, les temps, les félicités de nos années heureuses se représentent à moi! Ils m'appellent sainte, ceux qui ne me savent pas gémissante; ils me louent devant les hommes, mais je ne mérite pas ces louanges devant Dieu, qui sonde les cœurs!... Dans toutes les circonstances de ma vie, vous le savez, j'ai plus craint de vous offenser que d'offenser Dieu lui-même... Ah! n'ayez pas une opinion trop haute de moi, et ne cessez pas de me secourir de vos prières. »

Au milieu d'une dissertation diffuse sur le Cantique des cantiques, Abélard trouve quelques notes pénétrantes dans sa réponse : « Pourquoi me reprochez-vous, dit-il à Héloïse, de vous avoir fait participer à mes angoisses, quand c'est vous-même qui m'y avez contraint par vos supplications? Est-ce dans les misères de mon existence actuelle que vous auriez le cœur d'être heureuse? Vouliez-vous donc être la compagne de ma félicité, et non de mes peines? Souffririez-vous, par ces souvenirs criminels, que j'aille au ciel sans vous, vous qui m'auriez suivi, disiez-vous alors, jusqu'aux enfers? »

Puis il repasse, devant Dieu et devant sa complice, toutes ses iniquités passées, et ordonne à Héloïse de rendre grâce à Dieu des peines qui l'ont frappé et changé : « Vous nous avez unis, Seigneur, et vous nous avez séparés, dit-il en finissant : ceux que vous avez séparés une fois pour un moment dans le monde, réunissez-les à jamais dans le ciel ! »

On retrouve enfin l'époux dans le saint.

La persécution le ramena au Paraclet. D'odieuses insinuations de ses ennemis l'en chassèrent de nouveau. « Comment ! s'écriait-il dans son désespoir, toute occasion de faute étant enlevée par le malheur, par les années, par la sainteté de la profession monacale, le soupçon peut-il survivre? Ah ! combien je souffre plus aujourd'hui de mes calomniateurs que je n'ai souffert jadis de mes bourreaux ! »

Mais ses ennemis s'attachaient plus encore à le poursuivre dans sa gloire que dans son amour. Ses écrits, qui se multipliaient, et qui fanatisaient Rome elle-même, parce qu'ils laissaient transpercer une première aube de liberté de discussion, étaient suspects d'hérésies involontaires. Saint Bernard, le censeur, le réformateur et le vengeur de l'Église en France, s'éleva avec véhémence contre lui. Cité au concile de Sens pour répondre de ses maximes, Abélard se tut : saint Bernard dénonça jusqu'à ce silence.

« Cet homme, écrivit-il, se vante de pouvoir confirmer par la raison ce qui est mystère. Il monte jusqu'au ciel, et il descend jusqu'aux abîmes ; il est grand devant ses propres yeux. C'est un scrutateur de la majesté divine, un fabricateur d'erreurs! Un de ses livres a été déjà examiné par le feu. Maudit soit celui qui relève des ruines ! La nécessité veut que vous apportiez un prompt remède à la contagion : car cet homme entraîne la multitude sur ses pas. On prêche un nouvel évangile aux peuples ; on propose aux nations une foi nouvelle : tout est perversité ! L'extérieur de la piété est dans leur sobriété et dans leurs vêtements. Ils se transfigurent en anges de lumière, tandis qu'ils sont des Satans ! Ce Goliath (c'est ainsi qu'il appelle Abélard) veut soutenir contre moi ses dogmes pervers : je refuse, parce que je suis un enfant dans la parole, et qu'il est un grand et terrible combattant... Mais vous, successeur des apôtres, vous jugerez s'il doit trouver un refuge sur le siége de saint Pierre !... Considérez ce que vous vous devez à vous-même ! Pourquoi avez-vous été élevé au trône, si ce n'est pour arracher et pour planter ? Et si Dieu a fait surgir en votre temps des schismatiques, n'est-ce pas pour que les schismatiques fussent écrasés ? Voyez les renards qui arrachent la vigne du Seigneur, si vous les laissez croître et multiplier ! Tout ce que vous n'aurez pas détruit fera le désespoir de vos successeurs. Si vous ne les détruisez pas, nous les détruirons nous-mêmes !... »

Ainsi parlait ce tribun tout-puissant de l'Église de France. Pourtant on lui érige des statues à huit siècles de distance.

Une si impérieuse sommation, appuyée de la popularité de saint Bernard, ne pouvait manquer d'être obéie à Rome, bien que le pape, doux et indulgent, répugnât à frapper dans Abélard un maître dont il connaissait la sincérité de la foi et dont il admirait le génie. Abélard fut condamné à la reclusion perpétuelle dans un monastère cloîtré. Cette condamnation, lente à être promulguée officiellement en

France, mais pressentie d'Abélard, l'arracha pour la dernière fois à la paix du Paraclet et aux larmes d'Héloïse. Il dit un éternel adieu à cette solitude qu'il avait peuplée d'abord de disciples enthousiastes, puis de vierges pieuses, et qui avait recueilli si souvent les débris de sa vie. Il s'achemina seul et à pied vers les Alpes pour aller implorer la justice et l'asile du pape contre son persécuteur. Il passa par Cluny, abbaye alors souveraine, qui donnait hospitalité aux papes, aux rois, aux pèlerins, aux mendiants sur la route de Paris à Rome.

Ce monastère, de l'ordre de Saint-Benoît, avait été fondé par Guillaume, duc d'Aquitaine, possesseur d'un vaste territoire dans la province du Mâconnais. Guillaume, selon la coutume des princes ou seigneurs de ce temps, avait voulu acheter l'éternité au prix d'une concession de terres faite à des cénobites dont les prières s'élèveraient à perpétuité au ciel pour son âme. Les cénobites qu'il avait chargés de chercher le lieu le plus propre à l'emplacement du monastère, avaient parcouru les montagnes et les vallons de ses domaines; ils avaient arrêté leur choix sur un défilé étroit et profond, dans une vallée intérieure qui court derrière la chaîne des montagnes de la Saône, entre Dijon et Mâcon. « Lieu écarté, disent-ils, de toute société humaine, si pleine de solitude, de repos et de paix, qu'il semble, en quelque sorte, une image de la solitude céleste. » Ces cénobites avaient en effet l'instinct de la nature appropriée à l'isolement et au recueillement de leurs âmes. A cette époque, où des forêts séculaires couvraient les montagnes, rétrécissaient les horizons, dérobaient le ciel; où les eaux des torrents, débordées dans les prairies, formaient des lacs, des étangs, des marécages bordés de roseaux; où nulle autre route que des sentiers creusés par le pied des mules ne débouchait dans ce bassin d'eau courante et de feuillage; où quelques rares chaumières de chasseurs, de pêcheurs, de bûcherons, fumaient de loin en loin sur la cime des bois, la gorge de Cluny était une Thébaïde des Gaules.

« C'est là, dirent les cénobites au duc d'Aquitaine, que nous élèverons le monastère. — Non, dit le duc : c'est une vallée trop ombragée d'épaisses forêts et pleine de bêtes fauves, où les chasseurs et les chiens troubleraient, par leurs cris et par leurs aboiements, votre silence. — Eh bien ! chassez les chiens et appelez les moines, » répondirent les cénobites.

Guillaume avait chassé les chiens et appelé les moines. En peu de siècles, grâce à l'immensité et à la fertilité du territoire, au pieux communisme qui jetait la fortune des mourants dans les monastères, et à l'habile gouvernement de l'ordre par les abbés, véritables hommes d'État de ces communautés, le désert de Cluny avait vu s'élever audessus de ses forêts une forêt de flèches de cloîtres, de dômes, de voûtes, de tours, de créneaux gothiques, d'arceaux byzantins, ornements et défense d'une basilique égale en étendue aux plus vastes basiliques de Rome.

La rivière qui submergeait jadis la vallée, encaissée dans des lits de pierre, ou dérivée dans des étangs peuplés de poissons, fertilisait de vastes prairies, blanchissantes de troupeaux. Une ville s'était adossée à l'abbaye, pour être protégée par les moines. Des papes étaient sortis des cellules de l'abbaye pour aller gouverner le monde chrétien. Des rois étaient venus visiter, doter, privilégier ce sanctuaire. Des conciles s'y étaient rassemblés. Ses abbés étaient devenus des puissances. Les pèlerins de toutes les parties du monde assiégeaient ses portes et y recevaient l'hospitalité.

Un homme consommé en science, en poésie, en gloire et en vertu, Pierre le Vénérable, gouvernait en ce moment le monastère. Contraste vivant de saint Bernard, l'abbé de Cluny personnifiait en lui la charité du religieux, dont saint Bernard personnifiait le prosélytisme et la terreur. Pierre le Vénérable, élu, jeune encore, au gouvernement de son ordre par l'éclat de ses talents et par la séduction de son caractère, poëte, philosophe, écrivain, négociateur, homme d'État dans la piété et homme de piété dans la politique, était un autre Abélard, mais un Abélard sans ses orgueils et sans ses faiblesses. Il portait sur ses traits l'empreinte en relief de son âme. Grand, mince de taille, grave de démarche, beau de visage, doux de regard, recueilli d'expression, gracieux d'accueil, silencieux d'habitude, il était persuasif quand il parlait. Placé, pour ainsi dire, par l'élévation de ses idées, à égale distance du ciel et de la terre, et, de là, également attentif aux choses d'en haut et aux choses d'ici-bas, il représentait la sainteté chrétienne, attirait le monde à elle par l'attrait de sa mansuétude, au lieu de l'épouvanter de ses rigueurs et de ses invectives. Le parfum de ses vertus était si pénétrant et si durable, que le souvenir, après huit siècles, s'en est encore conservé du père au fils, parmi le peuple de la ville et de la vallée de Cluny, et que le hasard ayant fait découvrir, il a quelques années, une tombe que l'on croit la sienne, les femmes et les enfants se disputèrent sa poussière, par une tradition d'amour dans le pays.

Il avait eu des querelles avec saint Bernard, qui objurguait tout ce qu'il ne pouvait dominer; il aimait Abélard pour sa poésie, pour son éloquence, surtout pour ses malheurs. Héloïse était à ses yeux la merveillle des siècles et du sanctuaire. Il était allé visiter le Paraclet, plein de la renommée, de la piété et des larmes de cette veuve d'un époux vivant, il avait rapporté de son entretien. De l'édification, de l'enthousiasme et de la pitié; il entretenait avec elle un commerce de lettres.

Tel était l'homme à qui Abélard fugitif allait demander l'asile d'une nuit.

Il arriva, brisé de tristesse, de lassitude et de maladie, aux portes du monastère. Il voulut se jeter par humilité aux pieds de Pierre le Vénérable, qui le reçut dans ses bras, et qui lui ouvrit sa maison et son cœur. Abélard, attendri par un accueil dont les persécutions de saint Bernard l'avaient déshabitué, lui raconta ses nouvelles vicissitudes, ses tribulations, sa condamnation au cloître éternel, et sa résolution de se rendre à pied à Rome, pour aller se jeter sous la justice et sous la miséricorde du souverain pontife, autrefois son ami. L'abbé de Cluny s'apitoya sur les disgrâces d'Abélard; il l'encouragea dans sa confiance au pape. Mais, s'inquiétant des forces de son hôte, que la fièvre et les douleurs consumaient, craignant que cette gloire de la France ne s'éteignît misérablement, mendiant son pain sur quelque sentier de neige, en traversant les Alpes, ou qu'il ne tombât captif dans les mains de ses ennemis au delà des monts, il le retint sous de pieux prétextes à Cluny.

Pendant ce repos de son hôte dans l'abbaye, Pierre le Vénérable écrivit secrètement au pape une lettre pleine du zèle le plus tendre et le plus insinuant pour son ami :
« L'illustre Abélard, bien connu de Votre Sainteté, disait l'abbé dans cette lettre au pape, a passé ces jours-ci par Cluny, venant de France. Je lui ai demandé où il allait. « Je suis déplorablement poursuivi, m'a-t-il répondu, des » persécutions de certains hommes qui m'infligent le nom » d'hérétique, que je repousse et que je déteste. J'ai appelé » de leur sentence à la justice du chef suprême de l'Église, » et c'est dans son sein que je vais chercher un refuge » contre mes persécuteurs. »

» J'ai loué le projet d'Abélard, je l'ai fortement encouragé à recourir en vous, l'assurant d'avance que la justice pas plus que la bonté ne failliraient auprès du saint-siége à un tel suppliant, puisqu'elles ne faillissent pas même au plus humble des pèlerins ou des étrangers. J'ajoutais qu'au besoin il trouverait même indulgence pour des erreurs involontaires. Pendant qu'il se reposait à l'abbaye, l'abbé de Clairvaux y vint. Nous nous entretînmes ensemble charitablement de réconcilier Abélard, mon hôte, avec cet abbé Bernard qui l'a réduit à la nécessité d'en appeler à vous. Je n'ai rien épargné pour ce raccommodement; j'ai conseillé à mon hôte de retrancher de ses écrits, par le conseil de Bernard lui-même et d'autres hommes prudents, tout ce qui pourrait offenser les scrupules de la foi. Abélard y a consenti. La réconciliation a eu lieu de ce moment, par mon conseil, mais plus encore par une inspiration de la Providence. Abélard, notre hôte, a dit adieu pour jamais aux agitations des études et des écoles; il a choisi Cluny pour son dernier et perpétuel asile... Je vous supplie donc, moi le plus humble et le plus dévoué de vos serviteurs, le monastère tout entier de Cluny vous supplie, Abélard vous supplie lui-même, par lui, par nous, par les messagers qui vous portent ces lettres, par ces lettres elles-mêmes, nous vous supplions tous de lui permettre de passer à Cluny les derniers jours qui restent à sa vie et à sa vieillesse; et bien peu de jours, hélas! lui restent à vivre! Nous vous conjurons tous de ne pas permettre que les persécutions de qui que ce soit l'inquiètent ou le chassent de cette maison, sous le toit de laquelle, comme le passereau qui cherche un nid, il se réjouit tant d'avoir trouvé un asile, semblable à la tourterelle qui se réjouit tant d'avoir trouvé où se poser!... Ne refusez pas votre sauvegarde à un homme que vous avez autrefois tant aimé!... »

Une si touchante invocation de l'amitié, et la mémoire toujours vivante de l'enthousiasme qu'il avait eu jadis pour l'orateur et le poëte de sa jeunesse, ne pouvaient manquer de toucher le pape. Il accorda à Pierre le Vénérable la grâce et la protection qu'il implorait pour Abélard. Abélard, dans cette solitude, eut pour supérieur et pour geôlier le plus tendre et le plus miséricordieux des amis.

Héloïse, rassurée sur le sort de son époux, veilla de loin, par ses lettres et par ses prières, sur l'âme et sur la santé d'Abélard. Les derniers jours de cet homme, qui avait allumé et perdu la passion du monde, mais qui avait su conserver la passion d'une femme et la tendresse d'un ami, s'écoulèrent dans les entretiens poétiques et pieux de Pierre le Vénérable, dans l'étude des choses éternelles, dans le mépris des vanités qui n'avaient pas payé le prix d'un cœur, et dans l'espoir de la réunion bienheureuse qu'Héloïse lui assignait au ciel.

On montre encore à l'extrémité d'une allée déserte, au pied des murs d'enceinte flanqués de tours de l'abbaye, au bord des longues prairies bordées de bois, au murmure de la rivière, au sifflement des brises dans les joncs d'un étang tari, un tilleul immense contemporain des flèches monastiques, à l'ombre duquel Abélard venait s'asseoir et rêver, le visage tourné du côté du Paraclet. Les religieux, fiers d'avoir prêté l'hospitalité de leur cloître à cette gloire du onzième siècle, s'étaient transmis cette tradition. Depuis, la révolution française, qui a tant emporté, a respecté ce tilleul et une ou deux flèches de la basilique; les derniers religieux ont raconté cette légende aux habitants de la ville, qui la redisent aux visiteurs. Moi-même je possède sous un tilleul de trois siècles, dans mon jardin de Saint-Point, le banc de pierre grise, sonore comme une cloche, sur lequel Abélard, d'après la tradition, s'asseyait près du tilleul de Cluny. J'y ai transporté aussi une large table de la même pierre, sur laquelle il reposait sa tête, méditant ses hymnes ou repassant ses malheurs et ses amours.

Son âme, consumée du feu de la passion et du feu du génie, découragée de bonheur par l'infortune, et de gloire par la persécution, ne lui promettait pas de longs jours. Il s'éteignit dans les bras de son ami, deux ans et quelques mois après avoir échoué sur ce seuil hospitalier de Cluny.

L'amitié de Pierre le Vénérable ne se crut pas acquittée envers son ami, après l'avoir enseveli ; il entra, par sa charité vraiment divine, dans la pieuse complicité d'un amour que tant de sang, de repentir et de larmes avaient consacré à ses yeux ; il comprit que son ami au ciel et Héloïse sur la terre lui demandaient la dernière consolation d'un rapprochement, au moins, dans le sépulcre. Il ne se crut point coupable de condescendre, du haut de sa sainteté, à cette faiblesse ou à cette illusion de l'amour qui, n'ayant pu confondre deux vies, veut au moins confondre deux poussières. Mais, craignant l'ombre même du scandale, il couvrit de mystère le pieux larcin qu'il alla faire lui-même au cimetière de Saint-Marcel, oratoire dépendant de son abbaye, dans lequel Abélard était inhumé. Il ne confia à personne le soin d'accompagner les restes de son ami et de les remettre à Héloïse ; aucune autre main n'était digne de toucher à ce dépôt, que la main d'un saint et celle d'une épouse. Il se leva pendant les ténèbres, exhuma le cercueil d'Abélard et le transporta au Paraclet ; il écrivit en vers lapidaires l'épitaphe de son ami : « Platon de notre âge, dit-il dans ces vers, égal ou supérieur à tout ce qui vécut, souverain de la pensée, reconnu par tout l'univers génie varié et universel, il dépassait l'humanité par la force de l'idée et par la force de l'éloquence. Son nom fut Abélard ! »

Il se chargea d'être le père d'un fils qu'Héloïse et Abélard avaient eu de leur union avant leur malheur et leur consécration aux cloîtres.

Héloïse, après avoir reçu avec larmes le cercueil de son époux, l'ensevelit, dans le cimetière du Paraclet, dans le caveau où elle se garda sa place conjugale au lit de mort.

Pierre le Vénérable célébra lui-même les obsèques, et repartit après avoir remis les restes de son ami à la garde d'un immortel amour.

Ce culte en commun pour la même mémoire resserra les liens d'admiration et de reconnaissance qui unissaient l'abbé de Cluny à la veuve du Paraclet. Héloïse, que le souci du bonheur éternel de son amant passionnait autant que l'avait fait le souci de ses malheurs terrestres, voulut tenir de Pierre le Vénérable lui-même l'attestation écrite de la pureté et de la béatitude de l'âme d'Abélard. « Je vous conjure, écrit-elle après le retour de Pierre à Cluny ; je vous conjure de m'envoyer des lettres ouvertes, empreintes de votre sceau, et contenant l'absolution de mon seigneur, afin que ces preuves de félicité soient suspendues à son tombeau !... Souvenez-vous aussi, ajoute-t-elle, de regarder comme votre fils le fils d'Abélard et d'Héloïse. »

Pierre le Vénérable condescendit à ce dernier scrupule de l'amour ; il envoya au Paraclet les lettres d'absolution demandées. Il retraça de lui-même à Héloïse, dans une lettre empreinte de sa charité évangélique, toutes les circonstances de la fin et de la mort d'Abélard, qui pouvaient consoler, en la sanctifiant, la douleur d'un éternel veuvage.

« Ce n'est pas d'aujourd'hui que je commence à vous aimer, ô ma sœur, écrit-il ; car je me souviens que depuis longtemps je vous aime. Je n'avais pas encore passé les années de l'adolescence, je n'étais pas encore un jeune homme, que déjà avait retenti jusqu'à moi, non pas encore la renommée de votre sainteté, mais celle de votre génie. On racontait partout alors qu'une femme dans la fleur de ses années et de sa beauté se distinguait, contre l'habitude de son sexe, par la poésie, l'éloquence et la philosophie ; ni les plaisirs ni les séductions du siècle ne pouvaient l'emporter dans son cœur sur sa passion pour les choses intellectuelles, et pour le beau dans tous les arts. On s'étonnait, tandis que le monde croupit dans une vile et oisive ignorance, et que l'intelligence studieuse ne sait où poser son pied, je ne dis pas seulement au milieu des femmes, mais parmi les assemblées des hommes; on s'étonnait de ce qu'Héloïse seule se montrait supérieure à toutes les femmes et à tous les hommes de son temps. Bientôt (pour parler comme l'Apôtre) celui qui vous fit sortir du sein de votre mère vous attira toute à lui par sa grâce; vous changeâtes l'étude des sciences périssables contre la science de l'éternité : au lieu de Platon, le Christ; au lieu de l'Académie d'Athènes, le cloître !... Plût à Dieu que Cluny eût pu te posséder ! Plût à Dieu que tu fusses enfermée dans notre douce captivité de Marcigny, avec les esclaves féminines du Seigneur, qui aspirent à la liberté céleste ! Mais, puisque la Providence ne nous a pas fait cette grâce, elle nous a du moins accordé cette faveur en celui qui a été à toi ! en celui qu'il faut souvent et toujours honorer avec gloire, le philosophe du Christ, cet Abélard que la volonté divine a envoyé dans ses dernières années à Cluny...

» Il n'est pas facile à dire en quelques lignes, ô ma sœur, la sainteté, l'humilité, l'abnégation qu'il nous a montrées, et dont le monastère entier a porté témoignage. Si je ne me trompe, je ne me souviens pas d'avoir jamais vu de vie et d'extérieur plus humbles... Je lui avais donné un rang éminent parmi tous mes frères, mais il voulait paraître le dernier de tous par la simplicité de son costume... Il en était de même de ses aliments et de tout ce qui touchait aux délices des sens : et je ne parle pas ici des choses de luxe; il se refusait tout, excepté ce qui est indispensable à la vie. Sa conduite et ses paroles étaient irréprochables, en lui comme pour les autres...

» Il lisait continuellement, priait souvent, ne parlait jamais, si ce n'est quand des entretiens littéraires ou des discours sur les choses saintes l'obligeaient à rompre le silence... Que te dirai-je de plus? Son esprit, sa langue, son étude, méditait, enseignait, proclamait les choses littéraires, philosophiques, divines... Ainsi simple, droit, considérant les jugements de Dieu, fuyant tout mal, il consacrait à Dieu les derniers jours de sa grande vie..

» Pour lui donner quelque délassement et pour fortifier sa faiblesse de santé, je l'avais envoyé à Saint-Marcel, près de Châlons. J'avais choisi à dessein cette contrée, la plus riante de la Bourgogne, et un couvent rapproché de la ville, dont il n'est séparé que par le cours de la Saône. Là, autant que ses forces le lui permettaient, il avait repris les études chéries de sa jeunesse; et, comme on le raconte aussi de Grégoire le Grand, il ne laissait passer aucun moment sans prier, lire, écrire ou dicter.

» Dans ces saints exercices, la mort, ce visiteur divin, vint le visiter. Elle ne le surprit point endormi, comme tant d'autres, mais préparé et debout; elle le trouva éveillé, et le convia aux célestes noces. Il emporta avec lui sa lampe pleine d'huile, c'est-à-dire sa conscience remplie du témoignage d'une sainte vie. La maladie le saisit, s'aggrava, et le consuma bientôt jusqu'à l'anéantissement de vie; il comprit bien qu'il allait payer son tribut à la mortalité des choses terrestres. Alors, avec quelle pitié, quelle ardeur, quelle aspiration ne fit-il pas l'aveu de ses iniquités! avec quelle ferveur ne reçut-il pas le gage de la vie éternelle! avec quelle confiance ne recommanda-t-il pas lui-même son corps et son âme au Christ! Tous les religieux de Saint-Marcel peuvent le raconter... Ainsi est mort Abélard!... Ainsi celui qui était illustre par toute la terre pour les merveilles de sa science et de ses leçons a passé, j'en ai la ferme espérance, dans le sein de son Créateur...

» Et vous, ma sœur vénérée et chère en Dieu! vous qui

lui avez été unie d'abord ici-bas par tous les liens de la chair, avant de vous lier à lui par les nœuds de l'amour divin ; vous qui avez servi longtemps le Seigneur avec lui sous sa direction, souvenez-vous à jamais de lui dans le Seigneur ! Car le Christ vous abrite tous deux dans l'asile de son cœur ; il vous réchauffe dans son sein ; et lorsque son jour viendra, à la voix de l'archange, il te conserve pour ce jour ton Abélard, et il te le rendra pour jamais !... »

C'est à l'homme qui a écrit une telle lettre que la religion devrait une statue. Jamais la tendresse divine ne se mêla, avec plus d'indulgence, à la tendresse humaine ; jamais la sainteté n'eut plus de condescendance et la vertu plus de miséricorde. On voit avec quelle délicatesse de sentiment et d'expression il ramène, jusque dans la mort, l'image de ces *noces éternelles*, impérissable aspiration d'Héloïse. L'huile du Samaritain ne coulait pas plus onctueusement sur les blessures du corps que la parole de ce saint homme sur celles du cœur. L'amitié d'un tel homme et l'amour d'une telle femme suffiraient seuls pour attester qu'Abélard mérita mieux de son siècle que ne le croit la postérité.

Héloïse survécut vingt ans à son époux, prêtresse de Dieu, attachée au culte d'un sépulcre dans la solitude du Paraclet.

Quand elle sentit la mort si longtemps invoquée s'approcher d'elle, elle demanda à ses sœurs de déposer son corps à côté de celui de son époux dans le cercueil d'Abélard. L'amour, qui les avait unis et séparés pendant leur vie par tant de prodiges de passion et de constance, parut signaler par un nouveau prodige leur sépulture. Au moment où l'on rouvrit le cercueil d'Abélard pour y coucher le corps d'Héloïse, les bras du squelette, comprimés vingt ans par le poids du chêne, se dilatèrent, dit-on, s'ouvrirent et parurent se ranimer pour entourer l'épouse rendue à l'amour céleste d'un éternel embrassement. Cette crédulité des temps, transformée en miracle d'amour, fut racontée par les historiens, chantée par les poëtes, et consacra dans l'imagination du peuple la sainteté des deux époux.

Ils reposèrent ainsi cinq cents ans dans une des nefs du Paraclet, tantôt séparés par les scrupules de l'abbesse, tantôt réunis de nouveau pour obéir au vœu conjugal qui était sorti de leur vie, de leur mort, et qui sortait encore de leur tombeau.

La révolution française, qui jeta aux vents tant de poussières profanées de rois et de princes de l'Église, respecta la poussière des deux époux. En 1792, le Paraclet ayant été vendu comme propriété ecclésiastique, la ville de Nogent recueillit les tombes, et les abrita solennellement dans sa nef. En 1800, Lucien Bonaparte, zélateur des lettres et collecteur des reliques du passé, autorisa un artiste pieux, M. Lenoir, à transporter ce cercueil au musée des monuments français, à Paris.

On constata en ouvrant le plomb funéraire, disent les témoins, que les deux corps avaient été d'une grande stature et de belles proportions. « La tête d'Héloïse, répète M. Lenoir, est d'un admirable contour; son front, d'une forme coulante, bien arrondie, en proportion avec les autres parties de la tête, exprime encore la plus parfaite beauté. Les deux statues couchées sur le tombeau ont été moulées sur ces restes recomposés par la pensée du statuaire. Quelques années plus tard, la chapelle monumentale qui encadre la tombe des deux époux devint l'ornement d'un jardin de ce musée. » La foule, qui recherche surtout les monuments du cœur, s'y pressait sans cesse. En 1815, le gouvernement des Bourbons, qui relevait pieusement tous les tombeaux pour rendre au peuple le culte du passé, voulut restituer à l'abbaye de Saint-Denis le cercueil d'Abélard et d'Héloïse, qui ne lui appartenait que comme le proscrit appartient au proscripteur. L'opinion publique protesta contre cet enfouissement dans une basilique fermée, d'un monument qui appartenait au regard et au sentiment publics. On le relégua dans une nécropole de Paris, au cimetière du Père-Lachaise. Là on voit encore les statues, couchées côte à côte, d'Héloïse et d'Abélard, parsemées tous les jours de couronnes de fleurs funèbres, éternellement renouvelées, sans qu'on voie la main qui les dépose; ils semblent avoir une parenté éternelle et tendre dans toutes les générations qui se succèdent sur la terre. Ce sont les âmes aimantes séparées par la mort, par la persécution ou par l'inflexibilité du monde, de ce qu'elles aiment ici-bas ou de ce qu'elles regrettent dans le ciel. Elles témoignent autant qu'elles le peuvent, par ces offrandes mystérieuses, leur admiration pour la constance et pour la pureté dans la passion; elles portent envie à cette union posthume de deux cœurs qui transposèrent la tendresse conjugale des sens à l'âme, qui spiritualisèrent la plus brûlante et la plus sensuelle des passions, et qui firent un holocauste, un martyre et presque une sainteté de l'amour.

# GUILLAUME TELL

## RÉGÉNÉRATEUR DE LA LIBERTÉ DE L'HELVÉTIE

# GUILLAUME TELL

## RÉGÉNÉRATEUR DE LA LIBERTÉ DE L'HELVÉTIE

### ANNÉE 1300 DE J.-C.

---

Voici ce que les Suisses racontent des origines poétiques de leur liberté.

Mais, d'abord, disons ce que la géographie et l'histoire nous apprennent de la Suisse (ou de l'Helvétie) et de ses habitants.

Les Alpes, semblables à un nœud robuste et proéminent des muscles de granit de la terre, sont une chaîne de montagnes qui s'étend sur un espace de trois cents lieues, depuis l'embouchure du Rhône vers Marseille jusqu'aux plaines de la Hongrie. Les anneaux de cette chaîne s'abaissent aux deux extrémités pour se confondre insensiblement avec la plaine ; au milieu de leur membrure, elles s'élèvent à des hauteurs inaccessibles aux pas et presque aux regards de l'homme. Leurs sommets, dentelés comme des créneaux d'une forteresse naturelle, se dessinent en blancheur éblouissante le matin, rose à midi, violette le soir, sur l'azur foncé du ciel. Ce sont les reflets plus ou moins chauds du soleil sur les nappes de neige éternelle dont leurs croupes sont revêtues. Quand on les aperçoit de soixante ou quatre-vingts lieues de distance du fond des plaines de l'Italie ou de la France, elles inspirent le même sentiment tiré de l'infini en hauteur, que la mer ou le firmament inspirent le sentiment de l'infini en étendue. C'est un spectacle qui écrase le spectateur, et qui, de terreur en terreur, d'admiration en admiration, porte la pensée de l'homme jusqu'à Dieu, pour qui seul rien n'est haut, rien n'est vaste. Mais l'homme est anéanti sous l'architecture de ces montagnes, et il jette un cri. Ce cri est une confession de sa petitesse, et un hymne à la grandeur de l'architecte. Voilà pourquoi il y a plus de piété sur la mer et sur les montagnes que dans les plaines. Le miroir de ses œuvres dans lesquelles la Divinité se peint étant plus grand, la Divinité s'y retrace et s'y révèle mieux.

Du côté qui regarde le midi ou l'Italie, les pentes de ces montagnes sont escarpées et abruptes comme un rempart élevé pour abriter cette tiède contrée, jardin de l'Europe. Du côté du nord, c'est-à-dire du côté de la France, de la Savoie, de l'Allemagne, les Alpes descendent des profondeur du firmament au niveau des lacs et des plaines par de plus douces déclivités. On dirait un immense escalier dont le Créateur a proportionné les degrés aux pas de l'homme. Aussitôt que l'on quitte la région inaccessible des neiges, des frimas, des glaces éternelles qui forment les dômes du mont Blanc, de la Jung-Frau, les pentes s'amollissent, les racines de ces sommets gigantesques semblent gonfler le sol qui les cache ; elles se revêtent de terre végétale, de gazons, d'arbustes, de fleurs, de pâturages humectés par l'incessante filtration de la sueur des glaciers qui fument aux premiers soleils. Elles divergent largement de tous les côtés en s'abaissant de plus en plus comme des contreforts qui vont chercher leur point d'appui bien bas et bien loin, pour porter le poids incalculable qui pèse sur elles. Elles dessinent et creusent ainsi entre elles des ravins qui deviennent bientôt des gorges, puis des vallées, puis des bassins, puis des plaines plus largement encaissées, au fond desquelles on voit d'en haut s'étendre, dormir et étinceler des lacs, dont s'échappent ensuite des fleuves écumants pour aller chercher encore des niveaux plus bas. Sur les flancs de ces Alpes décroissantes, on rencontre çà et là des chalets ou maisons isolées, espèces de tentes en bois bâties seulement pour la saison d'été, où les pasteurs, pour suivre leurs troupeaux, montent avec le printemps, et d'où ils redescendent avec l'automne. En avançant davantage, on trouve des villages groupés au pied de quelques cascades et abrités des avalanches par des forêts de sapins. Les maisons de ces villages sont construites en solives et en planches de ce même arbre qui les protége contre l'écroulement des neiges. Ces maisons, couvertes par un toit de bois qui déborde comme les ailes d'un chapeau pour garantir le visage de la pluie, semblent taillées et ciselées au couteau avec un art patient et curieux, comme ces jouets de bois blanc que les bergers façonnent pour les enfants en gardant leurs vaches. Des degrés extérieurs ornés de rampes en arabesques montent du pavé à l'étage supérieur. Des portes surmontées de niches creuses, où reposent des statues de vierges, de héros, de saints, donnent entrée aux chambres hautes. Des fenêtres en treillis, où les vitraux en losange sont incrustés dans des châssis de plomb, les éclairent. De longues galeries à balustrades gothiques circulent en plein air autour de la maison, comme une ceinture festonnée autour de la taille d'une fiancée. Des tiges de maïs ou des épis de plantes nourricières suspendues au toit par les racines, pendent sur la galerie extérieure, et lui font un plafond de mosaïques colorées. On voit briller à travers les vitraux de la cuisine les reflets d'un large foyer qui flambe toujours. Des branches et des éclats de sapin artistement fendus et rangés sous la galerie, signe d'opulence, forment un bûcher préparé pour l'hiver. A côté de ce bûcher s'ouvrent les portes à deux battants de longues et larges étables planchéiées de dalles de sapin lavé et luisant comme la table d'une ménagère attentive. Une haleine tiède et parfumée de l'odeur des génisses sort de ces portes avec de tristes mugissements de jeunes taureaux qui appellent les mères absentes. Un pont de bois mobile et retentissant, jeté sur l'entrée de ces étables, conduit, par une pente allongée et douce, les chars de foin de la cour au grenier à fourrage. L'herbe sèche et la paille jaunie sortent par toutes les fenêtres de ce magasin végétal, comme la graisse de la terre qui fait éclater le grenier de l'homme. On sent l'opulence dans la simplicité. Au milieu de la cour, un tronc creux de sapin laisse égoutter par un tuyau de fer l'eau de la colline dans une auge immense de sapin aussi, où viennent s'abreuver les bœufs.

De quelque côté qu'on porte le regard sur les flancs de l'Alpe, sur les collines rapprochées, sur la pente du glacier, sur le toit de la demeure, sur les murailles de la maison, sur le bûcher, sur l'étable, sur la fontaine, on ne voit que le sapin vivant ou mort. Le Suisse et le sapin sont frères. On dirait que la Providence a attaché ainsi à chaque race d'hommes un arbre qui la suit ou qu'elle suit dans sa pérégrination terrestre, un arbre qui la nourrit, qui la chauffe, qui l'abreuve, qui l'abrite, qui la groupe sous ses rameaux, qui fait partie de la famille humaine, un arbre domestique, véritable dieu lare de son foyer : ainsi le mûrier à la Chine, le dattier en Afrique, le figuier en Judée, le chêne dans les Gaules, l'oranger en Italie, la vigne en Espagne et en Bourgogne, le sapin en Suisse, le palmier en Océanie. Le végétal et l'homme se tiennent par d'invisibles rapports. Anéantissez l'arbre, l'homme périt.

Après avoir traversé ces villages des penchants des Alpes, les villes vous apparaissent au loin sur des promontoires avancés ou dans des anses creuses au bord des grands lacs. Vous les reconnaissez à leurs murailles sombres, à leurs toits aigus, à leurs boules d'étain qui reflètent un soleil terne au sommet de leurs cathédrales ou de leurs hôtels de ville, à leur essaim de voiles blanches qui se pressent à la sortie ou à l'embouchure de leurs petits ports, sur les eaux bleues de leur lac, comme des mouettes que la nuit chasse à l'écueil. Ces villes, à l'exception de Genève, ville plutôt hanséatique qu'helvétique, sorte d'hôtellerie de l'univers dans cette vallée de Cachemire de l'Occident, sont de médiocre étendue, et ne présentent point au voyageur ces monuments, luxe des grands peuples. Municipalités plutôt que capitales, on voit que ces villes sont des débris d'une féodalité morte, ou des membres de fédérations pastorales, à qui la nature du pays et la modicité des peuplades ne permettent pas de grandir et d'absorber d'autres cantons. On y est frappé seulement du caractère majestueux, simple et patriarcal de la race humaine. Les hommes y sont d'une haute stature, de forte charpente, de solide aplomb sur leurs pieds, de visage calme, de regard franc, de bouche sans pli et sans ruse, de front large, élevé, poli, mais sans avoir ces proéminences et ces sillons que l'activité de la pensée élève ou creuse sur les fronts des races à vive intelligence.

Les femmes, à la stature élancée, aux épaules larges, aux bras souples, aux jambes élastiques, aux cheveux bronzés, aux yeux bleus, au teint salubre, aux joues ovales, aux lèvres arquées, au timbre de voix sonore et tendre, y ressemblent à des statues grecques transportées sur un piédestal de neige et vivifiées par l'air frissonnant des montagnes. Un mélange harmonieux de majesté virile et de pudeur féminine compose leur physionomie. On sent, à leur aspect et à leur familiarité toujours décente avec les étrangers, qu'elles habitent une contrée froide et chaste où elles n'ont point à se défier de leur propre cœur. Leur innocence les garde. Leur costume relève sans danger leur beauté; des tresses de cheveux enroulés de rubans de velours noir flottent des deux côtés de leur cou jusque sur leurs talons; une calotte de feutre ou de paille couvre le sommet de leur tête; un corsage étroit de laine teinte serre leur taille; une chemise à mille plis plus blancs que la neige voile leur sein; un jupon de laine à larges cannelures laisse leurs jambes à demi nues jusqu'au-dessus des chevilles du pied. Soit qu'elles étendent la litière sur le plancher des étables; soit qu'elles portent dans chaque main des seaux d'érables écumants du lait gras de leurs vaches; soit qu'elles fanent avec de longs râteaux à dents de bois l'herbe fauchée sur les prés en pente au bord des sapins, au vent de leurs cascades, leurs travaux ressemblent à des fêtes. Elles répondent d'une colline à l'autre, par-dessus le lit du torrent, aux chants des jeunes faucheurs par des airs nationaux. Ces airs ressemblent à des cris modulés échappés d'une surabondance de vie et de joie. Leurs dernières vibrations se prolongent comme l'écho des montagnes. Les musiciens les notent sans pouvoir jamais les imiter. Ils ne naissent que sur les vagues des lacs ou sur les pelouses des Alpes. La nature ne se laisse pas contrefaire par l'art. Pour chanter ainsi, il faut avoir recueilli en naissant dans son oreille le clapotement du flot contre la planche de la barque sur les lacs, le tintement de l'eau goutte à goutte dans l'auge sonore, les mélancolies du vent tamisé par les feuilles dentelées du sapin, les mugissements des génisses qui appellent leurs petits sur les hauteurs; les clochettes graves ou aiguës qui sonnent à leur cou dans l'herbe; les cris de joie des enfants qui se roulent au soleil sur les meules de foin sous les yeux des mères; le chuchotement des fiancés qui marchent en se tenant par la main devant les vieillards, en se parlant du bonheur futur; les adieux du jeune soldat qui part de ses montagnes pour la longue absence, en jetant son cœur en sanglots sur la route; ou le cri de joie du soldat revenu du service étranger au sommet des chalets d'où il revoit le clocher de son village. On appelle ces chants des *ranz*. Les fils et les filles des Alpes pleurent et languissent quand ils les entendent par hasard loin de leur pays. Il y a pour eux mille apparitions dans un seul son de voix. Ainsi est fait leur cœur, et ainsi est construit le cœur de l'homme. Une voix lui rappelle une mémoire, un moment lui repeint toute une vie, une larme lui monte aux yeux, et dans cette larme se retrace tout un univers. Plus l'homme est simple, plus il a en lui de ces retours vers l'infini. Il en est du cœur humain comme d'un édifice : plus il est vide, plus il retentit.

Le caractère national de ce peuple est resté antique dans nos jours modernes. Le Suisse est un paysan éternel : il est pieux, il est naïf, il est laborieux, il est berger, il est cultivateur, il est patriote, il est soldat, il est artisan, il est libre surtout; il ne marchande pas sa vie contre la servitude. La petitesse de sa patrie a fait pour lui du canton une famille. Il n'a aucune ambition de conquête, mais il redoute toujours d'être conquis. Cette ombrageuse jalousie de l'usurpation d'un canton sur l'autre lui permet à peine de s'allier imparfaitement avec les autres groupes de même nation dans une confédération incomplète où manque l'unité, et, par conséquent, la force. Un roi lui paraîtrait un tyran; une république même, trop concentrée et trop impérieuse sur ses citoyens, lui serait insupportable. Le pouvoir municipal est le seul qu'il puisse tolérer. Il veut se gouverner par des mœurs et non par des lois. Ses usages sont presque sa seule législation. C'est un gouvernement par villages et presque par familles. Son républicanisme n'est pas national, il est individuel; de là sa liberté, mais de là aussi sa faiblesse; s'il n'était pas défendu par la nature et par la stérilité de sa patrie, il y a longtemps qu'il n'existerait plus. Plaise au ciel qu'il existe longtemps comme le souvenir vivant d'un peuple primitif au cœur des vieilles civilisations de l'Europe, comme une race neutre entre les races qui se combattent au pied de ses Alpes, et comme un asile ouvert tour à tour aux proscrits de toutes les révolutions et de toutes les contre-révolutions des peuples de l'Occident!

Ses vertus ne sont ternies que par un vice, vice naturel aux peuples pauvres, la cupidité. L'avarice lui rétrécit la main et le cœur. Il vend tout, même son propre sang, pour rapporter un peu d'or dans son pays, qui n'en produit point. Naturellement brave et fidèle, il trafique de ses enfants, qu'il loue, pour un vil salaire, aux princes ou aux nations qui veulent le payer. Indifférent à la cause pour laquelle il s'engage jusqu'à la mort, il est le mercenaire des cours ou des camps. Il a fait de la guerre, qui ne doit être qu'un dévouement, un métier. Il tue ou il se fait tuer pour une solde. Libre chez lui, il prête chez les autres son bras aux souverains pour subjuguer les peuples. Le temps de son service fini, il passe à un autre service avec l'impassibilité de ces gladiateurs du cirque ou de ces éléphants dressés pour la guerre, qui combattaient tour à tour avec la même vaillance pour les Perses ou pour les Romains.

Les vallées hautes des Alpes, inondées de torrents, de lacs et de marais, ombragées de ténébreuses forêts peuplées d'ours et de bêtes fauves, furent les dernières conquêtes de l'homme de l'Occident sur la stérilité et sur le désert. A l'époque des grandes migrations d'hommes du Nord, sortant comme des essaims des plaines de la Tatarie pour inonder l'Europe, et refoulant devant elles des populations déjà domiciliées, on dit que des colonies fugitives de Cimbres, et surtout de Suédois, race déjà endurcie aux frimas du pôle, furent attirées dans ces hautes vallées par l'analogie de sites, de forêts de sapins, de lacs, de torrents et de neige, qui leur rappelait leur propre pays. La taille élevée, la chevelure blonde, l'azur des yeux, la blancheur du teint, la majesté calme de l'attitude dans les Suisses des petits cantons, la similitude même des noms de race et des noms de lieux, attestent cette parenté lointaine avec les Suédois. Ces barbares avaient apporté avec eux leurs idolâtries boréales. Des missionnaires ermites venus de la Gaule et de l'Italie y semèrent le christianisme. Ce peuple, simple et naïf, était accessible par l'imagination au prestige des miracles. Sa sobriété, sa chasteté, sa piété naturelle, sa vie toujours en lutte avec les éléments, force visible de Dieu, le prédisposaient également aux vertus de la nouvelle doctrine; l'Évangile conquit facilement sa foi et son cœur. Ces vertes thébaïdes se remplirent, comme les thébaïdes d'Égypte, de chapelles, d'ermites, de monastères, objets de la vénération de ces peuplades gouvernées par leurs croyances plus que par leurs lois. Bientôt les Francs et les Germains, dont on retrouve également les filiations en Suisse, débordèrent des Gaules et de l'Allemagne dans ces vallées. Leurs chefs y construisirent des châteaux forts, y assujettirent les paysans, et y fondèrent de petits États indépendants les uns des autres, et souvent en guerre entre eux. Ces États, duchés, comtés, baronnies, fiefs, étaient bornés par un glacier, un lac, un précipice, une montagne, régime féodal né du régime patriarcal qui régissait les tribus, quand ces tribus étaient encore errantes. Le seigneur féodal n'était qu'un patriarche dont la tente était devenue un château fortifié.

Charlemagne, qui avait étendu sa main sur tout l'Occident, incorpora toutes ces seigneuries et toutes ces villes de l'Helvétie à l'empire de l'Allemagne. L'empereur d'Allemagne devint le suzerain de l'Helvétie. Les villes se placèrent sous sa protection, pour se préserver des nouvelles invasions de barbares, et surtout des Hongrois, qui empiétaient sur leurs vallées. Elles se construisirent des remparts et des citadelles; elles astreignirent leurs habitants à être tout à la fois citoyens et hommes d'armes; elles devinrent des cités indépendantes, rivales des seigneurs et des abbés, qui, jusque-là, dominaient seuls sur les paysans. L'empereur d'Allemagne entretenait en Suisse un vice-roi sous le nom de bailli, qui faisait justice de tous, et qui tyrannisait également en son nom les villes, les couvents, les châteaux.

Les comtes de Hapsbourg, famille puissante du canton d'Argovie, les comtes de Rapperschwyl, dominateurs du lac de Zurich; les comtes de Toggembourg, rivaux de ces deux maisons, inexpugnables dans leur château de Fischingen, et plusieurs autres familles puissantes, se disputaient la domination de ces groupes de montagnes, de ces lacs et de ces vallées. Leur subordination toute nominale à l'empire d'Allemagne n'avait de sanction que leur intérêt. Leurs lois n'étaient que leurs caprices. C'étaient les trente tyrans d'Athènes héréditaires et disséminés dans autant de citadelles, à l'embouchure de toutes les vallées. Leurs mœurs étaient sauvages comme leurs sites. Leurs traditions sont pleines de sang. Celles des comtes de Toggembourg attestent le féroce arbitraire de leurs justices.

Leur château, construit au sommet d'un rocher sur le lac, était un asile inaccessible à leurs ennemis. Un des seigneurs de cette maison, nommé Henri de Toggembourg, avait épousé une femme nommée Ida, dont la beauté était la merveille de la Suisse. Le comte était aussi jaloux qu'amoureux de sa belle épouse. Un hasard vint donner un corps apparent à cette ombre de la jalousie, qui obscurcissait son bonheur. Un jour que la comtesse Ida contemplait par une fenêtre de sa tour le lac et les vallées déroulés sous ses yeux, elle laissa par distraction rouler sur la tablette de la fenêtre sa bague nuptiale, qui avait glissé de son doigt. Elle se retira sans s'apercevoir qu'elle avait oublié son anneau. Une corneille, en volant autour des créneaux, vit briller la bague sous un rayon de soleil. Attirée, comme tous les oiseaux, par l'éclat de l'or, la corneille s'abattit sur la tour, et, passant son cou à travers les barreaux, emporta la bague dans son bec à son nid; puis, s'apercevant que l'or ne valait pas pour ses petits un ver de terre, elle repoussa l'anneau par-dessus le bord de son nid, et le laissa retomber sur la plage. Un page du château, en chassant quelques jours après, trouva la bague, et ne sachant à qui la rendre, la mit à son doigt sans penser à mal. Le comte Henri, ayant vu la bague au doigt de son page, ne douta pas qu'elle ne fût un don de sa femme à son complice, et le témoignage d'un criminel amour. Sans écouter un autre conseil que celui de la vengeance, il fit attacher le jeune page à la queue d'un cheval indompté, qui sema dans sa course ses membres à travers les rochers; puis, soulevant sa femme innocente dans ses bras, il la précipita du haut des créneaux dans l'abîme. Le précipice ne voulut pas de la victime. Les flancs du roc, tapissés de quelques arbustes épineux, retinrent la belle Ida suspendue par ses vêtements et par ses longs cheveux au bord de l'abîme. Elle s'évada à la faveur des ombres de la nuit, et alla demander asile au couvent de Fischingen. Son innocence, reconnue trop tard, ramena son mari à ses pieds; mais, en lui pardonnant, elle refusa de redevenir son épouse. Elle acheva sa vie dans une cellule du monastère, en priant pour lui et pour l'infortuné page, immolé si cruellement à un soupçon.

Telles étaient les mœurs de ces chevaliers barbares, qui tyrannisaient alors la basse Helvétie. Mais l'élévation et l'âpreté des sites avaient conservé la liberté de quelques familles de paysans établis au fond du lac des Quatre-Cantons, à Schwytz, à Uri, à Underwald. Défendus du côté du nord par les flots orageux des lacs, du côté du midi par des pics et des glaciers infranchissables, du côté de l'Allemagne par des précipices et des forêts, ces montagnards ne reconnaissaient d'autre protectorat que celui de l'empereur. Ils se gouvernaient en république. Leur liberté faisait envie aux habitants des vallées inférieures, assujetties à mille petits tyrans. La ville de Zurich, et d'autres villes rapprochées d'eux, comme Lucerne, se liguaient de temps en temps avec eux pour se soustraire au joug des seigneurs et des alliés.

Le comte Rodolphe de Hapsbourg, étant monté par l'élection au trône impérial, se souvint qu'il était Suisse, et protégea d'abord contre l'oppression ses anciens compatriotes; mais son fils Albert d'Autriche, jaloux du reste d'indépendance que les neiges et les rochers laissaient à la haute Helvétie, entreprit de les subjuguer, et de passer jusque sur ces humbles villages le niveau de la servitude. Les peuples de Schwytz, d'Uri et d'Underwald se confédérèrent pour se garantir mutuellement leurs mœurs, leurs lois, leurs libertés. N'ayant pu les séduire par des négociations et des caresses, il envoya résider au milieu de leurs montagnes des lieutenants ou des proconsuls soutenus par ses armes, et chargés de leur faire sentir le poids de sa colère et la honte de son joug. Ces proconsuls portaient le titre de baillis de l'empereur; ils exerçaient sur ces contrées la plus illimitée des tyrannies, la tyrannie déléguée et lointaine. Le pays gémissait sous leurs caprices et sous leurs violences, sans que l'empereur même, leur ennemi, pût entendre son gémissement. Ils pillaient les biens, ils enchaînaient les hommes, ils enlevaient les femmes, ils déshonoraient les filles. Les crimes qui firent chasser les Tarquins de Rome soulevaient impunément le cri public de ces malheureux peuples. Maîtres par eux-mêmes ou par les seigneurs du parti de l'Autriche des ports, des lacs, des débouchés, des vallées et des châteaux qui dominaient le pays, les baillis ne redoutaient rien de cette indignation sourde des paysans ; les cœurs seuls leur échappaient, mais la terre et les bras étaient enchaînés. Le plus cruel et le plus insolent de ces proconsuls de l'empire était le bailli Gessler, un de ces hommes contempteurs des hommes, qui rendent l'oppression si intolérable, qu'ils contraignent les fers mêmes à éclater sous leurs mains. Toutes les montagnes retentissaient de ses crimes contre l'honneur des femmes et contre la vie des paysans ; son nom était la terreur, le scandale et l'humiliation des campagnes. Il ne déguisait ni sa haine ni son mépris pour ce peuple esclave. Sa présence dans un village était un fléau pour les habitants. Toute ombre de bien-être ou de supériorité dans une famille était à ses yeux une insolence de la liberté.

Un jour qu'il parcourait le canton de Schwytz avec son escorte d'hommes armés, il aperçut une nouvelle maison construite avec un certain luxe rustique par un père de famille nommé Werner Stauffacher. « N'est-il pas honteux, s'écria-t-il en s'adressant à ses courtisans, que de misérables serfs bâtissent de pareilles maisons, quand des huttes seraient trop bonnes pour eux ? — Laissez-la construire, lui répondit son écuyer ; quand elle sera achevée, nous ferons sculpter sur la porte les armes de l'empereur, et nous verrons si celui qui la bâtit sera assez hardi pour nous la disputer. — Tu as raison, » répondit Gessler ; et il continua sa route en riant du piége tendu au paysan par son conseiller.

Cependant la femme de Stauffacher était sur sa porte pendant que Gessler passait devant la maison, et elle avait entendu l'entretien du bailli et de l'écuyer. Elle trembla et renvoya les ouvriers avant la fin du jour, de peur d'offenser le tyran en continuant de bâtir une demeure qui provoquait sa colère.

Le soir, quand son mari absent rentra au village, il demanda à sa femme pourquoi les ouvriers ne travaillaient plus. « Parce qu'une hutte suffit à des serfs comme nous, » répondit-elle en faisant allusion aux paroles de Gessler. Stauffacher s'assit tristement et demanda à souper : sa femme ne lui servit que du pain et de l'eau. Il demanda s'il n'y avait plus ni chamois dans les montagnes ni poisson dans le lac : « Le pain et l'eau, lui dit sa femme, ne sont-ils pas assez bons pour des serfs? » Il mangea sans murmurer, en reconnaissant la vérité de cette parabole. La nuit venue, il voulut dormir dans le lit conjugal à côté de la femme qu'il aimait : elle se refusa à dormir sur la même couche. « Pourquoi, lui dit-il, t'éloignes-tu de celui que le ciel t'a donné pour mari? — Parce que des misérables serfs comme nous ne doivent pas donner la vie à des esclaves plus malheureux encore que nous ne sommes. »

Elle rapporta alors à son mari les paroles qu'elle avait entendu chuchoter entre Gessler et sa suite. Stauffacher indigné se leva, prit en silence son épée suspendue à la muraille, descendit vers le bord du lac des Quatre-Cantons, se jeta dans une barque de pêcheur, traversa l'eau, et arriva avant la fin de la nuit au village d'Attinghausen, à la porte de son beau-père, nommé Walther Furst.

Walther Furst, avant d'interroger son gendre, fit servir devant lui, suivant la coutume patriarcale, du vin et de la viande, toujours prêts pour les hôtes. Stauffacher repoussa de la main le vin et les mets : « J'ai fait un vœu, dit-il à son beau-père, de ne plus boire de vin et de ne pas approcher de chair de mes lèvres tant que nous serons serfs! » Le beau-père et le gendre s'assirent, et causèrent à voix basse des outrages de leurs tyrans et des indignations de leurs cœurs. Ils cherchèrent dans leur mémoire quels

étaient ceux de leurs concitoyens qui avaient subi de
Gessler les plus impardonnables sévices et que la vengeance, couvant dans leur âme, devait animer le plus à
la liberté. Ils se souvinrent d'un jeune paysan nommé
Melchthal. Un jour que ce laboureur avait attelé à sa charrue deux beaux bœufs, la richesse, la force et la gloire de
ses attelages, et qu'il traçait un sillon dans son champ en
admirant la vigueur de leurs jarrets et le lustre de leur
poil, un officier du bailli vint à passer : il vit les bœufs
d'un œil d'envie, les déclara trop beaux pour un serf, et,
coupant leurs traits du tranchant de son couteau, il se disposa à délier le joug pour les emmener à son maître. Le
jeune paysan désespéré brisa une branche de sapin sur la
lisière du champ, et, en défendant ses bœufs, il cassa le
bras du ravisseur. Après un tel crime, il n'y avait plus qu'à
fuir la vengeance des baillis. Melchthal errait dans les
forêts voisines, nourri en secret par la pitié des paysans.
Il parut à Furst et à Stauffacher un complice donné par la
persécution. Ils allèrent le chercher dans sa retraite, et lui
confièrent le complot que le désespoir venait de faire éclore
dans leur nuit. Chacun d'eux habitait un canton différent :
l'un Schwytz, l'autre Uri, le troisième Underwald. Ils connaissaient tous les hommes de leur canton les plus outra-
gés, les plus intrépides et les plus implacables ; ils en
choisirent chacun dix et s'engagèrent à les amener, dans
une nuit convenue, au rendez-vous du Grutli, pour y concerter l'insurrection et pour y prêter le serment de la liberté
ou de la mort.

Le Grutli, petit promontoire avancé de la montagne,
entouré de trois côtés par les flots du lac et ombragé par
des bouquets de sapins, était un site admirablement choisi
par les conjurés pour le conseil nocturne d'une conjura-
ration. Une sentinelle, placée au nœud de la presqu'île
avec le continent, pouvait les garantir de toute surprise en

les avertissant à l'approche des espions de Gessler ; et, s'ils étaient surpris, leurs barques, cachées dans l'ombre du rivage, pouvaient, en quelques coups de rames, les soustraire aux poursuites des soldats.

La nuit du 17 novembre 1307, les trente conjurés, descendus un à un de leurs montagnes ou traversant le lac dans leurs barques de pêcheurs, se rencontrèrent, comme il avait été convenu, sur le promontoire de Grutli. Le ciel et la terre, les étoiles et les flots furent leurs témoins. Jamais conspiration plus légitime et plus sainte n'avait attesté ces témoins de Dieu dans les chefs-d'œuvre de sa création. C'était la nature conspirant innocente devant la nature ; c'était le cœur humain, révélé dans ses instincts les plus inaliénables, se disant dans quelques hommes simples : « Je suis aussi une œuvre de Dieu, et, en revendiquant ma liberté, c'est Dieu aussi que je revendique et que je défends dans son plus sublime attribut, le don de la liberté ravie par des tyrans à sa créature ! »

Ces hommes rustiques ne se firent point de vaines harangues ; la nature parlait le même langage en eux : quelques mots brefs et à voix basse, quelques gestes significatifs, quelques mains serrées dans des mains rudes, furent toute leur éloquence. Ils venaient pour se prêter serment les uns aux aux autres, non pour s'animer par des discours. Qu'auraient-ils dit qui valût cette rencontre préméditée de tant d'opprimés saignant dans leur liberté, dans leur dignité, dans leur amour ; cette nuit suprême couvant sous son ombre la résurrection d'un peuple ; ces montagnes, ces astres, ces rochers, ces flots, et, le lendemain, ces glaives tirés pour la plus sainte des causes ? Démosthène, Cicéron, Catilina, Mirabeau, auraient été écrasés par une pareille tribune. Quand le sentiment est inné, profond, enraciné, la parole n'ajoute rien à la conviction. Le silence est la harangue des complots qui ne sont ni les complots de la politique ni les complots du crime, mais les complots de la nature : ce fut l'éloquence du Grutli.

« Nous jurons, dirent en étendant la main Walther Furst, Stauffacher, Melchthal, Werner, nous jurons en présence de Dieu, devant qui les rois et les peuples sont égaux, de vivre et de mourir pour nos frères; d'entreprendre et de soulever tout en commun; de ne plus souffrir, mais de ne pas commettre nous-mêmes d'injustices; de respecter les droits et les propriétés du comte de Hapsbourg; de ne faire aucun mal aux baillis impériaux, mais de mettre un terme à leur tyrannie ! »

Le jour de l'insurrection fut fixé au 1$^{er}$ janvier suivant (1308). Les traditions suisses parlent de trois sources qui jaillirent miraculeusement à ces mots sous les pieds des trois chefs de la confédération du Grutli, et qui coulent encore; mais la tradition ici rapetisse l'événement : le miracle fut dans le cœur de ces trente hommes d'où jaillit la liberté helvétique, et non dans le sable foulé sous leurs pas.

Le lendemain, un nouvel attentat d'un seigneur, protégé par les baillis, sema l'horreur dans les trois cantons. Ce seigneur avait été ébloui de la beauté de la femme d'un serf de ses domaines. En l'absence du mari, il entra dans la maison, ordonna insolemment à la femme de lui préparer un bain, et lui fit des propositions honteuses. La femme chaste s'évada et se réfugia dans la forêt où travaillait son mari, en lui racontant l'outrage. Le mari partit avec sa hache, entra dans sa maison, trouva le tyran dans le bain, lui fendit la tête, et s'enfuit dans les bois avec sa femme. Un cri d'indignation monta du fond des vallées jusqu'aux cimes des Alpes. Nul ne crut plus posséder en sûreté le plus cher des biens, la chasteté des épouses. La conspiration des trente héros du Grutli eut des complices dans tous les maris et dans tous les frères. Cependant le cœur de ce peuple ne débordait pas encore.

Un dernier outrage fit déborder celui des pères, des mères, des enfants ; on eût dit que la tyrannie des baillis voulait accumuler contre elle tous les ressentiments de la nature à la fois. Ici apparaît pour la première fois dans la libération de son pays Guillaume Tell.

Les sourds murmures qui s'élevaient des villages et des chaumières contre les sévices du bailli Gessler, loin d'amortir l'oppression de ce gouverneur, l'avaient irritée. Il voulait dompter par la force les premiers symptômes de révolte qui se lisaient sur les visages des paysans ; il portait défi à la patience du peuple ; il inventait un crime afin d'avoir des coupables à frapper. Il fit planter sur la place publique du bourg d'Altorf un sapin, au sommet duquel il ordonna de placer son chapeau couronné de la couronne d'Autriche. Il enjoignit à tous les paysans ou bourgeois qui passeraient devant ce signe de la souveraineté de l'empereur de se découvrir la tête et de saluer le chapeau. Ses gardes, postés au pied de l'arbre sur la place, devaient enchaîner tous ceux qui se déclareraient rebelles en refusant cet hommage servile au chapeau du gouverneur.

La masse obéissante se plia à ce caprice de la tyrannie par mépris ou par terreur du tyran ; un seul résista : c'était un simple paysan d'Uri, pêcheur du lac et chasseur de chamois, nommé Guillaume Tell. On ne connaissait de lui jusqu'à ce jour que son intrépidité à naviguer sur les flots par les plus fortes tempêtes, et son adresse comme archer à frapper le but avec la flèche de son arbalète. On le croyait si étranger aux impressions politiques qui agitaient le pays, qu'on ne l'avait pas même convié parmi les trente au rendez-vous du Grutli. Il ne prenait sa conspiration à lui que dans sa conscience et dans son cœur. L'acte de se découvrir et de s'incliner devant un objet matériel, qui semblait transposer la divinité de Dieu dans un homme, lui avait paru un signe d'adoration interdit à un chrétien, qui ne doit adorer que Dieu. Les gardes du gouverneur l'avaient désarmé, arrêté et attaché avec des cordes au tronc du sapin qui portait le chapeau.

Gessler averti était heureux d'avoir trouvé un coupable pour frapper en lui toute la race des paysans. Il accourut, suivi d'une nombreuse escorte, à Altorf. Mais ici l'histoire de la Suisse, embarrassée par des traditions trop vagues et trop diverses, laisse achever le récit à la poésie, seule capable d'immortaliser ces grandes scènes primitives de la naissance des peuples libres. Voici comment le grand poëte de l'Allemagne et de la Suisse raconte, d'après les souvenirs des Alpes, la scène simple et terrible entre Guillaume Tell et le tyran.

La scène est dans une prairie, devant le village d'Altorf. Au milieu de la prairie s'élève la perche couronnée du chapeau du gouverneur. Les archers de Gessler entourent la perche. Le peuple d'Altorf et des environs est répandu çà et là, par groupes consternés, autour de la prairie. La chaîne neigeuse des Alpes du Bannberg s'élève au fond, dans un ciel pur, comme un reproche de la nature à la tyrannie qui veut enchaîner la terre libre.

Les gardes s'entretiennent entre eux à voix basse.

## FRIESSHARDT ET LEUTHOLD

#### MONTANT LA GARDE

FRIESSHARDT. — Nous attendons en vain, personne ne passera par ici pour faire sa révérence au chapeau. Il y avait cependant tant de monde ici qu'on eût dit une foire; mais, depuis que cet épouvantail est suspendu à cette perche, la prairie est devenue déserte.

LEUTHOLD. — Nous ne voyons que des misérables qui viennent

ici tirer leur bonnet déguenillé ; mais tous les honnêtes gens aiment mieux faire un long détour que de se courber devant ce chapeau.

FRIESSHARDT. — Il faut qu'ils passent à midi sur cette place, quand ils sortiront de la maison de ville. Je croyais faire une bonne prise, car aucun ne songeait à saluer le chapeau. Le curé, qui revenait de voir un malade, s'en aperçoit, et se place avec le saint sacrement juste au pied de cette perche ; le sacristain agite sa sonnette, tous tombent à genoux, et moi avec eux ; mais c'est le saint sacrement qu'ils ont salué et non pas le chapeau.

LEUTHOLD. — Écoute, camarade, je commence à trouver que nous sommes comme un carcan devant ce chapeau. C'est pourtant une honte pour un homme d'armes que d'être en faction sous un chapeau vide, et chaque honnête homme doit nous mépriser. Faire la révérence à un chapeau, il faut avouer que c'est une extravagante fantaisie !

FRIESSHARDT. — Pourquoi pas à un chapeau? tu la fais bien à des cerveaux vides. (*Hildegarde, Mathilde, Élisabeth, arrivent avec leurs enfants et tournent autour du mât.*)

LEUTHOLD. — Tu es un coquin si zélé! tu ferais volontiers du mal à ces braves gens! Pour moi, salue qui voudra ce chapeau, je ferme les yeux et je ne vois rien.

MATHILDE. — Mes enfants, c'est le chapeau du gouverneur, montrez-lui du respect.

ÉLISABETH. — Dieu veuille qu'il nous quitte en ne nous laissant que son chapeau! Les choses n'en iraient pas plus mal dans le pays.

FRIESSHARDT *les renvoie.* — Allez-vous-en, misérable troupeau de femmes! on n'a pas besoin de vous ici. Envoyez vos maris, nous verrons s'ils ont le courage de braver notre consigne. (*Les femmes sortent. Tell s'avance avec son arbalète, conduisant son enfant par la main; ils passent devant le chapeau sans le voir.*)

WALTHER, *montrant le Bannberg.* — Mon père, est-il vrai que sur cette montagne les arbres saignent quand on les frappe avec la hache?

TELL. — Qui t'a dit cela, enfant?

WALTHER. — C'est le maître berger. Il raconte qu'il y a une

magie dans ces arbres, et quand un homme leur a fait dommage, sa main sort de la fosse après sa mort.

Tell. — Ces arbres sont sacrés, il est vrai. Vois-tu là-bas ces hautes montagnes blanches dont la pointe semble se perdre dans le ciel?

Walther. — Ce sont les glaciers, qui résonnent la nuit comme le tonnerre, et d'où tombent les avalanches.

Tell. — Oui, mon enfant; et ces avalanches auraient depuis longtemps englouti le bourg d'Altorf, si la forêt qui est au-dessus comme une garde fidèle ne l'avait préservé.

Walther, *après un moment de réflexion.* — Mon père, est-il des pays où l'on ne voit pas de montagnes?

Tell. — Quand on descend de nos montagnes et que l'on va toujours plus bas en suivant le cours de nos fleuves, on arrive dans une vaste contrée ouverte, où les torrents n'écument plus, où les rivières coulent lentes et paisibles. Là, de tous les côtés, le blé grandit dans d'immenses plaines, et le pays est comme un jardin.

Walther. — Mais, mon père, pourquoi ne descendons-nous pas dans ce beau pays, au lieu de vivre ici à l'étroit?

Tell. — Ce pays est bon et beau comme le ciel, mais ceux qui y habitent ne jouissent pas de la moisson qu'ils ont semée.

Walther. — Est-ce qu'ils ne sont pas libres comme toi dans leur héritage?

Tell. — Leur champ appartient à l'évêque ou au roi.

Walther. — Mais ils peuvent chasser dans les forêts?

Tell. — Le gibier et les oiseaux appartiennent au seigneur.

Walther. — Ils peuvent alors pêcher dans les rivières?

Tell. — Les rivières, la mer, le sol, appartiennent au roi.

Walther. — Qui est donc ce roi qu'ils craignent tous?

Tell. — C'est un homme qui les protége et les nourrit.

Walther. — Ne peuvent-ils pas se protéger eux-mêmes?

Tell. — Là, le voisin n'ose se fier à son voisin.

Walther. — Mon père, je serais mal à l'aise dans ce pays; j'aime mieux rester sous les avalanches.

TELL. — Oui, mon enfant, mieux vaut être près des glaciers que près des hommes méchants. (*Ils veulent continuer leur chemin.*)

WALTHER. — Vois, mon père, ce chapeau placé sur cette perche.

TELL. — Que nous fait cela? Viens, suis-moi. (*Pendant qu'ils s'éloignent, Friesshardt s'avance avec sa pique.*)

FRIESSHARDT. — Au nom de l'empereur, arrêtez! n'allez pas plus loin!

TELL *saisit sa pique.* — Que voulez-vous? Pourquoi m'arrêtez-vous?

FRIESSHARDT. — Vous avez désobéi à l'ordonnance, suivez-nous.

LEUTHOLD. — Vous n'avez pas salué ce chapeau.

TELL. — Mon ami, laissez-moi passer.

FRIESSHARDT. — Allons, allons! en prison!

WALTHER. — Mon père en prison! Au secours, au secours! (*Ils courent sur la scène.*) Ici, braves gens, aidez-nous! prêtez-nous assistance! (*Ils l'emmènent prisonnier. Le curé, le sacristain et trois autres habitants accourent.*)

LE SACRISTAIN. — Qu'y a-t-il?

LE CURÉ. — Pourquoi mets-tu ta main sur cet homme?

FRIESSHARDT. — C'est un ennemi de l'empereur, un traître.

TELL, *le secouant rudement.* — Moi, un traître!

LE CURÉ. — Tu te trompes, ami. C'est Tell, un homme d'honneur, un bon citoyen.

WALTHER *aperçoit Walther Furst, et court à lui.* — Au secours, grand-père! on fait violence à mon père.

FRIESSHARDT. — En prison, marche!

WALTHER FURST, *accourant.* — Arrêtez, je suis sa caution. Au nom de Dieu, qu'est-il arrivé? (*Melchthal et Stauffacher entrent.*)

FRIESSHARDT. — Il méprise l'autorité suprême du gouverneur, et ne veut pas la reconnaître.

STAUFFACHER. — Tell se serait-il conduit ainsi?

MELCHTHAL. — Tu mens, coquin.

LEUTHOLD. — Il n'a pas salué ce chapeau.

WALTHER FURST. — Et pour cela, il faut qu'il aille en prison?... Mes amis, recevez ma caution et laissez-le libre.

FRIESSHARDT. — Garde ta caution pour toi, nous faisons notre charge. Allons, qu'on l'emmène.

MELCHTHAL. — C'est une violence révoltante. Souffrirons-nous que sous nos yeux on l'enlève?

LE SACRISTAIN. — Nous sommes les plus forts, mes amis; ne souffrons pas ceci. Nous devons nous aider l'un l'autre.

FRIESSHARDT. — Qui osera résister à l'ordre du gouverneur?

TROIS PAYSANS, *accourant*. — Nous vous aiderons. Qu'y a-t-il? Jetons-les par terre. (*Hildegarde, Mathilde, Élisabeth, reviennent.*)

TELL. — Je me secourrai moi-même. Allez, mes braves amis; croyez-vous que si je voulais employer la force, j'aurais peur de leurs hallebardes?

MELCHTHAL, *à Friesshardt*. — Oserais-tu l'enlever au milieu de nous?

WALTHER FURST et STAUFFACHER. — Soyez calme et patient.

FRIESSHARDT *crie*. — A la révolte! à la sédition! (*On entend les cors de chasse.*)

LES FEMMES. — Voici le gouverneur.

FRIESSHARDT *élève la voix*. — A la révolte! à la sédition!

STAUFFACHER. — Crie, coquin, jusqu'à ce que tu crèves.

LE CURÉ et MELCHTHAL. — Veux-tu te taire?

FRIESSHARDT. — Au secours! au secours! défendez les agents de la loi.

WALTHER FURST. — C'est le gouverneur. Malheur à nous! Que va-t-il arriver? (*Gessler à cheval, le faucon sur le poing; Rodolphe de Harras, Berthe, Rudens et une suite de valets armés, qui forment un vaste cercle autour de la scène.*)

RODOLPHE. — Place, place au gouverneur!

GESSLER. — Dispersez-les! Pourquoi cet attroupement? Qui criait au secours? Qu'était-ce? (*Silence général.*) Je veux le savoir. (*A Friesshardt.*) Avance : qui es-tu, et pourquoi tiens-tu cet homme? (*Il donne son faucon à un serviteur.*)

Friesshardt. — Très-puissant seigneur, je suis un de tes soldats placé en sentinelle près de ce chapeau. J'ai saisi cet homme sur le fait, comme il se refusait de le saluer. Je voulais le conduire en prison, selon tes ordres, et le peuple a voulu me faire violence pour l'enlever.

Gessler, *après un moment de silence.* — Tell, méprises-tu donc ainsi l'empereur et moi, qui tiens sa place, pour avoir refusé d'honorer ce chapeau que j'ai fait suspendre afin d'éprouver votre obéissance? Tu me laisses voir par là tes mauvaises intentions.

Tell. — Mon bon seigneur, pardonnez-moi. J'ai agi par inadvertance, et non par dédain de vos ordres. Aussi vrai comme je m'appelle Tell, c'est par défaut de réflexion.

Gessler, *après un moment de silence.* — Tell, tu es un maître archer; on dit que tu atteins à chaque coup ton but.

Walther. — C'est vrai, monseigneur; mon père abat une pomme à cent pas.

Gessler. — C'est là ton enfant, Tell?

Tell. — Oui, monseigneur.

Gessler. — As-tu plusieurs enfants?

Tell. — J'ai deux fils, monseigneur.

Gessler. — Et lequel aimes-tu le mieux?

Tell. — Monseigneur, mes deux enfants me sont également chers.

Gessler. — Eh bien, Tell, puisque tu abats une pomme à cent pas, il faut que tu fasses devant moi l'épreuve de ton adresse. Prends ton arbalète; justement tu la tiens à la main. Apprête-toi à abattre une pomme placée sur la tête de ton enfant. Mais je te conseille de viser juste et de frapper la pomme du premier coup; car si tu la manques, il t'en coûtera la tête.

Tell. — Monseigneur, quel horrible commandement vous me donnez! Quoi! je devrais sur la tête de mon enfant... Non, non, mon bon seigneur, cela n'a pu vous venir dans l'esprit. Au nom du Dieu de miséricorde, vous ne pouvez sérieusement exiger cela d'un père.

Gessler. — Tu viseras une pomme placée sur la tête de ton enfant!... Je le veux et je l'ordonne.

TELL.— Moi viser avec mon arbalète la tête de mon enfant!... plutôt mourir!

GESSLER. — Tu tireras, ou tu mourras avec ton fils.

TELL. — Devenir le meurtrier de mon enfant!... Ah! monseigneur, vous n'avez point d'enfant... Vous ne savez pas ce qui se passe dans le cœur d'un père.

GESSLER. — Comment, Tell, te voilà devenu tout à coup bien prudent! On dit que tu es un rêveur, que tu t'éloignes des habitudes des autres hommes, que tu aimes l'extraordinaire : voilà pourquoi je t'ai choisi une action hasardeuse. Un autre balancerait ; mais toi, tu vas, les yeux fermés, prendre sur-le-champ ton parti.

BERTHE. — Seigneur, cessez de railler ces pauvres gens. Vous les voyez pâles et tremblants devant vous; ils ne sont pas habitués à prendre vos paroles comme un passe-temps.

GESSLER. — Qui vous dit que je plaisante? (*Il s'approche d'un arbre et cueille une pomme.*) Voici la pomme, faites place. Qu'il prenne sa distance selon l'usage. Je lui donne quatre-vingts pas, ni plus ni moins. Il se vante de ne pas manquer un homme à cent pas. Maintenant tire, et ne manque pas le but.

RODOLPHE. — Dieu! cela devient sérieux. Enfant, tombe à genoux, et demande grâce pour ta vie au gouverneur.

WALTHER FURST, *à Melchthal, qui peut à peine maîtriser son impatience.* — Contenez-vous, je vous en conjure; soyez calme.

BERTHE, *au gouverneur.*—Seigneur, c'en est assez : il est inhumain de se jouer ainsi de l'angoisse d'un père. Quand le pauvre homme aurait, par sa faute légère, mérité la mort, ne vient-il pas de souffrir dix morts? Laissez-le retourner dans sa cabane; il a appris à vous connaître, et lui et ses petits enfants se souviendront de cette heure.

GESSLER. — Allons, faites place. Que tardes-tu? Tu as mérité la mort, je puis te la faire subir : regarde, dans ma clémence je mets ton sort entre tes mains habiles. Celui qu'on laisse maître de sa destinée ne peut pas se plaindre de la rigueur de sa sentence. Tu t'enorgueillis de la sûreté de ton coup d'œil; eh bien, chasseur, voici le moment de montrer ton adresse. Le but est digne de toi; le prix est considérable. Toucher le milieu d'une cible, tout autre peut le faire ; mais le vrai maître, c'est celui qui partout est sûr de son art, et dont le cœur ne trouble ni la main ni l'œil.

Walther Furst *se jette à genoux devant lui.* — Monseigneur, nous connaissons votre pouvoir ; mais préférez la clémence à la justice ; prenez la moitié de mes biens, prenez tout, seulement épargnez une telle horreur à un père.

Walther. — Grand-père, ne te mets pas à genoux devant ce méchant homme. Dis où je dois me placer, je n'ai pas peur pour moi : mon père atteint les oiseaux au vol, il ne frappera pas le cœur de son enfant.

Stauffacher. — Monseigneur, l'innocence de cet enfant ne vous touche-t-elle pas ?

Le curé. — Pensez donc qu'il y a un Dieu dans le ciel, à qui vous rendrez compte de vos actions.

Gessler, *montrant l'enfant.* — Qu'on le lie à ce tilleul.

Walther. — Me lier ! non, je ne veux pas être lié ; je serai tranquille comme un agneau, je ne respirerai même pas. Mais si vous me liez, non, je ne pourrai le souffrir, et je me débattrai dans mes liens.

Rodolphe. — On va seulement te bander les yeux, mon enfant.

Walther. — Pourquoi ? Pensez-vous que je craigne une flèche lancée par la main de mon père ? Je veux l'attendre avec fermeté et ne pas sourciller. Allons, mon père, montre-lui que tu es un bon chasseur, il ne le croit pas, et il pense nous perdre. En dépit de cet homme cruel, tire sur la pomme et atteins-la. (*Il va sous le tilleul ; on place la pomme sur sa tête.*)

Melchthal, *à ses compagnons.* — Quoi ! ce crime s'accomplira sous nos yeux ! Pourquoi avons-nous fait serment ?

Stauffacher. — Tout serait inutile, nous n'avons point d'armes, et voyez cette forêt de lances autour de nous.

Melchthal. — Ah ! si nous avions accompli notre œuvre sur-le-champ ! Que Dieu pardonne à ceux qui ont conseillé le retard !

Gessler, *à Tell.* — A l'œuvre ! on ne porte pas des armes impunément. Il est dangereux de marcher avec un instrument de mort, et la flèche revient sur celui qui la lance. Ce droit que les paysans s'arrogent offense le seigneur de la contrée. Nul ne doit avoir d'armes que celui qui commande. Si donc vous vous réjouissez de porter l'arc et les flèches, c'est bien ; moi je vous donnerai le but.

Tell *tend son arbalète et y met la flèche.* — Écartez-vous, place !

Stauffacher. — Quoi ! Tell, vous voudriez... Non, jamais... ; vous frémissez, votre main tremble, vos genoux fléchissent.

Tell *laisse tomber l'arbalète.* — Les objets tourbillonnent devant moi.

Les femmes. — Dieu du ciel !

Tell, *au gouverneur.* — Épargnez-moi ce coup. Voici mon cœur, ordonnez à vos soldats de me tuer. (*Il présente sa poitrine.*)

Gessler. — Je ne veux pas ta vie, je veux que tu tires. Tu peux tout, Tell, rien ne t'effraye ; tu manies la rame comme l'arbalète ; nul orage ne t'épouvante, s'il faut sauver quelqu'un ; à présent, libérateur, sauve-toi toi-même, puisque tu sauves les autres. (*Tell est livré à une violente agitation, ses mains tremblent. Tantôt ses yeux se tournent vers le gouverneur, tantôt ils s'élèvent vers le ciel. Tout à coup il prend dans son carquois une seconde flèche et la cache dans son sein. Le gouverneur remarque tous ses mouvements.*)

Walther, *sous le tilleul.* — Tirez, mon père ; je n'ai pas peur.

Tell. — Il le faut. (*Il rassemble ses forces et s'apprête à tirer.*)

Rudens, *qui pendant ce temps a cherché à se contraindre, s'avance.* — Seigneur gouverneur, vous ne pousserez pas ceci plus loin. Non, ce n'était qu'une épreuve... Vous avez atteint votre but. Une rigueur poussée trop loin ne serait pas conforme à la prudence, et l'arc trop tendu se brise.

Gessler. — Taisez-vous jusqu'à ce qu'on vous interroge.

Rudens. — Je parlerai, je le dois ; l'honneur de l'empereur m'est sacré. Une pareille conduite attirerait la haine universelle ; et telle n'est pas la volonté de l'empereur, j'ose l'affirmer... Mes concitoyens ne méritent pas une telle cruauté, et votre pouvoir ne s'étend pas jusque-là.

Gessler. — Comment ! vous osez... !

Rudens. — J'ai longtemps gardé le silence sur toutes les mauvaises actions dont j'étais témoin, je fermais les yeux sur ce que je voyais ; j'ai contenu dans mon sein l'indignation qui soulevait mon cœur; mais me taire plus longtemps, ce serait trahir à la fois ma patrie et mon honneur.

BERTHE *se jette entre lui et le gouverneur.* — O Dieu! vous irritez encore davantage ce furieux.

RUDENS. — J'ai abandonné mes concitoyens, j'ai renoncé à ma famille, j'ai rompu tous les liens de la nature pour m'attacher à vous. Je croyais agir pour le mieux en affermissant ici la puissance de l'empereur. Le bandeau tombe de mes yeux. Je me vois avec effroi entraîné dans un abîme; vous avez égaré ma pensée imprévoyante et trompé mon cœur confiant. Avec la volonté la plus noble, je perdais mes compatriotes.

GESSLER. — Téméraire! parler ainsi à ton seigneur!

RUDENS. — L'empereur est mon seigneur, et non pas vous. Je suis né libre comme vous, je suis votre égal en tout; et si vous n'étiez pas ici au nom de l'empereur, que j'honore, même quand vous abusez de votre pouvoir, je jetterais ici le gant devant vous, et, d'après la loi des chevaliers, vous devez me rendre raison. Oui, faites signe à vos soldats; je ne suis pas sans armes comme le peuple; j'ai une épée, et celui qui m'approchera...

STAUFFACHER *crie :* La pomme est tombée! (*Pendant que tout le monde était tourné du côté du gouverneur et de Rudens, Tell a lancé sa flèche.*)

LE CURÉ. — L'enfant vit!

PLUSIEURS VOIX. — La pomme est abattue. (*Walther Furst chancelle et paraît près de s'évanouir; Berthe le soutient.*)

GESSLER, *étonné.* — Il a tiré? Comment, ce démon...!

BERTHE. — L'enfant vit; revenez à vous, bon père!

WALTHER, *accourt avec la pomme.* — Mon père, voici la pomme; je savais bien que tu ne ferais pas de mal à ton enfant. (*Tell, lorsque la flèche est partie, est resté le corps penché, comme s'il voulait la suivre. Il a laissé tomber l'arbalète. Quand il voit l'enfant revenir, il va à lui les bras ouverts, et le presse avec tendresse sur son sein. Alors la force l'abandonne, et il est près de s'évanouir. Chacun le regarde avec émotion.*)

BERTHE. — Bonté du ciel!

WALTHER FURST. — Mes enfants! mes enfants!

STAUFFACHER. — Que Dieu soit loué!

Leuthold. — C'est un coup mémorable; il en sera parlé dans les temps les plus reculés.

Rodolphe. — On parlera de l'archer Tell aussi longtemps que les montagnes resteront sur leur base.

Gessler. — Par le ciel! la pomme est traversée au beau milieu. C'est un coup de maître, il faut lui rendre justice.

Le curé. — Le coup est bien; mais malheur à celui qui l'a forcé à tenter la Providence!

Stauffacher. — Revenez à vous, Tell, levez-vous; vous vous êtes courageusement conduit, et vous pouvez retourner chez vous en liberté.

Le curé. — Allez, allez, et rendez ce fils à sa mère. (*Ils veulent l'emmener.*)

Gessler. — Tell, écoute.

Tell *revient*. — Qu'ordonnez-vous, monseigneur?

Gessler. — Tu as caché une seconde flèche dans ton sein. Oui, je l'ai bien vue. Qu'en voulais-tu faire?

Tell, *embarrassé*. — Monseigneur, tel est l'usage des chasseurs.

Gessler. — Non, Tell, je n'accepte pas ta réponse; tu avais quelque autre pensée. Dis-moi la vérité librement et franchement. Quelle qu'elle soit, je te promets que ta vie est en sûreté. A quoi destinais-tu ta seconde flèche?

Tell. — Eh bien, monseigneur, puisque vous m'assurez la vie sauve, je vous dirai la vérité tout entière. (*Il tire la flèche de son sein et la montre au gouverneur avec un regard terrible.*) Si j'avais atteint mon enfant chéri, je vous aurais frappé avec cette seconde flèche; et certes, ce coup-là, je ne l'aurais pas manqué.

Gessler. — Bien! Tell, je t'ai assuré la vie, je t'ai donné ma parole de chevalier, je la tiendrai; mais puisque je connais tes mauvais desseins, je veux te faire conduire dans un lieu où tu ne verras jamais le soleil ni la lune. Là, je serai à l'abri de tes flèches. Saisissez-le et liez-le. (*Tell est lié.*)

Stauffacher. — Comment, monseigneur, vous pourriez traiter ainsi un homme que Dieu protége si visiblement!

Gessler. — Nous verrons si Dieu le délivrera une seconde fois.

Conduisez-le sur une barque ; je vais y aller sur-le-champ, je le conduirai moi-même à Kussnacht.

Le curé. — Vous ne l'oserez pas faire, l'empereur ne l'oserait pas ; cela est contraire à nos lettres de franchise.

Gessler. — Où sont-elles ? l'empereur les a-t-il confirmées ? Il ne les a pas confirmées ; c'est par votre obéissance que vous obtiendrez cette faveur. Vous êtes des rebelles envers la justice de l'empereur, vous entretenez des projets audacieux de révolte. Aujourd'hui je saisis cet homme au milieu de vous, mais vous êtes tous coupables comme lui. Que celui qui est sage apprenne à se taire et à obéir. (*Il s'éloigne ; Berthe, Rudens, Rodolphe et des hommes d'armes le suivent. Friesshardt et Leuthold restent.*)

Walther Furst, *dans une violente douleur*. —Il part, il a résolu de me perdre, moi et toute ma famille.

Stauffacher, *à Tell*.— Oh ! pourquoi avez-vous rallumé la rage de ce furieux ?

Tell. — Peut-on se maîtriser quand on éprouve une telle douleur ?

Stauffacher. — Ah ! c'en est fait ! c'en est fait ! avec vous, nous sommes tous enchaînés et tous asservis. (*Tous les paysans environnent Tell.*) Avec vous s'en va notre dernier espoir.

Leuthold *s'approche*. — Tell, ton sort m'attendrit ; pourtant, il faut que j'obéisse.

Tell. — Adieu.

Walther, *avec désespoir et s'attachant à lui*. — Oh ! mon père, mon père, mon père chéri !

Tell, *levant les bras au ciel*. — Là-haut est ton père, invoque-le.

Stauffacher. — Tell, ne dirai-je rien à votre femme de votre part ?

Tell *prend son fils avec tendresse*. — L'enfant est sain et sauf, Dieu me secourra. (*Il s'éloigne, et suit les gens du gouverneur.*)

Laissons la poésie, reprenons la tradition, cette autre poésie de la vérité.

Gessler, maître de Guillaume Tell, mais craignant

qu'une insurrection soulevée par l'exemple de ce héros des paysans d'Uri ne lui enlevât son prisonnier, résolut de le transporter cette même nuit dans une citadelle appartenant à l'empereur, à Kussnacht, au pic du mont Rigi. Pour aller à Kussnacht, il fallait traverser le lac. Gessler, ne voulant confier à personne la garde du rebelle réservé à un supplice exemplaire, s'embarqua à Fluelen, petit port de pêcheurs sur la rive occidentale du lac des Quatre-Cantons. Quelques rameurs, une poignée de gardes, un pilote inexpérimenté, composaient tout l'équipage. Guillaume Tell, garrotté de chaînes, fut jeté sous leurs pieds comme un vil fardeau, au fond de la barque. On déploya la voile. Ils naviguèrent heureusement jusqu'à la moitié de la traversée du lac; mais là les étoiles se voilèrent, les vagues frémirent; un vent qui avait le bruit et le poids de l'avalanche tomba plutôt qu'il ne souffla du Saint-Gothard par l'embouchure de la Reuss; la voile, chargée de vent, fit pencher la barque, et éclata avec le bruit du tonnerre.

Les rameurs cherchent en vain à atteindre une anse au pied du Rigi, pour s'abriter: repoussés en plein lac par les vagues écumantes, ils flottent d'abîme en abîme sans pouvoir trouver une route dans ces liquides vallées; il fallut obéir à l'ouragan, qui les ballotta d'une rive à l'autre pendant une longue nuit. « Il n'y a qu'un homme en Suisse capable de nous sauver, s'écrièrent les rameurs. — Qui est-il? dit Gessler. — C'est Guillaume Tell, répondirent les paysans d'Uri. — Coupez les cordes qui le garrottent, reprit le gouverneur: sa vie nous répond de la nôtre; confiez-lui le gouvernail. » On coupa les cordes qui garrottaient l'habile pilote. Tell, le gouvernail en main, lutta comme un dompteur de vagues avec la tempête; il se rapprocha de la côte d'Altorf, dont on entendait les rochers à pic résonner sous les assauts des flots à travers les ténèbres et la fumée du lac; il cherchait une anse connue de lui seul. Là les rochers abaissés formaient une échancrure à la côte, et permettaient d'amarrer un esquif dans les temps calmes. Le bruit des vagues contre les parois de la côte le dirigeait. Tout à coup il fit virer la poupe de la barque vers un monceau d'écume, qui laissa à découvert en retombant un écueil ruisselant d'eau courante ; et, s'élançant d'un bond de la barque à terre, il repoussa du pied la poupe aux flots. Les flots la reprirent, l'éloignèrent, l'engloutirent et la relevèrent tour à tour comme un jouet sur leurs collines. Avant que les rameurs de Gessler eussent reconnu, aux premières clartés du matin, la côte d'Altorf et l'anse de Fluelen, Tell, échappé à la mort, avait gravi les collines d'Altorf, frappé à la porte de sa maison, embrassé sa femme et son enfant, et repris son arbalète et une flèche.

Cependant le gouverneur, débarqué aussi au milieu du jour, avait envoyé un messager à Altorf, pour chercher ses écuyers, ses chevaux et ses gardes. On lui avait amené son escorte. Il s'avançait dans un chemin creux sur les traces de Tell, jurant à haute voix que si le fugitif ne se remettait pas de lui-même dans ses fers, chaque jour de délai lui coûterait la tête de sa femme ou d'un de ses enfants.

Un homme, caché par les feuilles des arbres de la forêt, entendait ces cruelles menaces ; une flèche siffla à travers les branches, et perça le cœur de Gessler. Il roula de son cheval sans avoir le temps d'achever le serment qu'il faisait au crime : on le releva mort.

Nul ne vit l'archer ; il avait frappé comme la vengeance divine, sans se montrer autrement que par le coup.

Soit que Tell, bien qu'il n'eût tiré la flèche que pour sauver sa femme et ses trois enfants, sur lesquels la mort était alors suspendue, rougît d'avoir frappé en assassin plus qu'en combattant ; soit qu'il ne voulût pas recueillir de gloire d'un acte qui ressemblait par l'apparence à un crime; soit que la flèche fût partie en effet d'un autre main que la sienne, Tell ne revendiqua jamais pour lui-même le meurtre de Gessler : il laissa le crime ou la gloire au mystère ; il se contenta de recouvrer sa femme et ses fils, laissant à d'autres l'honneur de reconquérir la liberté politique de son pays, sauvé ou vengé par sa flèche, et n'ayant fomenté, lui, d'autre révolte que la révolte de la nature. C'est cette révolte, plus légitime et plus sainte que l'acte, qui fit de lui et malgré lui le héros de la Suisse. Une femme, Lucrèce, avait délivré Rome ; un père, Guillaume Tell, avait délivré l'Helvétie !

Ce dernier attentat de Gessler à la paternité ; ce drame de la pomme ; ce supplice moral du père ; ce meurtre exécrable de l'enfant par la main de celui qui lui avait donné le jour, si cette main avait tremblé ; ces angoisses et ces cris d'horreur de toutes les mères ; cette immolation enfin du tyran sauvé d'abord par sa victime, puis frappé dans son impatience de nouveaux crimes par une invisible main, firent fermenter à l'instant le complot formé par les conjurés du Grutli pour la liberté des montagnes. Chaque paysan trouva un complice dans chaque paysan ; on s'entendit sans s'interroger ; on compta les uns sur les autres sans se prêter d'autre serment que celui du regard, de la physionomie, de la main serrée par la main. L'âme de Guillaume Tell, au moment où il tendait son arc, hésitant entre la pomme placée sur le front de son enfant et le cœur de Gessler, avait passé dans toute la Suisse.

Le 31 décembre, les trois chefs de la conjuration du Grutli levèrent leurs bannières et appelèrent leurs compatriotes aux armes. La bannière d'Uri représentait une tête de taureau avec les chaînons brisés du joug pendant sur le cou ; celle de Schwytz, une croix, double symbole de supplice et de délivrance ; celle d'Underwald, deux clefs, image des clefs de l'apôtre saint Pierre, qui allaient leur ouvrir les portes de fer de leur antique servitude.

A minuit Stauffacher, suivi de la jeunesse d'Uri, gravit en silence les escarpes du château de Rosberg, une des citadelles de l'Autriche; tout dormait dans la demeure forte des tyrans, excepté l'amour et le patriotisme. Une jeune fille, de la race des serfs, qui servait par contrainte dans le château du seigneur, était la fiancée d'un des conjurés. Avertie seulement par lui du jour et de l'heure, elle lui jeta, au fond du précipice, une corde à nœuds attachée aux barreaux de sa fenêtre. Le jeune homme, introduit ainsi avec vingt de ses compagnons dans le château, surprit la garnison allemande dans son sommeil, la désarma, et l'enferma dans la prison de la forteresse. Les vainqueurs laissèrent flotter, comme un piége, le drapeau de l'Autriche sur les remparts; ce piége y attira le lendemain un groupe de seigneurs qui fuyaient la rébellion des campagnes : ils restèrent les otages des paysans.

A Sarnem, les paysans, cachant leurs armes sous leurs habits, se présentèrent chargés d'agneaux, de chevreaux, de chamois et de poules, comme pour apporter au seigneur les vœux et les tributs du premier jour de l'année. Le seigneur, qui sortait pour se rendre à l'église de Sarnem, les salua en passant, et leur dit d'attendre son retour. A peine avait-il franchi la herse qu'ils la baissèrent, tirèrent leurs armes, cachées sous leurs présents, enchaînèrent la garnison, et, sonnant du haut du donjon la conque de corne de bœuf des montagnes, appelèrent le peuple à la liberté.

Pendant ces surprises ou ces assauts des compagnons de Stauffacher, Walter Furst et Guillaume Tell escaladaient le château, réputé imprenable, d'Uri. Melchthal et ses héros s'emparaient de toutes les autres citadelles. Le soir, des bûchers, allumés par les vainqueurs sur tous ces remparts conquis, répercutaient, de cime en cime et de vague en vague, la première lueur de l'indépendance helvétique,

que huit siècles ne devaient plus éteindre. Cette date se confondait avec le nom de Tell, qui avait été, sinon le fondateur, du moins l'occasion de la liberté de son pays. Heureux les hommes dont les noms sont de telles dates et nomment leur peuple ! La postérité ne leur demande plus leur titre à la gloire, mais elle les confond avec la grandeur, la vertu, l'éternité de leur race, et elle les bénit dans les derniers de leurs descendants !

Il en est ainsi de ce pauvre paysan nommé Guillaume Tell. Sa simplicité a une merveilleuse analogie avec le pays simple et pastoral qui célèbre à jamais son nom et son aventure dans ses traditions. Son image, celle de sa femme et de ses fils, se marient agréablement aux paysages grandioses, rustiques et riants de l'Helvétie, cette Arcadie moderne. Toutes les fois que le voyageur les visite; que les cimes indomptées du mont Blanc, du Saint-Gothard, du Rigi, s'élancent à ses yeux dans le firmament, comme le drapeau teint par le ciel de la liberté; que le lac des Quatre-Cantons montre une barque chancelante sur la cime bleue de ses vagues; que la cascade s'écroule en poussière du haut du Splughen, et se brise sur les rocs comme la tyrannie sur des cœurs libres; que les ruines d'une forteresse de l'Autriche assombrissent de leurs pans de murailles un mamelon d'Uri ou de Glaris, et qu'un rayon de soleil serein dore, au penchant d'un village, le velours vert d'une prairie où paissent les troupeaux, au son des clochettes et au ranz des vaches, l'imagination voit, à l'origine et au centre de toutes ces scènes, le chapeau élevé au sommet du sapin, l'archer condamné à viser la pomme sur la tête de son enfant, la pomme qui tombe traversée par la flèche; le père enchaîné au fond de la barque, domptant, la nuit, la tempête et sa propre colère pour sauver son bourreau; puis, quand le bourreau ingrat menace sa femme et ses trois fils d'une mort cruelle, cédant enfin à la nature, et frappant à mort le meurtrier. La naïveté de cette histoire ressemble à un poëme : c'est une idylle, où une seule goutte de sang brille parmi la rosée sur une feuille d'arbre et sur une touffe d'herbe. La Providence semble ainsi se complaire à donner à chaque peuple libre, pour fondateur de son indépendance, un héros fabuleux ou réel, conforme aux sites, aux mœurs, au caractère de ces peuples : à un peuple rustique et pastoral comme les Suisses, un paysan héroïque; à un peuple fier et soulevé comme les Américains, un soldat honnête homme; deux symboles debout au berceau des deux libertés modernes pour personnifier leurs deux natures : ici, Tell avec sa flèche et sa pomme; là, Washington avec son épée et ses lois!

# GUTENBERG

### INVENTEUR DE L'IMPRIMERIE

# GUTENBERG

## INVENTEUR DE L'IMPRIMERIE

### ANNÉE 1400 DE J.-C.

---

L'imprimerie est le télescope de l'âme.

De même que cet instrument d'optique, appelé télescope, rapproche de l'œil, en les grossissant, tous les objets de la création, les atomes et les astres même de l'univers visible; de même, l'imprimerie rapproche et met en communication immédiate, continue, perpétuelle, la pensée de l'homme isolé avec toutes les pensées du monde invisible, dans le passé, dans le présent et dans l'avenir. On a dit que les chemins de fer et la vapeur supprimaient la distance; on peut dire que l'imprimerie a supprimé le temps. Grâce à elle, nous sommes tous contemporains. Je converse avec Homère et Cicéron : les Homères et les Cicérons des siècles à naître converseront avec nous; en sorte qu'on peut hésiter à prononcer si une *presse* n'est pas autant un véritable *sens* intellectuel, révélé à l'homme par Gutenberg, qu'une *machine* matérielle; car il en sort sans doute du papier, de l'encre, des caractères, des chiffres, des lettres qui tombent sous les sens; mais il en sort en même temps de la pensée, du sentiment, de la morale, de la religion, c'est-à-dire une portion de l'âme du genre humain.

Avant de parler de l'inventeur, examinons le phénomène.

Ce qui constitue l'homme, ce ne sont pas seulement les sens, car les brutes ont des sens comme nous, et quelques-unes même en ont d'infiniment plus délicats, plus forts, plus infaillibles que les nôtres. Ce qui constitue surtout l'homme, c'est la pensée! Mais, tant que cette pensée ne se révèle pas à elle-même et aux autres par la parole, elle est en nous comme si elle n'était pas. La parole n'est pas la pensée, mais elle en est la manifestation nécessaire et simultanée. Tant qu'un homme n'a pas pu dire : « Je pense ! » il n'a pas pensé, il a rêvé ; il a eu des instincts, il n'a pas eu des idées ; il a été intelligence sans doute, mais intelligence captive et endormie dans la surdité et dans la nuit des sens, semblable au feu qui dort dans la poudre, mais qui n'en sort pas avant que l'étincelle, en s'approchant, lui rende la flamme, la lumière et la liberté. L'étincelle qui rend à la pensée sa flamme, sa lumière, sa liberté, son activité dans l'homme et dans l'espèce humaine, c'est la parole! c'est le *verbe*, comme l'appelaient les anciens, qui faisaient, sous ce nom, de cette faculté véritablement divine, quelque chose d'intermédiaire entre l'homme et Dieu.

Ils avaient raison : la parole est la révélation de l'âme à l'âme. Or, quel autre que Dieu pouvait faire à l'âme, son ouvrage et son mystère, cette révélation d'elle-même ?

Aussi penchons-nous à croire que la parole n'est pas née d'elle-même sur les lèvres de l'homme primitif comme un balbutiement de hasard, attachant, de siècle en siècle, quelques significations vagues à quelques sons inarticulés, et donnant aux autres, sur le son, sur l'enchaînement, sur la signification de ces vagissements humains, des leçons qu'il n'aurait pas reçues lui-même. Pour arriver ainsi de ces vagissements instinctifs à la parole, de la parole à la convention unanime du sens des mots, du sens de quelques mots au verbe et à la phrase, du verbe et de la phrase à la syntaxe logique, de ces syntaxes à la langue de Moïse, de David, de Cicéron, de Confucius, de Racine, il faudrait supposer au genre humain plus de siècles d'existence sur ce globe de boue qu'il n'y a d'étoiles visibles ou invisibles dans la voie lactée ; il faudrait lui supposer aussi des siècles sans nombre d'abrutissement, pendant lesquels lui, genre humain, être essentiellement moral et intellectuel, i aurait vainement cherché, semblable aux brutes, son instrument de moralité et d'intelligence, sans pouvoir le trouver qu'après des myriades de générations sans parole, et par conséquent sans intelligence et sans moralité. L'humanité sourde et muette pendant cent mille ans?... Je craindrais de blasphémer en croyant à ce mystère.

J'aime mieux croire à l'autre, c'est-à-dire au mystère paternel du Créateur inspirant lui-même, aux lèvres de sa créature enfant, la parole, le verbe, le mot, l'expression innée qui nomme les choses, en les voyant, du nom approprié à leur forme et à leur nature ; car nommer les choses de leur vrai nom, c'est véritablement les recréer. Oui, il a dû enseigner la première parole et la première langue, celui qui a fait l'intelligence et le sentiment pour se communiquer, la poitrine pour faire résonner le son de toutes les fibres tendues et émues de nos passions, comme un clavier intérieur, toujours complet, que nous portons en nous; celui qui a fait la langue pour articuler, les lèvres pour prononcer, la voix pour porter au dehors l'écho de l'âme ! Des débris de cette première langue parfaite, et décomposée par quelques décadences intellectuelles, se seront recomposées les autres langues diverses et imparfaites, comme des pierres d'un temple écroulé se rebâtissent lentement, dans le désert, quelques abris pour la caravane.

La parole donnée, trouvée ou inventée, il y avait encore des siècles à traverser avant d'arriver à cet autre phénomène : renfermer la pensée immatérielle et invisible dans des signes visibles et matériels, gravés sur une substance palpable. Ce phénomène, c'est l'écriture. L'écriture transporte d'un sens à l'autre la pensée. La parole communiquait la pensée de la bouche à l'oreille par le son ; l'écriture saisit le son insaisissable au passage, le transforme en signes ou en lettres, et communique ainsi la pensée de la main aux yeux. Les yeux la communiquent à l'âme par cette relation à jamais mystérieuse qui existe entre notre intelligence et nos sens, et voilà la parole devenue visible et palpable, d'invisible et d'immatérielle qu'elle était. Y a-t-il miracle comparable à celui-là ?

On ne sait, en réalité, qui a inventé l'écriture. Tout ce qui est presque divin est anonyme. Il n'est pas donné à un homme d'attacher son nom personnel à une découverte qui est évidemment collective et qui appartient à l'humanité tout entière ; mais, ici, ce sont incontestablement des hommes qui ont agi, et non Dieu lui-même. Une fois la parole admise en fait, il n'y avait qu'à la transposer de l'oreille aux yeux. C'est là une œuvre difficile ; mais, enfin, c'est une œuvre humaine. Par l'écriture, la parole acquérait deux qualités inséparables qu'elle n'avait pas tant qu'elle n'était que parlée et fugitive comme le son. La parole écrite acquérait la perpétuité et la transmissibilité ; elle devenait ainsi éternelle et universelle. On pouvait la conserver toujours, et on pouvait l'entendre partout.

Aussi, du jour où la parole fut écrite, le genre humain, en perpétuel entretien avec lui-même, malgré la distance et malgré la mort, accomplit-il des progrès immenses et presque non interrompus de civilisation. Il devint, comme Dieu, présent à tous les temps. Il s'enrichit du passé, il cultiva le présent, il élabora pour l'avenir. Il écrivit ses idées, ses chants, ses histoires, ses lois, ses sciences, ses arts, ses religions, sa terre et son ciel. Il immobilisa, pour ainsi dire, ses idées fugitives, et il en fit les manuscrits des institutions. La civilisation de telle ou telle contrée du globe se résuma presque partout en une seule manifestation : le livre ! L'univers ne fut plus que bibles. Zoroastre, Moïse, Confucius, Mahomet, eurent autant de livres, autant de civilisations, autant de morales, de législations, de philosophies, de dogmes, de théologies, s'emparant tour à tour du monde, ou se le disputant pour le posséder. Et maintenant le monde appartient au livre le plus saint et le plus universel.

Un million de mains prirent le roseau de l'Égyptien, la plume du Grec, le style du Romain, le papyrus, l'écorce de palmier, le parchemin du moyen âge, le papier de l'Européen, se pressèrent de graver en toutes langues la parole devenue objet de foi pour l'esprit, objet de commerce pour l'art, objet de transport pour les industries. Les manuscrits se multiplièrent dans une proportion incalculable sur la terre. La Chine, notre ancêtre en toute invention, possédait seule, avec une langue trois fois plus parfaite que les nôtres, une espèce de stéréotypie ou d'imprimerie qui vulgarisait, parmi ses innombrables populations, les idées, la morale, les lois, la religion.

Partout ailleurs, c'était la main de l'homme qui était la seule machine de l'esprit. La profession des copistes était une des plus nombreuses, des plus honorées et des plus lucratives des professions. Des libraires entretenaient des milliers de copistes, revendaient leurs copies, leur en donnaient le salaire et faisaient un bénéfice sur la pensée. Il y avait à Rome, et dans les grandes villes de la Grèce et de l'Asie, des quartiers particuliers où se faisait ce trafic des idées et de la parole écrites. Les riches avaient des esclaves d'élite, achetés plus cher et traités plus familièrement que les autres esclaves, qui étaient exclusivement consacrés par eux à copier les ouvrages célèbres de l'antiquité et de leur temps pour leurs bibliothèques. Le gouvernement en entretenait un grand nombre pour ses édits, les orateurs pour leurs discours. Plus tard, sous le Bas-Empire, ce furent les eunuques, race à la fois dégradée et privilégiée, qui copièrent à Byzance les chefs-d'œuvre de l'antiquité grecque, latine, hébraïque.

Enfin, ce furent les moines, copistes volontaires, qui, dans le silence de leurs monastères, se consacrèrent à cette multiplication de la parole sacrée ou de la parole profane, en copiant et en recopiant ces millions d'exemplaires de la Bible, de l'Évangile et des auteurs illustres de l'antiquité, à la renaissance des lettres. Comme les esclaves et comme les eunuques, ces moines, logés, nourris et vêtus gratuitement dans des monastères fondés et dotés par la munificence des rois, des seigneurs de terre ou des fidèles, pouvaient donner à des prix très-modiques la publicité aux ouvrages d'esprit. Ils n'avaient pas besoin de salaire, puisque leur ordre religieux, enrichi des dons et des domaines de la religion, pourvoyait à tous leurs besoins.

Bientôt ces manuscrits, occupation de leur loisir pour les moines, profession manuelle et commerciale pour les laïques et pour les clercs, devinrent un objet d'art qui enfanta des chefs-d'œuvre de patience, de calligraphie, de miniature, de dessin à la plume, de coloration au pinceau. L'art de l'imprimerie, quelque perfectionné qu'il soit aujourd'hui par les Didot, les Bodoni, les Bentley et tous les grands maîtres de la presse, n'a pas égalé encore et n'égalera peut-être jamais quelques-uns de ces manuscrits sur les pages desquels, comme sur des temples de Jérusalem, de Rome ou de Cologne, se sont usées des milliers de mains, et consumées successivement des vies entières de religieux ou d'artistes.

Néanmoins ce mode de reproduction de la parole écrite avait toujours deux immenses infériorités sur l'imprimerie: il était lent, et il était cher ; il ne produisait pas suffisamment de copies pour les besoins d'une consommation indéfinie de lecteurs, et les riches seuls pouvaient avoir des bibliothèques. Les clartés de l'esprit étaient le privilége de l'Église, des princes, des cours et des heureux de la terre; elles ne descendaient pas dans les dernières zones du peuple. La tête de la société était dans la lumière, les pieds dans l'ombre. Une autre faculté manquait à la parole écrite, la rapidité. Le journalisme, qui la porte avec la promptitude du rayonnement, en quelques heures et en petit volume, d'une extrémité d'un empire à l'autre, ne pouvait pas exister. La parole était livre, jamais page; elle ne se monétisait pas de manière à circuler de mains en mains dans tout l'univers comme l'obole du jour; il y avait de grands vides et de longs silences dans l'entretien de l'esprit humain avec lui-même. Les progrès de la vérité, de la science, des lettres, des arts, de la politique, étaient lents et suspendus pendant de longues périodes.

Tel était encore, en 1400, l'état de la parole humaine; il fallait une révolution de la mécanique pour préparer les innombrables révolutions de la pensée que la Providence se réservait d'accomplir dans le genre humain par la main d'un mécanicien obscur; et ce qu'il y a de remarquable, c'est que ce mécanicien, comme s'il eût été prophétiquement inspiré par la Providence, n'opéra pas ce prodige par hasard ou par cupidité, comme tant d'autres inventeurs : non, il l'opéra par piété et avec la passion sainte et la conscience pressentie de ce qu'il voulait accomplir. Il se dit, dès ses plus tendres années : « Dieu souffre dans des multitudes d'âmes auxquelles sa parole sacrée ne peut pas descendre; la vérité religieuse est captive dans un petit nombre de livres manuscrits qui gardent le trésor commun, au lieu de le répandre; brisons le sceau qui scelle les choses saintes, donnons des ailes à la vérité, et qu'elle aille chercher par la parole, non plus écrite à grands frais par la parole qui se lasse, mais multipliée comme l'air par une machine infatigable, toute âme venant en ce monde ! »

Cet homme, qui se disait à lui-même ces belles paroles, et qui se posait ce problème pour le résoudre ou pour mourir à la peine, c'était GUTENBERG.

Jean Gensfleich Gutenberg de Sorgeloch était un jeune patricien, né à Mayence, ville libre et opulente des bords du Rhin, en 1400. Son père, Friele Gensfleich, épousa Else de Gutenberg, qui donna son nom à son second fils Jean.

Il est probable que si Mayence, sa patrie, n'eût pas été une ville libre, ce jeune gentilhomme n'aurait pas pu y concevoir ou y exécuter son invention. Le despotisme, comme la superstition, impose le silence; il aurait étouffé l'écho universel et irrésistible que ce génie de l'homme méditait de créer à la parole. L'imprimerie et la liberté devaient naître du même sol et du même air.

Mayence, Strasbourg, Worms et d'autres villes municipales du Rhin se gouvernaient alors, sous la suzeraineté de l'empire, en petites républiques fédératives, comme Florence, Gênes, Venise et les autres républiques d'Italie. La noblesse guerrière, la bourgeoisie grandissante, et le peuple laborieux flottant entre les deux classes qui le caressaient ou l'opprimaient tour à tour, s'y disputaient de temps en temps, comme partout, la supériorité. Des accès de guerres civiles suscitées par des vanités ou des intérêts, et dans lesquelles la victoire restait tantôt aux patriciens, tantôt aux plébéiens, tantôt aux prolétaires, y faisaient tour à tour des vaincus, des vainqueurs et des proscrits. C'est l'histoire de toutes les villes, de toutes les républiques et de tous les empires. Mayence était une miniature de Rome ou d'Athènes. Seulement, les proscrits n'avaient pas les mers à traverser pour fuir leur patrie; ils sortaient des murs, ils traversaient le Rhin, ceux de Strasbourg allant à

Mayence, ceux de Mayence à Strasbourg, et ils attendaient un retour de fortune à leur parti ou un rappel de leurs concitoyens.

Le jeune Gutenberg, dans ces querelles intestines de Mayence, gentilhomme lui-même, et combattant naturellement pour la cause la plus sainte aux yeux d'un fils, celle de son père, fut vaincu par la bourgeoisie, et proscrit, avec tous les chevaliers de sa famille, hors du territoire de Mayence. Sa mère et ses sœurs y restèrent seules en possession de leurs biens, comme des victimes innocentes à qui on n'imputait pas le crime de leur noblesse. Son premier exil ne fut pas long, la paix fut scellée par le retour des proscrits. Une vaine querelle de préséance dans les cérémonies publiques, à l'occasion de l'entrée solennelle de l'empereur Robert, accompagné de l'archevêque Conrad, à Mayence, ayant ranimé les rivalités des classes en 1420, le jeune Gutenberg subit à dix-neuf ans son second exil.

La ville libre de Francfort s'offrit cette fois pour médiatrice entre les nobles et les plébéiens de Mayence, et obtint leur rentrée à des conditions d'égalité des patriciens et des bourgeois dans la magistrature du gouvernement. Mais Gutenberg, soit que sa valeur dans la guerre civile l'eût rendu plus redoutable et plus hostile à la bourgeoisie, soit que son orgueil, nourri des traditions de sa race, supportât impatiemment le poids des plébéiens, soit plutôt que dix ans d'exil et d'études à Strasbourg dussent déjà tourner ses pensées vers un but plus noble que de vains honneurs dans une république municipale, refusa de rentrer dans sa patrie. Sa mère, qui veillait à Mayence sur son fils, demanda à la république qu'on lui fît au moins toucher comme pension une modique partie du revenu de ses biens confisqués. La république répondit que le refus de rentrer dans sa patrie était de la part du jeune patricien une déclaration de guerre, et qu'elle ne soldait pas ses ennemis. Gutenberg, obstiné dans son exil volontaire et dans son dédain, vécut des secours cachés de sa mère.

Mais il jouissait déjà à Strasbourg d'une si haute popularité pour son caractère et pour ses études, qu'un jour, le premier magistrat de Mayence ayant passé par le territoire de Strasbourg, les amis de Gutenberg l'arrêtèrent, l'enfermèrent dans un château, et ne consentirent à lui rendre la liberté qu'après que la ville de Mayence eut signé un traité qui rendait son patrimoine à son proscrit. Ainsi, ce jeune homme, ce grand tribun de l'esprit humain, qui allait, par son invention, détruire à jamais les préjugés de race, et rendre, avec le temps, la liberté et l'égalité civiles à tous les plébéiens de l'univers, commençait sa vie, encore ignoré, par des combats de castes contre le peuple, à la tête des patriciens de sa patrie. La fortune semble se jouer à ces contrastes. Mais la raison de Gutenberg, croissant avec l'âge, allait jeter dans les bras l'un de l'autre ce peuple et ce patricien qui se regardaient en ennemis.

La restitution de ses biens permit au jeune Gutenberg de satisfaire ses goûts littéraires, religieux et artistiques en voyageant de ville en ville pour y étudier les monuments et pour y visiter les hommes de toutes les conditions, célèbres par leur science, leur art ou même leur métier. Les artisans alors en Allemagne tenaient presque le même rang que les artistes. C'était l'époque où les métiers, à peine découverts, se confondaient avec les arts, et où les plus humbles professions enfantaient leurs premiers chefs-d'œuvre, qu'on admirait, par la nouveauté, comme des prodiges. Gutenberg voyageait seul, à pied, la valise qui contenait ses habits et ses livres sur le dos, comme un simple étudiant qui visite les écoles, ou comme un artisan qui cherche un maître. Il parcourut ainsi les bords du Rhin, l'Italie, la Suisse, l'Allemagne, enfin la Hollande, non sans but, en homme qui laisse errer son imagination au caprice de ses pas, mais portant partout avec lui sa pensée fixe, comme une volonté immuable conduite par un pressentiment. Cette étoile, c'était sa pensée de répandre avec la Bible la parole de Dieu sur un plus grand nombre d'âmes.

Ainsi, c'était la religion qui, dans ce jeune apôtre ambulant, cherchait le *van* pour répandre une seule semence sur la terre, et qui allait trouver le semoir pour mille autres graines. Il est glorieux pour l'imprimerie d'avoir été donnée au monde par la religion, et non par l'industrie. Le zèle seul était digne d'enfanter l'instrument de toute vérité.

On ignore quels procédés mécaniques Gutenberg combinait jusque-là dans sa pensée. Mais un hasard les effaça tous, et le rapprocha instantanément de sa découverte. Un jour, à Haarlem, en Hollande, la sacristain de la cathédrale, nommé Laurent Koster, avec lequel il s'était lié d'une amitié curieuse, lui fit admirer dans la sacristie une grammaire latine, ingénieusement reproduite par des caractères taillés sur une planche de bois pour l'instruction des séminaristes. Un hasard, ce révélateur gratuit, avait enfanté cette ébauche d'imprimerie.

Le jeune et pauvre sacristain d'Haarlem était amoureux. En allant se promener et rêver au printemps, les jours de fête, hors de la ville, il s'asseyait sous les saules au bord des canaux. Le cœur plein de l'image de sa fiancée, il se complaisait, comme tous les amants, à graver à l'aide de son couteau la première lettre du nom de sa maîtresse et la première lettre de son propre nom, entrelacées ensemble en symbole rustique de l'union de leurs âmes et de l'enlacement de leurs destinées. Mais, au lieu de laisser ces lettres gravées sur l'écorce pour grandir avec l'arbre, ainsi qu'on voit au bord des forêts et des ruisseaux tant de chiffres mystérieux, il sculptait ces lettres amoureuses sur de petits morceaux de saule dépouillés de leur écorce et tout suants encore de l'humidité de leur séve printanière, puis il les rapportait, comme un souvenir de ses rêves et comme un monument de sa tendresse, à celle qu'il aimait.

Un jour, ayant ainsi taillé ces lettres dans le bois vert apparemment avec plus d'art et de perfection qu'à l'ordinaire, il enveloppa son petit chef-d'œuvre d'une feuille de parchemin, et le rapporta à Haarlem. En dépliant, le lendemain, la feuille pour revoir ses lettres, il fut tout étonné de voir son chiffre parfaitement reproduit en bistre sur le parchemin par le relief des lettres, dont la séve avait sué pendant la nuit et reproduit leur image sur la feuille. Ce fut pour lui une révélation. Il tailla en bois d'autres lettres sur un large plateau, remplaça la séve par une liqueur noire, et obtint ainsi cette première planche d'imprimerie. Mais elle ne pouvait imprimer qu'une seule page. La mobilité, et la combinaison infinie des caractères qui les multiplient à la proportion infinie des besoins de la parole écrite, y manquaient. Le procédé du pauvre sacristain Koster aurait couvert la surface de la terre de planches taillées en creux ou en relief, qu'il n'aurait pas remplacé un seul casier d'imprimerie mobile. Néanmoins le principe de l'art était éclos dans la sacristie d'Haarlem, et l'on pourrait hésiter à attribuer la gloire à Koster ou à Gutenberg, si dans l'un l'invention tout accidentelle n'avait pas été un don de l'amour et du hasard, et dans l'autre une conquête de la patience et du génie !

Cependant, à l'aspect de cette planche grossière, l'éclair jaillit du nuage pour Gutenberg. Il contemple la planche, il l'analyse, il la décompose, il la recompose, il la modifie, il la disloque, il la rajuste, il la renverse, il l'enduit d'encre, il l'applique, il la presse par une vis dans sa pensée. Le sacristain, étonné de son long silence, assiste à son insu à cette éclosion d'une idée couvée en vain depuis dix ans dans le cerveau de son visiteur; et quand Gutenberg se retire, il emporte tout un art avec lui!

Le lendemain, comme un homme qui possède un trésor, et qui n'a ni repos ni sommeil avant de l'avoir déposé en secret, Gutenberg quitte Haarlem, remonte à grands pas les bords du Rhin, arrive à Strasbourg, s'enferme dans son laboratoire, se façonne de lui-même ses outils, tente, brise, ébauche, rejette, reprend, rejette encore pour les recommencer ses épreuves, et finit par exécuter enfin en secret une ébauche heureuse d'impression sur parchemin avec des caractères mobiles en bois percés latéralement d'un petit trou, enfilés et rapprochés par un fil comme les grains d'un chapelet cubique, dont une face portera une lettre en relief de son alphabet. Premier alphabet, grossier, mais sublime, ébauche de vingt-quatre lettres qui se multiplient comme les brebis du patriarche, et qui finirent par couvrir le globe de caractères où s'incarna tout un élément nouveau et immatériel, la pensée!

L'enthousiasme de son succès s'empara de lui; il s'endormit avec peine la nuit suivante. Dans son sommeil troublé et imparfait il eut un rêve. Ce rêve, il le raconta lui-même ensuite à ses amis. Ce rêve était si prophétique et si près de la vérité, qu'on peut douter, en le lisant, si ce n'était pas autant le pressentiment réfléchi d'un sage éveillé que le songe fiévreux d'un artisan endormi.

Voici le récit ou la légende de ce rêve, telle qu'elle est conservée dans la bibliothèque du conseiller aulique Beck :

Dans une cellule du cloître d'Arbogaste, un homme au front pâle, à la barbe longue, au regard fixe, se tenait devant une table, la tête dans sa main; cet homme s'appelait Jean Gutenberg. Parfois il levait la tête, et ses yeux brillaient comme illuminés d'une clarté intérieure. Dans ces instants, Jean passait ses doigts dans sa barbe, avec un mouvement rapide de joie. C'est que l'ermite de la cellule cherchait un problème dont il entrevoyait la solution. Soudain Gutenberg se lève, et un cri sort de sa poitrine : c'était comme le soulagement d'une pensée longtemps comprimée. Jean court vers un bahut, l'ouvre et en tire un instrument tranchant; puis, en proie à des mouvements saccadés, il se met à découper un petit morceau de bois ; dans tous ses mouvements il y avait de la joie et de l'anxiété, comme s'il craignait de voir s'échapper son idée, diamant qu'il avait trouvé et qu'il voulait fixer et tailler pour la postérité. Jean taillait rudement et avec une activité fébrile ; son front se couvrait de gouttes de sueur, tandis que ses yeux suivaient avec ardeur le progrès de son travail. Il travailla ainsi longtemps, mais ce temps lui parut court. Enfin il trempe le bois dans une liqueur noirâtre, le pose sur un parchemin, et, pesant de tout le poids de son corps sur sa main, il s'en sert comme d'une presse, il imprime la première lettre qu'il avait taillée en relief. Il contemple son œuvre, et un second cri, plein de l'extase du génie satisfait, s'exhale de sa bouche. Il ferme les yeux avec un air de béatitude telle que les saints du paradis pouvaient en être jaloux, et tombe épuisé sur un escabeau; et quand le sommeil s'empara de lui, il murmurait : « Je suis immortel ! »

Alors il eut un songe qui troubla son âme.

« J'entendis deux voix, dit-il, deux voix inconnues et d'un timbre bien différent, qui me parlaient alternativement dans l'âme. L'une me dit : « Réjouis-toi, Jean, tu es
» immortel ! Désormais toute lumière se répandra par toi
» dans le monde ! Les peuples qui vivent à des milliers de
» lieues de toi, étrangers aux pensées de notre pays, liront
» et comprendront toutes les pensées aujourd'hui muettes

» répandues et multipliées comme la réverbération du feu
» par toi, par ton œuvre !

» Réjouis-toi, Jean, tu es immortel : car tu es l'inter-
» prète qu'attendaient les nations pour converser entre
» elles ! Tu es immortel, car ta découverte va donner la
» vie perpétuelle aux génies qui seraient morts-nés sans
» toi, et qui tous par reconnaissance proclameront à leur
» tour l'immortalité de celui qui les immortalise ! »

» La voix se tut et me laissa dans le délire de la gloire.

» J'entendis l'autre voix. Elle me dit :

» — Oui, Jean, tu es immortel ! mais à quel prix ? La
» pensée de tes semblables est-elle donc toujours assez pure
» et assez sainte pour mériter d'être livrée aux oreilles et
» aux yeux du genre humain ? N'y en a-t-il pas beaucoup,
» et le plus grand nombre peut-être, qui mériteraient mille
» fois plus d'être anéanties et étouffées que répétées et mul-
» tipliées dans le monde ?

» L'homme est plus souvent pervers que sage et bon ; il
» profanera le don que tu lui fais, il abusera du sens nou-
» veau que tu lui crées ! Plus d'un siècle, au lieu de te
» bénir, te maudira !

» Des hommes naîtront dont l'esprit sera puissant et sé-
» ducteur, mais dont le cœur sera superbe et corrompu ;
» sans toi, il seraient restés dans l'ombre : enfermés dans
» un cercle étroit, ils n'auraient porté malheur qu'à leurs
» proches et à leurs jours ; par toi, ils porteront vertige,
» malheur et crime à tous les hommes et à tous les âges !

» Vois ces milliers d'âmes corrompues de la corruption
» d'une seule ! Vois ces jeunes hommes pervertis par des
» livres dont les pages distillent les poisons de l'esprit !

» Vois ces jeunes filles devenues immodestes, infidèles
» et dures aux pauvres par ces livres où on leur versera les
» poisons du cœur !

» Vois ces mères pleurant leurs fils !

» Vois ces pères rougissant de leurs filles !

» Jean, l'immortalité qui coûte tant de larmes et d'angoisses n'est-elle pas trop chère? Envies-tu la gloire à ce prix? N'es-tu pas épouvanté, Jean, de la responsabilité que cette gloire fera peser sur ton âme?

» Crois-moi, Jean, vis comme si tu n'avais rien découvert! Regarde ton invention comme un rêve séduisant, mais funeste, dont l'exécution ne serait utile et sainte que si l'homme était bon !... Mais l'homme est méchant, et prêter des armes aux méchants, n'est-ce pas participer soi-même à leurs crimes? »

» Je me réveillai dans l'horreur du doute! J'hésitai un instant; mais je considérai que les dons de Dieu, bien qu'ils fussent quelquefois périlleux, n'étaient jamais mauvais, et que donner un instrument de plus à la raison et à la noble liberté humaine, c'était donner un champ plus vaste à l'intelligence et à la vertu, toutes deux divines !

» Je poursuivis l'exécution de ma découverte ! »

(Songe traduit par M. Garand, à Strasbourg, d'après l'original.)

Gutenberg, embrassant tout de suite, d'un premier coup d'œil, l'immense portée morale et industrielle de son invention, sentit que sa faible main, sa courte vie et sa modique fortune s'useraient en vain à une pareille œuvre. Il éprouvait à la fois deux nécessités contradictoires : la nécessité de s'associer des auxiliaires dans ses dépenses et dans ses travaux mécaniques, et la nécessité de dérober à ses associés le secret et le véritable but de leurs travaux, de peur que son invention, divulguée ou usurpée, ne lui enlevât la gloire et le mérite de l'invention. Il jeta les yeux sur les nobles et riches patriciens qu'il connaissait à Strasbourg et à Mayence. Mais, vraisemblablement repoussé partout à cause du préjugé qui s'attachait alors dans la noblesse au travail des mains, et qui ne permettait pas au noble de devenir artisan sans déroger, il fut obligé de déroger hardiment lui-même, de se faire artisan, de s'associer aux artisans, de se confondre avec le peuple pour élever ce peuple à tous les niveaux de la moralité et de l'intelligence.

Sous prétexte de travailler en commun à des ouvrages de *merveilleuse et neuve industrie*, comme la bijouterie, l'horlogerie, la taille et l'enchâssement des pierres précieuses, il conclut un traité d'association avec deux habitants aisés de Strasbourg, André Dritzehen et Jean Riffe, bailli de Lichtenau, et plus tard avec Faust, orfévre et banquier à Mayence, dont le nom, confondu avec celui de Faust, sorcier populaire et merveilleux de l'Allemagne, familier des mystères et confident des esprits, fit attribuer l'invention de l'imprimerie à la magie; enfin, avec Heïlman, dont le frère venait de fonder la première fabrique de papier, à Strasbourg.

Afin de tromper plus longtemps ses associés sur l'objet réel de l'entreprise, Gutenberg se livra en effet, avec eux, à plusieurs industries artistiques et secondaires. Continuant en secret ses recherches mécaniques pour l'imprimerie, il travaillait en même temps en public à ces autres métiers. Il enseignait à Dritzehen l'art de tailler les pierres précieuses; il polissait lui-même le verre de Venise pour en faire des glaces; il les taillait en facettes; il les enchâssait dans des cadres de cuivre, qu'il enrichissait de figurines de bois représentant des personnages de la Fable, de la Bible ou de l'Évangile. Ces miroirs, qui se vendaient à la foire d'Aix-la-Chapelle, alimentaient les fonds de l'association et aidaient Gutenberg aux dépenses secrètes destinées à accomplir et à perfectionner son invention.

Pour mieux la dérober encore à l'inquiète curiosité du public, qui commençait à murmurer des soupçons de sorcellerie contre lui, Gutenberg sortit de la ville; il établit ses ateliers dans les ruines d'un vieux monastère abandonné, qu'on appelait le couvent de Saint-Arbogaste. La solitude du lieu, qui n'était habité que par des indigents des faubourgs, couvrit ses premiers essais.

Au fond des vastes cloîtres du monastère livré à ses associés pour leurs travaux moins cachés, Gutenberg s'était réservé à lui seul une cellule, toujours fermée de serrures et de verrous, où nul ne pénétrait jamais; il était censé y dessiner les plans, les arabesques, les figurines de sa bijouterie et de ses cadres de glace; mais il y passait ses jours et ses nuits à se consumer d'insomnie et d'ardeur pour l'application de sa découverte. Il y taillait en bois ses lettres mobiles; il méditait de les fondre en métal; il y cherchait laborieusement le moyen de les enchâsser dans des *formes*, tantôt de bois, tantôt de fer, pour en faire des mots, des phrases, des lignes, des pages espacées sur le papier. Il y inventait des enduits colorés, à la fois huileux et secs, pour reproduire ces caractères; des brosses ou des tampons pour répandre cette encre sur les lettres, des planches pour les contenir, des vis et des poids pour les comprimer. Les mois et les années se consumaient avec sa fortune et avec les fonds des associés dans ces patiences, dans ces épreuves, dans ces succès et dans ces revers.

Enfin, ayant exécuté en miniature une *presse* qui lui parut réunir toutes les conditions de l'imprimerie, telle qu'il la concevait alors, il cacha ce modèle sous son manteau, et, entrant dans la ville, il alla chez un habile tourneur en bois et en métal, nommé Conrad Saspach, qui demeurait au carrefour Mercier, pour le prier de l'exécuter en grand. Il recommanda le secret à l'ouvrier, lui disant seulement que c'était une machine à l'aide de laquelle il se proposait d'accomplir des chefs-d'œuvre d'art et de mécanique dont on connaîtrait plus tard les prodiges.

Le tourneur, prenant, tournant et retournant le modèle dans ses mains, avec ce sourire de dédain d'un artisan consommé, pour une ébauche, lui dit d'un air un peu railleur :

« Mais c'est tout simplement un pressoir que vous me demandez là, messire Jean ?

» — Oui, répondit d'un ton grave et exalté Gutenberg : c'est un pressoir, en effet ; mais c'est un pressoir d'où jaillira bientôt à flots intarissables la plus abondante et la plus merveilleuse liqueur qui ait jamais coulé pour désaltérer les hommes ! Par lui, Dieu répandra son Verbe ; il en découlera une source de pure vérité : comme un nouvel astre, il dissipera les ténèbres de l'ignorance, et fera luire sur les hommes une lumière inconnue jusqu'à présent. »

Et il se retira. Le tourneur, qui ne comprit rien à ces paroles, exécuta la machine et la rapporta au monastère d'Arbogaste.

Ce fut la première presse.

En la remettant aux mains de Gutenberg, le tourneur commença à se douter de quelque mystère :

« Je vois bien, messire Jean, dit-il à Gutenberg, que vous êtes réellement en commerce avec les esprits célestes ; aussi désormais je vous obéirai comme à un esprit. »

Aussitôt qu'il fut en possession de sa *presse*, Gutenberg commença à imprimer. On a peu de notions sur les premiers livres qui sortirent de sa presse ; mais le caractère profondément religieux de l'inventeur ne laisse pas de doute sur la nature des ouvrages auxquels il dut consacrer les prémices de l'art. Ce furent, selon toute certitude, des livres sacrés. L'art inventé pour Dieu et par l'inspiration de Dieu commença par Dieu. Les impressions postérieures de Mayence l'attestent : les chants divins des *Psaumes* et la célèbre *Bible* latine furent, à Mayence, les premières pages qui tombèrent de la machine inventée par Gutenberg, et appliquée à l'usage des plus pieuses facultés humaines, l'enthousiasme lyrique pour son créateur et le gémissement terrestre sur ses destinées. La louange et la prière furent, sous les mains de cet homme pieux et malheureux, les deux premiers cris de la *presse!* Elle doit s'en glorifier à jamais.

On manque de détails, même à Strasbourg et à Mayence, où nous les avons recherchés, sur ces premières impressions authentiques, parce que, soit par humilité, soit par orgueil, Gutenberg ne fit porter son nom à aucune de ses œuvres de typographie. Les uns croient qu'il s'abstint de les signer par un sentiment de modestie chrétienne, qui ne voulait pas attribuer à un nom d'homme une gloire qu'il renvoyait tout entière au divin inspirateur de son invention ; les autres pensent qu'il ne les signa pas parce que ces impressions étaient une œuvre industrielle et servile aux yeux de son temps, qui aurait dégradé sa famille et sa noblesse, et fait déroger de son rang dans la patrie.

Nous savons seulement, par un acte de donation fait à sa sœur Hebele, religieuse au couvent de Sainte-Claire, de Mayence, qu'il la mit en possession des livres pieux qu'il avait imprimés à Strasbourg, et lui fit la promesse de lui envoyer successivement tous ceux qui sortiraient de sa presse.

Mais bien des tribulations l'attendaient au lendemain de son triomphe. On a vu que la nécessité de se procurer des fonds pour son entreprise l'avait forcé à se donner des associés. La nécessité maintenant de se donner des auxiliaires dans les travaux multipliés d'une grande imprimerie l'avait obligé à mettre ces associés et un plus grand nombre d'artisans dans la confidence de son œuvre et dans le secret même de ses procédés. Ses associés, lassés de fournir des fonds à une entreprise qui, faute de consommation, ne les rémunérait pas encore, refusèrent de poursuivre une œuvre ingrate. Gutenberg les conjura de ne pas l'abandonner au moment même où il touchait à la fortune et déjà à la gloire. Ils ne consentirent à lui fournir de nouveaux subsides qu'à la condition d'entrer en participation complète de tous ses mystères, de tous ses bénéfices, de toute sa propriété et de toute sa gloire.

Pour le succès de l'œuvre, il leur vendit sa renommée. Le nom de Gutenberg disparut : l'association absorba l'inventeur; il ne fut bientôt plus qu'un des artisans de son propre atelier. C'est ainsi que Christophe Colomb revint enchaîné sur son propre vaisseau par ses équipages à qui il avait livré un nouveau monde.

C'était peu : les héritiers de l'un des associés lui intentèrent un procès pour lui disputer l'invention, la propriété, l'exploitation de l'œuvre ; ils le traînèrent devant les juges de Strasbourg pour le faire condamner à on ne sait quelle spoliation plus authentique et plus juridique que la spoliation volontaire à laquelle il s'était condamné lui-même. Sa perplexité devant le tribunal fut extrême. Pour se justifier, il fallait entrer dans des détails techniques de son art, qu'il ne voulait pas encore complétement divulguer, se réservant au moins à lui-même le mystère de ses espérances. Les juges, curieux, le pressaient de questions insidieuses, qui, par les réponses, auraient fait éclater le secret de tous ses procédés. Il les éludait, préférant la condamnation à la vulgarisation de son art. Les juges, pour parvenir à éventer la découverte qui préoccupait l'imagination du peuple, citèrent ses ouvriers les plus affidés et les sommèrent de porter témoignage de ce qu'ils savaient. Ces hommes, simples mais fidèles, profondément attachés à Gutenberg, se refusèrent à rien révéler. La propriété de leur maître resta plus en sûreté dans leur cœur que dans ceux de ses avides associés. Rien ne transpira des derniers mystères de l'art. Gutenberg, ruiné, condamné, peut-être expulsé, se retira seul et indigent à Mayence, sa patrie, pour y recommencer ses travaux et pour y reconstruire sa vie et sa gloire.

Il était encore jeune, et le bruit de son procès à Strasbourg avait popularisé sa renommée en Allemagne; mais il rentrait artisan dans une patrie d'où il était sorti chevalier. L'humiliation, l'indigence et la gloire luttaient dans sa destinée et dans les regards de ses concitoyens. L'amour seul le reconnut pour ce qu'il avait été et pour ce qu'il devait être un jour.

Voici ce que disent à cet égard les traditions locales, et ce qu'attestent deux monuments authentiques des archives de la cathédrale de Strasbourg, de l'année 1437 : l'un qui constate que *dame Annette de la Porte de Fer*, épouse de Gutenberg, fit un don à la cathédrale pour acquérir le droit d'inscrire son nom sur la liste des bienfaiteurs, et assurer ainsi des prières pour elle et ses descendants; l'autre qui fait mention de son décès.

Gutenberg, proscrit pour la seconde fois par les plébéiens vainqueurs de la noblesse, fut aimé d'une jeune fille, noble comme lui, de la ville de Strasbourg; elle se nommait Annette de la Porte de Fer, nom de sa maison, sans doute emprunté à la possession de quelque château féodal des rochers du Rhin. Il l'aimait lui-même avec la passion ardente, sérieuse et chevaleresque de ces temps de fidélité. Ils s'étaient promis mutuellement et par écrit mariage. Annette de la Porte de Fer ne s'était pas crue déliée de sa foi donnée, par la pauvreté et par les malheurs de son amant; elle lui gardait sa jeunesse, sa beauté et son cœur. Gutenberg, à son retour sur le territoire de Mayence, devait réclamer la foi de sa fiancée, et retirer le gage de sa propre foi qu'il avait ainsi jurée; il ne le fit pas. Soit qu'il craignît d'entraîner Annette, fille noble et honorée, dans l'humiliation et dans l'indigence où il était tombé, soit que le sentiment d'avoir dérogé par ses travaux d'artisan à l'illustration féodale de sa race le rendît indigne désormais, à ses propres yeux, d'aspirer à un noble sang, Gutenberg ne revendiqua pas la foi promise et n'offrit pas de dégager la sienne ; il attendait la réhabilitation et de meilleurs jours à faire partager à celle qu'il aimait. Son humilité et ses scrupules résistèrent aux plus tendres instances de sa fiancée, et ne purent être vaincues que par une sommation juridique faite devant l'officialité de Strasbourg, de tenir la promesse de mariage qu'il avait autrefois jurée.

Cette sommation d'Annette de la Porte de Fer à son amant existe encore aujourd'hui comme le seul monument authentique de son mariage. Gutenberg céda enfin à cette généreuse violence de l'amour; il épousa Annette. Leurs enfants ne vécurent pas.

L'héritage et l'héritier des grands hommes, c'est leur invention et le genre humain.

Après la décision des juges du procès, en 1439, qui laissait Gutenberg maître de son secret, le condamnant seulement à payer une indemnité aux héritiers d'André Dritzehen, il abandonna les cloîtres du monastère de Saint-Arbogaste et rentra dans la ville de Strasbourg ; il habita alors la maison de Thiergarten, et y établit sa première imprimerie.

Il est peut-être curieux de remarquer que l'emplacement de cette maison est maintenant l'emplacement du lycée, comme si ce lieu eût été désigné d'avance pour un grand dessein, et qu'après avoir fixé les sciences par la typographie, il eût été destiné à les propager par l'enseignement.

Lorsque Gutenberg fut contraint de quitter Strasbourg, en 1446, il y laissa les traditions de son art dans les collaborateurs et les ouvriers initiés à sa découverte et à ses procédés ; et nous trouvons Mentel ou Metelin, notaire public, qui ne se fit naturaliser bourgeois de Strasbourg qu'en 1447, et d'Eckstein, chanoine de la cathédrale, qui, aidés des fonds fournis par le couvent des Chartreux, et sans avoir travaillé eux-mêmes à cet art si peu connu alors, s'établissent typographes et procèdent avec la plus grande célérité à imprimer, à mettre au jour une Bible allemande. Plusieurs autres ouvrages paraissent successivement, signés de l'imprimerie de Mentel, qui fit une fortune rapide, tandis que le malheureux Gutenberg, chassé par la misère, rentrait fugitif à Mayence.

La fortune qui avait accru l'influence de Mentel, et la rivalité qui subsistait entre les villes indépendantes de Mayence et de Strasbourg, favorisèrent ses désirs ambitieux de substituer son nom à celui de Gutenberg. Il y réussit si complétement qu'en peu d'années Gutenberg fut oublié ou volontairement écarté, et Mentel proclamé, à Strasbourg, inventeur de l'*art divin*, et des fêtes instituées en son honneur.

De retour à Mayence, et relevé de l'humiliation et de la ruine par la main d'une femme aimée, comme Mahomet par sa première épouse, Gutenberg se donna tout entier à son art, s'associa Faust et Scheffer, gendre de Faust, établit ses ateliers à Mayence, et y publia, toujours sous le nom de ses associés, des bibles et des psautiers d'une admirable pureté de caractère.

Scheffer avait longtemps fait le métier de calligraphe et le commerce des manuscrits à Paris. Ses voyages et la fréquentation des artistes de cette ville lui avaient fait connaître des procédés mécaniques pour l'emploi des métaux qui, appliqués par lui à l'imprimerie, à son retour à Mayence, lui fournit les moyens nouveaux de fondre en plomb les lettres mobiles dans les matrices en cuivre avec plus de précision, et à donner ainsi une netteté parfaite aux caractères. Ce fut avec ce nouveau procédé que le *Psautier*, le premier livre qui porte sa date, fut imprimé en 1457. Bientôt après, la *Bible de Mayence*, reconnue chef-d'œuvre de l'art, fut exécutée sous la direction de Gutenberg, avec des caractères fondus par le procédé de Pierre Scheffer.

La portée du nouvel art, qui débutait par la vulgarisation des livres sacrés sous les auspices seuls de l'Église, échappa pendant les premières années à la cour de Rome; elle vit des auxiliaires là où elle devait voir bientôt des agresseurs.

« Au nombre des bienfaits dont il convient sous votre pontificat de louer Dieu, dit une dédicace du temps de Paul II, souverain pontife, est cette invention qui permet aux plus pauvres de pouvoir acheter des bibliothèques à bas prix. N'est-il pas infiniment glorieux pour Votre Sainteté que des volumes qui coûtaient jadis *cent pièces d'or* n'en coûtent plus que quatre et même moins, et que les fruits du génie, naguère la proie des vers sous la poussière où ils étaient ensevelis, commencent, sous votre règne, à ressusciter et à se répandre à profusion sur la terre? »

Bientôt la ville de Venise prêta ses presses aux controverses religieuses, et les œuvres de Jean Hus furent imprimées en langue slave dès 1490, à peine vingt ans après la mort de Gutenberg.

Mais déjà la France, en 1480, avait encouragé les imprimeurs allemands à se fixer à Paris. Louis XI surtout se signala par l'accueil éclairé qu'il fit à la typographie et les encouragements généreux qu'il accorda à cet art nouveau.

Une accusation fut intentée, à Paris, contre Faust, pour avoir vendu des bibles imprimées, ornées de vignettes, comme manuscrits, à des prix exorbitants, et il existe une quittance signée de lui, à Paris, en 1468, d'un exemplaire d'un ouvrage de saint Thomas d'Aquin, vendu au prix énorme de quinze écus d'or. Le parlement de Paris, sous l'inspiration de Louis XI, déchargea Faust de toute accusation, attendu que ces livres étaient le produit d'une nouvelle invention inconnue encore à Paris.

Le roi se désista même de son droit d'aubaine, à l'occasion de la mort de Herman Statters, qui vendit, à Paris, les livres imprimés par Scheffer, lesquels étaient, selon la loi de ce temps, la propriété de la couronne, par le décès d'un étranger. « En considération, porte l'ordonnance, de l'utilité qui vient et peut venir à la chose publique de l'art d'impression, tant pour l'augmentation de la science qu'autrement, etc., etc., nous sommes libéralement condescendus de faire restituer la somme de deux mille quatre cent vingt-huit écus et trois sols tournois aux héritiers, etc... »

Les œuvres de Cicéron furent le premier livre imprimé après les livres sacrés. On ne songea pas avant Léon X, c'est-à-dire un siècle après l'invention de Gutenberg, à réglementer et à enchaîner l'imprimerie.

Cependant le banquier Faust et l'artisan Scheffer, les deux nouveaux collaborateurs de Gutenberg, ne tardèrent pas à succomber, comme Mentel ou Metelin à Strasbourg, à la tentation de s'approprier insensiblement sa gloire, la plus tentatrice des propriétés, parce. qu'elle est la plus immortelle. Ils espérèrent, comme tant d'autres, tromper l'avenir, s'ils ne trompaient pas leur temps. Après avoir reconnu, dans une première épître dédicatoire du *Tite-Live* traduit en allemand et imprimé par Jean Scheffer, et offert à l'empereur Maximilien, « que l'art de l'imprimerie a été inventé à Mayence par le sublime mécanicien Jean de Gutenberg, » ils oublient ce premier aveu, et ils usurpent pour eux-mêmes, sept ans après, tout le mérite et tout l'honneur de la découverte.

L'empereur Maximilien, peu de temps après, assimilant les imprimeurs et les compositeurs à une sorte de sacerdoce de l'esprit, les releva de toute dérogation à leur noblesse par leur noble métier. Il anoblit en masse l'art et les artistes; il les autorisa à porter des robes brodées d'or et d'argent, que les nobles seuls avaient droit de porter; il leur donna pour armoiries un aigle aux ailes étendues sur le globe, symbole du vol et de la conquête de la parole écrite sur l'univers.

Mais déjà Gutenberg n'était plus sur la terre pour y jouir de cette possession du monde intellectuel, religieux et politique, qu'il avait entrevue seulement, comme Moïse, du haut de ses visions dans le rêve du monastère de Saint-Arbogaste. Dépouillé par ses collaborateurs de sa propriété et de sa gloire, expulsé une dernière fois de sa patrie par la misère, consolé seulement et suivi par sa femme, fidèle à toutes ses vicissitudes, privé par la mort de ses enfants, déjà vieux, sans pain et bientôt sans famille par la mort de sa femme, il fut recueilli par l'électeur de Nassau, le généreux Adolphe. L'électeur le nomma son conseiller d'État et son chambellan, afin de jouir dans une honorable familiarité de l'entretien de ce merveilleux génie qui devait converser plus tard avec tous les lieux et tous les temps. Cet asile donné à Gutenberg illustre à jamais Nassau et son prince. Il y a dans l'histoire des hospitalités qui portent honneur et immortalité aux plus petits princes et aux plus petits États.

Gutenberg continua à imprimer de ses propres mains, à Nassau, sous les yeux de l'électeur, son Mécène, pendant quelques années de sérénité et de paix; puis il mourut à soixante-neuf ans, ne laissant à sa sœur aucun héritage, et laissant au monde l'empire de l'esprit humain découvert et conquis par un artisan.

« Je lègue, dit-il dans son testament, à ma sœur tous les livres imprimés par moi au monastère de Saint-Arbogaste. »

Pauvre inventeur qui n'avait à léguer à celle qui lui survivait que la richesse de presque tous les inventeurs comme lui, sa jeunesse consumée, sa vie persécutée, son nom méconnu, ses sueurs, ses insomnies, et l'oubli de ses contemporains.

Ainsi vécut et mourut ce grand homme : mais son art ne mourait pas avec lui. L'imprimerie se propagea aussitôt sa mort avec l'instantanéité d'une explosion. Il y eut en peu d'années des presses dans toutes les capitales de l'Europe. Ce fut la date de la civilisation renaissante et indéfinie. La France, sous Louis XI, l'Angleterre, la Hollande, l'Allemagne, Venise, Genève, Rome, la Pologne, s'emparèrent à l'envi de l'invention nouvelle pour multiplier leurs livres sacrés et leurs livres profanes.

L'Orient connut cet art nouveau par des juifs réfugiés à Constantinople, qui imprimèrent des traités de littérature rabbinique en 1500. Mais les musulmans ne s'en servirent eux-mêmes que vers le dix-huitième siècle.

Enfin la Russie, sous l'inspection du métropolitain, établit une presse à Moscou, en 1580, à l'aide des ouvriers venus de Magdebourg.

Il semble que chaque progrès de l'humanité doive s'acheter par des larmes; que la souffrance soit la loi fatale de toute grande initiation. L'imprimerie avait eu ses apôtres : elle eut aussi ses martyrs. De tous, Étienne Dolet fut le plus illustre par l'éclat de son talent, la pureté de sa vie, l'atrocité de son supplice. Il naquit à Lyon en 1509, au moment de la renaissance intellectuelle et littéraire, où les controverses religieuses allaient aussi commencer leurs premières luttes; il était savant comme Guillaume Budé, poëte comme Marot, et peut-être aussi philosophe comme Rabelais, sans mêler toutefois à sa philosophie le licencieux scepticisme du curé de Meudon. Ce qui pourrait le faire croire, c'est que cet homme ardent et fougueux, qui ne marchandait pas ses opinions, qui avait pris pour armes parlantes et pour symbole de l'action de l'imprimerie, une hache ou *doloire* attaquant un arbre noueux, protestait contre les doctrines de Luther, bien qu'on l'ait condamné comme athée. C'était, à ce qu'il semble, le raisonnement et l'homme que ses adversaires voulaient frapper en lui, bien plutôt encore que les croyances.

Dans ces temps de passions et de mœurs violentes, la vie de ceux qui consacraient leurs forces aux développements de l'intelligence humaine était un long duel dans lequel, tôt ou tard, il fallait succomber. Successivement étudiant à Paris, puis à Padoue, secrétaire de Jean de Lauzeac, ambassadeur du roi de France à Venise, étudiant en droit à la faculté de Toulouse, Étienne Dolet n'avait pas vingt-quatre ans, que déjà, pour dernier argument de leurs discussions, ses ennemis le faisaient jeter dans un cachot. L'intercession de Jean Pinus, évêque de Rieux, l'en tirait bientôt; mais alors des assassins gagés commettaient des entreprises sur sa vie; et comme, malgré ses dangers, l'intrépide jeune homme ne quittait point Toulouse, on fit intervenir enfin un arrêt du parlement qui l'en bannit (1533).

Dolet revint alors à Lyon, où il obtint, après de longs efforts (1535), un privilége pour imprimer ses *Commentaires sur la langue latine*, œuvre d'immense érudition, qui le met au niveau des Bembo, des Scaliger et des Érasme, et lui fit tenir une place brillante dans le grand tournoi qui s'ouvrit en ce temps dans le monde littéraire, au sujet de Cicéron. On voit troubler ces belles études par une tentative nouvelle d'assassinat sur Dolet, qui tua bravement son agresseur. Mais c'était du moins un prétexte aux animosités qui poursuivaient sa perte, et on l'incarcéra comme assassin. Il ne fallut, pour le faire sortir de sa prison, rien moins que la volonté absolue de François I$^{er}$, intéressé à Dolet par son talent d'abord, et, à ce qu'il paraît aussi, par la protection de la reine de Navarre. La munificence royale gratifia alors le savant persécuté du brevet d'imprimeur le plus étendu qui s'accordât alors (1537), comme pour servir de dédommagement légitime à ses souffrances imméritées.

C'est des presses de Dolet que sortirent successivement, depuis cette époque, les œuvres de Marot et de Rabelais; il publiait également chaque année ses propres ouvrages et quelques-uns des livres les plus illustres de l'antiquité. Des persécutions nouvelles vinrent, en 1542, interrompre ses travaux; de vagues accusations d'hérésie le firent détenir quinze mois à la Conciergerie de Paris. François Ier n'était plus jeune : il faiblissait dans sa glorieuse protection des lettres. Un beau livre, une œuvre d'art, ne suffisaient plus à protéger un artiste contre ses conseillers fanatiques. Robert Étienne et Marot avaient quitté la France. Sûr de sa conscience et toujours aventureux, Dolet ne voulut pas les imiter. En vain le parlement de Paris faisait encore brûler ses livres, après avoir été contraint de le relâcher lui-même en présence de l'inanité par trop évidente des accusations qui l'avaient chargé. Il ne désertait point la lutte, et l'écrivain vengeait le libraire. Rentré dans Lyon, il publie des poëmes sur sa captivité et une traduction des *Dialogues* de Platon. Cette énergie allait à la fin lui devenir fatale. En 1544 il était emprisonné de nouveau. Se méfiant cette fois de la partialité de ses juges, il parvint à s'échapper et à s'enfuir en Piémont. Mais bientôt l'amour de son art le ramène au piége où il devait se prendre. Il avait écrit au roi des épîtres en vers pour implorer une protection qui l'avait sauvé déjà ; il ne put se résoudre à n'en pas surveiller l'impression lui-même. Il rentra secrètement dans Lyon ; mais ses ennemis guettaient leur proie. Arrêté, traduit devant la faculté de théologie de Paris, il se vit condamné comme *athée relaps* pour des passages de ses livres *qu'il protesta jusqu'à trois fois n'avoir jamais écrits*.

Dolet fut mis en torture et question extraordinaire *pour enseigner ses compagnons*, comme dit l'arrêt qui le condamne; puis il fut pendu et brûlé sur la place Maubert; son corps et ses livres furent convertis en cendres et ses biens confisqués. Dolet, à trente-sept ans, mourut intrépidement, ainsi qu'il avait vécu, laissant après lui dans l'indigence une femme et un enfant.

Mais l'impulsion était donnée, et toutes ces persécutions ne pouvaient qu'illustrer l'invention nouvelle, sans l'arrêter une heure. Les souverains eux-mêmes se firent gloire de graver et d'imprimer de leurs propres mains les œuvres de l'antiquité retrouvées, comme si cette participation manuelle à la vulgarisation des chefs-d'œuvre du génie les faisait participer au génie lui-même. La pensée devint reine et régna sur les rois. Marie de Médicis, femme d'Henri IV, dessinait et imprimait des estampes pour de royales éditions. Une figure de jeune fille, gravée de sa propre main, était donnée par cette reine à Philippe de Champagne. Louis XV, dans sa jeunesse, se faisant de ce bel art une curiosité instructive, imprimait dans son propre palais un traité de géographie européenne. Les grands imprimeurs des siècles qui suivirent celui de Gutenberg furent en même temps des artistes, des savants et des écrivains. Ils exhumèrent l'antiquité tout entière, et, en exhumant ses chefs-d'œuvre, ils les commentèrent, les expliquèrent et les interprétèrent au monde nouveau. L'histoire renaquit avec l'imprimerie.

Il y eut, depuis Gutenberg jusqu'à nos jours, des écoles, des traditions et des générations d'imprimeurs célèbres, comme il y avait eu des écoles de peintres, de sculpteurs, de philosophes. Les typographes, honorés à juste titre du nom de *compositeurs*, participèrent à la gloire que leurs éditions des auteurs grecs et latins restituaient aux poëtes, aux historiens, aux orateurs de l'ancien monde; ils firent partie, pour ainsi dire, de la famille de ces hommes de génie; ils devinrent des puissances tour à tour honorées, redoutées, récompensées ou persécutées par les gouvernements, selon que ces gouvernements étaient plus ou moins des enfants de lumière ou de ténèbres. Les impressions des Alde, des Morel, des Turnèbe, des Elzevirs, naturalisèrent ces grands noms de la typographie dans l'univers savant par la netteté des caractères, par la correction des textes et par le nombre des ouvrages rendus aux bibliothèques.

La famille des Étienne, à Paris, occupa pendant un siècle et demi le sommet de l'art. Protégés par les rois et surtout par François Ier, persécutés par l'université, gardienne aussi jalouse de ses ignorances que de ses vérités, emprisonnés par l'Église pour une édition de la Bible accusée d'erreurs, réfugiés à Genève, emprisonnés de nouveau dans cette métropole du calvinisme pour des impressions qui blessaient la réforme, rappelés en France, exilés de nouveau, transportant tour à tour leurs presses de Genève à Paris, de Paris à Genève, l'histoire de cette famille d'imprimeurs, dit M. Didot, serait celle de l'esprit humain pendant la renaissance.

Mais, pendant ces cinq siècles, les procédés et les machines ne font pas faire moins de progrès à l'imprimerie que les sciences aux lettres. L'art a, dans les Bodoni à Parme, et dans les Didot à Paris, ses Phidias qui sculptent, pour ainsi dire, pour les yeux, la forme matérielle de la pensée dans des caractères et dans des ornements de luxe. L'un des Didot invente, en 1753, la presse à un seul coup; l'autre chante dans un poëme les progrès de son art, et imprime lui-même son propre chant. Un troisième rapporte d'Angleterre la presse en métal de lord Stanhope et la presse cylindrique, sorte d'enfantement perpétuel des caractères, qui jette la parole écrite à torrents intarissables, comme une lave de l'esprit humain, pour les journaux et pour les tribunes. Un quatrième enfin, M. Ambroise-Firmin Didot, écrit et imprime de nos jours, sous le titre modeste d'*Essai sur la typographie*, l'histoire la plus érudite et la plus complète de l'art dont il est à la fois le maître et l'historien.

L'instruction élémentaire des masses donne des consommateurs sans bornes à la parole imprimée, les chemins de fer lui ouvrent des routes, la vapeur lui prête des ailes, le télégraphe visuel lui donne des signes ; enfin, l'invention récente du télégraphe électrique lui communique l'instantanéité de la foudre. Plus réellement que dans le vers célèbre sur Franklin : « *Eripuit cœlo fulmen !* » dans quelques années, un mot prononcé et reproduit sur un point quelconque du globe pourra illuminer ou foudroyer l'univers. La parole, par le procédé perfectionné de Gutenberg, sera redevenue, par la matière, aussi immatérielle que quand elle était seulement pensée ; mais cette pensée sera devenue universelle en jaillissant d'une intelligence ou d'une volonté d'homme ! L'esprit se trouble d'admiration devant les conséquences futures de ces inventions et devant ce règne prochain de l'idée par la parole. Gutenberg a spiritualisé le monde.

Longtemps son nom a été méconnu ; longtemps on lui a disputé sa gloire ; mais il faut se souvenir que la gloire humaine n'était pas son but. Il l'avait placé plus haut : qu'il en jouisse ! C'est le sort des inventeurs en esprit comme en matière : le nom se perd ; mais le bienfait se retrouve dans ses conséquences au fond caché des choses humaines, et Dieu sait à qui le rapporter. Qu'importent l'oubli et l'ingratitude des hommes, si le juge suprême est reconnaissant ?

<small>Les documents qui servent de témoignage à ce récit sont dus aux recherches savantes et consciencieuses de M. Jung, bibliothécaire de la ville, et de M. Schnéegands, archiviste à Strasbourg, ainsi qu'au traité de M. Didot sur la typographie.</small>

# JEANNE D'ARC

# JEANNE D'ARC

### ANNÉE 1400 DE J.-J.

L'amour de la patrie est aux peuples ce que l'amour de la vie est aux hommes isolés; car la patrie est la vie des nations. Aussi cet amour de la patrie a-t-il enfanté, dans tous les temps et dans tous les pays, des miracles d'inspiration, de dévouement et d'héroïsme. Comment en serait-il autrement? Les actes sont proportionnés à la force du mobile qui les produit. La passion du citoyen pour sa patrie se compose de toutes les passions personnelles ou désintéressées dont Dieu a pétri le cœur humain : amour de soi-même, et défense du droit sacré que tout homme venant en ce monde a d'occuper sa place au soleil sur la terre ; amour de la famille, qui n'est que la patrie rétrécie et serrée autour du cœur de ses fils; amour du père, de la mère, des aïeux, de tous ceux de qui on a reçu le sang, la tendresse, la langue, les soins, l'héritage matériel ou immatériel, en venant occuper la place qu'ils nous ont préparée autour d'eux ou après eux sous le toit ou dans le champ paternel; amour de la femme, que notre bras doit protéger dans sa faiblesse ; amour des enfants, en qui nous revivons par la perpétuité du sang, et à qui nous devons laisser, même au prix de notre vie, le sol, le nom, la sûreté, l'indépendance, l'honneur national, qui font la dignité de notre race ; amour de la propriété, instinct conservateur de l'espèce, qui incorpore à chaque homme un morceau de cette terre dont il est formé ; amour du ciel, de l'air, de la mer, des montagnes, des horizons, des climats âpres ou doux, mais dans lesquels nous sommes nés et qui sont devenus, par l'habitude, des parties de nous-mêmes, des besoins délicieux de notre âme, de nos yeux, de nos sens ; amour des mœurs, des langues, des lois, des gouvernements, qui nous ont, pour ainsi dire, emmaillottés dès le berceau, que nous pouvons vouloir modifier librement par notre propre lumière et par notre volonté nationale, mais dont nous ne devons pas permettre qu'on nous exproprie par la violence de l'épée étrangère, car la civilisation même, imposée par la force, est une servitude ; et la première condition pour qu'un progrès social soit accepté par un peuple, c'est que ce peuple soit libre de le refuser.

En récapitulant par la pensée toutes ces passions instinctives dont se compose pour nous l'amour de la patrie, et en y ajoutant encore une passion naturelle à l'homme, la passion de sa propre mémoire, du souvenir de ses contemporains et de ses descendants, de la gloire de la postérité qui inspire et qui récompense dans le lointain les grands sacrifices, les dévouements jusqu'à la mort à son pays, on comprend que, de toutes les nobles passions humaines, celle-là est la plus puissante, parce qu'elle les contient toutes à la fois, et que, s'il y a dans l'histoire des efforts surnaturels à attendre de l'humanité, il faut les attendre du patriotisme.

Toutes les fois qu'un pareil sentiment monte jusqu'à l'enthousiasme dans un pays, les femmes l'éprouvent au même degré, et même à un degré supérieur aux hommes. La patrie ne leur appartient pas plus qu'à nous ; mais comme elles sont, par leur nature, plus impressionnables, plus sensibles et plus aimantes, elles s'incorporent plus personnellement, par tous leurs sens et par tout leur cœur, ce qui les entoure. Cette chère et délicieuse image de la patrie se compose, pour elles, de leurs mères, de leurs sœurs, de leurs frères, de leurs époux, de leurs enfants, de leurs foyers, de leurs tombeaux, de leurs temples, de leurs dieux, et elles s'y attachent comme les choses faibles aux choses fortes, avec d'autant plus d'enlacements et de frénésie, que quand ces appuis s'écroulent elles périssent avec leur soutien.

Et puis (nos pères le savaient) la femme, inférieure par ses sens, est supérieure par son âme. Les Gaulois lui attribuaient un sens de plus, le sens divin. Ils avaient raison : la nature leur a donné deux dons douloureux, mais célestes, qui les distinguent et qui les élèvent souvent au-dessus de la condition humaine : la pitié et l'enthousiasme. Par la pitié elles se dévouent, par l'enthousiasme elles s'exaltent. Exaltation et dévouement, n'est-ce pas là tout l'héroïsme ? Elles ont plus de cœur et plus d'imagination que l'homme. C'est dans l'imagination qu'est l'enthousiasme, c'est dans le cœur qu'est le dévouement. Les femmes sont donc plus naturellement héroïques que les héros. Et quand cet héroïsme doit aller jusqu'au merveilleux, c'est d'une femme qu'il faut attendre le miracle. Les hommes s'arrêteraient à la vertu.

Toutes les nations ont dans leurs annales quelques-uns de ces miracles de patriotisme dont une femme est l'instrument dans les mains de Dieu. Quand tout est désespéré dans une cause nationale, il ne faut pas désespérer encore, s'il reste un foyer de résistance dans un cœur de femme, qu'elle s'appelle Judith, Clélie, Jeanne d'Arc, la Cava en Espagne, Vittoria Colonna en Italie, Charlotte Corday de nos jours. A Dieu ne plaise que je compare celles que je cite ! Judith et Charlotte Corday se dévouèrent, mais elles se dévouèrent jusqu'au crime. Leur inspiration fut héroïque, mais leur héroïsme se trompa d'armes : il prit le poignard du meurtrier au lieu de saisir le glaive du héros. Leur dévouement fut célèbre, mais il fut flétri ; c'est juste. Jeanne d'Arc ne s'arma que de l'épée de son pays. Aussi fut-elle pour son temps, non pas seulement l'inspirée du patriotisme, mais l'inspirée de Dieu.

Ces inspirations, dont les crédulités populaires font des merveilles, sont-elles des miracles surnaturels en effet, des évocations matériellement divines, appelant par leurs noms de jeunes filles dans la foule, pour leur donner la mission de sauver leur nation? ou sont-elles simplement des miracles naturels, des sommations muettes de l'inspiration intérieure, des contre-coups épars et répercutés de l'impression d'un peuple entier résumant ses souffrances dans un seul cœur, son cri dans un seul cri, et opérant ainsi, par une seule main, le prodige du salut de tous? L'historien sérieux ne se pose seulement pas ces questions et ces doutes. S'il réprouve le sarcasme, cette impiété contre l'admiration, dont un grand homme a profané son génie en cherchant à profaner cette pauvre martyre de la patrie, il n'introduit pas dans l'histoire les puérilités de l'imagination populaire. Le miracle de l'héroïsme est plus grand que celui de la légende. Il ne le discute pas, il le raconte. La critique tombe devant la sincérité d'une enfant. L'enthousiasme est un feu sacré. On n'analyse pas la flamme, on s'y éblouit et on s'y brûle. Voilà l'esprit dans lequel nous allons raconter cette histoire, plus semblable à un récit de la Bible qu'à une page du monde nouveau.

C'était en 1429. La France se décomposait avant d'avoir été achevée. Cette grande monarchie, qui n'était presque plus qu'une confuse fédération de vassaux indépendants et souvent rivaux de la couronne, était tombée en lambeaux et en anarchie. En perdant son unité, elle allait perdre son indépendance. Le ciel l'avait frappée de deux fléaux, une reine perverse et un roi insensé, un interrègne et une régence. Les interrègnes, dans une monarchie, sont des évanouissements de l'autorité; les régences sont les gouvernements de la faiblesse. Une seule de ces conditions suffit pour perdre une nation. Tout gouvernement est préférable à ces gouvernements sans possesseur, et disputés par l'intrigue ou par les armes entre des partis ambitieux.

Charles VI était roi de nom. Frappé de démence par la terreur qu'il avait éprouvée en échappant avec peine à la mort dans une fête où ses compagnons de plaisir et lui s'étaient enduits d'étoupes et de résine pour imiter les brutes, et où quatre de ses courtisans avaient été consumés sous ses yeux, il languissait dans un idiotisme interrompu par des fureurs ou par des abattements qui le rendaient semblable à un enfant. Il avait épousé Isabeau de Bavière. Cette jeune reine, douée par la nature de la beauté des Poppée ou des Théodora, ces courtisanes élevées au trône par le vice, en avait aussi les légèretés, les perversités et les ambitions.

A peine cette jeune princesse était-elle montée sur le trône, qu'elle avait pressenti dans son mari la puérilité d'esprit qui devait bientôt dégénérer en démence. Livrée, par les mœurs corrompues de cette époque et de cette cour, au tourbillon des plaisirs les plus emportés, elle avait ressenti une passion coupable et politique pour le jeune duc d'Orléans, frère du roi. Ce prince, plus fait par son courage pour le trône, plus fait par sa grâce pour séduire le cœur d'une femme, avait partagé par inclination et par ambition cette ardeur. Une orgie nocturne, à la suite d'une mascarade, avait préludé au crime. Depuis cette époque fatale, le duc d'Orléans et la reine, unis de passion, de crime et d'intérêt, régnaient. Les grands vassaux, les oncles du roi, le duc de Bourgogne, le duc d'Anjou, le duc de Bretagne, jaloux de ce règne qui leur enlevait l'exploitation du royaume, avaient entraîné dans leur cause le fils encore enfant du roi. Dans ces jours de férocité, qui rappelaient l'ancienne Rome par les meurtres, la nouvelle Italie par les conjurations, toutes les intrigues se dénouaient par des assassinats. Le duc d'Orléans, appelé une nuit sous un faux prétexte, et sortant du palais de la reine, est renversé de son cheval et frappé de treize coups de poignard par vingt hommes inconnus, qui laissent son corps sanglant dans la rue à la porte de son hôtel. La rumeur publique accuse le duc de Bourgogne du crime, le jeune Dauphin d'acquiescement, ses partisans de complicité. La reine, qui perd à la fois son amour et sa force, jure de laver ses larmes dans le sang du meurtrier. Elle se ligue avec le connétable d'Armagnac, beau-père du duc d'Orléans assassiné, contre le duc de Bourgogne. Les d'Armagnac, famille sanguinaire, proscrivent, massacrent, et sont proscrits et massacrés tour à tour dans Paris. Servant et dominant à la fois la reine, leur instrument et leur victime, ils s'alarment de l'ascendant d'un nouveau favori, le jeune Boisbourdon. Ils osent l'immoler aux pieds de la reine, pour régner seuls en son nom.

Désespérée de la mort, furieuse du crime, humiliée du joug, Isabeau sacrifie ses ressentiments passés à sa haine présente. Elle conspire avec le duc de Bourgogne la perte et la mort des Armagnacs, et lui vend à la fois leur sang et son cœur, en échange de la vengeance qu'elle attend de lui. Le duc de Bourgogne rentre à la faveur de cette trame dans Paris, immole les Armagnacs, satisfait et assujettit la reine, prend la tutelle du roi, combat dans les provinces contre les restes du parti contraire, unis aux Anglais. Les Français, ainsi déchirés en factions, succombent à la bataille d'Azincourt, qui livre la patrie au roi d'Angleterre sur les cadavres de la noblesse française. Sept princes de la maison royale sont ensevelis sur ce champ de bataille. Le fils aîné du roi meurt de douleur; son frère, du poison versé dans ses veines par les ennemis des Bourguignons.

Le troisième fils du roi, maintenant Dauphin, devenu plus tard Charles VII, grandit dans cette alternative de mollesse et de proscriptions, qui rappellent Rome par le sang et les Gaules par la légèreté. Il s'essaye à gouverner avec les Armagnacs. Il affecte la lassitude de la guerre et la soif de la paix. Il décide avec peine le duc de Bourgogne à une entrevue, prélude d'une réconciliation générale des princes et des partis sur le pont de Montereau. Le duc, poursuivi par l'ombre de sa victime, le duc d'Orléans, hésite, et craint un piége dans son triomphe. On l'entraîne, il entre dans le pavillon de la conférence : il y tombe à l'instant sous la hache de Tanneguy du Châtel. Un cri d'horreur s'élève de toute la France, et surtout à Paris, vendu aux Bourguignons. On accuse le Dauphin, innocent du crime des Armagnacs, qui avaient frappé seuls, pour prévenir la réconciliation des deux princes. Isabeau, qui accuse elle-même son fils, se fait enlever par les Bourguignons de la captivité où la retenaient les Armagnacs à Tours. Les Bourguignons et la reine se liguent avec les Anglais, maîtres de la moitié du royaume. Elle rentre avec eux dans Paris, sur les cadavres de deux mille Parisiens immolés à la vengeance de Montereau. Elle donna sa fille à Henry V, roi d'Angleterre. Les Parisiens, ivres de la popularité du nouveau duc de Bourgogne, proclament, à l'instigation de ce vassal, le roi d'Angleterre régent pendant la vie de Charles VI, et roi de France après la mort de l'insensé.

Le Dauphin, proscrit par ses oncles et par sa mère, erre de province en province, déclaré coupable d'un crime qu'il n'a pas commis. Le roi d'Angleterre vient prendre possession de la régence à Paris. Deux Frances, deux rois, deux régences, deux armées, deux gouvernements, deux nations, deux noblesses, deux justices sont face à face ; père, fils, mère, oncles, neveux, concitoyens, étrangers, se disputent le droit, le sol, le trône, les villes,

les dépouilles, le sang de la nation. La mort enlève le roi d'Angleterre à Vincennes ; Charles VI le suit au tombeau, père de douze enfants d'Isabeau, et ne léguant le royaume qu'à l'étranger et à l'anarchie. Le duc de Bedford prend insolemment la régence au nom de l'Angleterre, poursuit la poignée de nobles qui veulent rester Français avec le Dauphin, les défait à la bataille de Verneuil, exile la reine, devenue un embarras de règne après avoir été un instrument d'usurpation ; il concentre les armées de l'Angleterre, de la France et de la Bourgogne autour d'Orléans, défendue par quelques milliers de partisans du Dauphin, et qui contient presque seule ce qui reste du royaume de France. Les terres sont ravagées sur tout le territoire par le flux et le reflux de ces bandes tantôt amies, tantôt ennemies, et qui se chassent comme le flot le flot, en ravageant les moissons, en brûlant les villes, en dispersant, en pillant, en violant, en massacrant les populations. Pendant cet évanouissement de la patrie, le jeune Dauphin, tantôt réveillé par les cris du peuple, tantôt assoupi dans les plaisirs de son âge, s'enivrait d'amour pour Agnès Sorel au château de Loches. Cette maîtresse adorée d'un jeune roi sans royaume rougissait pour elle-même et pour lui d'un bonheur sans gloire. Ayant fait venir, une nuit, un devin dans le château pour interroger la fortune sur sa destinée en présence du Dauphin, le devin, pour flatter son cœur ou son ambition, lui prophétisa qu'elle serait un jour l'épouse du plus grand roi de la terre. « S'il en doit être ainsi, dit Agnès Sorel en se levant et en s'adressant au Dauphin, il faut que je sorte, et que j'aille de ce pas épouser le roi d'Angleterre ; car, en la langueur qui vous enchaîne ici, je vois trop que vous ne serez pas longtemps le roi de France. » Le Dauphin versa des larmes de honte, surmonta son amour et reprit la campagne. Seul prince peut-être en qui l'amour ait conseillé le devoir et réveillé la vertu. Ainsi, le roi cherchant en vain ses sujets dans son peuple, le peuple cherchant en vain son roi dans la monarchie, le Français cherchant en vain une patrie dans la France : tel était l'état de la nation quand la Providence lui révéla son salut dans une enfant.

Il y avait en ce temps-là à Domrémy, village de la haute Lorraine champenoise, sur le penchant boisé des Vosges, non loin de la petite ville de Vaucouleurs, une famille dont le nom était *d'Arc*. Le père de famille était un simple laboureur, mais un laboureur qui cultivait son propre héritage, et dont le toit, possédé et bâti par ses pères, devait appartenir à ses fils. Si l'on en juge par les mœurs et par les habitudes domestiques de la famille, il y avait dans cette maison de paysans le loisir et la piété que donne l'aisance, et cette noblesse de cœur et de front qu'on retrouve dans ceux qui cultivent la terre paternelle plus que dans ceux qui travaillent dans l'atelier d'autrui, parce que la possession d'un coin de terre, quelque petit qu'il soit, conserve au paysan l'indépendance de l'âme, en lui faisant sentir qu'il tient son pain de Dieu. Le père s'appelait Jacques d'Arc ; la mère, Isabelle *Romée,* surnom qu'on donnait dans ces contrées aux pèlerines qui étaient allées à Rome visiter les pieux tombeaux des martyrs.

Ils avaient trois enfants : deux fils, l'un nommé Jacques comme son père, l'autre Pierre d'Arc, et une seule fille venue au monde après ses frères, et qui portait le nom de Jeanne, bien que sa marraine lui eût donné aussi le nom de Sibylle.

Un soc de charrue, armoirie du laboureur, était grossièrement sculpté sur le linteau de pierre au-dessus de la porte de la chaumière.

Le père et les deux fils cultivaient les champs. Ils soignaient les attelages de leurs charrues, dans cette contrée où on laboure avec des chevaux aussi propres à la guerre qu'au sillon. La mère restait à la maison pour garder le seuil et surveiller le foyer. Elle était assez riche pour s'occuper seulement des soins domestiques et intérieurs, sans tenir elle-même la faucille et sans se charger du fardeau des gerbes. Elle élevait sa fille dans la même condition de loisir qu'elle avait elle-même chez son mari. Bien que Jeanne, dans sa première enfance, jouât et s'égarât au bord des bois avec les petites filles du village, sa mère ne l'employa jamais comme bergère à garder les troupeaux. Elle ne savait ni lire ni écrire, et ne pouvait lui enseigner ce qu'elle ignorait ; mais elle l'entretenait de choses honnêtes et pieuses, qu'une mère de famille verse par tradition dans la mémoire de son enfant. Elle lui apprenait à coudre avec cette perfection qui est l'art domestique des jeunes filles depuis l'antiquité. Jeanne était devenue si habile dans ces travaux sédentaires de l'aiguille, qu'aucune matrone de Rouen, dit-elle elle-même, n'aurait pu rien lui remontrer de plus de ce métier où Rouen excellait alors. Elle filait aussi les toisons ou le chanvre à côté de sa mère. Elle recevait d'elle seule les instructions de l'église. « Aucune fille de son âge et de sa condition, dit une de ses compagnes interrogée sur cette enfance, n'était tenue plus amoureusement dans la maison de ses parents. Que de fois j'allai chez son père ! Jeanne était une fille simple et douce. Elle aimait à aller à l'église et aux saints pèlerinages. Elle s'occupait du ménage comme les autres filles. Elle se confessait souvent. Elle rougissait de honte honnête quand on la raillait sur sa piété, et sur ce qu'elle aimait trop à prier dans les sanctuaires. Elle était aumônière et charitable. Elle soignait les enfants malades dans les chaumières voisines de la maison de sa mère. » Un pauvre laboureur du pays disait à ses juges se souvenir d'avoir été veillé ainsi par elle quand il était enfant.

« Gracieuse de visage, elle croissait leste et forte de ses

membres. Dans ces temps où les femmes ne faisaient route qu'à cheval, elle allait, enfant, avec ses frères, conduire les poulains de son père dans le préau du château des Isles, où on les enfermait, de peur des gens de guerre. Il est vraisemblable que c'est ainsi qu'elle se familiarisa avec les destriers, que nulle main d'homme ne mania plus hardiment depuis. Elle raconte aussi qu'elle allait quelquefois avec les jeunes filles du village à la lisière des bois qui bordaient les champs, sous un grand chêne qu'on appelait dans le pays l'*arbre des Fées ;* que sous ce chêne il y avait une fontaine ; que son eau avait la renommée de guérir les fièvres et maladies ; qu'elle en avait puisé comme les autres à cette intention ; que les malades, après leur guérison, avaient l'habitude d'aller s'asseoir et se délasser sous son ombre ; que les fleurs de mai croissaient autour de la source, et qu'en temps d'été elle les cueillait avec ses compagnes pour en tresser des chapeaux à la statue de la Notre-Dame de Domrémy. La fille de sa marraine lui disait que les fées ou les dames apparaissaient par aventure en ce lieu, et qu'elle-même les avait vues. Quant à Jeanne, elle ne les avait jamais vues. Mais il est bien vrai que les jeunes filles suspendaient des chapelets de fleurs aux basses branches de l'arbre ; qu'elle avait fait comme les autres ; que quelquefois ses compagnes emportaient les bouquets en s'en allant, que d'autres fois elles les laissaient sur l'arbre ; que, depuis le moment où elle avait conçu l'inspiration de délivrer la France, elle n'allait presque plus jamais s'ébattre ainsi sous le chêne des Fées ; qu'elle peut y avoir dansé avant son âge de raison avec les enfants, et surtout chanté ; mais qu'elle ne croit pas y avoir dansé une seule fois depuis ; qu'il y avait aussi, en face de la porte de son père, un autre bois voisin de sa maison, mais qu'il n'y avait pas là d'apparitions ; qu'à l'époque où sa mission lui fut révélée, son père lui avait bien dit, en la grondant, que le bruit courait qu'elle avait pris ses inspirations sous l'arbre des Fées ; qu'elle lui avait répondu que cela n'était pas ; qu'un prophète du pays disait bien que du bois Chenu sortirait une jeune fille qui ferait des merveilles, mais qu'à cela même elle n'avait pas donné foi !... »

Ces souvenirs de son enfance lui complaisaient à rappeler dans sa prison. Elle s'y réconfortait comme d'une fraîcheur de son matin ; et elle écrivait ainsi, sans le savoir, ces années obscures de sa vie dans lesquelles on aime à percer du regard, pour voir de quelle obscurité est sortie la gloire, et de quelle félicité le martyre.

Un de ces prophètes populaires qui sèment les rumeurs de l'avenir à tout vent, bien sûrs que la crédulité naturelle aux âges d'ignorance les recueillera, l'enchanteur Merlin, fameux dans les poëmes de l'Arioste, avait écrit que les calamités du royaume viendraient d'une femme dénaturée, et que le salut viendrait d'une jeune et chaste fille. Ce bruit remuait l'imagination du peuple dans ces provinces, et pouvait susciter dans l'esprit de chaque jeune vierge la pensée involontaire de réaliser en elle la prophétie.

La beauté méditative et recueillie de Jeanne, en attirant les yeux des jeunes hommes, intimidait la familiarité. Plusieurs cependant, charmés de sa grâce et de sa modestie, la demandèrent à ses parents. Elle s'obstinait à rester seule et libre, on ne sait par quel pressentiment qui lui disait sans doute qu'elle aurait à enfanter un jour, non une famille, mais un royaume. L'un de ses prétendants, plus passionné, osa réclamer son cœur comme un droit, jurant en justice qu'elle lui avait promis sa foi de mariage. La pauvre fille, honteuse, mais indignée, comparut à Toul devant les juges, et démentit par serment ce calomniateur par amour. Les juges reconnurent le subterfuge, et la renvoyèrent libre à la maison.

Pendant que sa beauté charmait les yeux, le recueillement de sa physionomie, la méditation de ses traits, la solitude et le silence de sa vie étonnaient son père, sa mère et ses frères. Rien des langueurs de l'adolescence ne trahissait en elle son sexe : elle n'en avait que les formes et les attraits. Ni la nature ni le cœur ne parlaient en elle. Son âme, retirée dans ses yeux, semblait plutôt méditer que sentir. Pitoyable et tendre cependant, mais pitoyable et tendre d'une pitié et d'une tendresse qui embrassaient quelque chose de plus grand et de plus lointain que son horizon. Elle priait sans cesse, parlait peu, fuyait les compagnies de son âge. Elle se retirait ordinairement à l'écart, pour travailler à l'aiguille, dans une enceinte close, sous une haie derrière la maison, d'où l'on ne voyait que le firmament, la tour de l'église, le lointain des montagnes. Elle semblait écouter en elle des voix que le bruit extérieur aurait fait taire.

Elle n'avait encore que huit ans, que déjà tous ces signes de l'inspiration s'étaient manifestés en elle. Elle ressemblait en cela aux sibylles antiques, marquées dès l'enfance d'un sceau fatal de tristesse, de beauté et de solitude parmi les filles des hommes ; instruments d'inspiration réservés pour les oracles, et à qui tout autre emploi de leur âme était interdit. Elle aimait tout ce qui souffre, les animaux, ces intelligences douées d'amour pour nous, et privées de paroles pour nous le communiquer. Elle était, disent ses compagnes, miséricordieuse et douce pour les oiseaux. Elle les considérait comme des créatures condamnées par Dieu à vivre à côté de l'homme dans des limbes indécises, entre l'âme et la matière, et n'ayant de complet encore dans leur être que la douloureuse faculté de souffrir et d'aimer. Tout ce qui était mélancolique et infini dans les bruits de la nature, l'attirait et l'entraînait. Elle se plaisait tellement au son des cloches, dit le chroniqueur, qu'elle promettait au sonneur des écheveaux de laine pour la quête d'automne, afin qu'il sonnât plus longtemps les *Angelus*.

Mais elle s'apitoyait surtout sur le royaume de France et sur son jeune Dauphin, sans mère, sans pays et sans couronne. Les récits qu'elle entendait faire tous les jours par les moines, les soldats, les pèlerins et les mendiants, ces nouvellistes des chaumières en ce temps-là, remplissaient son cœur de compassion pour ce gentil prince. Son image s'associait, dans l'esprit de la jeune fille, aux calamités de sa patrie. C'était en lui qu'elle la voyait périr, en lui qu'elle priait Dieu de la ressusciter. Son esprit était sans cesse tendu de cette rêverie et de cette tristesse. Faut-il s'étonner qu'une telle concentration de pensée dans une pauvre jeune fille ignorante et simple, ait produit enfin une véritable transposition de sens en elle, et qu'elle ait entendu à ses oreilles les voix intérieures qui parlaient sans cesse à son âme? Il y a si près de l'âme aux sens dans notre être, que si les sens trompent et troublent l'esprit par leur exaltation et leur désordre, l'esprit, de son côté, trompe et trouble facilement les sens. Ces visions et ces auditions merveilleuses, bien qu'elles puissent être illusions, ne sont pas mensonges pour ceux qui les éprouvent et qui les racontent. Merveilles sincères, elles sont phénomènes, quoiqu'elles ne soient pas prodiges. Il est difficile à l'homme, plus encore à la femme, quand ils sont préoccupés jusqu'à la passion d'une idée ou d'un doute, quand ils s'interrogent et qu'ils s'écoutent en dedans, de distinguer entre leur propre voix et les voix du ciel, et de se dire : « Ceci est de moi; ceci est de Dieu. » Dans cet état, l'homme se rend à lui-même ses propres oracles, et il prend son inspiration pour divinité. Les plus sages des mortels s'y sont trompés comme les plus faibles des femmes. L'histoire est pleine de ces prodiges. L'Égérie de Numa, le *génie* familier de Socrate, n'étaient que l'inspiration écoutée à la place des dieux dans leur âme. Comment une pauvre bergère d'un village hanté par les fées, nourrie de ces révélations populaires par sa mère et par ses compagnes, aurait-elle douté de ce que Socrate et Platon consentaient à croire? La candeur fut le piége de sa foi, son inspiration eut les vertiges de son âge, de son sexe, de son époque, de sa crédulité. Elle crut à des voix, des visions, des prodiges; mais l'inspiration elle-même fut la merveille, et le patriotisme triomphant atteste du moins en elle la divinité du sentiment et la vérité du cœur.

Elle entendit longtemps ces voix avant d'en parler même à sa mère. Un éblouissement de ses yeux les lui faisait présager par une explosion de douce lumière qu'elle se figurait découler du ciel. Tantôt ces voix lui recommandaient la sagesse, la piété, la virginité; tantôt elles l'entretenaient des plaies de la France et des gémissements du pauvre peuple. Un jour, à midi, dans le jardin où elle était seule, sous l'ombre du mur de l'église, elle entendit distinctement une voix mâle qui l'appela par son nom, et qui lui dit : « Jeanne, lève-toi; va au secours du Dauphin, rends-lui son royaume de France! »

L'éblouissement fut si céleste, la voix si distincte, et la sommation si impérative, qu'elle tomba sur ses genoux, et qu'elle répondit en s'excusant : « Comment le ferais-je, puisque je ne suis qu'une pauvre fille, que je ne saurais ni chevaucher, ni conduire des hommes d'armes? »

La voix ne se contente pas de ces excuses : « Tu iras, dit-elle à Jeanne, trouver le seigneur de Baudricourt, capitaine pour le roi à Vaucouleurs, et il te fera conduire au Dauphin. Ne crains rien; sainte Catherine et sainte Marguerite viendront t'assister. »

A cette première vision, qui la fit trembler et pleurer d'angoisse, mais qu'elle garda encore comme un secret entre elle et les anges, d'autres succédèrent. Elle vit saint

Michel armé de la lance, vêtu de rayons, vainqueur des monstres, tel qu'il était peint sur le tableau d'autel de son hameau. L'archange lui dépeignit les déchirements et les asservissements du royaume. Il lui demanda compassion pour son pays. Sainte Marguerite et sainte Catherine, figures divines et populaires dans ces contrées, se montrèrent dans les nues comme il lui avait été annoncé. Elles lui parlèrent avec des voix de femme, adoucies et attendries par l'éternelle béatitude. Des couronnes étaient sur leurs têtes; des anges, pareils à des dieux, leur faisaient cortége. C'était tout le poëme du paradis entr'ouvert à ses yeux. Son âme, dans ce divin commerce, oubliait la rigueur de sa mission, elle s'abîmait dans les délices de ces contemplations. Quand ces voix se taisaient, quand ces figures se retiraient, quand ce ciel se refermait, Jeanne se retrouvait baignée de pleurs. « Ah! que j'aurais voulu, dit-elle elle-même, que ces anges m'eussent emportée avec eux!... » Mais sa mission terrible ne le voulait pas ainsi. Elle ne devait être emportée où elle aspirait que sur les ailes de flamme de son bûcher.

Ces entretiens, ces sommations, ces délices, ces angoisses, ces délais, durèrent plusieurs années. Elle avait fini par les confesser à sa mère. Le père et les frères en étaient instruits. La rumeur en courait dans la contrée. Sujet de merveille pour les simples, de doute pour les sages, de sarcasmes pour les méchants, de rumeurs pour tous.

En ce même temps la même idée et les mêmes visions travaillaient, en d'autres pays, d'autres filles et d'autres femmes. Quand le peuple n'espère plus des hommes pour son soulagement, il se tourne aux miracles. Il y avait contagion de merveilles et de révélations. Une femme du Berry, nommée Catherine, voyait des dames blanches, à robes d'or, qui lui ordonnaient « d'aller par les villes demander des subsides et des hommes d'armes pour le Dauphin. Il fallait que le Dauphin lui donnât des écuyers et des trompettes pour proclamer partout qu'on lui devait apporter les trésors enfouis, et qu'elle saurait bien les découvrir. » Ainsi, quand un miasme est dans l'air, tout le monde le respire. La pitié de la France, la tendresse pour le Dauphin, la haine contre les Bourguignons, l'horreur de la domination étrangère, fanatisaient les femmes. Toutes entendaient le cri de la terre, quelques-unes les voix d'en haut. De plus, les poëtes, les romanciers et les conteurs ambulants du moyen âge avaient habitué les imaginations aux rôles belliqueux joués par des femmes, ainsi qu'on le retrouve dans le Tasse et dans l'Arioste. Elles suivaient leurs amants aux croisades, leur servaient de pages ou d'écuyers, revêtaient l'armure, maniaient le coursier, versaient leur sang pour leur Dieu, pour leur patrie ou pour leur amour. Ces déguisements de la femme sous la cuirasse donnaient aux guerres, même civiles, le caractère de chevalerie, les aventures touchantes et le merveilleux romanesque qui faisaient songer les enfants, et qui devaient produire de fréquentes imitations. Il se rencontre toujours un être d'exception pour réaliser ce qui est imaginé par tous. L'idée d'une jeune fille conduisant les armées au combat, couronnant son jeune roi et délivrant son pays, était née de la Bible et du fabliau à la fois. C'était la poésie des veillées de village. Jeanne d'Arc en fit la religion de la patrie.

Son père, homme d'âge et austère, entendit avec peine ces bruits de visions et de merveilles sous son toit de paysan. Il ne croyait point sa famille digne de ces faveurs dangereuses du ciel, et de ces visites d'anges et de saintes qui faisaient causer ses voisins. Toute relation avec les esprits lui était suspecte, à une époque surtout où la crédulité superstitieuse attribuait tant de choses aux mauvais esprits, et où l'exorcisme et le bûcher punissaient de feu tout commerce avec le monde invisible. Il attribuait ces mélancolies et ces illusions de sa fille à des désordres de santé. Il désirait la marier, afin que l'amour d'un époux et des enfants apaisât son âme, et que les distractions de la mère de famille fissent évaporer ces imaginations de l'enfant. Il poussa quelquefois l'incrédulité jusqu'à la rudesse, et dit à Jeanne que, « s'il apprenait qu'elle donnât créance à ses prétendus entretiens avec les esprits tentateurs, et qu'elle se mêlât aux hommes de guerre, il aimerait mieux qu'elle fût noyée par ses frères, ou qu'il la noierait lui-même de ses propres mains. »

Ce déplaisir de sa mère et ces menaces mêmes de son père n'étouffaient ni les visions ni les voix. Obéissante en toute autre chose, Jeanne désirait obéir même en ceci : mais l'inspiration était plus obstinée que la volonté. Le ciel devait être obéi avant les hommes, et le prodige était pour elle plus impérieux que la nature. Elle gémissait de désobéir, et suppliait Dieu de lui épargner ces efforts qui déchiraient son cœur. Elle espérait bien obtenir plus tard le congé et le pardon de ses parents, comme, en effet, ils lui pardonnèrent quand sa gloire eut justifié à leurs yeux sa désobéissance. L'inspiration est comme le génie : on ne le couronne qu'après l'avoir combattu.

Mais il y avait à côté de Jeanne un homme de son sang, ou plus simple, ou plus tendre, ou plus enthousiaste de nature que son père, dans le sein de qui la pauvre inspirée trouvait créance, ou du moins pitié. C'était son oncle, dont l'histoire aurait dû conserver la figure et le nom, car il fut le premier croyant à sa nièce et le premier complice de son génie. Ces seconds pères, dans les familles, sont souvent plus tendres et plus paternels que les pères véritables ; et ils ont plus de faiblesses pour les enfants de la maison, parce qu'ils se défient moins de leur amour, et qu'ils aiment par choix et non par devoir. Tel paraît avoir été l'oncle de Jeanne, le père de prédilection, le consolateur, le confident, puis enfin l'intermédiaire séduit par son cœur entre sa nièce et le ciel.

Pour soustraire Jeanne aux obsessions et aux reproches de son père et de ses frères, l'oncle la prit quelque temps chez lui, sous prétexte de soigner sa femme alitée. Jeanne profita de ce court séjour loin des yeux de ses parents pour obéir à ce qui lui commandait dans l'âme. Elle pria son oncle d'aller à Vaucouleurs, ville de guerre, voisine de Domrémy, et de réclamer l'intervention du sire de Baudricourt, commandant de la ville, pour qu'elle pût accomplir sa mission.

L'oncle, séduit par sa nièce et sans doute poussé par sa femme, se rendit avec simplicité à leurs désirs. Il alla à Vaucouleurs, et rendit au sire de Baudricourt le message dont il s'était complaisamment chargé. L'homme de guerre écouta avec une indulgente dérision le paysan. Il semblait qu'il n'y avait qu'à sourire, en effet, de la démence d'une paysanne de dix-sept ans, s'offrant à accomplir pour le Dauphin et pour le royaume ce que des milliers de chevaliers, de politiques et d'hommes d'armes ne pouvaient faire par la force du génie et des bras. « Vous n'avez autre chose à faire, dit Baudricourt au messager de miracles en le congédiant, que de renvoyer votre nièce, bien souffletée, chez son père. »

L'oncle revint, convaincu sans doute par l'incrédulité de Baudricourt, et résolu d'enlever pour jamais cette illusion de l'esprit des femmes. Mais Jeanne avait tant d'empire sur lui, et la conviction la rendait si éloquente, qu'elle reconquit promptement la foi perdue de son oncle, et qu'elle lui persuada de la mener lui-même à Vaucouleurs, à l'insu de ses parents. Elle sentait bien que c'était le pas décisif, et qu'une fois hors du village, elle n'y rentrerait jamais. Elle fit confidence de son départ à une jeune fille qu'elle aimait tendrement, nommée Mangète, et elle pria avec elle, en la recommandant à Dieu. Elle cacha son dessein à celle qu'elle aimait encore davantage, et qui s'appelait Haumette. « Craignant, dit-elle après, de ne pouvoir vaincre sa douleur de la quitter si elle lui disait adieu, elle pleura beaucoup en secret, et vainquit ses larmes. »

Vêtue d'une robe de drap rouge, selon le costume des paysannes de la contrée, Jeanne partit à pied avec son oncle. Arrivée à Vaucouleurs, elle reçut l'hospitalité chez la femme d'un charron, cousin de sa mère. Baudricourt, vaincu par l'insistance de l'oncle et par l'obstination de la nièce, consentit à la recevoir, non par crédulité, mais par lassitude. Il fut ému de la beauté de cette jeune paysanne, que son chevalier Daulon dépeint en ces termes vers cette époque : Elle était jeune fille, belle et bien formée, dit-il, en décrivant chastement jusqu'aux grâces de la femme.

Baudricourt l'ayant interrogée, Jeanne lui dit avec un accent de fermeté modeste qui prenait son autorité non en elle-même, mais dans ce qui lui avait été inspiré d'en haut : « Je viens à vous au nom de Dieu, mon Seigneur, afin que vous mandiez au Dauphin de se bien tenir où il est, de ne point offrir de bataille aux ennemis en ce moment, parce que Dieu lui donnera secours dans la mi-carême. Le royaume, ajouta-t-elle, ne lui appartient pas, mais à Dieu, son Seigneur. Toutefois il lui destine le royaume; malgré les ennemis, il sera roi, et c'est moi qui le mènerai sacrer à Reims! »

Baudricourt la congédia pour réfléchir, craignant sans doute de trop mépriser ou de trop croire dans un temps où l'incrédulité pouvait lui être imputée à faute par la voix publique autant que la croyance. Il en référa prudemment au clergé, juge en matière surnaturelle. Il consulta le curé de Vaucouleurs; ils allèrent ensemble avec solennité visiter la jeune paysanne chez sa cousine, la femme du charron.

Le curé, pour être prêt à toute occurrence, avait revêtu ses habits sacerdotaux, armure contre l'esprit tentateur. Il exorcisa Jeanne, au cas où elle serait obsédée d'un démon, et la somma de se retirer si elle était en commerce avec Satan. Mais les démons de Jeanne n'étaient que sa piété et son génie. Elle subit l'épreuve sans donner aucun scandale au prêtre et à l'homme de guerre ; ils se retirèrent indécis et édifiés.

Le bruit de cette visite du gouverneur et du prêtre chez la femme du charron étonna et édifia la petite ville. Le peuple de toute condition et les femmes surtout s'y portèrent. La mission de Jeanne devint la foi de quelques-uns, l'entretien de tous. Le bruit avait trop éclaté pour qu'il fût loisible maintenant à Baudricourt de l'étouffer. L'opinion l'accusait déjà d'indifférence ou de mollesse. « Négliger un tel secours du ciel, n'était-ce pas trahir le Dauphin et la France ? » Un gentilhomme des environs, étant venu voir Jeanne comme les autres, lui dit, en matière d'accusation contre Baudricourt : « Eh bien, ma mie, il faudra donc que le roi soit chassé, et que nous devenions Anglais ? »

Jeanne mêla ses plaintes à celles du gentilhomme et du peuple, mais elle parut moins se lamenter sur elle-même que sur la France ; et, se rassurant ensuite sur la promesse qu'elle avait entendue d'en haut : « Cependant, dit-elle, il faudra bien qu'avant la mi-carême on me conduise au Dauphin, dussé-je, pour y aller, user mes jambes jusqu'aux genoux. Car personne au monde, ni rois, ni ducs, ni filles du roi d'Écosse, ne peuvent reprendre le royaume de France ; et il n'y a pour lui d'autres secours que moi-même, quoique j'aimasse mieux, ajouta-t-elle avec tristesse, rester à filer près de ma pauvre mère !... Car je sais bien que batailler n'est pas mon ouvrage ; mais il faut que j'aille et que je fasse ce qui m'est commandé, car mon Seigneur le veut... »

On lui demanda : « Et qui est votre Seigneur? » Elle répondit : « C'est Dieu ! »

Deux chevaliers présents s'émurent, l'un jeune, l'autre vieux. Ils lui promirent sur leur foi, la main dans sa main, qu'avec l'aide de Dieu ils lui feraient parler au roi.

Pendant ces délais, qui semblaient commandés par le respect même pour le Dauphin, Baudricourt conduisit Jeanne au duc de Lorraine, de qui il relevait à Vaucouleurs, afin de décharger sa responsabilité et de prendre ses ordres.

Le duc vit Jeanne, et l'interrogea sur une maladie dont il était en ce moment affligé. Elle ne lui parla que de guérir son âme en se réconciliant avec la duchesse, dont il était séparé. Baudricourt la ramena à Vaucouleurs.

Pendant le voyage et le séjour de Jeanne chez le duc de Lorraine, le Dauphin lui-même avait été avisé par lettres de la merveille de Domrémy. Quelques-uns pensent que Baudricourt avait voulu prendre, avant toute résolution, les ordres du Dauphin et de sa belle-mère la reine Yolande d'Anjou, et que le Dauphin, la reine Yolande et le duc de Lorraine se concerteraient avec Baudricourt pour faire profiter à leur cause l'apparition d'une jeune, belle et pieuse fille, digne de protection divine pour les peuples, d'enthousiasme pour l'armée, de délivrance pour le royaume. Cette opinion n'a rien que de vraisemblable, et la politique d'une pareille foi n'en exclut pas la sincérité dans un siècle où les cours et les camps partageaient toutes les croyances du peuple. Les préparatifs pour le voyage et pour la réception de Jeanne à la cour, et les respects du Dauphin et de la reine Yolande pour elle à son arrivée, montrèrent assez qu'on attendait le prodige et qu'on désirait le faire éclater.

Les habitants de Vaucouleurs achetèrent à Jeanne un cheval du prix de seize francs, et des habits d'homme de guerre pour protéger sa personne autant que pour manifester sa mission guerrière. Baudricourt lui donna une épée. Le bruit de son départ pour l'armée s'étant répandu jusqu'à Domrémy, son père, sa mère, ses frères accoururent pour la retenir et la reprendre. Elle pleura avec eux, mais ses larmes, amollissant son cœur, ne purent amollir sa résolution.

Elle partit, en compagnie de deux gentilshommes et de quelques cavaliers de leur suite, pour Chinon, où était le Dauphin. Son escorte lui fit traverser rapidement les provinces où dominaient les Anglais et les Bourguignons, dans la crainte que leur dépôt ne leur fût enlevé. Indécis d'abord sur la nature des inspirations de la jeune fille, tantôt ils la vénéraient comme une sainte, tantôt ils s'en éloignaient comme d'une sorcière possédée d'un mauvais génie. Quelques-uns même délibérèrent secrètement s'ils ne s'en déferaient pas en route en la précipitant dans quelque torrent des montagnes, et en attribuant sa disparition à un enlèvement du démon. Souvent près d'exécuter leur complot, ils furent retenus comme par une main divine. La jeunesse, la beauté, l'innocence et la sainte candeur de la jeune fille furent sans doute le charme surnaturel qui fléchit leurs cœurs et leurs bras. Partis incrédules, ils arrivèrent convaincus.

La cour errante était au château de Chinon, près de Tours. On y attendait l'inspirée de Vaucouleurs dans des sentiments divers. Les conseillers réputés les plus sages déconseillaient le Dauphin d'accueillir et d'écouter une enfant qui, si elle n'était pas un instrument de l'ange de ténèbres, était au moins la messagère de sa propre illusion. D'autres, plus crédules ou plus légers, poussaient le Dauphin à consulter du moins cet oracle. La reine Yolande et les favorites étaient fières que le salut vînt d'une femme. Faciles à croire, portées à séduire et à être séduites, elles sentaient que les moyens humains de relever la cause du roi étaient épuisés, et qu'un ressort surnaturel, vrai ou supposé, pouvait seul rendre l'enthousiasme avec l'espérance aux soldats et au peuple. « C'était peut être Dieu qui suscitait ce secours. » Politique ou crédulité, tout était bon pour une cause vaincue et désespérée.

Le Dauphin, flottant, comme la jeunesse, de l'amour à la gloire, et des conseils graves aux conseils féminins, était à une de ces crises d'affaissement moral où l'on est enclin à tout croire, parce qu'on n'a plus rien à attendre.

Jeanne arriva à Chinon dans ces circonstances. On la logea dans le voisinage, au château du sire de Gaucourt. Visitée par les dames et par les seigneurs de la suite du roi, sa simplicité ramena les uns, édifia les autres. Les chevaliers qui tenaient pour le roi dans Orléans avaient trop besoin d'un miracle pour hésiter à croire à sa mission. Ils envoyèrent quelques-uns des leurs implorer et encourager leur future libératrice. Le Dauphin, à leur instigation, consentit enfin à la recevoir ; mais, dès le premier jour, il voulut l'éprouver.

L'humble paysanne de Domrémy fut introduite, dans son costume de bergère, devant cette cour d'hommes d'armes, de conseillers, de courtisans et de reines. Le Dauphin, vêtu avec une simplicité affectée, et confondu dans les groupes de ses chevaliers richement armés, laissa à dessein la jeune fille dans le doute sur celui d'entre tous qui était son souverain. « Si Dieu l'inspire véritablement, se dit-il, il la mènera à celui qui a seul dans ses veines le sang royal ; si c'est le démon, il la mènera au plus apparent d'entre mes hommes d'armes. »

Jeanne s'avança en effet, confuse, éblouie, et comme indécise entre cette foule, mais cherchant d'un regard timide, parmi tous, le seul vers lequel elle était envoyée. Elle le reconnut sans interroger personne ; et, se dirigeant modestement, mais sans hésitation, vers lui, elle tomba à genoux devant le jeune roi. « Ce n'est pas moi qui suis le roi, » lui dit le prince, en cherchant à la jeter dans le doute. Mais Jeanne, que son cœur illuminait, insistant avec plus de force : « Par mon Dieu, gentil prince, c'est vous, dit-elle, et non un autre! » Puis d'une voix plus haute et plus solennelle : « Très-noble seigneur, Dauphin, poursuivit Jeanne, le Roi des cieux vous mande par moi que vous serez sacré et couronné dans la ville de Reims, et son lieutenant au royaume de France! »

A ce signe la cour s'émerveilla, et le Dauphin s'émut d'admiration pour la belle fille. Toutefois il voulut un autre signe plus difficile et plus secret; et, l'entraînant à l'écart de sa cour dans une embrasure de fenêtre, il s'entretint à voix basse avec elle sur un mystère de son âme qui travaillait sa conscience, et qui lui inspirait secrètement des doutes sur son droit au trône. Ce mystère n'avait jamais été révélé par lui à personne. Il était de nature à faire rougir sa mère, et à détacher de son front la couronne. La conduite d'Isabeau de Bavière le laissait incertain s'il était véritablement le fils de Charles VI. La réponse inspirée de Jeanne, bien qu'elle ne fût pas entendue des assistants, répandit visiblement la sécurité et la joie sur le visage du Dauphin. Souvent, et récemment encore, il s'était enfermé dans son oratoire, priant Dieu avec larmes que, s'il était en effet le légitime héritier du royaume, la Providence voulût le lui confirmer, et défendre son héritage pour lui, ou du moins lui éviter la mort, et lui assurer asile parmi les Espagnols ou les Écossais, ses seuls amis. « Je te dis, de la part de Dieu, lui répète Jeanne à voix plus haute, en le saluant, que tu es vrai fils de roi, et héritier de la France! »

Cet entretien avec le roi, la faveur des princesses, les instances des envoyés de l'armée d'Orléans, la rumeur populaire, plus prête à se passionner pour le merveilleux que pour le possible, l'aventure d'un homme d'armes incrédule, qui, ayant blasphémé Jeanne sur un pont, fut noyé peu après dans la Loire; la politique enfin, qui prolongeait ou qui simulait une foi utile à ses desseins, tout concourait à créer autour de l'étrangère un fanatisme de respect et d'espérance qui faisait du moindre doute une impiété.

Le bâtard d'Orléans, le fameux Dunois, l'appelait, par des messages réitérés, à Orléans, pour retremper l'âme de ses soldats. Le duc d'Alençon, prince chevaleresque et courtois, accourait au bruit du prodige, et embrassait avec la chaleur de la jeunesse et de l'enthousiasme la cause de l'inspirée. Les courtisans se pressaient autour d'elle au château du Coudray : les uns lui présentaient des chevaux de bataille; les autres l'exerçaient à se tenir en selle, à manier le coursier, à rompre des lances, tous ravis de la hardiesse, de la grâce et de la force qu'elle montrait dans ces exercices de la guerre, comme si l'âme d'un héros se fût trompée d'enveloppe en animant cette vierge de dix-sept ans de la passion des armes et de l'intrépidité des combats.

Le Dauphin pourtant hésitait encore à condescendre aux inspirations de la jeune fille, retenu par son chancelier, qui craignait la dérision des Anglais, si la France confiait son épée à une main qui n'avait tenu que la quenouille. Le chancelier redoutait aussi le clergé, qui pouvait attribuer au sortilége l'inspiration, et s'offenser d'une foi qu'il n'aurait pas autorisée dans le peuple. Le roi jugea sagement qu'il fallait envoyer préalablement Jeanne à Poitiers, pour la soumettre à l'examen de l'université et du parlement. Ces deux oracles du temps, chassés de Paris, siégeaient alors dans cette province. « Je vois bien, s'écria Jeanne, que j'aurai de rudes épreuves à Poitiers, où l'on me mène; mais Dieu m'assistera : allons-y donc avec confiance. »

Interrogée avec bonté, mais avec scrupule, par les docteurs, elle les confondit tous par sa foi en elle-même autant que par sa patience et par sa douceur. L'un d'eux lui dit : « Mais si Dieu a résolu de sauver la France, il n'a pas besoin de gens d'armes. — Eh! mon Dieu, répondit-elle, les gens d'armes batailleront, et Dieu donnera victoire. »

Un autre lui dit : « Si vous ne donnez point d'autre preuve de la vérité de vos paroles, le roi ne vous prêtera point de soldats pour les mettre en péril. — Par mon Dieu! répliqua Jeanne, ce n'est pas à Poitiers que j'ai été envoyée pour donner des signes; mais conduisez-moi à Orléans, avec si peu d'hommes que vous voudrez, et je vous en donnerai. Le signe que je dois donner, c'est de faire lever le siége d'Orléans! »

Et comme les docteurs lui citaient des textes et des livres qui défendaient de croire légèrement à ces révélations : « Cela est vrai, répondit-elle; mais il y a plus de choses écrites au livre de Dieu qu'en ceux des hommes. »

Enfin, les évêques déclarèrent que rien n'était impossible à Dieu, et que la Bible était pleine de mystères et d'exemples qui pouvaient autoriser une humble femme à combattre sous des habits d'homme pour la délivrance de son peuple. La reine Yolande de Sicile, belle-mère du Dauphin, et les dames les plus vénérées de la cour, attestèrent la pureté de vie et la virginité de la prophétesse. On n'hésita plus à lui confier l'armée qui devait, sous le duc d'Alençon, son plus zélé croyant, aller secourir Orléans.

On lui forgea une armure légère et blanche de couleur, en signe de la candeur de l'héroïne. Elle réclama une longue épée rouillée, marquée de cinq croix, qu'elle déclara être enfouie dans la chapelle d'une église voisine de Chinon, et qu'on y trouva. On lui remit en main un étendard blanc aussi, semé de fleurs de lis, fleurs héraldiques de la France. Elle chevaucha ainsi, suivie d'un vieux et brave chevalier, son protecteur, nommé Daulon; de deux jeunes enfants, ses pages; de deux hérauts d'armes, d'un chapelain, d'une suite nombreuse de serviteurs, et d'une foule de peuple qui bénissait d'avance en elle le miracle et le salut.

Elle fut reçue triomphalement à Blois par les chefs de l'armée, rassemblés pour la voir et pour obéir à ses inspirations divines : le maréchal de Boussac, Dunois, Lahire, Xaintrailles, tous avertis par le chancelier de respecter dans cette fille la mission de Dieu et la volonté du roi. Mais le fanatisme passionné du peuple pour la vierge guerrière de Domrémy imposait à l'armée plus encore que l'ordre du Dauphin. Servante de Dieu autant que du trône, Jeanne commença par réformer les désordres de mœurs et les scandales de l'armée. On jeta aux flammes les cartes, les dés, les instruments de sorcellerie et de jeux de toutes sortes dans le camp et dans la ville. Des prédicateurs populaires s'attachèrent aux pas de Jeanne, et prêchèrent les femmes et les soldats. L'un d'eux s'exalta d'un tel fanatisme, et remua tellement le peuple en tribun plus qu'en prêtre, que le pape le fit saisir par l'inquisition et brûler vif comme fauteur d'hérésie.

Un autre, le frère Richard, moine de l'ordre des Cordeliers, entraînait de telles multitudes par sa parole, que des milliers d'hommes et d'enfants couchaient sur la terre nue, autour de la tribune en plein air, la veille de ses prédications. Le vent de l'Esprit soufflait comme une tempête sur les âmes. La religion, le patriotisme et la guerre agitaient les foules. L'humble Jeanne suivait à pied, dans les rues de Blois, les prédicateurs. Mais son humilité même la désignait à la passion de la multitude. Le cordelier couvait de jaloux ombrages contre elle, tout en affectant de partager le fanatisme de l'armée. Tout était préparé dans les choses et dans les esprits pour les miracles, l'envie même, et le supplice après le triomphe.

L'armée, purifiée par les réformes et par la discipline

introduites par Jeanne, se recrutait de nombreuses compagnies d'hommes d'armes, accourant de toutes les provinces au bruit du prodige. L'étendard de la vierge de Domrémy était véritablement l'oriflamme de la France.

Les chefs, pressés de profiter de cet enthousiasme, ébranlèrent leurs troupes. Jeanne, consultée par eux, voulait que, sans considération du nombre et de l'assiette des Anglais, on marchât droit à Orléans par la route la plus courte, celle de la Beauce. Les généraux feignirent d'y consentir; mais ils la trompèrent pour le salut des troupes, et lui firent traverser la Loire pour s'avancer à l'abri du fleuve par les bois et les marais de la Sologne. Le chapelain de Jeanne marchait en tête de l'armée, portant sa bannière et chantant des hymnes. La marche ressemblait à une procession où le prêtre guide les soldats.

Jeanne arriva le troisième jour en face d'Orléans. En voyant le fleuve entre elle et l'armée, elle s'indigna d'avoir été trompée par les généraux, et voulait qu'on attaquât sur l'heure les fortifications des Anglais, interposés entre l'armée et la ville. On endormit son impatience.

Dunois, qui avait le commandement général de l'armée de secours et de l'armée d'Orléans, s'élança dans une frêle barque, en apercevant la Pucelle du haut des remparts. Quand il eut pris terre au pied de son cheval : « Est-ce vous, lui dit-elle, qui êtes le bâtard d'Orléans? — Oui, dit Dunois, et bien réjoui de votre venue! » Mais elle, d'une voix de doux reproche : « C'est donc vous qui avez conseillé de prendre la route éloignée de l'ennemi par la Sologne? — C'est le conseil des plus vieux et sages capitaines, dit Dunois. — Le conseil de Dieu, monseigneur, répliqua Jeanne, est meilleur que les vôtres. Vous avez cru me tromper, et vous vous êtes trompé vous-même. Ne craignez rien; Dieu me fait ma route, et c'est pour cela que je suis née. Je vous amène le meilleur secours que reçut jamais chevalier ou cité, le secours de Dieu!...

En ce moment, le vent qui soulevait les flots de la Loire en sens contraire de son cours, et qui empêchait les barques chargées de vivres et d'armes d'aborder au port d'Orléans, changea tout à coup comme par miracle, et la ville fut ravitaillée malgré les Anglais.

Le lendemain, ayant congédié l'armée du roi, qui n'avait pour mission que d'escorter le convoi jusqu'aux portes, et qui devait retourner défendre la plaine, Jeanne entra dans Orléans à la tête de deux cents lances seulement, suivie du brave chevalier Lahire et de Dunois. Montée sur une haquenée blanche, élevant son étendard dans la main droite, revêtue de sa légère armure qui étincelait aux yeux d'un doux éclat, elle était à la fois, pour les habitants de la ville et pour les soldats, l'ange de la guerre et de la paix. Les prêtres, le peuple, les femmes, les enfants, se précipitaient sous les pieds de son cheval, pour toucher seulement ses éperons, croyant qu'une vertu divine émanait de cette envoyée de Dieu. Elle se fit conduire à l'église, où l'on chanta le *Te Deum* de reconnaissance pour la ville secourue. Mais le secours qui réconfortait le plus le peuple était le secours surnaturel qu'il croyait voir et posséder dans la prophétesse.

Jeanne fut conduite de la cathédrale dans la maison de la femme la mieux famée de la ville, pour que sa vertu fût à l'abri des mauvais discours, et que sa bonne renommée restât intacte au milieu des camps. On lui avait préparé un festin. Mais elle n'accepta qu'un peu de pain et de vin, en humilité et en mémoire de la table frugale de son père.

Elle dicta de là une lettre aux Anglais qu'elle avait réfléchie dans la route. Cette lettre était toute semblable, par ses apostrophes et par son accent, aux sommations que les héros d'Homère s'adressaient, avant de combattre, du haut des murs ou sur le champ de bataille. « Roi d'Angleterre, disait-elle, et vous, duc de Bedford, qui vous dites régent de France; et vous, Guillaume, comte de Suffolk ; Jean Talbot, et vous, Thomas Scales, qui vous prétendez lieutenant du duc de Bedford, obéissez au Roi du ciel, rendez les clefs du royaume à la pucelle envoyée de Dieu ! Et vous, archers et hommes d'armes qui êtes devant Orléans, allez-vous-en, de par Dieu, en votre pays !... Roi d'Angleterre, si ainsi ne faites, je suis chef de guerre, et en quelque lieu que je vous atteigne, ainsi moi-même le ferai !... Et croyez fermement que le Roi du ciel enverra plus de force à moi que vous ne sauriez en mener dans tous vos assauts. »

Elle les conviait ensuite à la paix, et leur promettait sûreté et bon accueil s'ils voulaient venir traiter avec elle dans Orléans.

Le rire, la dérision et les railleries cyniques des assiégeants furent la seule réponse à cette lettre de Jeanne. Ils l'appelèrent ribaude et gardeuse de vaches. Ils retinrent déloyalement prisonnier son héraut d'armes. Elle en envoya un second à Talbot, pour lui offrir le combat en champ clos sous les remparts de la ville. « Si je suis vaincue, disait-elle à Talbot, vous me ferez brûler sur un bûcher ; si je suis victorieuse, vous lèverez le siége. » Talbot ne répondit que par le silence du dédain. Il se serait cru déshonoré d'accepter le défi d'une enfant et d'une fille.

Jeanne, appelée au conseil des généraux qui commandaient les troupes par respect pour la volonté du roi et pour la superstition du peuple, montra la même impatience de combattre et la même confiance dans l'assistance qu'elle portait en elle. Dunois affectait de lui céder en toute chose, même contre son propre sentiment, sachant qu'en lui cédant il satisfaisait le peuple et il enflammait le soldat. Chef aussi politique que guerrier, le bâtard, s'il ne croyait qu'à demi aux révélations, croyait à l'enthousiasme. La grâce et la foi de Jeanne le séduisaient lui-même. Il s'entendait merveilleusement avec elle, l'éclairant de ses avis dans les conseils, s'allumant de son héroïsme dans l'action.

Le sire de Gamaches, vieux soldat, témoin des condescendances de Dunois et de Lahire pour les témérités de la jeune fille, s'indigna, dès le premier jour, de ce qu'on préférait les révélations d'une paysanne à l'expérience d'un chef consommé tel que lui. « Puisqu'on écoute ici, s'écria-t-il, l'avis d'une aventurière de basse condition, de préférence à celui d un chevalier tel que moi, je ne contesterai pas davantage. Ce sera mon épée qui parlera en temps et lieu, et peut-être y périrai-je ; mais mon honneur me défend, ainsi que l'intérêt du roi, d'obéir à telles folies. Je défais ma bannière, et je ne suis plus désormais qu'un simple écuyer. J'aime mieux avoir pour chef un noble homme, qu'une fille qui a peut-être été avant je ne sais quoi ! » Puis, pliant sa bannière, il la remit à Dunois.

Jeanne ne respirait que la guerre, et tout retard dans la délivrance du pays par les armes lui semblait un doute de la parole divine et une offense à la foi. Elle monta à cheval le jour même, pour escorter un détachement qui allait chercher à Blois des renforts ; et au retour, lançant seule son cheval sur le rempart d'une des forteresses dont les Anglais avaient entouré la ville, et élevant la voix pour se faire entendre d'eux, elle les somma d'évacuer leurs bastilles.

Deux chevaliers anglais, Granville et Gladesdale, célèbres par leur bravoure et par le mal qu'ils avaient fait aux gens d'Orléans, lui répondirent par des injures et par des mépris, la renvoyant à ses quenouilles et à ses troupeaux. « Vous mentez, leur répliqua Jeanne. Avant peu vous sortirez d'ici ; beaucoup des vôtres y seront tués, mais vous-mêmes vous ne le verrez pas ! » leur prophétisant ainsi leur défaite et leur mort.

Le second renfort, ramené de Blois par Dunois lui-même, entra sans avoir été attaqué dans la ville.

Dunois vint remercier Jeanne du bon avis qui l'avait inspiré. Il lui annonça l'arrivée prochaine d'une armée anglaise qui venait compléter le blocus. « Bâtard ! bâtard ! lui dit Jeanne, je te commande, aussitôt que cette armée paraîtra en campagne, de me le dire ; car si elle se montre sans que je lui livre bataille, je te ferai trancher la tête, » ajouta-t-elle par forme d'enjouement. Dunois lui promit de l'avertir.

A peu de jours de là, comme elle était sur son lit au milieu du jour, se reposant des fatigues qu'elle avait prises le matin à rétablir l'ordre, la piété et les bonnes mœurs parmi les gens de guerre, un souci surnaturel l'empêcha de dormir. Tout à coup, se levant sur son séant, elle appela son écuyer, le vieux sire de Daulon. « Armez-moi ! lui dit-elle. Le cœur me dit d'aller combattre les Anglais, mais il ne me dit pas si c'est contre leurs forts ou contre leur armée. »

Pendant que le chevalier lui revêtait son armure, une grande rumeur s'éleva dans les rues. Le peuple croyait qu'on égorgeait les Français aux portes. « Mon Dieu ! dit Jeanne, le sang des Français coule sur la terre ! Pourquoi ne m'a-t-on pas éveillée plus tôt ? Mes armes ! mes armes ! Mon cheval ! mon cheval ! » Et, sans attendre le sire de Daulon, encore désarmé lui-même, elle se précipite, demi vêtue en guerre, hors de la maison.

Son petit page jouait comme un enfant sur le seuil. « Ah ! méchant page, qui n'êtes pas venu m'avertir que le sang de la France était répandu ! lui dit-elle. Allons, vite, mon cheval ! »

Elle s'élança sur son cheval ; et, s'approchant d'une fenêtre haute, d'où on lui tendit son étendard, elle partit au galop, et courut au bruit, vers la porte de la ville. En y arrivant, elle rencontra un des siens qu'on rapportait blessé et sanglant dans les murs : « Hélas! dit-elle, je n'ai jamais vu le sang d'un Français sans que mes cheveux se dressent sur ma tête ! »

C'était la bastille de Saint-Loup que les chevaliers français avaient tenté de surprendre, et que Talbot vainqueur venait de secourir en les chassant jusqu'aux remparts d'Orléans. Jeanne s'élança hors des portes, rallia les vaincus, appela les renforts, refoula Talbot, assaillit la forteresse, immola les Anglais, fit la garnison prisonnière, et, passant à l'instant de la colère à la pitié, pleura sur les morts et sauva du carnage les vaincus. Inspirée et champion tout à la fois de sa cause, le miracle de son insomnie, de son intelligence, de son bras et de sa pitié éleva au-dessus de tous les doutes la foi de son nom dans les camps de la France, et la terreur de son apparition dans les camps de l'Angleterre.

Elle voulait épargner le sang même des ennemis. Résolue à une attaque décisive de leurs forteresses, elle monta au sommet d'une tour, et, attachant à une flèche la lettre où elle les sommait de se rendre et leur promettait merci, elle banda l'arc, et lança le trait dans leur camp. Ils restèrent sourds à cette seconde sommation, et lui renvoyèrent par d'autres flèches les plus infâmes répliques.

Elle en rougit en les entendant lire, et ne put même s'empêcher de pleurer devant ses gens. Mais elle se reconsola vite, en pensant que Dieu lui rendait plus de justice que les hommes. « Bah! dit-elle en essuyant ses yeux, mon Seigneur sait que ce ne sont que mensonges. »

Elle commanda, de l'avis de Dunois, une sortie et un assaut général sur les quatre forteresses anglaises de la rive gauche de la Loire. L'attaque fut repoussée et les Français mis en fuite. Jeanne contemplait la bataille du haut d'une petite île au milieu du fleuve, et, voyant la déroute, elle se jeta dans une frêle barque, et, traînant son cheval à la nage par la bride, elle aborda au milieu de la mêlée. Sa présence, sa voix, son étendard, la divinité que les soldats croyaient voir luire sur son beau visage, les rallie, les retourne, les emporte à sa suite aux palissades; elle subjugue les forteresses, et y met le feu de sa propre main. La cendre des bastilles anglaises, trempée du sang de leurs défenseurs, fut le trophée de cette victoire. Jeanne revint triomphante, blessée au pied par une flèche. Elle perdait son sang, sans vouloir prendre ni boisson ni nourriture, parce qu'elle avait juré de jeûner ce jour-là pour le salut de son peuple.

Dunois et ses lieutenants croyaient avoir assez fait de délivrer un des bords du fleuve : « Non, non, dit Jeanne. Vous avez été à vos conseils, et moi au mien. Croyez que le conseil de mon Roi et Seigneur prévaudra sur le vôtre. Soyez debout demain avec l'armée; j'aurai à faire ce jour-là plus que je n'ai eu jusqu'à ce jour. Il sortira du sang de mon corps, je serai blessée! »

En vain les capitaines fermèrent-ils les portes pour s'opposer le lendemain à son ardeur. Le peuple et les soldats, fanatisés d'amour et de foi pour elle, se levèrent séditieusement contre eux, et menacèrent les généraux. Les portes furent enfoncées par la multitude, qui s'élança comme un torrent sur les pas de sa prophétesse. Les chefs furent entraînés par les soldats. Dunois, Gaucourt, Granville, Gonthaut, de Raiz, Lahire, Xaintrailles, s'élancèrent à l'assaut de la principale forteresse qui restait aux Anglais. L'armée anglaise, entourée de remparts et de fossés, foudroyait ces masses par son artillerie. Les échelles, brisées à coups de hache, se renversaient sur les assaillants. Le pied des fortifications était jonché de morts. Le découragement saisissait la multitude; Jeanne seule s'obstinait à sa foi. Elle saisit une échelle, et, l'appliquant contre le mur du rempart, elle y monte la première, l'épée dans la main. Une flèche lui traverse le cou vers l'épaule; elle roule inanimée dans le fossé. Les Anglais, pour qui Jeanne serait une victoire, sortent des retranchements pour l'enlever. Gamaches la couvre de sa hache et de son corps. Les Français reviennent à sa voix, et la délivrent. Elle reprend ses sens, et voit Gamaches blessé et vainqueur pour elle.

« Ah! dit-elle en se repentant de l'avoir une fois contristé, prenez mon cheval, et sans rançon! J'avais tort de mal penser de vous, car jamais je ne vis un plus généreux chevalier. » On emporta Jeanne à l'abri, pour la désarmer et pour visiter sa blessure. La flèche sortait de deux largeurs de main derrière l'épaule. Le sang l'inondait. Elle fut contrainte, comme Clorinde, de livrer les beautés pudiques de son corps aux regards et à la main des hommes. Mais la chasteté de son âme et la pureté de son sang versé pour la patrie l'enveloppaient, dit Daulon, d'une telle sainteté dans sa nudité même, que nul, en l'admirant, ne concevait l'idée d'une profanation. Plus ange que femme aux yeux des combattants et du peuple, la divinité de son rôle la revêtait.

Elle était femme et faible pourtant, car elle pleura en voyant son sang couler. Puis elle se reconsola, en priant ses célestes protectrices dans le ciel. Elle arracha ensuite la flèche de sa propre main, et répondit aux hommes d'armes qui lui recommandaient des remèdes superstitieux d'enchanteurs et de paroles magiques, en usage alors dans les camps : « J'aimerais mieux mourir que de pécher ainsi contre la volonté de Dieu. » On pansa sa blessure avec de l'huile, et elle remonta à cheval pour suivre à regret l'armée et le peuple découragés, qui se retiraient.

Elle entra, pour prier, dans une grange. Le cœur lui disait encore de combattre, mais elle n'osait tenter Dieu et résister à l'avis des capitaines.

Cependant sa bannière était restée dans le fossé, au pied de l'échelle d'où Jeanne venait d'être renversée. Daulon, son chevalier, s'en étant aperçu, courut avec quelques hommes d'armes pour reprendre cette dépouille, qui aurait trop affligé Jeanne et trop enorgueilli les Anglais. Jeanne y courut à cheval après eux. Au moment où Daulon remettait dans la main de sa maîtresse l'étendard, ses plis, agités par le mouvement du cheval et par le vent, se déroulèrent au soleil, et parurent aux Français un signal que Jeanne leur faisait pour les rappeler à son secours. Les Français, déjà en retraite, accoururent de nouveau pour sauver leur héroïne. Les Anglais, qui la croyaient morte, la revoyant à cheval à la tête des assaillants, la crurent ressuscitée ou invulnérable : la panique s'empara d'eux. Les illusions du feu des canons au milieu des fumées colorées de la poudre leur firent voir des esprits célestes, divinités tutélaires d'Orléans, à cheval dans les nuées, et combattant de l'épée de Dieu pour Jeanne et sa cause. Une poutre, jetée sur le fossé, servit de pont-levis à un intrépide chevalier qui fraya le chemin des remparts à nos bataillons. Le commandant anglais, Gladesdale, se repliant devant cette irruption, cherchait à traverser un second fossé pour s'enfermer dans le réduit. « Rends-toi, Gladesdale! lui cria Jeanne. Tu m'as vilainement injuriée, mais j'ai pitié de ton âme et de celle des tiens. »

A ces mots, le pont-levis sur lequel combattait vaillamment la dernière poignée d'Anglais, brisé par les coups d'une poutre, s'abîme sous les combattants : la Loire recouvre leurs cadavres.

Jeanne, l'armure teinte de sang, entra au bruit des cloches dans Orléans, fière, mais humble, d'une victoire que l'armée devait toute à elle, mais qu'elle reconnaissait devoir toute à Dieu. L'ivresse du peuple la divinisait. Elle était son salut, sa gloire et sa religion à la fois. Jamais popularité ne confondit mieux le ciel et la terre dans une figure de vierge, de sainte et de héros. L'humilité de sa condition la rendait plus chère à cette multitude, parce qu'elle lui était plus semblable. Le salut sortait du chaume, comme à Bethléem.

Les généraux anglais reconnurent le bras de Dieu dans l'irrésistible ascendant de cette héroïne. Ils brûlèrent eux-mêmes le peu de forteresses qui leur restaient dans le pays, et défilèrent en retraite sous les remparts d'Orléans.

Les chevaliers français et le peuple voulaient profiter de leur découragement pour les insulter et les anéantir. « Non, dit Jeanne avec une douce autorité, ne les tuez pas; il suffit qu'ils partent. » Et, faisant dresser un autel sur les remparts d'Orléans, elle y fit célébrer le sacrifice du pardon et chanter les hymnes de victoire pendant le défilé de ses ennemis.

Orléans délivré était la délivrance du royaume. Cette ville fit de sa libératrice sa divinité tutélaire. Elle lui prépara des statues, n'osant encore lui vouer des autels.

Mais Jeanne ne perdit pas de temps à savourer de vains triomphes. Elle ramena l'armée victorieuse au Dauphin, pour l'aider à reconquérir ville à ville son empire. Le Dauphin et les reines la reçurent comme un envoyé de Dieu qui leur apportait les clefs perdues et retrouvées de leur royaume. « Je n'ai qu'un an à durer, dit-elle avec une prescience triste qui semblait lui révéler son échafaud dans sa victoire; il me faut donc vite employer. »

Elle conjura le Dauphin d'aller se faire couronner immédiatement à Reims, bien que cette ville et les provinces intermédiaires fussent encore au pouvoir des Bourguignons, des Flamands et des Anglais. L'imprudence de ce conseil frappait les conseillers et les généraux de la cour. Le sacre du roi à Reims était, aux yeux de tous, une impossibilité ou une témérité qui, pour une vaine ombre de puissance, leur ferait abandonner les fruits de la victoire actuellement dans leurs mains. On voulait reconquérir auparavant la Normandie et la capitale. Les conseils succédaient aux conseils. Jeanne se consumait d'ennui et d'inaction à la cour; ses inspirations l'obsédaient, et elle obsédait à son tour humblement le Dauphin.

Un jour qu'il était enfermé avec un évêque et des confidents pour délibérer sur le parti à suivre, Jeanne vint doucement frapper à la porte du conseil. Le roi lui ouvrit, reconnaissant sa voix.

« Noble Dauphin, lui dit-elle en s'agenouillant devant lui, ne tenez pas tant à de si longs conseils; venez recevoir votre couronne à Reims. On me presse là-haut de vous y mener.

» — Jeanne, dit l'évêque à la jeune fille, comment votre conseil se fait-il entendre à vous?

» — Oui, Jeanne, ajouta le roi, dites-nous comment.

» — Eh bien, dit-elle, je me suis mise en oraison; et comme je me complaignais en moi-même de votre incrédulité à mon avis, j'ai entendu ma voix qui m'a dit : « Va, va, ma fille, je serai à ton aide, va! » Et quand j'entends cette voix intérieure, je me sens merveilleusement réjouie; et je voudrais qu'elle parlât toujours »

Le Dauphin lui céda, et donna le commandement de l'armée au duc d'Alençon. On marcha contre les Anglais, conduits par Suffolk. La masse des ennemis à traverser ébranlait la confiance de la cour et de la poignée d'hommes d'armes qui suivaient Jeanne. « Ne craignez pas d'attaquer, dit-elle, car c'est Dieu qui conduit notre œuvre. Si ce n'était de cela, n'aimerais-je pas mieux garder mes brebis que de courir de tels périls? »

On la suivit; on traversa Orléans, tout plein encore de sa gloire; on marcha contre Suffolk, qui s'enferma dans Jergeau. L'assaut qu'on y donna fut sanglant. Jeanne, y montant son étendard à la main, fut renversée dans le fossé par une grosse pierre qui brisa son casque sur sa tête. Son acier et ses cheveux de femme la sauvèrent. Elle se releva des eaux, et emporta la ville.

Suffolk se rendit à un de ses chevaliers. Elle poussait toujours l'armée en avant. « Vous avez peur, gentil sire, disait-elle en souriant au duc d'Alençon, qui unissait la prudence au courage; mais ne craignez rien, j'ai promis de vous ramener sain et sauf à votre femme! »

On cherchait une autre armée anglaise commandée par Talbot dans la Beauce. Séparé de cette armée par une forêt, Lahire, qui menait l'avant-garde, ne savait quel sentier prendre. Un cerf, parti sous les pieds de son cheval, se précipite dans le camp des Anglais, et les fait découvrir aux cris que ne peut retenir ce peuple chasseur à la vue du cerf. L'armée française, ainsi miraculeusement guidée, marche à eux. Ils succombent. Leurs chefs les plus redoutés, Talbot, Scales, se rendent, et sont traînés captifs avec Suffolk aux pieds du Dauphin. Jeanne, témoin du carnage, après la victoire, s'émeut de tendresse pour les vaincus désarmés; elle descend de son cheval, donne la bride à son page, relève des blessés de l'herbe trempée de sang, et les panse de ses propres mains.

Le régent, duc de Bedford, tremblait dans Paris.

« Tous nos malheurs, écrivait-il au cardinal de Winchester, sont dus à une jeune magicienne qui a rendu, par ses sortiléges, l'âme aux Français. »

Le duc de Bourgogne, rappelé de Flandre par Bedford, revint encourager et défendre Paris avec les Anglais.

Cependant Jeanne, après cette victoire, était retournée vers le roi. Elle l'avait enfin décidé à se rendre à Reims. On tourna Paris par Auxerre, et on marcha sur Troyes, capitale de la Champagne. La ville se rendit à la voix de la libératrice d'Orléans.

Jeanne, en se rapprochant de son pays, excitait à la fois

plus d'enthousiasme et plus d'envie. Sa famille la reconnaissait enfin pour inspirée, après l'avoir pleurée pour folle. Ses frères, appelés par elle dans les camps, recevaient des honneurs et des armoiries de la cour. Ils combattaient et triomphaient sous les yeux de leur sœur. Mais le moine Richard, ce prédicateur jaloux dont nous avons parlé, lui disputait déjà sa popularité par des suppositions de sorcellerie, perfidies jetées méchamment dans le peuple.

A son entrée à Troyes, il osa s'avancer vers Jeanne et faire des exorcismes et des signes de croix sur son cheval, comme contre un fantôme de Satan. « Allons, approchez, dit Jeanne, je ne m'envolerai pas. »

Châlons et Reims ouvrirent leurs portes. Le roi fut sacré, et la mission de Jeanne accomplie. « O gentil roi, disait-elle en embrassant ses genoux dans la cathédrale, après qu'elle le vit couronné, maintenant est fait le plaisir de Dieu, qui m'avait ordonné de vous amener en cette cité à Reims, recevoir votre saint sacre, maintenant qu'enfin vous êtes roi, et que le royaume de France vous appartient ! »

Elle était le palladium visible du peuple, dont le roi n'était que le souverain. Les femmes lui faisaient toucher leurs petits enfants comme à une relique. Les soldats baisaient à genoux son étendard, et sanctifiaient leurs armes en les approchant de son épée nue. Elle se refusait modestement et religieusement à ces superstitions et à ces adorations de la multitude, ne s'attribuant aucune vertu surhumaine, que l'obéissance aux ordres qu'elle avait reçus de Dieu, accomplis par son inspiration.

« Oh ! disait-elle en contemplant l'ivresse de ce roi rendu à son peuple et de ce peuple rendu à son roi, que ne puis-je mourir ici !

» — Et où donc croyez-vous mourir ? lui demanda l'archevêque de Reims.

» — Je n'en sais rien, répondit la sainte fille : ce sera

où il plaira à Dieu. J'ai fait ce que mon Seigneur m'avait chargée de faire. Je voudrais bien maintenant qu'il lui plût de m'envoyer garder mes moutons, avec ma sœur et ma mère ! »

Elle commençait à sentir ce doute de l'avenir qui saisit l'héroïsme, le génie, la vertu même, quand ils ont achevé la première moitié de toute grande œuvre humaine, la montée et la victoire, et qu'il ne leur reste plus que la seconde moitié, la descente et le martyre. Elle commençait à entendre ces voix, non plus du ciel, mais du foyer, qui rappellent en vain l'homme, découragé de ses ambitions et de ses gloires, au toit de ses premières tendresses, aux humbles occupations de son enfance, et à l'obscurité de ses premiers jours.

Pauvre Jeanne, pourquoi n'écouta-t-elle pas ces voix?... Mais Dieu lui destinait un sort achevé. Il n'y en a point sans l'iniquité des hommes, et sans le martyre pour son pays.

Le génie dans l'action est une inspiration du cœur ; mais cette inspiration elle-même a besoin d'être servie par les circonstances. Quand ces circonstances extrêmes, qui produisent en nous cette tension de toutes nos facultés qu'on appelle génie, s'évanouissent ou se détendent, le génie lui-même paraît s'affaisser. Il n'est plus soutenu par ce qui l'élevait au-dessus de l'homme ; et c'est alors qu'on dit des héros, des inspirés ou des prophètes : Dieu a cessé de parler en eux.

Telle était l'âme de Jeanne d'Arc après le sacre de Charles VII à Reims. Aussi un grand abattement et une fatale hésitation paraissent l'avoir saisie dès ce moment. Le roi, le peuple et l'armée, qu'elle avait fait vaincre, voulaient qu'elle restât toujours leur prophétesse, leur guide et leur miracle. Mais elle n'était plus qu'une faible femme égarée dans les cours et dans les camps, et sentait sa faiblesse sous son armure. Son cœur seul lui restait, toujours intrépide, mais non plus inspiré. Elle voulait faire parler un oracle qui n'avait plus ni divinité, ni langue, ni voix. On voit cet aveu naïf de l'état de son âme dans ses réponses à ses juges, au moment de son procès.

La France, non plus, n'avait plus besoin d'elle. Le réveil en sursaut du Dauphin par sa voix, ce prince, jeune et vaillant, arraché par une bergère aux bras de ses maîtresses, la délivrance miraculeuse d'Orléans, la défaite de Bedford dans les plaines de la Beauce, la captivité ou la mort des chevaliers anglais les plus renommés, le fanatisme religieux et patriotique du peuple allumé par l'apparition, par la voix et par le bras d'une jeune fille, et prenant partout des exploits pour des miracles ; toutes ces circonstances avaient soufflé l'espérance et le patriotisme sur la surface du pays, la terreur et l'hésitation dans le cœur des Bourguignons et des Anglais.

Le sol répudiait ou dévorait les ennemis ; ils se sentaient enfin usurpateurs sur le trône, étrangers dans la patrie. Le sacre de Reims, ce couronnement réputé divin, qui faisait intervenir alors la main de Dieu et le baume céleste pour juger la légitimité des princes, avait rendu au Dauphin non plus seulement l'amour, mais la religion du peuple. En défendant son roi, ce peuple croyait défendre désormais l'élu du ciel. Jeanne d'Arc avait été bien inspirée en le menant droit aux autels de Reims. Partout ailleurs, il n'aurait remporté qu'une victoire ou une ville ; à Reims, il avait remporté un royaume et une divine autorité. La révolte contre lui devenait blasphème et impiété. Un politique consommé n'aurait pas mieux conseillé que cette ignorante.

De plus, comme il arrive toujours dans les revers, la division, la discorde, les rivalités, les récriminations mutuelles s'étaient introduites dans les conseils des Anglais et des Bourguignons. Le duc de Bourgogne, amolli par les prospérités et par les femmes, se contentait de venir de temps en temps de Flandre à Paris, pour étaler, comme Antoine après le meurtre de César, le sang de son père assassiné sous les yeux des Parisiens, et pour recueillir les vaines popularités d'une multitude plus tumultueuse que dévouée.

Le duc de Bedford, régent de France pour le roi d'Angleterre Henry VI, et le cardinal de Winchester, souverain de l'Angleterre sous ce roi enfant, se haïssaient et se desservaient mutuellement, en ayant l'apparence de s'entendre et de se soutenir. Le cardinal, alarmé cependant des revers trop honteux de Bedford, amenait à Paris une nouvelle armée. Le duc de Bedford tremblait dans Paris. Toutes les villes et toutes les provinces environnantes tombaient devant les forces croissantes du roi de France ; et l'étendard de Jeanne, déployé sous les murs des places assiégées, suffisait pour les ouvrir à Charles. La superstition du peuple croyait voir voltiger autour de cet étendard des étincelles de flamme, rayonnement des puissances célestes qui entouraient l'envoyée de Dieu.

Son humilité ne s'exaltait point au sein de ces triomphes, ni sa chasteté ne se ternissait dans ces camps. Chaque soir, disent les chroniques, « elle allait prendre son logis dans la maison de la femme la plus honnêtement famée du lieu, et souvent même couchait dans son lit. Elle passait la nuit ses armes sous la main, et à demi vêtue de ses habillements d'homme de guerre, afin de mieux protéger sa pudeur. »

Elle ne s'enorgueillissait aucunement des honneurs qu'on lui rendait. « Ce que je fais, disait-elle sans cesse au peuple superstitieux, n'est pas miracle de moi, mais ministère qui m'est commandé : c'est pourquoi je suis soutenue. Ne baisez point mes habits ou mes armes comme prodiges, mais comme instruments des grâces de Dieu. »

Après quelques manœuvres des Français et des Anglais autour de Paris pour en tenter la route ou pour la fermer, le roi s'avança jusqu'à Saint-Denis, et le duc de Bedford se hâta de s'enfermer dans la ville, pour la défendre à la fois contre l'assaut du roi et contre la mobilité du peuple.

Le duc de Bourgogne, commençant à pressentir où allait la victoire, et redoutant moins, pour sa politique, un roi, son parent, dans Paris, que la puissance anglaise assise sur les deux rives de la Manche, à côté de ses Flandres, commençait à négocier secrètement avec Charles VII. Jeanne d'Arc, consultée sur ces négociations, les encourageait de tous ses efforts. Les lettres qu'elle dictait pour le duc de Bourgogne ne respiraient que la paix, le pardon réciproque, et l'union de tous les membres de la famille française contre l'étranger. Son cœur, qui savait rendre de si bons secours aux hommes d'armes, la rendait maintenant de meilleur conseil aux politiques. La sagesse transpire dans chacun de ses mots. On ne peut révoquer en doute l'influence conciliatrice de ses lettres sur le duc de Bourgogne. Elle n'excluait même pas les Anglais de sa tolérance et de son désir de paix. Elle n'injurie pas les ennemis du roi, elle les conjure. Sa charité dans les paroles égale son intrépidité dans le combat.

Elle pressait le roi d'attaquer Paris, prenant son désir pour une lumière, et son impatience pour une inspiration. Les généraux résistaient encore. Elle les entraîna, malgré eux, jusqu'au faubourg de La Chapelle Saint-Denis. Elle s'y logea avec l'avant-garde commandée par le duc d'Alençon, par le maréchal de Raiz, par le maréchal de Boussac, par le comte de Vendôme et le sire d'Albes. Elle fit camper l'armée dans les villages en face des portes du nord de la capitale.

Mais le peuple, contenu par l'armée de Bedford, par le

parlement et par la bourgeoisie, trop compromise avec les Anglais et les Bourguignons pour ne pas craindre la vengeance du roi, ne s'émut que pour défendre les étrangers qui asservissaient la capitale et le trône. L'esprit de sédition, entretenu par Isabeau, les Armagnacs et les factions pendant tant d'années, avait éteint la nationalité dans l'âme de cette ville inconstante. On ferma les portes, on inonda les fossés, on entassa les pavés sur les créneaux, on viola les dépôts publics pour solder les troupes; on répandit le bruit que le roi et sa magicienne avaient juré de faire passer la charrue sur les ruines de la capitale.

Jeanne, informée de ces rumeurs, s'efforçait de les démentir par la discipline qu'elle maintenait dans les troupes du roi. Indignée un jour des scandales donnés par quelques soldats qui voulaient attenter à l'honneur d'une fille des champs, elle frappa un des coupables sur la cuirasse, du plat de son épée, avec une si sainte colère, que l'épée se brisa en deux tronçons. C'était l'épée miraculeuse qui avait opéré tant de prodiges dans sa main : funeste présage ! Le roi la gronda, Jeanne elle-même pleura son épée. « Mais, disait-elle, elle préférait néanmoins son étendard blanc et sa petite hache d'armes ; car elle ne frappait jamais pour tuer, mais pour vaincre, et le sang d'un ennemi ne souilla jamais ses armes. » Elle s'attribuait à elle-même, prêtresse de la délivrance de sa patrie, cette loi du sacerdoce qui répugne au sang ; toujours femme, même au milieu des guerriers.

Après une semaine d'inutile attente, Jeanne fit donner l'assaut aux remparts, du sommet de cette petite colline couverte aujourd'hui de rues, d'édifices et de temples, qui a gardé le nom de butte des Moulins. Elle franchit, avec le duc d'Alençon et les généraux, le premier fossé sous le feu de la ville. Parvenue au bord du second, et exposée presque seule aux traits des remparts, elle sondait la profondeur de l'eau et la vase du bout de sa lance, et faisait combler le fossé de fascines par les soldats, tout en agitant sa bannière et en criant à la ville rebelle de se rendre, quand une flèche lui traversa la jambe, et la jeta évanouie sur un monceau de morts et de blessés.

On la transporta sur le revers de la berge du fossé, où les flèches et les feux passaient par-dessus sa tête, et on l'étendit sur l'herbe pour arracher la flèche de la blessure. Elle retrouva la voix et le geste pour encourager les siens à l'assaut. Les vaillants chevaliers la suppliaient en vain de se laisser rapporter au camp, les flèches et les boulets labouraient en vain la terre autour d'elle, les fossés se comblaient en vain de cadavres, elle s'obstinait à la victoire ou à la mort. On eût dit que c'était le dernier assaut qu'elle donnait elle-même à sa fortune. Le duc d'Alençon, tremblant de perdre en elle l'âme et la foi de l'armée, fut forcé d'accourir lui-même, et de l'enlever dans les bras de ses soldats du champ de carnage où elle voulait mourir. La nuit couvrait les murs et la plaine. Les généraux du roi firent silencieusement retirer les troupes. Pour dérober leurs pertes aux regards des Parisiens au retour du jour, ils relevèrent les morts des bords du fossé. Ils les entassèrent comme dans un bûcher dans la grange de la ferme des Mathurins, et ils les brûlèrent pendant les ténèbres, pour ne laisser que de la cendre aux Anglais.

Ce revers, confondant avec tant d'éclat les prophéties de Jeanne d'Arc, fut le premier démenti du ciel à son esprit divinatoire, et la première atteinte au prestige populaire de son infaillibilité. Elle commença elle-même à douter d'elle-même. Son esprit chancela avec sa fortune. Elle s'humilia devant Dieu et devant le roi, et, renonçant à la guerre, elle suspendit son armure blanche et son épée sur le tombeau de saint Denis, dans la basilique. Mais le roi et les chevaliers la supplièrent tellement de les reprendre, et s'accusèrent tellement eux-mêmes des fautes qui avaient déconcerté ses prophéties, qu'elle eut la faiblesse de les revêtir encore par complaisance pour l'armée, et de continuer à inspirer et à combattre, quand le souffle n'inspirait plus et quand l'esprit ne combattait plus en elle.

L'armée se dissémina après l'entreprise malheureuse sur Paris ; des trêves se conclurent pour donner du temps aux négociations. Jeanne s'en alla en Normandie, pour aider le duc d'Alençon à reconquérir son apanage personnel sur les Anglais. Le sire d'Albret la requit ensuite d'aller guerroyer avec lui à Bourges. Elle fit des prodiges au siége de Saint-Pierre-le-Moûtier. Elle retrouva son génie inspirateur dans la fumée de l'assaut. Presque seule sur le revers du fossé, et abandonnée des siens, elle combattait encore. Son fidèle écuyer Daulon lui criait en vain : « Que faites-vous, Jeanne ? vous êtes seule ! — Non, dit-elle en montrant du geste l'espace vide et le ciel, j'ai cinquante mille hommes ! » Et, continuant à rappeler les soldats découragés et à leur faire honte de leur découragement devant son audace, elle les ramena aux murs, et les escalada victorieusement à leur tête.

A la reprise des hostilités entre Charles VII et les Anglais, elle ramena au roi une armée, sous les murs de Paris. Détrompée des négociations, elle lui dit cette fois que « la paix était au bout de sa lance. » Elle rompit plusieurs corps de Bourguignons et d'Anglais, et s'enferma dans Compiègne pour le défendre, comme Orléans, contre le duc de Bourgogne. Le sort des Français y luttait, comme dans un champ clos, contre la fortune des deux armées d'Angleterre et de Flandre.

Un homme intrépide et féroce, Guillaume de Flavy, commandait la ville. La rumeur des temps l'accusait d'animosité ou de dédain contre l'héroïne populaire des camps.

Jeanne avait promis de sauver la ville. Dans une des

premières sorties de la garnison contre les assiégeants, elle combattit avec sa première audace contre les troupes de Montgomery et le sire de Luxembourg. Deux fois repoussée, elle ramena deux fois la victoire à son étendard. A la fin de la journée, les Anglais et les Bourguignons réunis, et concentrant tous leurs efforts sur la poignée de chevaliers qui l'entouraient, s'attachèrent à elle seule, comme à la seule âme de leurs ennemis et au seul mobile de leur défaite.

Cernée et poursuivie au milieu des siens, elle se sacrifia pour sauver ceux qui s'étaient confiés à elle. Pendant qu'ils passaient le pont-levis pour rentrer dans Compiègne, elle resta la dernière exposée aux coups des Anglais et combattant pour le salut de tous. Au moment où elle lançait son cheval sur le pont-levis pour s'abriter la dernière derrière les murs, le pont se leva et lui ferma le passage. Saisie par ses vêtements et précipitée de son cheval, elle se releva pour combattre encore ; mais, entourée et désarmée par la masse croissante de ses ennemis, elle se rendit prisonnière à Lionel, bâtard de Vendôme, et fut conduite au sire de Luxembourg, général du duc de Bourgogne.

Aucune victoire ne valait, aux yeux des Anglais et des Bourguignons, la dépouille que le hasard ou la trahison venait de leur livrer. Jeanne était, à leurs yeux, le génie sauveur de la France et de Charles VII. Ils croyaient, en la tenant, tenir son trône.

Le duc de Bourgogne accourut lui-même pour s'assurer de son triomphe en contemplant sa captive. Il l'entretint en secret dans la chambre où on l'avait enfermée. Le canon des camps et le *Te Deum* des cathédrales célébrèrent à l'instant la prise de Jeanne d'Arc dans toutes les villes et dans toutes les provinces des alliés. C'était la France elle-même que l'on croyait conquise dans cette jeune fille.

Le peuple, au contraire, pleura et gémit partout sur son

sort. On s'entretenait à demi-voix, dans les camps et dans les chaumières, de la prétendue trahison du sire de Flavy, commandant de Compiègne, qui avait, selon le peuple, vendu l'héroïne de Dieu au sire de Luxembourg. On rapportait à l'appui de cette accusation, sans preuves et sans vraisemblance, les pressentiments et les propos de Jeanne la veille du dernier combat.

« Hélas! mes bons amis, mes chers enfants, avait-elle dit à ses hôtes et à ses pages, je vous le dis avec tristesse, il y a un homme qui m'a vendue; je suis trahie, et bientôt je serai livrée à la mort. Priez Dieu pour moi, car bientôt je ne pourrai plus servir mon roi, ni le noble royaume de France! »

Pressentiment ou soupçon qui, dans une fille nourrie de l'Évangile, rappelait ceux de son divin Maître dans la cène funèbre avec ses amis. Faisait-elle allusion au brave Flavy, guerrier trop rude pour flatter les crédulités populaires, mais trop courageux pour trahir? ou pensait-elle à la jalousie du moine Richard, dont les accusations de sorcellerie la poursuivaient? Nul ne sait sa pensée, mais tous étaient frappés de ses présages.

Sa mère, qui l'était venue voir à Reims, et qui s'étonnait de son intrépidité dans les batailles, lui ayant dit un jour : « Mais, Jeanne, vous n'avez donc peur de rien ? — Non, lui avait-elle répondu ; je ne crains rien que la trahison! »

C'est sous la trahison, en effet, que l'héroïsme, la vertu et le génie succombent : facultés puissantes qu'on ne peut combattre face à face à la lumière, et qu'on prend au piége comme l'aigle et le lion.

On remarquait depuis quelque temps un redoublement de ferveur en elle. Elle entrait, le soir, dans les églises et chapelles des champs, et s'agenouillait au milieu des enfants à qui on enseignait les mystères. On la surprenait rêvant et priant à l'écart sous l'ombre des plus noirs piliers. Elle avait son agonie des Olives avant d'avoir son supplice, comme le Maître qu'elle servait.

Cette agonie de l'âme et du corps redoubla d'amertume après sa captivité. Les lois de la guerre et de la chevalerie, son sexe, son âge, sa beauté, la douceur de l'humanité qu'elle avait toujours montrées après la victoire, le scrupule même qu'elle avait gardé de ne jamais verser le sang dans les combats, la pureté de ses mœurs, la naïveté de sa foi, tout devait lui promettre et lui assurer les sauvegardes, les pitiés, les respects qu'on devait à un guerrier qui s'était rendu, et à une femme qui faisait l'admiration et le récit des camps. C'était une infâme félonie pour un chevalier de livrer ou de vendre à un autre les prisonniers remis à sa merci. L'hospitalité forcée de la prison était aussi sacrée que celle du foyer. Le sire Lionel de Ligny, à qui Jeanne s'était rendue, répondait de sa captive devant l'usage et devant l'honneur. Il ne pouvait, d'après les lois et coutumes de la guerre, se dessaisir de Jeanne que contre sa rançon, si la France lui en faisait une.

Mais Ligny dépendait du sire de Luxembourg, en qualité de vassal. Il avait intérêt de flatter ce seigneur, de qui relevaient ses domaines. Le plus précieux présent qu'il pût offrir au sire de Luxembourg, allié lui-même du duc de Bourgogne, pour capter sa faveur, c'était le génie tutélaire de Charles VII.

Après avoir d'abord envoyé Jeanne, captive, dans un de ses propres châteaux, voisin de la Picardie, il la livra au sire de Luxembourg. Le duc de Bourgogne la marchandait déjà à Luxembourg; les Anglais, au duc de Bourgogne; l'inquisition de Paris la revendiquait d'eux tous, pressée de purger la terre de cette victime, dont le patriotisme était le crime aux yeux de cette inquisition, alliée à l'usurpation: « Usant des droits de notre office, écrivait le vicaire général de l'inquisition aux gens du duc de Bourgogne, nous requérons instamment et enjoignons, au nom de la foi et sous les peines de droit, d'envoyer et amener prisonnière devant nous Jeanne, soupçonnée de crimes, pour être procédé contre elle par la sainte inquisition. »

Ainsi c'étaient des Français qui demandaient à venger l'Angleterre, et l'Église de France à sévir contre la liberté de ses propres autels.

Le sire de Luxembourg, étranger, fut moins cruel que les compatriotes de l'héroïne. Il l'envoya dans son château de Beaurevoir, où les dames de sa famille furent douces et compatissantes pour elle.

L'université de Paris, scandalisée de ces égards et de ces délais, et lâchement alliée avec l'inquisition contre l'innocence et le malheur, appuya, par des lettres plus impératives et plus ardentes, les injonctions du vicaire général de l'inquisition : « En vérité, disait l'université au sire de Luxembourg, en vérité, au jugement de tout bon catholique, jamais, de mémoire d'homme, il ne serait advenu une si grande lésion de la sainte foi, un si énorme péril et dommage pour la chose publique en ce royaume, que si elle échappait par une voie si damnable et sans une convenable punition ! »

On voit qu'en tous les temps les haines des hommes paraissent les justices des juges, et que ni les lettres, ni les fonctions sacerdotales, ne préservent les corps politiques de ces détestables adulations à leur parti. Luxembourg résistant encore, l'université et l'inquisition suscitèrent l'autorité ecclésiastique dans la personne de l'évêque de Beauvais, homme féroce et fanatique, nommé Cauchon. Il fut le Caïphe de ce Calvaire.

Cauchon, par principe ou par intérêt, était vendu à la cause ennemie jusqu'à l'âme. Il osa signifier au duc de Bourgogne de lui livrer sa prisonnière, et il lui en débattait le prix : « Bien que cette femme ne doive pas, disait-il dans sa requête, être considérée comme prisonnière de guerre, néamoins, pour récompenser ceux qui l'ont prise et retenue, le roi (c'était le roi anglais des Parisiens) veut bien leur donner six mille francs (somme considérable alors), et au bâtard qui l'a prise, une rente de trois cents livres. » Il offrait de plus, pour sûreté du dépôt qu'il demandait, dix mille francs, « comme pour un roi, un prince, un grand de l'État, ou un Dauphin. »

Le sire de Luxembourg, n'osant résister à la fois au désir secret du duc de Bourgogne, à l'empire des Anglais dans la coalition, à l'université, organe de l'opinion, à l'inquisition, organe de l'Église, céda à regret à ces influences réunies, et remit Jeanne. Crime collectif, où chacun se décharge de sa responsabilité, mais dont Paris a l'accusation, Luxembourg la lâcheté, l'inquisition l'arrêt, les Anglais la félonie et le supplice, la France la honte et l'ingratitude.

Ce marchandage de Jeanne par ses ennemis, dont les plus acharnés étaient des compatriotes, avait duré six mois. Elle avait été arrachée avec douleur aux soins et aux amitiés des femmes de la maison de Luxembourg à Beaurevoir, transportée à Arras, puis enfin enchaînée à Rouen. Pendant ces six mois, l'influence de cet ange de la guerre sur les troupes de Charles VII, son âme qui survivait dans les conseils et dans les camps de ce prince, la superstition patriotique du bas peuple pour elle, superstition que sa captivité n'avait fait que redoubler, l'absence enfin du duc de Bourgogne, lassé de la guerre, enclin à négocier, rassasié de puissance, ivre d'amour et de fêtes, oisif dans ses États de Flandre, toutes ces causes avaient entraîné revers sur revers pour les Anglais, succès sur succès pour Charles VII.

Jeanne, absente, triomphait partout. La haine contre son nom montait à proportion des désastres de leur cause dans le cœur des Anglais, de l'université et de l'inquisition, partisans serviles ou intéressés de cette monarchie de l'étranger. La politique voulait qu'on éteignît ce prestige populaire dans le sang de l'héroïne; un clergé aveuglé voulait qu'on brûlât la magie avec la magicienne; la passion voulait de la vengeance; la peur, de la sécurité. La condamnation et la mort de Jeanne étaient le complot tacite de ces vils instincts du cœur humain. L'évêque de Beauvais pressait le procès. Il s'ouvrit à sa requête. Il y avait une telle impatience de condamner dans les autorités sacrées et laïques, que le clergé de Beauvais autorisa Cauchon de se substituer à l'archevêque de Rouen, dont l'archevêché était alors en interrègne.

Les chevaliers des trois nations, même ceux que leur déloyauté aurait dû faire rougir devant la captivité troquée et livrée par eux, semblaient aussi réjouis d'être affranchis de la présence de Jeanne, que l'inquisition était elle-même pressée de la sacrifier à leur ressentiment. On raconte que, peu de temps avant la comparution de l'accusée devant ses juges, le sire de Luxembourg, dont elle avait été la prisonnière et qui l'avait vendue à sa propre cupidité, traversant Rouen, alla, par un passe-temps cruel, se repaître de sa vue dans sa prison, menant avec lui le comte de Strafford et le comte de Warwick, comme pour leur montrer la terreur des Anglais désarmée et enchaînée. « Jeanne, lui dit-il avec une ironie qui tentait sa crédulité pour la tromper, je suis venu pour te délivrer et pour te mettre à rançon, à condition que tu promettras de ne plus t'armer contre nous. — Ah! mon Dieu, répondit la prisonnière avec un accent de doux reproche, vous vous riez de moi. Vous n'en avez ni le pouvoir ni la volonté. Je sais bien que les Anglais me feront mourir, croyant gagner le royaume par ma mort; mais fussent-ils cent mille de plus, ils n'auront pas ce royaume! » Strafford tira sa dague du fourreau, comme pour venger ce défi courageux de la captive à ses geôliers; Warwick, plus loyal et plus humain, détourna le bras et prévint l'outrage.

Plus de cent docteurs ecclésiastiques et séculiers avaient été réunis à Rouen pour former le terrible tribunal. On eût dit que les juges pervers ou fanatiques de cette grande cause avaient voulu se partager l'iniquité en un plus grand nombre, afin d'en diminuer la responsabilité et l'horreur pour chacun d'eux aux yeux de la France et de l'avenir. Ces cent juges cependant n'avaient autorité que pour informer contre l'accusée, et pour discuter les accusations et les preuves; l'évêque de Beauvais et le vicaire de l'inquisiteur général Jean Lemaître avaient seuls le droit de prononcer. Ils avaient prononcé d'avance dans leur cœur.

On n'avait rien épargné pour se procurer des incriminations contre Jeanne. Des informateurs envoyés à Domrémy pour chercher des crimes jusque dans son berceau, et pour souiller sa vie par ces rumeurs populaires qui sont les préludes des grandes calomnies, n'avaient recueilli là que des témoignages de sa foi, de sa candeur et de sa vertu. Ses jeunes compagnes d'enfance, fidèles à la vérité et à l'amitié, avaient parlé d'elle avec compassion et avec larmes. Les soldats n'en parlaient qu'avec admiration, le peuple qu'avec reconnaissance. Il avait fallu chercher dans des sources plus ténébreuses et plus immondes des éléments d'accusation. La plus sacrilége perfidie les avait ouvertes.

Un prêtre se disant Lorrain, et compatriote de Jeanne, nommé Loiseleur, fut jeté dans sa prison, sous prétexte d'attachement à Charles VII, afin que la parenté de patrie, la conformité d'opinion et la communauté de peines ouvrissent le cœur de Jeanne à la confiance et à la confidence. Pendant que Loiseleur interrogeait sa compagne de captivité et s'efforçait d'arracher à son âme des aveux convertis en crimes, l'évêque de Beauvais et le comte de Warwick, cachés derrière une cloison, assistaient invisibles aux entretiens, et notaient les épanchements de la plainte. Les tabellions cachés aussi avec l'évêque, et chargés d'enregistrer ces mystères, rougirent eux-mêmes de leur office, et refusèrent d'écrire d'aussi infâmes surprises de la conscience. Loiseleur continua son œuvre de perdition sous un autre déguisement. Il s'insinua dans la piété de Jeanne, reçut ses confessions dans le cachot, et, s'entendant avec l'évêque, il conseilla, sous le sceau de Dieu, à sa pénitente, tous les aveux qui pouvaient prêter prétexte à la condamnation.

Pendant ces préliminaires du procès à Rouen, on intimidait les témoins qui auraient pu parler à sa décharge ou à sa gloire. Une femme du peuple de Paris, ayant dit que Jeanne était une fille d'honneur, fut brûlée vive.

Telles étaient les dispositions des juges et de l'esprit public à Paris et à Rouen, quand l'évêque fit enfin comparaître l'accusée devant lui, le 21 février. Poursuivie par ses ennemis, elle semblait oubliée de ses amis. Charles VII, victorieux et insouciant de celle qui l'avait fait vaincre, traitait déjà avec le duc de Bourgogne, et ne paraît pas avoir fait une tentative efficace pour racheter celle qui allait mourir pour lui.

L'évêque, dans la crainte que l'accusée ne fût soustraite un seul moment à la garde des Anglais et enlevée par quelque émotion patriotique du peuple, instruisit le procès dans le château de Rouen, commandé par Warwick, capitaine des gardes du roi Henry VI d'Angleterre. Ce fut dans la chapelle de ce château que Jeanne enchaînée, mais toujours revêtue de ses habits de guerre, parut devant lui. Le vicaire de l'inquisiteur général, touché d'on ne sait quels scrupules ou quelle pitié pour la victime, paraît avoir contenu plus qu'excité le féroce dévouement de l'évêque, et donné au procès quelques formes d'impartialité et de douceur. L'Église jugeait alors, et ne frappait pas de sa propre main. Satisfaite de purger l'hérésie ou le sacrilége par son jugement, elle laissait aux pouvoirs civils l'odieux et l'impopularité de l'exécution. L'inquisition, dans cette cause, paraît avoir été moins avide de condamner Jeanne d'Arc que de la juger. C'était un pouvoir romain. Jeanne, en effet, n'avait offensé que les Anglais, dont l'évêque de Beauvais était le complaisant et le ministre.

L'évêque parla à l'accusée avec mansuétude, comme pour attester une impartialité ou une pitié qui donneraient encore plus d'autorité à l'arrêt. Elle se plaignit d'abord doucement du poids et de la pression des anneaux de fer qui blessaient ses membres. L'évêque lui dit que ces fers étaient une précaution qu'on avait été contraint de prendre pour prévenir ses tentatives réitérées d'évasion. La prisonnière avoua qu'au commencement de sa captivité elle avait naturellement désiré de s'enfuir; mais qu'il n'y avait en cela ni déloyauté ni crime à elle, puisqu'elle n'avait jamais donné à personne sa foi de ne pas sortir du château. Le procès ne dit pas si on allégea ses fers.

Après cet épisode, on lui lut son acte d'accusation, moins politique que religieux, dans lequel elle était chargée de crimes contre la foi, d'hérésies et de sortiléges.

Interrogée ensuite sur son âge, elle répondit qu'elle avait dix-neuf ans environ. Sur sa croyance, elle répondit que sa mère lui avait enseigné le *Pater*, l'*Ave* et le *Credo*, les trois prières et la profession de foi des fidèles, et que personne autre que sa mère ne lui avait rien appris de sa religion. On la somma de prononcer à haute voix ces deux prières et cet acte de foi de son enfance : elle craignit apparemment de commettre, en les récitant en latin devant des docteurs, quelque omission ou quelque erreur dont on ferait un texte d'hérésie contre elle. « Je les réciterai bien de bon cœur, dit-elle, pourvu que monseigneur l'évêque de Beauvais, ici présent, consente à m'entendre en confession. » Elle ne croyait pas, sans doute, pouvoir mieux convaincre le juge de la sincérité et de l'orthodoxie de sa foi, qu'en ouvrant son âme au prêtre. La cour, la longue captivité, l'amour de la vie à un âge si tendre, inspiraient à la jeune fille l'habileté ingénue et la prudence instinctive de sa situation.

On la ramena, chancelante sous ses fers, dans son cachot.

Le jour suivant, on lui demanda de jurer de dire la vérité sur toute chose dont elle serait requise. Elle réserva les choses qui ne lui appartenaient pas à elle seule, mais à Dieu et au roi. « Je dirai sur les unes toute la vérité, répondit-elle ; sur les autres, non. »

On ne put réprimander cette sagesse, et on poursuivit : « Vous a-t-on appris un métier? lui dit-on. — Oui, répondit-elle : ma mère m'a appris à coudre aussi merveilleusement qu'une femme de la ville. »

Elle avoua qu'elle avait une fois quitté furtivement la maison de sa mère, mais que c'était par crainte des bandes de Bourguignons errants dans la contrée ; qu'une femme, nommée la Rousse, l'avait menée au village de Neufchâtel ; qu'elle avait habité quelques jours à peine dans cette famille ; que pendant ce temps elle faisait le petit trafic de domestique ou le ménage de cette maison, mais qu'elle n'allait point aux champs ni aux bois garder les brebis ou autres bêtes.

Elle avoua que, dès l'âge de treize ans, elle avait entendu des voix et avait été éblouie par des lumières dans le jardin de sa mère, du côté de l'église ; que ces voix ne lui avaient donné que de sages conseils ; qu'elles lui avaient ordonné obstinément de venir en France et de faire lever le siége d'Orléans ; qu'elle avait résisté ; mais qu'après de longs combats elle avait obtenu de son oncle qu'il la menât à Vaucouleurs, où le sire de Baudricourt lui avait dit, en la laissant partir pour Chinon : « Va-t'en, et qu'il en advienne ce qu'il plaira à Dieu ! »

Elle raconta, sans vanité comme sans crainte, sa présentation au Dauphin, et l'instinct qu'elle avait eu de le reconnaître entre tous. On lui demanda ce qu'elle avait dit en secret au Dauphin ; elle refusa de s'expliquer, de peur de révéler des scrupules du roi sur la légitimité de sa naissance. Interrogée si elle avait vu quelque signe divin ou quelque esprit céleste autour du front du Dauphin : « Excusez-moi de ne rien répondre sur ceci, » dit-elle. Et elle rentra dans son cachot pour cette nuit-là.

L'évêque, à l'ouverture de la troisième séance, l'admonesta de nouveau pour qu'elle eût à dire la vérité sur toutes choses, même les choses d'État, dont elle serait interrogée. « Monseigneur l'évêque, dit-elle, réfléchissez bien que vous êtes mon juge, et que vous prenez une grande charge devant Dieu, si vous me pressez trop. » Innocente devant l'Église, elle sentait qu'elle serait infailliblement coupable devant les ennemis du roi ; et, en écartant les interrogations politiques, elle écartait la mort. L'évêque le savait comme elle ; il la pressa en vain de tomber dans son piége. « Non, dit-elle, je dirai tout vrai, mais je ne dirai pas tout ! » Ce fut ainsi qu'elle restreignit son serment pour restreindre son danger.

On reprit l'interrogatoire, dans l'intention de tirer de la naïveté de la jeune fille des aveux de sorcellerie. « Vous entendez encore votre voix intérieure ? — Oui. — Quand l'avez-vous entendue la dernière fois ? — Hier, et encore aujourd'hui. — Que faisiez-vous quand la voix vous parla ? — Je dormais, et elle m'éveilla. — Vous êtes-vous mise à genoux pour lui répondre ? — Non ; je la remerciai seulement de sa consolation, étant assise sur mon lit, et je la priai de me consoler et de m'assister dans ma détresse. — Vous dit-elle qu'elle vous sauverait du péril où vous êtes ? — A cela je n'ai rien à répondre. »

Les questions de l'évêque la pressant davantage, elle lui répéta de nouveau qu'il courait un grand danger dans son âme en se montrant à la fois son juge et son ennemi. « Les petits enfants, ajouta-t-elle, disent qu'on pend bien souvent les innocents pour avoir répondu la vérité. — Vous croyez-vous en état de grâce devant Dieu ? » lui demanda l'évêque. Elle réfléchit un peu, puis elle répondit, en femme attentive à la fois à Dieu et aux hommes, ne voulant ni offenser l'un ni scandaliser les autres : « Si je n'y suis pas, qu'il plaise à Dieu de m'y rétablir; et si j'y suis, qu'il plaise à Dieu de m'y maintenir ! »

Cette sage réponse déconcerta les accusateurs, et ils dirigèrent l'interrogatoire du côté politique.

« Les habitants de Domrémy tenaient-ils, lui demanda-t-on, pour les Bourguignons ou pour les Armagnacs ? — Je ne connaissais qu'un homme du parti des Bourguignons. » C'était son compère, parrain d'un enfant dont elle était marraine, à qui une fois elle avait dit : « Si vous n'étiez pas du parti des Bourguignons, je vous dirais bien une chose. » Mais la différence d'opinion lui ferma la bouche et le cœur sur ses visions avec cet homme. « Alliez-vous avec les petits enfants du village qui se séparaient, par jeu, en camps des Français et des Anglais pour s'entre-combattre ? — Je n'ai pas mémoire d'y avoir été ; mais je les ai bien vus quelquefois revenir tout blessés et saignants de ces batailles. — Aviez-vous dans votre jeune âge de la haine vive contre les Bourguignons ? — J'avais bien bonne volonté que le Dauphin eût son royaume. »

On la congédia pour ce jour-là.

Elle comparaît de nouveau le 27 février. Son angoisse était telle, qu'elle troublait la pensée de ses juges eux-mêmes. « Comment, lui demanda un des assesseurs, vous êtes-vous portée depuis samedi? — Du mieux que j'ai pu, répondit Jeanne. — Avez-vous observé les jours de jeûne? — Cela est-il dans votre procès? » dit-elle en s'étonnant. Et comme on lui répondtit que cela y était : « Oui, dit-elle, j'ai toujours jeûné les jours d'abstinence. »

On revint à ses apparitions pour en inférer quelque magie. Elle raconta avec la même candeur de foi les visites de saint Michel, de sainte Marguerite, de sainte Catherine, noms qu'elle avait donnés dans son enfance à ces visiteurs inconnus de son âme. Et comme on insistait pour savoir d'elle tout ce que ces esprits de diverses formes lui inspiraient : « Il y a, dit-elle sévèrement, des révélations qui s'adressent au roi de France, et non à ceux qui osent l'interroger! — Ces esprits étaient-ils nus quand ils vous visitaient? lui dit-on. — Pensez-vous donc, répliqua-t-elle, que le Roi des cieux n'a pas de quoi les vêtir de sa lumière? — Voulez-vous nous dire le signe que vous avez donné au Dauphin pour lui faire connaître que vous veniez de la part de Dieu? — Je vous ai déjà dit que ce qui touche le roi, je ne le dirai jamais; allez le lui demander à lui même. »

Le jour suivant, on lui demanda si ses révélations lui avaient prédit qu'elle échapperait à la mort. « Cela ne touche point au procès, dit-elle. Voulez-vous donc que je parle contre moi-même? Je m'en fie à Dieu, qui en fera à son plaisir. — N'avez-vous point demandé des habits d'homme à la reine, quand vous lui avez été présentée? — Cela est vrai. — Ne vous a-t-on jamais invitée de dépouiller vos habits d'homme de guerre, et à reprendre les habillements de femme? — Oui vraiment, et j'ai toujours répondu que je ne changerais mes habits que par l'ordre de Dieu. La fille du sire de Luxembourg, qui conjurait son père de ne pas me livrer aux Anglais, m'en pria, ainsi que la dame de Beaurevoir, quand j'étais prisonnière dans leur château. Elles m'offrirent habits de femme, ou drap pour les faire. Je répondis que je n'en avais pas encore congé de Dieu, et que le temps n'en était pas venu. Et si j'eusse cru pouvoir le faire innocemment, je l'aurais plutôt fait à ces deux bonnes dames que pour complaire à aucunes dames qui soient en France, excepté la reine. » On sentait que les égards et les compassions des femmes de la maison de Luxembourg l'avaient touchée d'une reconnaissance qu'elle se plaisait à leur témoigner jusque devant la mort.

« N'avez-vous point fait faire d'image de vous à votre ressemblance? Ne disait-on pas prière et oraison dans les camps et dans les villes en votre nom? — Si ceux de notre cause ont prié en mon nom, je l'ignore, et ils ne l'ont point fait de mon consentement. S'ils ont prié pour moi, il me semble qu'à cela il n'y avait point de mal. Beaucoup de gens me voyaient, il est vrai, avec joie; et, se pressant autour de moi, baisaient mes habits, mes armes, mon étendard, et ce qu'ils pouvaient atteindre de moi; mais c'était parce que les pauvres m'approchaient avec confiance, que je ne leur faisais ni déplaisir ni affront, mais que je les soulageais et les préservais autant que je pouvais des maux de la guerre. Les femmes et les filles faisaient toucher leurs anneaux à l'anneau de mon doigt, mais je ne connaissais point en elles de mauvaise intention à ceci. Pendant que j'étais à Reims, à Château-Thierry, à Lagny, il est vrai que plusieurs me requéraient d'être marraine de leurs enfants, et que j'y consentais. Mais je ne fis jamais de miracles. L'enfant qu'on me pria de tenir à Lagny avait trois jours; les jeunes filles l'apportèrent à Notre-Dame, pour la prier de lui donner la vie. J'allai avec elles prier à son autel. Finalement, l'enfant donna signe de vie, remua les lèvres, et fut baptisé, puis mourut aussitôt. — Le roi ne vous donna-t-il pas écu, armes et trésors, pour son service ? — Je n'eus ni écu, ni armes ; mais le roi en donna à mes frères. Quant à moi, je n'eus de lui que mes chevaux, cinq de bataille et sept de route, et l'argent pour payer mes hôtes. »

On revint sur le signe qu'elle avait donné au Dauphin, et on lui demanda de le décrire. Mais elle, parlant en double sens, et faisant allusion à ce signe, qui n'était autre que le royaume de France : « Aucun, dit-elle, ne pourrait en décrire la richesse. Quant à vous, ajouta-t-elle avec un dédaigneux enjouement qui attestait la liberté de son esprit, le signe qu'il vous faut, c'est que Dieu me délivre de vos mains, et c'est le plus éclatant qu'il vous puisse envoyer ! »

Elle avoua, dans les séances suivantes, que son père avait eu un songe pendant qu'elle était enfant, dans lequel songe il avait vu avec terreur sa fille Jeanne guerroyant avec les gens d'armes. Requise de parler de ses révélations, elle tranche d'un mot les piéges, et répond que tout ce qu'elle a fait de bien, elle l'a fait par ses propres inspirations.

On lui demanda s'il n'y avait aucun signe magique sur un anneau qu'elle portait au doigt, et pourquoi elle regardait cet anneau avec piété au moment des batailles. C'est, dit-elle, qu'il y avait gravé sur le laiton le nom de Jésus, et parce qu'aussi cet anneau lui rappelant avec *plaisance* son père et sa mère, elle aimait alors à le sentir en sa main et à son doigt. « Pourquoi, lui dit-on, fîtes-vous porter votre étendard en la cathédrale de Reims, au sacre du roi ? — Il avait été à la peine, répondit Jeanne en animant à son cœur le signe inanimé ; c'était bien justice qu'il fût au triomphe ! »

Tentée d'abord dans sa simplicité, puis dans son patriotisme, il restait à la tenter dans sa conscience. La tentation, sur ce point, était sûre de vaincre. L'université, l'inquisition, le pouvoir épiscopal, représenté par l'évêque de Noyon, étaient du parti de la royauté anglaise, des Bourguignons et des Parisiens. Contester l'obéissance à ce parti leur semblait être la refuser à l'Église. On lui demande de reconnaître en tout l'autorité de cette Église. Elle ne peut ni consentir à renier sa cause politique, ni refuser son consentement sans se déclarer rebelle à la foi.

« Je m'en remets à mon juge, » répond-elle avec une sublime inspiration d'habileté qui transporte plus haut le jugement pour confondre les juges humains; et elle ne sort plus de cette réponse, qu'elle oppose sept fois, dans les mêmes termes, à toutes les ruses de l'accusation.

« Enfin, lui dit-on avec impatience, voulez-vous ou non vous soumettre au pape? — Conduisez-moi à lui, répond-elle, et je lui répondrai à lui-même. »

Tout le reste de ce jour elle se tait. Torturée dans sa conscience, elle avoue à elle-même son angoisse, dans cette prière qu'elle adresse au ciel pour qu'il la délivre de cette tentation : « Très-doux Dieu, dit-elle à son Seigneur, je vous requiers par votre Passion, si vous m'aimez, de me révéler ce que je dois répondre à ces gens d'Église. Je sais bien, quant à la vie, ce que je dois faire; mais, quant au reste, je n'entends pas le commandement de mes guides. »

Ses angoisses, plus terribles que les fers de son cachot et que la présence de la mort, la jetèrent dans une maladie qui interrompit les interrogatoires publics.

Mais l'évêque et ses assesseurs allèrent l'obséder jusqu'au pied du pilier où elle languissait enchaînée de corps, malade de fièvre, troublée d'esprit. On lui demanda si elle se soumettait de cœur à un concile. Elle ignorait ce qu'était un concile. On lui expliqua que c'était une assemblée générale de l'Église. Elle dit alors qu'elle s'y soumettait. Cette profession d'obéissance la sauvait. Le tabellion, présent, l'écrivit. L'évêque s'en aperçut; et voulant à tout prix livrer sa proie aux partis dont il était l'organe : « Taisez-vous donc, de par Dieu! » cria-t-il au docteur qui avait adressé la question et obtenu la réponse. Puis, se tournant vers le tabellion, il lui défendit d'écrire ce qui absolvait l'accusée. « Hélas! dit Jeanne en regardant pitoyablement l'évêque, vous écrivez ce qui est contre moi, et vous ne voulez pas écrire ce qui est pour! »

Warwick, informé par l'évêque, ayant rencontré, le soir, le docteur inhabile ou miséricordieux, l'apostropha avec colère, l'accusa de souffler cette scélérate, et le menaça de le faire jeter à la Seine. Les docteurs, tremblants, se sauvèrent de Rouen, et la prison de Jeanne se referma à tous, même à Cauchon.

La soif de son supplice était si ardente, que le parti anglais tremblait que la maladie ne l'enlevât aux bourreaux. « Pour rien au monde, disait le gardien de la tour, le roi ne voudrait qu'elle mourût de mort naturelle. Il l'a achetée assez cher pour vouloir qu'elle soit brûlée. Qu'on la guérisse au plus vite! »

L'évêque cependant s'introduisit de nouveau dans sa prison, et il lui exposa le danger de son âme, si elle mourait sans adopter le sentiment de l'Église. « Il me semble, répondit-elle, que, vu la maladie que j'ai, je suis en grand péril de mort; s'il en doit être ainsi, que Dieu fasse à son plaisir de moi! Je voudrais seulement avoir confession de mes péchés, et terre sainte après ma mort. » On lui demanda s'il fallait faire prières et processions pour obtenir sa guérison : « Oui, dit-elle; j'aimerais bien que les bonnes âmes priassent pour moi. »

On revint sur l'accusation de suicide qu'on lui avait imputée au sujet d'une tentative désespérée d'évasion qu'elle avait faite pendant sa première captivité au château de Beaurevoir. Elle avoua que l'horreur de se sentir captive et désarmée pendant que son roi et les Français combattaient et versaient leur sang, avait égaré son âme; qu'elle s'était précipitée du haut des créneaux dans le fossé, au risque d'y perdre la vie ; que, tombée de si haut et évanouie de sa chute, elle avait été reprise, et qu'en recouvrant ses sens elle avait senti sa faute et demandé pardon à Dieu.

Sa jeunesse la sauva d'une mort pour une autre mort. Ses forces renaissaient. Les injures, les outrages, la joie et les chants de ses geôliers lui annonçaient le jugement prochain et la condamnation certaine. Trois soldats couchaient dans sa chambre. On parlait tout haut d'exercer sur elle les derniers outrages avant le supplice du feu. Jeanne tremblait en secret de ces outrages prémédités dans son cachot. Elle gardait avec vigilance ses vêtements d'homme de guerre, pour défendre jusqu'à la mort sa chasteté contre les complots nocturnes de ses gardiens. L'évêque lui faisait un crime de ce costume qui rappelait ses exploits. Il mettait au prix de ce changement d'habits la permission qu'elle sollicitait de prier du moins avec les fidèles, et d'assister au sacrifice du dimanche. Elle y consentit, à condition que les vêtements de femme qu'elle revêtirait seraient semblables à ceux des filles pudiques des bourgeoises de Rouen : une robe longue et serrée à la taille, dont les plis l'envelopperaient avec décence contre les outrages de ses profanateurs.

Pendant la semaine sainte et le jour de la résurrection du Christ, où toute la chrétienté s'associait à l'agonie de l'homme-Dieu et à la joie de sa rédemption, Jeanne sentit plus douloureusement sa solitude et sa séparation du troupeau des âmes. Le son des cloches joyeuses de Pâques résonna dans son cœur, comme une ironie qui contrastait avec son isolement et sa tristesse.

Cependant l'université de Paris, consultée sur les procès-verbaux de ses interrogatoires, l'avait déclarée possédée de Satan, impie envers sa famille, altérée du sang des fidèles.

Les légistes, consultés de même, avaient restreint sa culpabilité au cas où elle s'obstinerait dans ses erreurs.

L'inquisiteur et l'évêque de Beauvais lui-même, intimidés au dernier moment par la clameur populaire qui commençait à s'apitoyer sur cette innocente, semblaient s'adoucir et se contenter de la condamnation du repentir et de la captivité, au lieu de la mort. Ils firent une suprême tentative pour arracher une apparence de désaveu de son obstination à la victime, pensant ainsi satisfaire à la fois le peuple par l'indulgence, les Anglais par la punition.

On arracha Jeanne, toute malade et tout affaiblie de corps, aux ténèbres de son pilier où elle languissait depuis quatre mois, pour la torturer en public dans son âme. On avait dressé deux échafauds dans le cimetière de Saint-Ouen, derrière la basilique de ce nom. Le cardinal de Winchester, représentant le pouvoir royal des Anglais en France; Cauchon, représentant la servilité ambitieuse vendant son pays pour des honneurs; les juges, le clergé, les docteurs, les assesseurs, les prédicateurs de l'université, représentant la légalité au service de la force, étaient assis sur un de ces échafauds.

Jeanne, les chaînes aux pieds et aux mains, attachée à un poteau par une ceinture de fer, entourée de tabellions prêts à enregistrer ses paroles, et de ministres de la torture armés de leurs instruments de douleur, prêts à lui arracher les faiblesses ou les cris de la nature, le bourreau avec sa charrette sous ses yeux, prêt à emporter son cadavre mutilé, étaient en face sur l'autre échafaud.

Un peuple immense, superstitieux, frappé de cet appareil, partagé entre le respect pour les autorités civiles et religieuses, la crainte de l'étranger, l'horreur de cette prétendue magicienne, et la pitié pour cette jeune fille dont la beauté éclatait plus touchante sous l'ombre de la mort, frémissait sur la place et sur les toits. Un prédicateur célèbre du temps, Guillaume Érard, apostrophait Jeanne d'Arc, et s'efforçait de la ramener à un désaveu de ses erreurs, et à la soumission complète à ce que l'Église déciderait des droits des deux compétiteurs. « O noble maison de France, s'écriait-il, croyant renforcer ainsi ses arguments par une invocation pathétique à la race des Valois, ô noble maison de France qui fus toujours protectrice de la foi, comment as-tu été ainsi pervertie de t'attacher à une hérétique schismatique? Oui, c'est de toi, Jeanne, que je parle, ajouta-t-il en la foudroyant du geste, c'est à toi que je dis que ton roi est schismatique et hérétique! »

Jeanne, qui jusque-là avait écouté en silence et en humilité les injures qui ne tombaient que sur sa tête, ne put contenir son cœur en entendant outrager son Dauphin : « Par ma foi, sire, s'écria-t-elle en interrompant le prédicateur, je jure qu'il est le plus noble chrétien de tous les chrétiens, celui qui aime mieux la foi et l'Église, et qu'il n'est rien de ce que vous dites ! — Faites-la taire, » cria l'évêque de Beauvais. Les huissiers lui imposèrent silence.

Alors l'évêque lui lut un modèle de rétractation à laquelle on la conjurait de se conformer. « Je veux bien me soumettre au pape, dit Jeanne. — Le pape est trop loin, dit l'évêque. — Eh bien, qu'elle soit brûlée ! » cria le prédicateur.

Les huissiers, les bourreaux, le peuple, qui l'entouraient, la conjuraient de signer un acte dressé de soumission à l'Église, qui n'était qu'une rétractation de ses ignorances devant Dieu, sans rien désavouer de sa cause et de ses sentiments devant les hommes. « Eh bien, je signerai, » dit-elle.

A ces mots, une grande clameur de soulagement s'éleva de la foule. L'évêque de Beauvais demanda à Winchester ce qu'il devait faire : « Il faut, dit l'Anglais, l'admettre à la pénitence. » C'était lui octroyer la vie. Pendant que les courtisans de Winchester se querellaient avec l'évêque de Beauvais sur l'échafaud, prétendant qu'il avait favorisé l'accusée, et pendant que l'évêque les démentait avec colère, un secrétaire s'approcha de Jeanne, et lui présenta la plume pour signer la rétractation, qu'elle ne pouvait lire. La pauvre fille rougit et sourit à sa propre ignorance, en roulant gauchement la plume dans ses doigts qui maniaient si bien l'épée. Elle traça, sous la direction de l'huissier, un rond, et au milieu une croix, signature symbolique de son martyre. Puis on lui lut sa sentence de grâce, qui la condamnait à passer le reste de sa vie en prison, pour y déplorer ses péchés au *pain de douleur* et à *l'eau d'angoisse*.

A ces mots, les partisans du régime anglais et les soldats de cette cause, trompés dans leur espoir de vengeance par une sentence qui leur paraissait une lâcheté, du moment qu'elle n'était pas la mort, murmurèrent, s'agitèrent, s'ameutèrent tumultueusement autour du tribunal ; et, ramassant les pierres et les ossements du cimetière, les lancèrent sur l'échafaud contre le cardinal, l'évêque, les juges et les docteurs : « Misérables prêtres fainéants, vous trahissez le roi ! » Mais les juges, pour échapper à cette grêle de pierres et pour traverser en sûreté la foule, disaient aux plus furieux : « Soyez tranquilles, nous la retrouverons bien d'une autre façon ! »

Jeanne s'étonnait plus que de la mort de la haine de ce peuple qu'elle aimait tant.

Elle rentra au château, poursuivie par les vociférations de la multitude. Elle y retrouva les fers, les piéges et les outrages de ses ennemis.

« Les affaires de notre roi tournent mal, dit le commandant du château, Warwick : la fille ne sera pas brûlée ! »

On lui enleva pendant son sommeil ses habits de femme, qu'elle avait revêtus en signe d'obéissance sur l'échafaud, et on la contraignit ainsi à reprendre ses habits d'homme, qui étaient à côté de son lit. A peine eut-elle revêtu par nécessité ce costume dont on faisait le signe de son crime et de son obstination, qu'on appela l'évêque pour la surprendre en récidive. L'évêque la gourmanda rudement sur sa rechute après son abjuration. Elle protesta qu'elle n'avait rien abjuré que ses péchés, et qu'elle aimait mieux mourir, que de vivre ainsi rivée aux piliers de son cachot. L'évêque de Beauvais, convaincu de la passion de son parti pour le supplice de cette fille, dont l'existence rappelait des défaites aux Anglais et des crimes aux Bourguignons, renonça à la disputer à Warwick. Il convainquit les sages et les docteurs de la nécessité de punir cette impénitente par la mort. Les ecclésiastiques la livrèrent à la justice civile, chargée de l'application et de l'exécution de leur sentence, dont, comme Pilate, ils lavaient leurs mains. Cette sentence la conduisait au bûcher.

Un confesseur envoyé par l'évêque pénétra dans sa prison et lui annonça le prochain supplice. « Hélas! hélas!... s'écria-t-elle en étendant ses bras autant que les chaînes lui permettaient de les ouvrir, et en renversant sa tête échevelée ; faut-il me traiter si horriblement et si cruellement, que mon corps net et pur, qui ne fut jamais souillé d'aucune tache ni corruption, soit tout à l'heure consumé et réduit en cendres! Ah! j'aimerais mieux être décapitée sept fois, que d'être brûlée! Ah! j'en appelle à Dieu, le grand juge, des injustices et des tortures qu'on me fait endurer! » L'âme se rattachait au corps au moment de le perdre dans le feu ; la vie luttait avec la foi ; la femme réapparaissait dans le soldat.

On lui accorda comme dernière faveur la communion des mourants dans son cachot. L'évêque assistait parmi les gens du château à ce secours des bourreaux de son âme. Elle l'aperçut, et lui dit avec un doux reproche : « Évêque, je meurs par vous! » Elle reconnut aussi parmi les assistants un des prédicateurs qui lui avait fait les admonitions avant le procès, et avec lequel elle avait contracté cette familiarité du prisonnier envers ceux qui les visitent : « Ah! maître Pierre, lui dit-elle tout en larmes, où serai-je ce soir? »

On lui rendit les habillements de femme pour le supplice. On l'y conduisit sur une charrette, entre son confesseur et un huissier.

Un moine charitable la suivit à pied, priant pour son âme, et représentant la dernière pitié au pied de l'échafaud. Il se nommait Isambart. L'histoire doit son nom à ceux qui savent aimer jusqu'à la mort. Le fourbe Loiseleur, employé par l'évêque pour arracher à Jeanne ses secrets sous le semblant de la confession, monta avant le départ sur la charrette, pour obtenir de sa victime le pardon de sa trahison. Les Anglais eux-mêmes s'ameutèrent à la vue de ce traître, et le couvrirent de huées et de menaces. Versatilité naturelle aux foules, qui veulent bien frapper, mais non trahir. « O Rouen, Rouen, disait-elle en se lamentant, est-ce donc ici que je dois mourir? » Elle s'étonnait que le ciel la laissât mourir si jeune, avant qu'elle eût fini son œuvre et que la France tout entière fût purgée par elle de ses oppresseurs; elle attendait incertaine un miracle ou la mort jusqu'au pied du bûcher.

L'évêque, l'inquisiteur, l'université, les docteurs, l'attendaient sur une estrade en face d'un monticule de plâtre, recouvert de bois sec préparé pour le sacrifice humain.

Quand le char se fut arrêté au pied de l'estrade : « Va en paix, Jeanne, lui dit, au nom des juges, le prédicateur; l'Église ne peut plus te défendre, elle t'abandonne au bras séculier! » Excuse cruelle de ceux qui avaient prononcé le crime, et qui ne laissaient à d'autres que l'œuvre matérielle de la mort!

Jeanne alors s'agenouilla sur le char, non pour demander grâce de la vie aux juges qui la condamnaient, mais pour demander la grâce du paradis à l'évêque et aux prêtres qui la jetaient au feu. Elle joignit les mains, inclina la tête, et, s'adressant avec une naïve et pathétique ardeur tantôt à ses divins protecteurs dans le ciel, tantôt à ses bourreaux assis au-dessous d'elle sur l'échafaud, elle invoqua leur assistance, leur compassion et leurs prières avec un accent si tendre et avec des sanglots de femme si entremêlés de déchirantes exclamations, qu'à la vue de cette jeunesse, de cette innocence, de cette beauté près de tomber en cendre, et à l'accent de cette plainte qui semblait sortir déjà de la flamme, les docteurs, les inquisiteurs, les huissiers, Winchester, l'évêque de Beauvais lui-même, fondirent en larmes, et qu'un certain nombre d'entre eux, ne pouvant soutenir cette figure et cette voix, et se sentant évanouir de compassion, descendirent de l'échafaud et se perdirent isolés dans la foule.

La mourante se confessa alors à haute voix des erreurs d'esprit ou des présomptions de cœur qu'elle avait pu avoir de bonne foi pendant sa mission sur la terre. Elle regretta peut-être d'avoir trop obéi à la voix intérieure, en forçant son oncle de la conduire à Vaucouleurs, au lieu d'obéir à la voix de sa mère et au génie obscur et tutélaire du foyer. Elle vit de quel prix étaient l'héroïsme et la gloire, et la maison et le verger de son père lui apparurent en contraste avec le bûcher de Rouen.

Se repentit-elle de son dévouement à une inspiration glorieuse et à une patrie ingrate? Les chroniques ne le disent pas; mais ses pleurs, ses lamentations, son acceptation de cœur et sa révolte des sens contre le supplice le laissent conclure. Elle fut plus touchante que si elle était restée impassible ; elle fut mortelle, elle fut femme, elle fut enfant devant le feu. La nature, la volonté et la mort, qui avaient lutté dans son Seigneur lui-même au jardin des Olives, luttèrent dans la jeune fille au pied du bûcher. La multitude assista au déchirement d'un corps et d'une âme. Ce cirque stupide et féroce eut le spectacle complet d'une agonie.

A la fin, Jeanne sentit le besoin de se raffermir par la vue du symbole du suprême sacrifice accepté par le Fils de l'homme pour l'homme. Elle implora la grâce de mourir du moins en embrassant une croix, symbole de dernière communion avec l'Église qui la répudiait. On fut longtemps sourd à cette prière. Un Anglais cependant lui tendit deux branches de bois avec leur écorce, liées transversalement par un nœud de corde, et formant l'image grossière de la croix. Elle la prit, la baisa, et, ouvrant sa chemise, elle la serra contre sa poitrine, comme pour faire pénétrer de plus près dans son cœur la vertu de ce signe.

Le moine Isambart, attentif à ses moindres gestes, et qui vit son désir si mal satisfait, osa prendre sur lui un acte de généreuse audace, au risque de paraître impie dans sa compassion. Il courut avec l'huissier-massier à une église voisine de la place du Marché, et, prenant la croix de la paroisse à côté de l'autel, il la remit aux mains de Jeanne; véritable *Simon* de ce supplice.

Les bourreaux firent marcher la jeune fille vers le bûcher. Son confesseur y monta avec elle, en murmurant à son oreille de pieux encouragements. Son sang-froid ne l'avait pas abandonnée dans son désespoir. Le bourreau ayant mis le feu aux branches inférieures du bûcher, où elle était liée à un poteau : « Jésus ! s'écria-t-elle, retirez-vous, mon père ! Et quand la flamme m'enveloppera, élevez la croix pour que je la voie en mourant, et dites-moi de saintes paroles jusqu'à la fin. »

L'évêque de Beauvais, comme pour obtenir une suprême justification de son jugement par quelque accusation de la mourante contre elle-même, à l'approche des flammes s'approcha encore du bûcher.

« Évêque, évêque, lui répéta seulement la pauvre fille, comme si cette voix fût déjà venue d'un autre monde, je meurs par vous! »

Puis, regardant à travers ses larmes cette multitude avide du supplice de sa libératrice : « O Rouen, dit-elle, j'ai peur que tu n'expies un jour ma mort! » Ensuite elle pria à voix basse.

Un grand silence avait succédé au tumulte d'une foule agitée. On eût dit que cette mer d'hommes se taisait, pour entendre le dernier soupir d'une vie qui allait s'exhaler. Un cri d'horreur et de douleur sortit du bûcher. C'était la flamme qui montait au vent, et qui s'attachait aux vêtements et aux cheveux de la victime. « De l'eau! de l'eau! » cria-t-elle, par un dernier instinct de la nature. Puis, entourée comme d'un vêtement par les flammes qui tourbillonnaient autour d'elle, elle ne proféra plus que quelques balbutiements confus et entrecoupés, entendus d'en bas par le confesseur et par Isambart, à travers le petillement du bûcher. Elle laissa tomber enfin sa tête entourée de flammes sur sa poitrine, et dit, d'une voix expirante : « *Jésus!* »

On n'entendit plus sa voix, et on ne retrouva qu'un peu de cendre. Winchester fit balayer cette cendre du bûcher à la Seine, pour qu'il ne restât rien sur la terre de France de l'esprit et du bras de cette fille des champs, qui la disputaient à la servitude.

Il se trompa : Jeanne d'Arc était morte, mais la France était sauvée!

Telle fut la vie de Jeanne d'Arc, l'inspirée, l'héroïne et la sainte du patriotisme français; gloire, salut et honte de sa patrie tout à la fois. Le peuple, pour l'encadrer parmi les plus sublimes et les plus touchantes figures de l'histoire, n'a pas besoin d'accepter les imaginations enthousiastes de la multitude, ni les explications d'un autre temps. Le sol opprimé souffle son âme sur une jeune fille; sa passion pour la liberté de son pays lui fait le don des miracles, don que la nature fait à toutes les grandes passions désintéressées. S'élançant des rangs du peuple, retenue par ses proches, entraînée par le dévouement, accueillie par la politique, déployée comme un drapeau par les chefs et par les combattants d'une cause perdue, déifiée par le vulgaire, victorieuse des ennemis, abandonnée du roi, des hommes et de son génie après son œuvre achevée, odieuse aux usurpateurs, vendue par l'ambition, jugée par des lâches, condamnée par ses frères, sacrifiée en holocauste aux étrangers, elle s'évanouit comme un météore, dans un sacrifice qui paraît aux uns une expiation, aux autres une assomption dans la mort. Tout semble miracle dans cette vie, et cependant le miracle, ce n'est ni sa voix, ni sa vision, ni son signe, ni son étendard, ni son épée : c'est elle-même. La force de son sentiment national est sa plus sûre révélation. Son triomphe atteste l'énergie de cette vertu en elle. Sa mission n'est que l'explosion de cette foi patriotique dans sa vie; elle en vit et elle en meurt, et elle s'élève à la victoire et au ciel sur la double flamme de son enthousiasme et de son bûcher. Ange, femme, peuple, vierge, soldat, martyre, elle est l'armoirie du drapeau des camps, l'image de la France popularisée par la beauté, sauvée par l'épée, survivant au martyre, et divinisée par la sainte superstition de la patrie.

# CHRISTOPHE COLOMB

# CHRISTOPHE COLOMB

### ANNÉE 1492 DE J.-C.

---

Dieu se cache dans le détail des choses humaines, et il se dévoile dans l'ensemble. Aucun homme sensé n'a jamais nié que les grands événements qui composent la vie historique de l'humanité ne fussent reliés et coordonnés secrètement par un fil invisible suspendu à la main toute-puissante du souverain-ordonnateur des mondes, pour les faire concourir à un dessein et à un plan. Comment celui qui a donné la lumière à l'œil serait-il aveugle? Comment celui qui a donné la pensée à sa créature serait-il lui-même sans pensée?

Les anciens appelaient ce plan occulte, absolu et irrésistible de Dieu dans les choses humaines, le Destin, la Fatalité; les modernes l'appellent la Providence, nom plus intelligent, plus religieux et plus paternel. En étudiant l'histoire de l'humanité, il est impossible de ne pas reconnaître, par-dessus et par-dessous l'action libre de l'homme, l'action souveraine et transparente de la Providence. Cette action d'ensemble et de masse n'exclut en rien la liberté de nos actes, qui fait seule la moralité des individus et des peuples; elle semble les laisser se mouvoir, agir, s'égarer avec une latitude complète d'intention, de choix, du bien et du mal, dans une certaine sphère d'action et avec une certaine conséquence logique de peines encourues ou de rémunérations méritées, selon que leur intention a été plus droite ou plus viciée ; mais les grands résultats généraux de ces actes des individus ou des peuples lui appartiennent à elle seule. Elle semble se les réserver indépendamment de nous, pour des fins divines que nous ne connaissons pas, et qu'elle nous laisse seulement entrevoir quand elles sont presque atteintes. Le bien et le mal sont de nous et sont à nous; mais la Providence se joue de nos perversités comme de nos vertus; et de ce bien et de ce mal elle tire avec une égale infaillibilité de sagesse l'accomplissement de son dessein sur l'humanité. L'instrument caché, mais divin, de cette Providence, quand elle daigne se servir des hommes pour préparer ou pour accomplir une partie de ses plans, c'est l'inspiration ! L'inspiration est véritablement un mystère humain dont il est difficile de trouver la source dans l'homme même. Elle semble venir de plus haut et de plus loin. Voilà pourquoi on lui a donné un nom mystérieux aussi, et qui ne se définit bien dans aucune langue : *génie*. La Providence fait naître un homme de génie; le génie est un don : il ne s'acquiert pas par le travail ; il ne s'obtient pas même par la vertu; il est ou il n'est pas; sans que celui-là même qui le possède puisse rendre compte de sa nature et de sa possession. A ce génie, la Providence envoie une inspiration. L'inspiration est au génie ce que l'aimant est au métal. Elle l'attire, indépendamment de toute conscience et de toute volonté, vers quelque chose de fatal et d'inconnu, comme le pôle. Le génie suit cette inspiration qui l'entraîne, et un monde moral ou un monde physique est trouvé !

Voilà Christophe Colomb et la découverte de l'Amérique !

Colomb, dans sa pensée, aspirait à compléter le globe qui lui paraissait manquer d'une de ses moitiés. C'était le besoin de l'unité géographique terrestre dont il était travaillé. Ce besoin était également une inspiration de son époque. Il y a des idées qui flottent dans l'air comme des miasmes intellectuels, et que des milliers d'hommes semblent respirer en même temps.

Chaque fois que la Providence prépare le monde, à son insu, à quelque transformation religieuse, morale ou politique, on peut observer presque régulièrement ce même phénomène : une aspiration et une tendance plus ou moins complète à l'unité du globe par la conquête, par la langue, par le prosélytisme religieux, par la navigation, par les découvertes géographiques ou par la multiplication des relations des peuples entre eux, au moyen du rapprochement et du contact de ces peuples que des voies de communication, des besoins et des échanges resserrent en un seul peuple. Cette tendance à l'unité du globe à certaines époques est un des faits providentiels les plus visibles dans les résultats de l'histoire.

Ainsi, quand la grande civilisation orientale des Indes et de l'Égypte semble épuisée de vieillesse, et que Dieu veut appeler l'Asie et l'Occident à une civilisation plus jeune, plus mouvante et plus active, Alexandre part, sans savoir pourquoi, des vallées de la Macédoine, entraînant les regards et les auxiliaires de la Grèce, et le monde connu devient un sous la terreur et sous la gloire de son nom, depuis l'Indus jusqu'à l'extrémité de l'Europe.

Quand Dieu veut préparer un auditoire immense au Verbe transformateur du christianisme en Orient et en Occident, il répand la langue, la domination, les armes de Rome et de César des bords du golfe Persique aux montagnes de l'Écosse, unissant sous un seul esprit et sous une seule servitude l'Italie, les Gaules, la Grande-Bretagne, la Sicile, la Grèce, l'Afrique et l'Asie.

Quand il veut, quelques siècles après, arracher l'Arabie,

la Perse et leurs dépendances à la barbarie, et faire prévaloir le dogme irrésistible de l'unité de Dieu sur les idolâtries et sur les indifférences de ces parties reculées ou corrompues du monde, il arme Mahomet du Coran et du glaive; il permet à l'islamisme de conquérir en deux siècles tout l'espace compris entre l'Oxus et le Tage, entre le Tibet et le Liban, entre l'Atlas et le Taurus. Une immense unité d'empire répond d'avance à une immense unité d'idée.

Ainsi de Charlemagne en Occident, quand sa monarchie universelle, des deux côtés des Alpes, prépare, depuis la Scythie et la Germanie, le vaste lit où la civilisation chrétienne va recevoir et baptiser les barbares.

Ainsi de la révolution française, cette réforme du monde occidental par le raisonnement, quand Napoléon, aussi entreprenant et plus aveugle encore qu'Alexandre, promène ses armées victorieuses sur le continent asservi, constitue un moment la grande unité de la France; et, croyant y fonder son empire, n'y jette en effet que les semences de la langue, des idées et des institutions de la révolution.

Ainsi de nos jours, non plus sous la forme de conquêtes, mais sous la forme de communications intellectuelles, commerciales, pacifiques, entre tous les continents et tous les peuples du globe, c'est la science qui devient le conquérant universel au profit et à la gloire de tous. La Providence semble avoir chargé cette fois le génie de l'industrie et des découvertes de lui préparer la plus complète unité du globe terrestre qui ait jamais resserré le temps, l'espace et les hommes en une masse plus rapprochée, plus compacte et plus assimilée. La navigation, l'imprimerie, la découverte de la vapeur, cette force économique et irrésistible d'impulsion, qui lance l'homme et ses armées, et ses marchandises aussi loin et aussi vite que sa pensée; la construction des chemins de fer qui aplanissent les montagnes en les perçant, et qui nivellent toute la terre; la découverte des télégraphes électriques, qui donnent aux communications entre les deux hémisphères l'instantanéité de la foudre; la découverte des aérostats, qui cherchent encore leur gouvernail, mais qui rendront bientôt navigable un élément plus universel et plus simple que l'Océan; toutes ces révélations presque contemporaines de la Providence par l'inspiration du génie industriel, sont des moyens de resserrement, de concentration, de contraction du globe sur lui-même; des instruments de rapprochement, d'homogénéité des hommes entre eux. Ces moyens sont si actifs et si évidents, qu'il est impossible de ne pas y voir un dernier plan de la Providence, un dernier effort vers l'inconnu, et de ne pas en conclure que Dieu prémédite pour nous et pour nos descendants quelque dessein caché encore à notre courte vue; dessein pour lequel il prend ses mesures en faisant avancer le monde vers la plus puissante des unités, l'unité de pensée, qui annonce quelque grande unité d'action dans l'avenir.

Ainsi était préparé l'esprit du quinzième siècle à quelque étrange manifestation humaine ou divine, quand naquit le grand homme dont nous allons raconter l'histoire. On attendait quelque chose; l'esprit humain a ses pressentiments. Ce sont les vagues prophéties des réalités qui s'approchent.

Au printemps de l'année 1471, au milieu du jour, par un soleil brûlant qui calcinait les chemins de l'Andalousie, sur une colline à environ une demi-lieue du petit port de mer de Palos, deux étrangers voyageant à pied, leurs chaussures usées par la marche, leurs habits, où l'on voyait les vestiges d'une certaine aisance, souillés de poussière, le front baigné de sueur, s'arrêtèrent et s'assirent à l'ombre du portique extérieur d'un petit monastère appelé Sainte-Marie de Rabida. Leur aspect et leur lassitude imploraient d'eux-mêmes l'hospitalité. Les couvents de franciscains étaient, à cette époque, les hôtelleries des voyageurs pédestres à qui la misère interdisait d'aborder d'autres asiles. Ce groupe des deux étrangers attira l'attention des moines.

L'un était un homme à peine parvenu au milieu de la vie, grand de taille, robuste de formes, majestueux de pose, noble de front, ouvert de physionomie, pensif de regard, gracieux et doux de lèvres. Ses cheveux, d'un blond légèrement brun dans sa première jeunesse, se teignaient prématurément sur les tempes de ces mèches blanches que hâtent le malheur et le travail d'esprit. Son front était élevé; son teint, primitivement coloré, était pâli par l'étude, et bronzé par le soleil et la mer. Le son de sa voix était mâle, sonore et pénétrant comme l'accent d'un homme habitué à proférer des pensées profondes. Rien de léger ou d'irréfléchi ne se révélait dans ses gestes ; tout était grave et symétrique dans ses moindres mouvements ; il semblait se respecter modestement lui-même, ou n'agir qu'avec la réserve d'un homme pieux dans un temple, comme s'il eût été en présence de Dieu.

L'autre était un enfant de huit à dix ans. Ses traits, plus féminins, mais déjà mûris par les fatigues de la vie, avaient une telle ressemblance avec ceux du premier étranger, qu'il était impossible de ne pas reconnaître en lui ou un fils ou un frère de l'homme mûr.

Ces deux étrangers étaient Christophe Colomb et Diego, son fils. Les moines, curieux et attendris à l'aspect de cette noblesse de visage du père et de cette grâce de l'enfant, qui contrastaient avec l'indigence de leur équipage, les firent entrer dans l'intérieur du monastère pour leur offrir l'ombre, le pain et le repos dus aux pèlerins. Pendant que Colomb et son enfant se rafraîchissaient et se fortifiaient de l'eau, du pain et des olives de la table des hôtes, les moines allèrent informer le prieur de l'arrivée des deux voyageurs, et de l'intérêt étrange qui s'attachait à leur noble apparence en contraste avec leur misère. Le prieur descendit pour converser avec eux.

Ce supérieur du couvent de la Rabida était Juan Perès de Marchenna, ancien confesseur de la reine Isabelle, qui régnait alors avec Ferdinand sur l'Espagne. Homme de sainteté, de science et de recueillement, il avait préféré l'abri de son cloître aux honneurs et aux intrigues de la cour; mais il avait conservé, par cette retraite même, un grand respect dans le palais, et un grand crédit sur l'esprit de la reine. La Providence n'avait pas moins dirigé les pas de Colomb que le hasard, si elle avait eu pour intention de lui ouvrir par une main affidée, quoique invisible, les portes du conseil, l'oreille et le cœur des souverains.

Le prieur salua l'étranger, caressa l'enfant, et s'informa avec bienveillance des circonstances qui les forçaient à voyager à pied à travers les routes détournées de l'Espagne, et à emprunter l'humble toit d'un monastère pauvre et isolé. Colomb raconta sa vie obscure, et déroula ses pensées immenses au moine attentif. Cette vie et ces pensées n'étaient qu'une attente et un pressentiment. Voici ce qu'on en a su depuis.

Christophe Colomb était le fils premier-né d'un cardeur de laine de Gênes, métier aujourd'hui infime, profession alors libérale et presque noble. Dans ces républiques industrielles et commerciales de l'Italie, les artisans, fiers de retrouver ou d'inventer des industries, formaient des corporations ennoblies par leur art et importantes dans l'État. Il était né en 1436. Il avait deux frères, Barthélemy et Diego, qu'il appela, plus tard, à partager ses travaux, sa sa gloire, ses malheurs; il avait aussi une sœur plus jeune que ses frères. Elle se maria à un ouvrier de Gênes. Son obscurité l'abrita longtemps de l'éclat et des infortunes de ses frères.

Nos instincts naissent des premiers spectacles que la nature offre à nos sens dans les lieux où nous voyons le jour, surtout quand ces spectacles sont majestueux et infinis, comme les montagnes, le ciel et la mer. Notre imagination est la contre-épreuve et le miroir des premières scènes dont nous sommes frappés. Les premiers regards de Colomb enfant contemplèrent le firmament et la mer de Gênes. L'astronomie et la navigation entraînèrent de bonne heure ses pensées dans ces deux espaces ouverts sous ses yeux. Il les remplissait de ses rêveries avant de les repeupler de leurs continents et de leurs îles. Contemplatif, silencieux, pieux d'inclination dès ses plus tendres années, son génie, enfant, l'emportait loin et haut dans les espaces, non pas seulement pour découvrir plus, mais pour adorer davantage. Dans l'œuvre divine, ce qu'il cherchait au fond de tout, c'était Dieu.

Son père, homme éclairé et aisé dans sa profession, ne résista pas à la nature qui se manifestait par de si studieux penchants dans son fils. Il l'envoya étudier, à Pavie, la géométrie, la géographie, l'astronomie, l'astrologie, science imaginaire du temps, et la navigation. Son esprit dépassa promptement les limites de ces sciences alors incomplètes. Il était de ces âmes qui vont toujours au delà du but où le vulgaire s'arrête et dit : « Assez. » A quatorze ans, il savait tout ce qu'on enseignait dans ces écoles ; il revint à Gênes, dans sa famille. La profession sédentaire et inintellectuelle de son père ne pouvait emprisonner ses facultés. Il navigua plusieurs années sur les navires de commerce, de guerre, d'expéditions aventureuses, que les maisons de Gênes armaient sur la Méditerranée, pour disputer ses flots et ses ports aux Espagnols, aux Arabes, aux Mahométans ; sortes de croisades perpétuelles où le trafic, la guerre et la religion faisaient, de ces marines des républiques italiennes, une école de commerce, de lucre, d'héroïsme et de sainteté. Soldat, savant et matelot à la fois, il monta sur des vaisseaux que sa patrie prêta au duc d'Anjou pour conquérir Naples, sur la flotte que le roi de Naples envoya attaquer Tunis, sur les escadres dont Gênes combattait l'Espagne. Il s'éleva, dit-on, à des commandements d'obscures expéditions navales dans la marine militaire de son pays. Mais l'histoire le perd de vue dans ces commencements de sa vie. Sa destinée n'était pas là ; il se sentait à l'étroit dans ces petites mers et dans ces petites choses. Sa pensée était plus grande que sa patrie. Il méditait une conquête pour l'espèce humaine, et non pour une étroite république de la Ligurie.

Dans les intervalles de ses expéditions, Christophe Colomb trouvait à la fois, dans l'étude de son art, la satisfaction de sa passion pour la géographie et pour la navigation, et son humble fortune. Il dessinait, gravait et vendait des cartes marines ; ce petit commerce suffisait péniblement à son existence. Il y cherchait moins le lucre que le progrès de la science. Son esprit et ses sens, continuellement fixés sur les astres et les mers, poursuivaient par la pensée un but entrevu par lui seul.

Un naufrage, à la suite d'un combat naval et de l'incendie d'une galère qu'il montait dans la rade de Lisbonne, le fixa en Portugal. Il se précipita dans la mer pour échapper aux flammes, se saisit, d'une main, d'une rame, et, nageant de l'autre main vers la côte, il atteignit le rivage. Le Portugal, saisi tout entier alors de sa passion des découvertes maritimes, était un séjour convenable à ses inclinations. Il espérait y trouver des occasions et des moyens de s'élancer à son gré sur l'Océan ; il n'y trouva que le travail ingrat du géographe sédentaire, l'obscurité et l'amour. En allant, chaque jour, assister aux offices religieux dans l'église d'un couvent de Lisbonne, il s'éprit d'attachement pour une jeune recluse dont la beauté l'avait frappé. C'était la fille d'un noble italien attaché au service du Portugal.

Son père l'avait confiée aux religieuses de ce couvent en partant pour une expédition navale lointaine. Elle s'appelait dona Felippa de Palestrello. Séduite elle-même par la beauté pensive et majestueuse du jeune étranger qu'elle voyait chaque jour assidu aux services de l'église, elle ressentit l'amour qu'elle lui avait inspiré. Tous deux sans parents et sans fortune sur une terre étrangère, rien ne pouvait contrarier l'attrait qu'ils éprouvaient l'un pour l'autre; ils s'unirent par un mariage, sur la foi de la Providence et du travail, seule dot de Felippa et de son amant. Il continuait, pour nourrir sa belle-mère, sa femme et lui, à faire des cartes et des globes recherchés, à cause de leur perfection, par les navigateurs portugais. Les papiers de son beau-père, qui lui furent remis par sa femme, et ses correspondances avec Toscanelli, fameux géographe de Florence, lui fournirent, dit-on, des notions précises sur les mers lointaines de l'Inde, et les moyens de rectifier les éléments alors confus ou fabuleux de la navigation. Entièrement absorbé dans sa félicité domestique et dans ses contemplations géographiques, il eut un premier fils qu'il appela Diego, du nom de son frère. Sa société intime ne se composait que de marins revenant des expéditions lointaines, ou rêvant des terres inconnues et des routes non frayées sur l'Océan. Son atelier de cartes et de globes était un foyer d'idées, de conjectures, de projets, qui entretenait sans cesse son imagination de quelque grand inconnu sur le globe. Sa femme, fille et sœur de marins, partageait elle-même ces enthousiasmes. En contournant sous ses doigts ses globes, et en pointant ses cartes d'îles et de continents, un vide immense avait frappé les yeux de Colomb au milieu de l'océan Atlantique. La terre semblait manquer, là, du contre-poids d'un continent. Des rumeurs vagues, merveilleuses, terribles, parlaient à l'imagination des navigateurs de côtes entrevues du sommet des Açores, dites immobiles ou flottantes, qui se montraient par des temps sereins, qui disparaissaient ou qui s'éloignaient quand des pilotes téméraires cherchaient à en approcher. Un voyageur vénitien, Marco Polo, qu'on regardait alors comme un inventeur de fables, et dont le temps a reconnu depuis la véracité, racontait, à l'Occident, les merveilles des continents, des États et des civilisations de la Tartarie, de l'Inde, de la Chine, que l'on supposait se prolonger là où s'étendent en réalité les deux Amériques. Colomb lui-même se flattait de trouver, à l'extrémité de l'Atlantique, ces contrées de l'or, des perles et de la myrrhe, dont Salomon tirait ses richesses ; cet Ophyr de la Bible, recouvert depuis des nuages du lointain et du merveilleux. Ce n'était pas un continent nouveau, mais un continent perdu qu'il cherchait. L'attrait du faux le menait à la vérité.

Il supposait dans ses calculs, d'après Ptolémée et d'après les géographes arabes, que la terre était un globe dont on pourrait faire le tour. Il croyait ce globe moins vaste qu'il ne l'est de quelques milliers de lieues. Il s'imaginait, en conséquence, que l'étendue de mer à parcourir pour arriver à ces terres inconnues de l'Inde était moins immense que les navigateurs ne le pensaient. L'existence de ces terres lui semblait confirmée par les témoignages étranges des pilotes qui s'étaient avancés le plus loin au delà des Açores. Les uns avaient vu flotter sur les vagues des branches d'arbres inconnus en Occident; les autres, des morceaux de bois sculptés, mais qui n'avaient pas été travaillés à l'aide d'outils de fer ; ceux-là, des sapins monstrueux creusés en canots d'un seul tronc, qui pouvaient porter quatre-vingts rameurs; ceux-ci, des roseaux gigantesques; d'autres, enfin, des cadavres d'hommes blancs ou cuivrés dont les traits ne rappelaient en rien les races occidentales, asiatiques ou africaines.

Tous ces indices flottant de temps en temps à la suite des tempêtes sur l'Océan, et je ne sais quel instinct vague qui précède toujours les réalités comme l'ombre précède le corps quand on a le soleil derrière soi, annonçaient au vulgaire des merveilles, attestaient à Colomb des terres existantes au delà des plages écrites par la main des géographes sur les mappemondes. Seulement il était convaincu que ces terres n'étaient qu'un prolongement de l'Asie, remplissant plus d'un tiers de la circonférence du globe. Cette circonférence, ignorée alors des philosophes et des géomètres, laissait aux conjectures l'étendue de cet Océan qu'il fallait traverser pour atteindre à cette Asie imaginaire. Les uns la croyaient incommensurable; les autres se la figuraient comme une espèce d'éther profond et sans bornes, dans lequel les navigateurs s'égarent, comme aujourd'hui les aéronautes dans les déserts du firmament. Le plus grand nombre, ignorant les lois de la pesanteur et de l'attraction qui rappelle les corps au centre, et admettant néanmoins déjà la rotondité du globe, croyaient que des navires ou des hommes portés par le hasard aux antipodes s'en détacheraient pour tomber dans les abîmes de l'espace. Les lois qui gouvernent les niveaux et les mouvements de l'Océan leur étaient également inconnues. Ils se représentaient la mer, au delà d'un certain horizon, borné par les îles déjà découvertes, comme une sorte de chaos liquide, dont les vagues démesurées s'élevaient en montagnes inaccessibles, se creusaient en gouffres sans fond, se précipitaient du ciel en cataractes infranchissables qui entraîneraient et engloutiraient les voiles assez téméraires pour en approcher. Les plus instruits; en admettant les lois de la pesanteur et un certain niveau dans les espaces liquides, pensaient que la forme arrondie du globe donnait à l'Océan une pente vers les antipodes, qui emporterait les vaisseaux vers des rivages sans nom, mais qui ne leur permettrait jamais de remonter cette pente pour revenir en Europe. De ces préjugés divers sur la nature, la forme, l'étendue, les montées et les décentes de l'Océan, se composait une terreur générale et mystérieuse qu'un génie investigateur pouvait seul aborder par la pensée, et qu'une audace surhumaine pouvait seule affronter de ses voiles. C'était la lutte de l'esprit humain contre un élément; pour le tenter, il fallait plus qu'un homme.

L'attrait invincible du pauvre géographe vers cette entreprise était le véritable lien qui retenait tant d'années Colomb à Lisbonne comme dans la patrie de ses pensées. C'était le moment où le Portugal, gouverné par Jean II, prince éclairé et entreprenant, se livrait, dans un esprit de colonisation, de commerce et d'aventures, à des tentatives navales incessantes pour relier l'Europe à l'Asie, et où Vasco de Gama, le colon portugais, n'était pas loin de découvrir la route maritime des Indes par le cap de Bonne-Espérance. Colomb, convaincu qu'il trouverait une route plus large et plus directe en s'élançant droit devant lui vers l'ouest, obtint, après de longues sollicitations, une audience du roi, pour lui révéler ses plans de découverte et pour lui demander les moyens de les accomplir au profit de la fortune et de la gloire de ses États. Le roi l'écouta avec intérêt. La foi de cet inconnu dans ses espérances ne lui parut pas assez dénuée de fondement pour la reléguer au rang des chimères. Colomb, indépendamment de son éloquence naturelle, avait l'éloquence de sa conviction. Il émut assez le roi pour que ce prince chargeât un conseil composé de savants et de politiques, d'examiner les propositions du navigateur génois, et de lui faire un rapport sur les probabilités de son entreprise. Ce conseil, composé du confesseur du roi et de quelques géographes d'autant plus accrédités dans sa cour qu'ils s'écartaient moins des préjugés vulgaires, déclara les idées de Colomb chimériques et contraires à toutes les lois de la physique et de la religion.

Un second conseil d'examen, auquel Colomb en appela avec la permission du roi, aggrava encore cette première décision. Toutefois, par une perfidie ignorée du roi, ses conseillers communiquèrent les plans de Colomb à un pilote, et firent partir secrètement un navire pour tenter à son insu la route qu'il indiquait vers l'Asie. Ce navire, qui avait cinglé quelques jours au delà des îles Açores, revint épouvanté du vide et de l'immensité de l'espace qu'il avait entrevu, et confirma le conseil dans le mépris des conjectures de Colomb.

Pendant ces inutiles sollicitations à la cour de Portugal, l'infortuné Colomb avait perdu sa femme, l'amour, la consolation et l'encouragement de ses pensées. Sa fortune, négligée pour ses perspectives de découverte, était ruinée; ses créanciers s'acharnaient sur les fruits de ses travaux, saisissaient ses globes et ses cartes, et menaçaient même sa liberté. Beaucoup d'années avaient été perdues ainsi dans l'attente; son âge mûr s'avançait, son enfant grandissait; les extrémités de la misère étaient le seul patrimoine qu'il envisageait, au lieu d'un monde qu'il avait entrevu pour lui. Il s'évada nuitamment de Lisbonne, à pied, sans autre ressource que l'hospitalité sur sa route; et tantôt menant son fils Diego par la main, tantôt le portant sur ses robustes épaules, il entra en Espagne, décidé à offrir à Ferdinand et à Isabelle, qui y régnaient alors, cet empire ou ce continent refusé par le Portugal.

C'est en poursuivant ce long pèlerinage vers le séjour mobile de la cour d'Espagne, qu'il était arrivé à la porte du monastère de la Rabida, près de Palos. Il se proposait de se rendre d'abord à la petite ville de Huerta, dans l'Andalousie, habitée par un frère de sa femme, de déposer son fils Diego entre les mains de ce beau-frère, et d'aller seul subir les lenteurs, les hasards, et peut-être les incrédulités à la cour d'Isabelle et de Ferdinand.

On assure qu'avant de se rendre en Espagne, il avait cru devoir, comme Italien et comme Génois, offrir d'abord sa découverte à Gênes, sa patrie, et au sénat de Venise; mais que ces deux républiques, occupées d'ambitions plus rapprochées et de rivalités plus urgentes, avaient répondu à ses sollicitations par des froideurs et des refus.

Le prieur du monastère de la Rabida était plus versé dans les sciences relatives à la navigation qu'il n'appartenait à un homme de sa profession. Son monastère, d'où l'on voyait la mer, et voisin du petit port de Palos, un des plus actifs alors de l'Andalousie, avait mis le moine en société habituelle avec les navigateurs et les armateurs de cette petite ville, uniquement adonnée à la marine. Ses études, pendant qu'il avait habité la capitale et la cour, avaient été tournées vers les sciences naturelles et vers les problèmes qui s'agitaient alors dans les esprits. Il s'émut d'abord de pitié, et bientôt après d'enthousiasme et de conviction dans ses entretiens du jour avec Colomb, pour un homme qui lui parut si supérieur à sa fortune. Il vit en lui un de ces envoyés de Dieu, qui sont repoussés du seuil des princes ou des cités, où ils apportent dans des mains indigentes des trésors invisibles de vérités. La religion comprit le génie, une révélation qui veut comme l'autre ses fidèles. Il se sentit porté à être un de ces fidèles qui participent à ces révélations du génie, non par la découverte, mais par la foi. La Providence envoie presque toujours un de ces croyants aux hommes supérieurs pour les empêcher de se décourager de l'incrédulité, de la dureté ou des persécutions du vulgaire : ils sont la plus sublime forme de l'amitié, les amis de la vérité méconnue, les confidents de l'avenir impossible.

Juan Perès se sentit prédestiné par le ciel à devenir, du

fond de sa solitude, l'introducteur de Colomb dans la faveur d'Isabelle, l'apôtre de son grand dessein dans le monde. Ce qu'il aima dans Colomb, ce ne fut pas seulement son dessein, ce fut lui-même, ce fut la beauté, le caractère, le courage, la modestie, la gravité, l'éloquence, la piété, la vertu, la douceur, la grâce, la patience, l'infortune noblement portée, révélant dans cet étranger une de ces natures marquées par mille perfections de ce sceau divin qui défend d'oublier, et qui force à admirer un homme unique. Après le premier entretien, le moine ne donna pas seulement sa conviction à son hôte, il lui donna son cœur, et, chose plus rare, il ne le lui retira jamais. Colomb eut un ami. .

Juan Perès engagea Colomb à accepter pour quelques jours un asile, ou du moins un lieu de repos, dans l'humble monastère, pour lui et pour son enfant. Pendant ce court séjour, le prieur communiqua à ses amis de la ville, voisins de Palos, l'arrivée et les aventures de l'hôte dont il était visité. Il les pria de venir au couvent s'entretenir avec l'étranger de ses conjectures, de ses intentions et de ses plans, afin d'apprécier si ses théories concordaient avec les idées expérimentales des marins de Palos. Un homme éminent, ami du prieur, le médecin Fernandez, et un pilote consommé de Palos, Pierre de Velasco, vinrent passer, sur l'invitation du moine, plusieurs soirées au couvent, écoutèrent Colomb, sentirent leurs yeux dessillés par ses entretiens, entrèrent avec la chaleur d'esprits droits et de cœurs simples dans ses idées, formèrent le premier cénacle où toute foi nouvelle se couve dans la confidence de quelques prosélytes, à l'ombre de l'intimité, de la solitude et du mystère. Toute grande vérité commence par un secret entre des amis, avant d'éclater à haute voix dans le monde. Ces premiers amis conquis à ses convictions par Colomb dans la cellule d'un pauvre moine lui furent peut-être plus chers que l'enthousiasme et l'applaudissement de l'Espagne entière, quand le succès eut consacré ses prévisions. Les premiers croyaient sur la foi de ses paroles, les derniers ne croyaient que sur la foi de ses découvertes accomplies.

Le moine, confirmé dans ses impressions par l'épreuve de ses idées sur la science du médecin Fernandez et sur l'expérience du pilote Velasco, se passionna avec eux pour son hôte. Il l'engagea à laisser son enfant à ses soins dans le monastère de la Rabida, à se rendre à la cour pour offrir sa découverte à Ferdinand et à Isabelle, et à solliciter de ces souverains l'assistance nécessaire à l'accomplissement de ses pensées. Le hasard rendait le pauvre moine un introducteur naturel et puissant à la cour d'Espagne. Il l'avait habitée longtemps, il avait eu l'oreille et la conscience d'Isabelle, et, depuis que son goût pour la retraite l'avait éloigné du palais, il avait conservé des rapports d'amitié avec le confesseur nouveau qu'il avait donné à la reine. Ce confesseur, ministre de la conscience des rois à cette époque, était Fernando de Talavera, supérieur du monastère du Prado, homme de mérite, de crédit et de vertu, devant qui toutes les portes s'ouvraient dans le palais. Juan Perès remit à Colomb une lettre de chaude recommandation pour Fernando de Talavera. Il lui fournit l'équipage convenable pour se présenter décemment à la cour, une mule, un guide, une bourse de sequins, et, l'embrassant sur le seuil du monastère, il le recommanda, lui et son dessein, au Dieu qui inspire et aux hasards qui servent les grandes pensées.

Colomb, pénétré de reconnaissance pour ce premier et généreux ami qui ne l'abandonna jamais des yeux et du cœur, et à qui il renvoya toujours depuis l'origine de sa fortune, s'achemina vers Cordoue. C'était la résidence actuelle de la cour. Il marchait avec cette confiance dans le succès qui est l'illusion, mais aussi l'étoile du génie. Cette illusion ne devait pas tarder à se dissiper et cette étoile à se voiler. Le moment où l'aventurier génois venait offrir un monde à la couronne d'Espagne semblait mal choisi : Ferdinand et Isabelle, loin de songer à conquérir des possessions problématiques au delà des mers inconnues, étaient occupés à reconquérir leur propre royaume sur les Maures d'Espagne. Ces musulmans conquérants de la Péninsule, après une longue et prospère possession, se voyaient enlever une à une les villes et les provinces dont ils avaient fait une patrie. Vaincus partout, malgré leurs exploits, ils n'occupaient plus que les montagnes et les vallées qui entouraient Grenade, capitale et merveille de leur empire. Ferdinand et Isabelle employaient toute leur puissance, tous leurs efforts et toutes les ressources de leurs deux royaumes unis, à arracher aux Maures cette citadelle des Espagnes. Unis par un mariage politique que l'amour avait cimenté, et qu'une gloire commune illustrait, l'un avait apporté en dot le royaume d'Aragon, l'autre le royaume de Castille à cette communauté de couronnes. Mais, bien que le roi et la reine eussent confondu ainsi leurs provinces séparées en une seule patrie, ils conservaient néanmoins une domination distincte et indépendante sur le royaume héréditaire. Ils avaient leur conseil et leurs ministres à part pour les intérêts réservés de leurs anciens sujets personnels. Ces conseils ne se confondaient en un seul gouvernement que dans les intérêts patriotiques communs aux deux empires et aux deux époux.

La nature semblait avoir doué ces deux souverains de formes, de qualités et de perfections du corps et de l'âme diverses, mais presque égales, comme pour compléter l'un par l'autre le règne de prestige, de conquête, de civilisation et de prospérité qu'elle leur destinait. Ferdinand, un peu plus âgé qu'Isabelle, était un guerrier accompli et un politique consommé. Avant l'âge où l'homme apprend par la triste expérience à connaître les hommes, il les devinait. Son seul défaut était une certaine incrédulité et une certaine froideur qui viennent de la défiance et qui ferment le cœur à l'enthousiasme et à la magnanimité.

Mais ces deux vertus qui lui manquaient à un certain degré étaient compensées dans ses conseils par la tendresse d'âme et par l'abondance de cœur et de génie d'Isabelle. Jeune, belle, admirée de tous, adorée de lui, instruite, pieuse sans superstition, éloquente, pleine de feu pour les grandes choses, d'attrait pour les grands hommes, de confiance dans les grandes pensées, elle imprimait au cœur et à la politique de Ferdinand l'héroïsme qui vient du cœur et le merveilleux qui vient de l'imagination. Elle inspirait, il exécutait. L'une trouvait sa récompense dans la renommée de son époux, l'autre sa gloire dans l'admiration et dans l'amour de sa femme. Ce règne à deux, qui devait devenir presque fabuleux pour l'Espagne, n'attendait, pour s'immortaliser à jamais entre tous les règnes, que l'arrivée de ce pauvre étranger qui venait implorer l'entrée du palais de Cordoue la lettre d'un pauvre moine à la main.

Cette lettre, lue avec prévention et incrédulité par le confesseur de la reine, n'ouvrit à Colomb qu'une longue perspective d'attente, de refus d'audience et de découragement. Les hommes n'ont d'oreilles pour les pensées hardies que dans la solitude et dans le loisir. Dans le tumulte des affaires et des cours, ils n'ont ni bienveillance ni temps. Colomb fut repoussé de toutes les portes, « parce qu'il était étranger, dit l'historien Oviedo, contemporain de ce grand homme, parce qu'il était pauvrement vêtu, et parce qu'il n'apportait aux courtisans et aux ministres d'autre recommandation que la lettre d'un moine franciscain solitaire, depuis longtemps oublié des cours. »

Le roi et la reine n'entendirent même pas parler de lui;

le confesseur d'Isabelle, par indifférence ou par dédain, trompa complétement l'espoir que Juan Perès avait mis en lui. Colomb, obstiné comme la certitude qui attend l'heure, ne s'éloigna pas de Cordoue, afin d'épier de plus près un moment plus propice. Après avoir épuisé dans l'attente la bourse modique de son ami le prieur de la Rabida, il gagna misérablement sa vie dans son petit trafic de globes et de cartes, jouant ainsi avec les images d'un monde qu'il devait conquérir. Sa vie rude et patiente, pendant ces nombreuses années, ne laisse entrevoir au fond de son obscurité que la misère, le travail et les espérances trompées. Jeune et tendre de cœur, il aima cependant et il fut aimé pendant ces années d'épreuve ; car un second fils, Fernando, naquit vers ce temps d'un amour mystérieux, que le mariage ne consacra jamais, et dont il rappelle la mémoire et le remords en paroles touchantes dans son testament. Il éleva ce fils naturel avec autant de tendresse que son autre fils Diego.

Sa grâce et sa dignité extérieure transpiraient cependant à travers son humble profession. Les personnages distingués de qui son commerce scientifique le rapprochait quelquefois, recevaient de sa personne et de ses entretiens cette impression d'étonnement et d'attraction, prophétie électrique d'une grande destinée dans une médiocre condition. Ce trafic et ces entretiens lui firent insensiblement des amis à Cordoue et jusque dans la cour. Parmi ces amis dont l'histoire a conservé les noms pour les associer à la reconnaissance du monde futur, on cite Alonzo de Quintanilla, contrôleur des finances d'Isabelle ; Geraldini, précepteur des jeunes princes ses fils, et Antonio Geraldini, nonce du pape à la cour de Ferdinand ; enfin Mendoza, archevêque de Tolède et cardinal, homme d'un tel crédit qu'il était appelé le troisième roi d'Espagne.

L'archevêque de Tolède, d'abord effrayé de ces nouveautés géographiques qui semblaient, à tort, contredire les notions sur le mécanisme céleste contenues dans la Bible, fut bientôt rassuré par la piété sincère et supérieure de Colomb. Il cessa de craindre un blasphème dans des idées qui agrandissent l'œuvre et la sagesse de Dieu. Séduit par le système, charmé par l'homme, il obtint une audience de ses souverains pour son protégé. Colomb, après deux années d'attente, parut à cette audience avec la modestie d'un humble étranger, mais avec la confiance d'un tributaire qui apporte à ses maîtres plus qu'ils ne peuvent lui donner. « En pensant à ce que j'étais, écrit-il lui-même plus tard, j'étais confondu d'humilité ; mais, en songeant à ce que j'apportais, je me sentais l'égal des couronnes : je n'étais plus moi, j'étais l'instrument de Dieu, choisi et marqué pour accomplir un grand dessein. »

Ferdinand entendit Colomb avec gravité, Isabelle avec enthousiasme. Elle conçut au premier regard et aux premiers accents, pour cet envoyé de Dieu, une admiration qui allait jusqu'au fanatisme, un attrait qui ressemblait à la tendresse. La nature avait donné à la personne de Colomb la séduction qui enlève les yeux, autant que l'éloquence qui persuade l'esprit. On eût dit qu'elle le destinait à avoir pour premier apôtre une reine, et que la vérité dont il allait doter son siècle devait être reçue et couvée dans le cœur d'une femme. Isabelle fut cette femme. Sa constance en faveur de Colomb ne se démentit ni devant les indifférents de sa cour, ni devant ses ennemis, ni devant ses revers. Elle crut en lui dès le premier jour, elle fut sa prosélyte sur le trône et son amie jusqu'au tombeau.

Ferdinand, après avoir entendu Colomb, nomma un conseil d'examen à Salamanque, sous la présidence de Fernando de Talavera, prieur du Prado. Ce conseil était composé des hommes les plus versés dans les sciences divines et humaines des deux royaumes. Il se rassembla, dans cette capitale littéraire de l'Espagne, au couvent des dominicains. Colomb y reçut l'hospitalité. Les prêtres et les religieux décidaient alors de tout en Espagne. La civilisation était dans le sanctuaire. Les rois ne régnaient que sur leurs actes, les idées appartenaient aux pontifes. L'inquisition, police sacerdotale, surveillait, atteignait, frappait, jusque autour du trône, tout ce qui encourait la tache d'hérésie. Le roi avait adjoint à ce conseil des professeurs d'astronomie, de géographie, de mathématiques et de toutes les sciences professées à Salamanque. Cet auditoire n'intimidait pas Colomb : il se flattait d'y être jugé par ses pairs, il n'y fut jugé que par ses contempteurs. La première fois qu'il comparut dans la grande salle du monastère, les moines et les prétendus savants, convaincus d'avance que toute théorie qui dépassait leur ignorance ou leur routine, n'était que le rêve d'un esprit malade ou superbe, ne virent dans cet obscur étranger qu'un aventurier cherchant fortune de ses chimères. Personne ne daigna l'écouter, à l'exception de deux ou trois religieux du couvent de Saint-Étienne de Salamanque, religieux obscurs et sans autorité, qui se livraient dans leur cloître à des études méprisées du clergé supérieur. Les autres examinateurs de Colomb le confondirent par des citations de la Bible, des prophètes, des psaumes, de l'Évangile et des Pères de l'Église, qui pulvérisaient d'avance, par des textes indiscutables, la théorie du globe et l'existence chimérique et impie des antipodes : Lactance, entre autres, s'était expliqué formellement à cet égard dans un passage que l'on opposait à Colomb. « Est-il rien de si absurde, avait dit Lactance, que de croire qu'il y a des antipodes ayant leurs pieds opposés aux nôtres, des hommes qui marchent les talons en l'air et la tête en bas, une partie du monde où tout est à l'envers, où les arbres poussent avec les racines en l'air et les branches en bas ? » Saint Augustin avait été plus loin, il avait taxé d'iniquité la seule foi dans les antipodes, « car, disait-il, ce serait supposer des nations qui ne descendent pas d'Adam, or la Bible dit que tous les hommes descendent d'un seul et même père. » D'autres docteurs, prenant une métaphore poétique pour un système du monde, citaient au géographe ce verset du psaume où il est dit que Dieu étendit le ciel sur la terre comme une tente, d'où il résultait, selon eux, que la terre devait être plate.

Colomb répondait en vain à ses interlocuteurs avec une piété qui n'excluait pas la nature; en vain, les suivant respectueusement sur le terrain théologique, il se montrait plus religieux et plus orthodoxe qu'eux, parce qu'il était plus intelligent et plus enthousiaste de l'œuvre de Dieu. Son éloquence, que passionnait la vérité, perdit toutes ses foudres et tous ses éclairs dans les ténèbres volontaires de ces esprits obstinés. Quelques religieux parurent seuls émus de doute ou ébranlés de conviction à la voix de Colomb. Diego de Deza, moine de l'ordre de Saint-Dominique, homme supérieur à son siècle, qui devint plus tard archevêque de Tolède, osa combattre généreusement les préjugés du conseil et prêter sa parole et son autorité à Colomb. Ce secours inattendu ne put surmonter l'indifférence ou l'obstination des examinateurs. Les conférences se multiplièrent, sans amener de conclusion. Elles languirent enfin et lassèrent la vérité par des délais qui sont le dernier refuge de l'erreur. Elles furent interrompues par une nouvelle guerre de Ferdinand et d'Isabelle contre les Maures de Grenade. Colomb, ajourné, attristé, méprisé, éconduit, soutenu par la seule faveur d'Isabelle et par la conquête de Diego de Deza à sa théorie, suivit misérablement la cour et l'armée de campement en campement et de ville en ville, en épiant en vain une heure d'attention que le tumulte des armes l'empêchait d'obtenir. La reine cependant, aussi fidèle à la faveur secrète qu'elle lui portait que la fortune lui était adverse, continuait à bien espérer de ce génie méconnu et à le protéger. Elle faisait réserver à Colomb une maison ou une tente dans toutes les haltes de la cour. Son trésorier était chargé d'entretenir le savant étranger, non en hôte importun qui mendie des secours, mais en hôte distingué qui honore le royaume et que les souverains veulent retenir à leur service.

Ainsi s'écoulèrent plusieurs années, pendant lesquelles le roi de Portugal, le roi d'Angleterre et le roi de France, ayant entendu parler par leurs ambassadeurs de cet homme étrange qui promettait un nouveau monde aux rois, firent tenter Colomb par des propositions d'entrer à leur service. La tendre reconnaissance qu'il avait vouée à Isabelle et l'amour qu'il portait à dona Béatrix Enriquez de Cordoue, déjà mère de son second fils Fernando, lui firent écarter ces offres et le retinrent à la suite de la cour. Il réservait à la jeune reine un empire en retour de sa bonté pour lui. Il assista au siége et à la conquête de Grenade ; il vit Boabdil rendre à Ferdinand et à Isabelle les clefs de cette capitale, les palais des Abencérages et la mosquée de l'Alhambra. Il fit partie du cortége des souverains espagnols à leur entrée triomphale dans ce dernier asile de l'islamisme. Il voyait au delà de ces remparts et de ces vallées de Grenade d'autres conquêtes et d'autres entrées triomphales dans de plus vastes possessions. Tout lui semblait petit, comparé à ses pensées.

La paix qui suivit cette conquête, en 1492, motiva une seconde réunion d'examinateurs de ses plans à Séville, pour donner leur avis à la couronne. Cet avis, combattu en vain comme à Salamanque par Diego de Deza, fut de rejeter les offres de l'aventurier génois, sinon comme impies, au moins comme chimériques et compromettantes pour la dignité de la cour d'Espagne, qui ne pouvait autoriser une entreprise sur d'aussi puérils fondements. Ferdinand, influencé néanmoins par Isabelle, adoucit la dureté de cette résolution du conseil en la communiquant à Colomb. Il lui fit espérer qu'aussitôt après la tranquille possession de l'Espagne par l'expulsion achevée des Maures, la cour favoriserait de ses subsides et de sa marine l'expédition de découverte et de conquête dont il l'entretenait depuis tant d'années.

En attendant, sans trop d'illusions, l'accomplissement toujours ajourné des promesses du roi et des désirs plus sincères d'Isabelle, Colomb tenta deux grands seigneurs espagnols, le duc de Medina-Sidonia et le duc de Medina-Celi, de faire à leurs frais cette entreprise. L'un et l'autre possédaient des ports et des navires sur la côte d'Espagne. Ils sourirent d'abord à ces perspectives de gloire et de possessions maritimes pour leur maison; puis ils les abandonnèrent par incrédulité ou par indifférence. L'envie s'acharnait sur Colomb, même avant qu'il l'eût méritée par un succès; elle le persécutait, comme par anticipation et par instinct, jusque dans ses espérances; elle lui disputait ce qu'elle appelait ses chimères. Il renonça de nouveau avec larmes à ces tentatives. La froideur des ministres à l'écouter, l'obstination des moines à repousser ses idées comme une impiété de la science, les vaines promesses et les éternels ajournements de la cour le jetèrent, après six années d'angoisses, dans un tel découragement, qu'il renonça définitivement à toute sollicitation nouvelle auprès des souverains de l'Espagne, et qu'il résolut d'aller offrir son empire au roi de France, dont il avait reçu quelques provocations.

Ruiné de fortune, abattu d'espérances, épuisé d'attente, et le cœur brisé par la nécessité de s'arracher à l'amour qui l'attachait à dona Béatrix, il partit de nouveau de Cordoue à pied, sinon avec les perspectives de l'avenir, du moins pour aller retrouver son fidèle ami, le prieur Juan

Perès, au monastère de la Rabida. Il se proposait d'y reprendre son fils Diego, qu'il y avait laissé, de le ramener à Cordoue, et de le confier, avant son départ pour la France, à dona Béatrix, mère de son fils naturel, Fernando. Les deux frères, élevés ainsi par les soins et dans l'amour de la même femme, contracteraient l'un pour l'autre cette tendresse fraternelle, seul héritage qu'il eût à leur laisser.

Des larmes coulèrent des yeux du prieur Juan Perès en voyant son ami à pied, vêtu plus misérablement encore que la première fois, frapper à la porte du monastère, attestant assez, par le dénûment de ses habits et par la tristesse de son visage, l'incrédulité des hommes et la ruine de ses espérances. Mais la Providence avait caché de nouveau le ressort de la fortune de Colomb dans le cœur de l'amitié. La foi du pauvre moine dans la vérité et dans l'avenir des découvertes de son protégé, au lieu de l'abattre, le roidit, l'indigna et l'obstina charitablement contre ses disgrâces. Il embrassa son hôte, gémit et pleura avec lui; mais, rappelant bientôt toute son autorité, il envoya chercher au palais le médecin Fernandez, l'ancien confident des mystères de Colomb, Alonzo Pinzon, riche navigateur de ce port, et Sébastien Rodriguez, pilote consommé de Lépi. Les idées de Colomb, déroulées de nouveau devant ce petit conseil d'amis, fanatisèrent de plus en plus l'auditoire. On le supplia de rester, de tenter encore la fortune, de conserver à l'Espagne, quoique incrédule et ingrate, la gloire d'une entreprise unique dans l'histoire. Pinzon promit de concourir de ses richesses et de ses vaisseaux à l'armement de la flottille immortelle, aussitôt que le gouvernement aurait consenti à l'autoriser. Juan Perès écrivit, non plus au confesseur de la reine, mais à la reine elle-même, intéressant sa conscience autant que sa gloire à une entreprise qui rejetterait des nations entières de l'idolâtrie à la foi. Il fit parler la terre et le ciel, il trouva la persuasion et la chaleur dans la passion de la grandeur de sa patrie et dans l'amitié. Colomb, découragé, se refusant à porter cette lettre à une cour dont il avait tant éprouvé les lenteurs et les inattentions, le pilote Rodriguez se chargea de la porter lui-même à Grenade, où la cour résidait alors. Il partit, accompagné des vœux et des prières du couvent et des amis de Colomb à Palos. Le quatorzième jour après son départ, on le vit revenir triomphant au monastère. La reine avait lu la lettre de Juan Perès; elle avait retrouvé à cette lecture toutes ses préventions favorables pour le Génois. Elle mandait à l'instant le vénérable prieur à la cour, et elle faisait dire à Colomb d'attendre au couvent de la Rabida le retour du moine et la résolution du conseil.

Juan Perès, ivre du bonheur de son ami, fit seller sa mule sans perdre une heure, et se mit en route la nuit même, seul, à travers les pays infestés par les Maures. Il sentait que le ciel protégeait en lui le grand dessein qu'il avait en dépôt dans son ami. Il arriva : les portes du palais s'ouvrirent à son nom; il vit la reine; il ralluma en elle, par l'ardeur de sa propre conviction, la foi et le zèle qu'elle avait conçus d'elle-même pour ce grand œuvre. La marquise de Maya, favorite d'Isabelle, se passionna par enthousiasme et par piété pour le protégé du saint religieux. Ces deux cœurs de femme, allumés par l'éloquence d'un moine pour les projets d'un aventurier, triomphèrent des résistances de la cour. Isabelle envoya à Colomb une somme d'argent prise sur son trésor secret pour qu'il achetât une mule et des vêtements, et qu'il se rendît immédiatement à la cour. Juan Perès, restant auprès d'elle pour soutenir son ami de ses démarches et de son crédit, fit passer ces heureuses nouvelles et ce secours d'argent à la Rabida par un messager, qui remit la lettre et la somme au médecin Fernandez de Palos pour être transmises à Colomb.

Colomb, ayant acheté une mule et pris un serviteur, arriva à Grenade, et fut admis à débattre ses plans et ses conditions avec les ministres de Ferdinand. « On voyait alors, écrit un témoin oculaire, un homme obscur et inconnu suivre la cour, confondu par les conseillers des deux couronnes dans la foule des solliciteurs importuns, repaissant son imagination dans le coin des antichambres du pompeux projet de découvrir un monde; grave, mélancolique et abattu au milieu de l'allégresse publique, il semblait voir avec indifférence l'achèvement de cette conquête de Grenade, qui remplissait d'orgueil un peuple et deux cours : cet homme était Christophe Colomb ! »

Les obstacles cette fois vinrent de Colomb. Sûr du continent qu'il offrait à l'Espagne, il voulait, par respect pour la grandeur même du présent qu'il allait faire au monde et à ses souverains, stipuler, pour lui et pour ses descendants, des conditions dignes, non de lui-même, mais de son œuvre. En manquant d'un légitime orgueil, il aurait cru manquer de foi en Dieu et de dignité en sa mission. Pauvre, seul et éconduit, il traitait en souverain des possessions qu'il ne voyait encore que dans ses pensées. « Un mendiant, disait Fernandez de Talavera, chef du conseil, fait les conditions d'un roi aux rois. » Il exigeait le titre et les priviléges d'amiral, la puissance et les honneurs de vice-roi de toutes les terres qu'il adjoindrait par ses découvertes à l'Espagne, la dîme à perpétuité, pour lui et pour ses descendants, de tous les revenus de ces possessions. « Singulières exigences d'un aventurier, s'écriaient ses adversaires dans le conseil, qui lui attribueraient préalablement le commandement d'une flotte et la possession d'une vice-royauté sans limites, s'il réussit dans son entreprise, et qui ne l'engage en rien s'il ne réussit pas, puisque sa misère actuelle n'a rien à perdre. »

On s'étonna d'abord de ces exigences, on finit par s'indigner ; on lui offrit des conditions moins onéreuses à la couronne. Du fond de son indigence et de son néant il refusa tout. Lassé, mais non vaincu par dix-huit ans d'épreuves, depuis le jour où il portait en lui sa pensée et où il l'offrait en vain aux puissances de la terre, il aurait rougi de rien rabattre du prix du don que Dieu lui avait fait. Il se retira respectueusement des conférences avec les commissaires de Ferdinand, et, remontant seul et nu sur sa mule, présent de la reine, il reprit le chemin de Cordoue, pour se rendre de là en France.

Isabelle, en apprenant le départ de son protégé, eut comme le pressentiment des grandes choses qui s'éloignaient pour jamais d'elle avec cet homme prédestiné. Elle s'indigna contre ses commissaires qui marchandaient avec Dieu, s'écria-t-elle, le prix d'un empire, et surtout le prix de millions d'âmes laissées par leur faute à l'idolâtrie. La marquise de Maya et le contrôleur des finances d'Isabelle, Quintanilla, partagèrent et animèrent encore ses remords. Le roi, plus froid et plus calculateur, hésitait ; la dépense de l'entreprise dans un moment de pénurie du trésor le retenait. « Eh bien, s'écria dans un généreux enthousiasme Isabelle, je me charge seule de l'entreprise pour ma couronne personnelle de Castille ! Je mettrai mes bijoux et mes diamants en gage pour subvenir aux frais de l'armement ! »

Cet élan du cœur d'une femme triompha de l'économie du roi, et, par un calcul plus sublime, acquit d'incalculables trésors de richesses et de provinces à ces deux monarchies. Le désintéressement inspiré par l'enthousiasme est la véritable économie des grandes âmes et la véritable sagesse des grands politiques.

On courut sur les pas du fugitif : le messager que la reine lui envoya pour le rappeler le rencontra à quelques lieues de Grenade, sur le pont de Pinos, défilé fameux entre des rochers où les Maures et les chrétiens avaient souvent confondu leur sang dans les eaux du torrent qui séparait les deux races. Colomb, attendri, revint se jeter aux pieds d'Isabelle. Elle obtint par ses larmes, du roi Ferdinand, la ratification des conditions exigées par Colomb. En servant la cause abandonnée de ce grand homme, elle croyait servir la cause de Dieu lui-même, ignoré de cette partie du genre humain qu'il allait conquérir à la foi. Elle voyait le royaume céleste dans les acquisitions que son favori allait faire à son empire. Ferdinand y voyait son royaume terrestre. Soldat de la chrétienté en Espagne et vainqueur des Maures, tout ce qu'il ajoutait de fidèles à la foi de Rome avait été ajouté au nombre de ses sujets par le pape; les millions d'hommes qu'il allait rallier au christianisme par les découvertes de cet aventurier lui étaient donnés d'avance en pleine possession par les bulles de la cour de Rome. Tout ce qui n'était pas chrétien, à ses yeux, était esclave de droit; toute partie de l'humanité qui n'était pas marquée du sceau du Christ n'était pas marquée du sceau de l'homme. Elle les donnait ou les troquait au nom de sa souveraineté spirituelle sur la terre et dans le ciel. Ferdinand était assez crédule et en même temps assez politique pour les accepter.

Le traité entre Ferdinand, Isabelle et ce pauvre aventurier génois, arrivé à pied quelques années auparavant dans leur capitale, et n'ayant d'asile que l'hospitalité aux portes d'un monastère, fut signé dans la plaine de Grenade, le 17 avril 1492. Isabelle prit à elle seule, au compte de son royaume de Castille, tous les frais de l'expédition. Il était juste que celle qui avait cru la première risquât davantage dans l'entreprise; il était juste aussi que la gloire et la reconnaissance du succès s'attachassent avant tout autre nom à son nom. On assigna à Colomb le petit port de

Palos, en Andalousie, pour centre d'organisation de l'expédition et pour point de départ de son escadre. La pensée conçue au monastère de la Rabida, voisin de Palos, par Juan Perès et par ses amis dans leur première rencontre avec Colomb, revenait d'où elle était partie. Le prieur de ce monastère allait présider aux préparatifs et voir, de son ermitage, la première voile de son ami se déployer vers ce monde inconnu qu'ils avaient vu ensemble du regard du génie et de la foi.

Des obstacles nombreux, imprévus, en apparence insurmontables, s'opposèrent de nouveau aux faveurs d'Isabelle et à l'accomplissement des promesses de Ferdinand. L'argent manqua dans le trésor royal; les vaisseaux employés à des expéditions plus urgentes s'éloignaient des ports d'Espagne; les marins engagés pour une traversée si longue et si mystérieuse se refusèrent ou désertèrent à mesure qu'on les recrutait. Les villes du littoral, contraintes par ordre de la cour à fournir les bâtiments, hésitèrent à obéir, et désarmèrent les navires condamnés, dans l'opinion générale, à une perte certaine. L'incrédulité, la terreur, l'envie, la dérision, l'avarice, la révolte même, brisèrent cent fois dans les mains de Colomb et des agents de la cour eux-mêmes les moyens matériels d'exécution que la faveur d'Isabelle avait mis à sa disposition. Il semblait qu'un fatal génie, obstiné à lutter contre le génie de l'unité de la terre, voulût séparer à jamais ces deux mondes que la pensée d'un seul homme voulait unir.

Colomb présidait à tout du fond du monastère de la Rabida, où son ami, le prieur Juan Perès, lui avait donné de nouveau l'hospitalité. Sans l'intervention et l'influence de ce pauvre religieux, l'expédition ordonnée échouait définitivement encore. Tous les ordres de la cour étaient impuissants ou désobéis. Le moine eut recours à ses amis de Palos; ils se fièrent à sa foi, à ses prières, à ses conseils. Trois frères, riches navigateurs de Palos, les Pinzon, se sentirent enfin pénétrés de la conviction et de l'espérance qui inspiraient l'ami de Colomb. Ils crurent entendre la voix de Dieu dans celle de ce vieillard solitaire. Ils s'associèrent spontanément à l'entreprise : ils fournirent l'argent, ils équipèrent trois navires appellés alors *caravellas*, ils engagèrent des matelots des petits ports de Palos et de Moguer, et, pour donner à la fois l'impulsion et l'exemple à la confiance de leurs marins, deux des trois frères, Martin-Alonzo Pinzon et Vincent-Yanès Pinzon, résolurent de s'embarquer et de prendre eux-mêmes des commandements sur leurs vaisseaux. Grâce à cette généreuse assistance des Pinzon, trois vaisseaux, ou plutôt trois barques, *la Santa-Maria*, *la Pinta* et *la Nina*, furent en état de prendre la mer, le vendredi 3 août 1492.

Au lever du jour, Colomb, accompagné jusqu'au rivage par le prieur et par les religieux du couvent de la Rabida, qui bénirent la mer et ses voiles, embrassa son fils, laissé aux soins de Juan Perès, et monta sur le plus grand de ses trois bâtiments, *la Santa-Maria*. Il y arbora son pavillon d'amiral d'un océan ignoré et de vice-roi de terres inconnues. Le peuple des deux ports et de la côte se pressait en foule innombrable sur le rivage, pour assister à ce départ, que les préjugés populaires croyaient sans retour. C'était un cortége de deuil plus qu'un salut d'heureuse traversée ; il y avait plus de tristesse que d'espérance, plus de larmes que d'acclamations. Les mères, les femmes, les sœurs des matelots maudissaient à voix basse ce funeste étranger qui avait séduit par ses paroles enchantées l'esprit de la reine, et qui prenait tant de vies d'hommes sous la responsabilité d'un de ses rêves. Colomb, comme tous les hommes qui entraînent un peuple au delà de ses préjugés, suivi à regret, entrait dans l'inconnu au bruit des malédictions et des murmures. C'est la loi des choses humaines. Tout ce qui dépasse l'humanité, même pour lui conquérir une idée, une vérité ou un monde, la fait murmurer. L'homme est comme l'Océan, il a une tendance au mouvement et un poids naturel à l'immobilité : de ces deux tendances contraires naît l'équilibre de sa nature, malheur à qui le rompt!

L'aspect de cette flottille, à peine comparable à une expédition de pêche ou de trafic sur la côte, était bien propre à contraster, dans les yeux et dans l'âme du peuple, avec la grandeur et les périls qu'elle allait si témérairement affronter. Des trois barques de Colomb, une seule était pontée, celle qu'il montait. C'était un étroit et frêle navire de commerce, déjà vieux et fatigué des flots. Les deux autres étaient sans pont, qu'une lame aurait suffi pour engloutir. Mais la poupe et la proue de ces barques, très-élevées au-dessus des vagues, comme les galères antiques, avaient deux demi-ponts, dont le vide donnait asile aux matelots dans les gros temps et empêchait que le poids d'une vague embarquée ne fît sombrer la caravelle. Ces barques étaient montées de deux mâts, l'un au milieu, l'autre en arrière du bâtiment. Le premier de ces mâts portait une seule grande voile carrée; le second, une voile latine triangulaire; de longues rames, rarement et difficilement employées, s'adaptaient, dans le calme, aux bordages bas du milieu de la caravelle, et pouvaient, au besoin, imprimer une lente impulsion au bâtiment. C'est sur ces trois barques d'inégale grandeur que Colomb disposa les cent vingt hommes qui composaient en tout ses équipages. Lui seul y montait avec un visage serein, avec un regard assuré, avec un cœur ferme. Ses conjectures avaient pris, depuis dix-huit ans, dans son esprit, le corps d'une certitude. Bien qu'il eût dépassé ce jour-là plus de la moitié du terme de sa vie, et qu'il entrât dans sa cinquante-septième année, il regardait comme rien les années qui étaient derrière lui: toute sa vie, à ses yeux, était en avant; il se sentait la jeunesse de l'espérance et l'avenir de l'immortalité. Comme pour prendre possession de ces mondes vers lesquels il orientait ses voiles, il écrivit et il publia, en montant sur son navire, un récit solennel de toutes les phases que son esprit et sa fortune avaient parcourues jusque-là pour concevoir et pour exécuter son dessein ; il y joignit l'énumération de tous les titres, de tous les honneurs, de tous les commandements dont il venait d'être investi par ses souverains sur ses futures possessions, et il invoqua le Christ et les hommes en protection de sa foi et en témoignage de sa constance. « Et c'est pour cela, dit-il en finissant cette proclamation au vieux et au nouveau monde, que je me condamne à ne plus dormir pendant cette navigation et l'accomplissement de ces choses ! »

Une brise heureuse qui soufflait d'Europe le poussa doucement vers les îles Canaries, dernière halte des navigateurs sur l'Océan. Tout en rendant grâce à Dieu de ces augures qui contribuaient à rasséréner ses équipages, il aurait seulement préféré qu'un vent tempétueux l'emportât à plein souffle hors des parages connus et fréquentés des navires. Il craignait avec raison que la vue des côtes lointaines de l'Espagne ne rappelât, par les invincibles attraits de la patrie, les yeux et le cœur des marins irrésolus et timides, qui hésitaient encore en s'embarquant. Dans les entreprises suprêmes, il ne faut pas donner aux hommes le temps de la réflexion et les occasions du repentir. Colomb le savait ; il brûlait d'avoir passé les limites des vagues connues, et d'avoir à lui seul la possibilité du retour, dans le secret de sa route, de ses cartes et de sa boussole. Son impatience de perdre de vue les rivages du vieux continent n'était que trop fondée. Un de ses navires, *la Pinta*, dont le gouvernail s'était brisé et qui faisait eau dans sa cale, lui fit chercher, malgré lui, les îles Canaries, pour y changer cette embarcation contre une autre. Il perdit environ trois semaines dans ces ports, sans pouvoir y trouver un navire approprié à sa longue traversée. Il fut contraint de radouber seulement la *Pinta*, et de donner une autre voilure à la *Nina*, sa troisième conserve, barque lourde et paresseuse qui ralentissait sa marche. Il y renouvela ses provisions d'eau et de vivres. Ses bâtiments étroits et sans pont ne lui permettaient de porter la vie de ses cent vingt hommes que pour un nombre de jours compté.

Après avoir quitté les Canaries, l'aspect du volcan de Ténériffe, dont une éruption enflammait le ciel et se réverbérait dans la mer, jeta la terreur dans l'âme de ses matelots. Ils crurent y voir le glaive flamboyant de l'ange qui chassa le premier homme de l'Éden, défendant aux enfants d'Adam l'entrée des mers et des terres interdites. L'amiral passa de navire en navire pour dissiper cette panique populaire, et pour expliquer scientifiquement, à ces hommes simples, les lois physiques de ce phénomène. Mais la disparition du pic de Ténériffe, quand il s'abaissa sous l'horizon, leur imprima autant de tristesse que son cratère leur avait inspiré d'effroi. Il était pour eux la dernière borne, le dernier phare du vieil univers. En le perdant de vue, ils crurent avoir perdu jusqu'aux jalons de leur route à travers un incommensurable espace. Ils se sentirent comme détachés de la terre et naviguant dans l'éther d'une autre planète. Une prostration générale de l'esprit et du corps s'empara d'eux. Ils étaient comme des spectres qui ont perdu jusqu'à leur tombeau. L'amiral les rassembla de nouveau autour de lui, sur son navire, releva leur âme par l'énergie de la sienne, et s'abandonnant, comme le poëte de l'inconnu, à l'inspiration éloquente de ses espérances, il leur décrivit, comme s'il les avait déjà fréquentés, les terres, les îles, les mers, les royaumes, les richesses, les végétations, les soleils, les mines d'or, les plages sablées de perles, les montagnes éblouissantes de pierres précieuses, les plaines embaumées d'épices qui se levaient déjà pour lui de l'autre côté de cet espace dont chaque lame portait leurs voiles à ces merveilles et à ces félicités. Ces images peintes des couleurs prestigieuses de l'opulente imagination de leur chef enivrèrent et relevèrent ces cœurs affaissés; les vents alizés, soufflant constamment et doucement de l'est, semblaient seconder l'impatience des matelots. La distance seule pouvait désormais les effrayer. Colomb, pour leur dérober une partie de l'espace à travers lequel il les entraînait, soustrayait chaque jour, de son calcul de lieues marines, une partie de la distance parcourue, et trompait ainsi de la moitié du chemin l'imagination de ses pilotes et de ses matelots. Il notait secrètement pour lui seul la véritable *estime*, afin de connaître, seul aussi, le nombre de vagues qu'il avait franchies, et les jalons de route qu'il voulait cacher comme un secret à ses rivaux. Les équipages, en effet, illusionnés par l'haleine égale du vent et par la paisible oscillation des lames, se figuraient flotter lentement dans les dernières mers d'Europe.

Il aurait voulu leur dérober également un phénomène qui déconcertait sa propre science à deux cents lieues de Ténériffe. C'était la variation de l'aiguille aimantée de la boussole, dernier et selon lui infaillible guide, qui chancelait lui-même aux limites d'un hémisphère infréquenté. Il porta seul en lui-même, pendant quelques jours, ce doute terrible. Mais ses pilotes, attentifs comme lui à l'habitacle, s'aperçurent bientôt de ces variations. Saisis du même étonnement, mais moins raffermis que leur chef dans l'inébranlable résolution de braver même la nature, ils crurent que les éléments eux-mêmes se troublaient ou changeaient de loi au bord de l'espace infini. Le vertige qu'ils supposaient dans la nature passa dans leur âme. Ils se communiquèrent en pâlissant leur doute, et abandonnèrent les navires au hasard des flots et des vents, seuls guides qui leur restaient désormais. Leur découragement consterna tous les matelots. Colomb, qui cherchait en vain à s'expliquer à lui-même un mystère dont la science d'aujourd'hui recherche encore la raison, eut recours à cette puissante imagination, boussole intime dont le ciel l'avait doué. Il inventa une explication fausse, mais spécieuse pour des esprits sans culture, des variations de l'aiguille aimantée. Il l'attribua à des astres nouveaux circulant autour du pôle, dont l'aiguille attirée suivait les mouvements alternatifs dans le firmament. Cette explication, conforme aux principes astrologiques du temps, satisfit les pilotes, et leur crédulité rendit la foi aux matelots. La vue d'un héron et d'un oiseau du tropique, qui vinrent le lendemain voler autour des mâts de la flottille, opéra sur leurs sens ce que l'explication de l'amiral avait opéré sur leur pensée. Ces deux habitants de la terre ne pouvaient vivre sur un océan sans arbres, sans herbes et sans eaux. Ils leur apparurent comme deux témoins qui venaient certifier, avant le témoignage oculaire, les méditations de Colomb. Ils voguèrent avec plus d'assurance sur la foi d'un oiseau. La température suave, égale et sereine de cette partie de l'Océan, la limpidité du ciel, la transparence des lames, les jeux des dauphins autour de la proue, la tiédeur de l'air, les parfums que les vagues apportent de loin et qu'elles semblent transpirer en écumant, les lueurs plus vives des constellations et des étoiles dans la nuit, tout semblait, dans ces latitudes, pénétrer les sens de sérénité comme les âmes de conviction. On respirait les présages du monde encore invisible. On se souvenait des jours resplendissants, des astres amis, des ténèbres encore lumineuses des printemps de l'Andalousie. « Il n'y manquait, écrit Colomb, que le rossignol. »

La mer aussi commençait à rouler ses présages. Des plantes inconnues flottaient fréquemment sur les lames.

Les unes, disent les historiens de cette première traversée, étaient des plantes marines qui ne croissent que sur les bas-fonds voisins des rivages; les autres, des plantes saxillaires que les vagues n'enlèvent qu'aux rochers; les autres, des plantes fluviales; quelques-unes, fraîchement détachées des racines, conservaient la verdure de leur séve; l'une d'elles portait un crabe vivant, navigateur embarqué sur une touffe d'herbe. Ces plantes et ces êtres vivants ne pouvaient pas avoir passé beaucoup de jours sur l'eau sans se faner et sans mourir. Un oiseau de l'espèce de ceux qui ne s'abattent pas sur les vagues, et qui ne dorment jamais sur l'eau, traversa le ciel. D'où venait-il? où allait-il? le lieu de son sommeil pouvait-il être éloigné? Plus loin, l'Océan changeait de température et de couleur, indices de fonds variés; ailleurs, il ressemblait à d'immenses prairies marines dont les vagues herbues étaient fauchées par la proue et ralentissaient le sillage; le soir et le matin, des brumes lointaines, telles que celles qui s'attachent aux grandes cimes du globe, affectaient à l'horizon les formes de plages et de montagnes. Le cri de « *Terre!* » était sur le bord de toutes les lèvres. Colomb ne voulait ni trop confirmer ni trop éteindre ces espérances qui servaient ses desseins en ranimant ses compagnons. Mais il ne se croyait encore qu'à trois cents lieues de Ténériffe, et, dans ses conjectures, il ne trouverait la terre qu'il cherchait qu'à sept ou huit cents lieues plus loin.

Cependant il renfermait en lui seul ses conjectures, sans amis parmi ses compagnons dont le cœur fût assez ferme pour égaler sa constance, assez sûr pour contenir ses secrètes appréhensions. Il n'avait, dans cette longue traversée, d'entretien qu'avec ses propres pensées, avec les astres et avec Dieu, dont il se sentait le confident. Presque sans sommeil, comme il l'avait dit dans sa proclamation d'adieu au vieux monde, il passait les jours, dans sa chambre de poupe, à noter en caractères intelligibles pour lui seul les degrés, les latitudes, les espaces qu'il croyait avoir franchis; il passait les nuits sur le pont, auprès de ses pilotes, à étudier les astres et à surveiller la mer. Presque toujours seul comme Moïse conduisant le peuple de Dieu dans son désert, imprimant à ses compagnons, par sa gravité pensive, tantôt un respect, tantôt une défiance, tantôt une terreur, qui les éloignaient de lui; isolement ou distance qu'on remarque presque toujours autour des hommes supérieurs d'idées et de résolution à leurs semblables, soit que ces génies inspirés aient besoin de plus de solitude et de recueillement pour s'entretenir avec eux-mêmes, soit que les hommes inférieurs qu'ils intimident n'aiment pas à les approcher de trop près, de peur de se mesurer avec ces hautes natures, et de sentir leur petitesse devant ces grandeurs morales de la création.

La terre si souvent indiquée ne se montrait néanmoins que dans les mirages de ses matelots; chaque matin dissipait devant les proues des navires les horizons fantastiques que la brume du soir leur avait fait prendre pour des côtes. Ils allaient plongeant toujours comme dans un abîme sans bord et sans fond. La régularité et la constance même du vent d'est qui les secondait sans qu'ils eussent à orienter une seule fois leurs voiles depuis tant de jours, était pour eux une cause de trouble d'esprit. Ils commençaient à se figurer que ce vent régnait éternellement le même dans cette région du grand Océan, ceinture du globe, et qu'après les avoir fait descendre avec tant de facilité vers l'ouest, il serait un insurmontable obstacle à leur retour. Comment remonteraient-ils jamais ce courant de vents contraires autrement qu'en louvoyant dans ces espaces? Et s'il leur fallait louvoyer pendant des bordées sans fin pour retrouver les côtes du vieux monde, comment leurs provisions d'eau et de vivres, déjà à demi consommées, suffiraient-elles aux longs mois de leur navigation en arrière? Qui les sauverait de l'horrible perspective de mourir de soif et de faim dans leur longue lutte avec ces vents qui les repoussaient de leurs ports? Beaucoup commençaient à calculer le nombre de jours, de rations inégales à ces jours, à murmurer contre une obstination toujours trompée dans leur chèf, et à se reprocher à voix basse une persévérance de dévouement qui sacrifiait les vies de cent vingt hommes à la démence d'un seul!

Mais, chaque fois que le murmure allait grossir jusqu'à la sédition, la Providence semblait leur envoyer des présages plus convaincants et plus inattendus pour les changer en espérances. Ainsi le 20 septembre, ces vents favorables, mais alarmants par leur fixité, varièrent et passèrent au sud-ouest. Les matelots saluèrent ce changement, bien que contraire à leur route, comme un signe de vie et de mobilité dans les éléments, qui leur faisait reconnaître une palpitation de l'air sur leurs voiles. Le soir, de petits oiseaux des races les plus frêles, faisant leur nid dans les arbustes et dans les vergers domestiques, voltigèrent en gazouillant autour des mâts. Leurs ailes fragiles et leurs gazouillements joyeux n'indiquaient en eux aucun symptôme de lassitude ou d'effroi comme dans des volées d'oiseaux qui auraient été emportés malgré eux bien loin sur la mer par un coup de vent. Leurs chants, semblables à ceux que les matelots entendaient autour de leurs charmilles, dans les myrtes et dans les bois d'orangers de l'Andalousie, leur rappelaient la patrie et les invitaient à de prochains rivages. Ils reconnurent des passereaux qui habitent toujours les toits des hommes. Les herbes, plus épaisses et plus vertes sur la surface des vagues, imitaient des prairies et des champs avant la maturité des gerbes. La végétation cachée sous l'eau apparaissait avant la terre. Elle ravissait les yeux des marins lassés de l'éternel azur des flots. Mais elles devinrent bientôt si touffues, qu'ils craignirent d'y entraver leur gouvernail et leur quille, et d'être retenus captifs dans ces joncs de l'Océan, comme les navires de la mer du Nord dans les glaces. Ainsi, chaque joie se changeait bien vite en alarmes : tant l'inconnu a de terreur pour le cœur de l'homme. Colomb, comme un guide cherchant sa route à travers ces mystères de l'Océan, était obligé de paraître comprendre ce qui l'étonnait lui-même, et d'inventer une explication pour chaque étonnement de ses matelots.

Les calmes de la ligne les jetèrent dans la consternation. Si tout, jusqu'au vent, mourait dans ces parages, qui rendrait le souffle à leurs voiles et le mouvement à leurs vaisseaux ? La mer tout à coup se gonfla sans vent : ils crurent à des convulsions souterraines à son lit. Une immense baleine se montra endormie sur le dos des vagues : ils imaginèrent des monstres dévorant les nefs. L'ondulation des vagues les emportait sur des courants qu'ils ne pouvaient surmonter faute de vent : ils se figurèrent qu'ils approchaient des cataractes de la mer, et qu'ils allaient être entraînés dans les abîmes et dans les réservoirs où le déluge avait étanché ses mondes d'eau. Ils se groupaient, sombres et irrités, au pied des mâts ; ils se communiquaient à plus haute voix leurs murmures ; ils parlaient de forcer les pilotes à virer de bord, de jeter l'amiral à la mer, comme un insensé qui ne laissait de choix à ses compagnons qu'entre le suicide ou le meurtre. Colomb, à qui les regards et les murmures révélaient ces complots, les bravait par son attitude ou les déconcertait par sa confiance.

La nature vint à son secours en faisant souffler de nouveau les vents rafraîchissants de l'est et en aplanissant la mer sous ses proues. Avant la fin du jour, Alonzo Pinzon, qui commandait la *Pinta*, et qui naviguait assez près de l'amiral pour qu'il pût s'entretenir avec lui bord à bord, jeta le premier cri de : « *Terre!* » du haut de sa poupe! Tous les équipages, répétant ce cri de salut, de vie et de triomphe, se jetèrent à genoux sur les ponts et entonnèrent l'hymne de : *Gloire à Dieu dans le ciel et sur la terre!*

Ce chant religieux, premier hymne monté au Créateur du sein de ce jeune océan, roula lentement sur les vagues. Quand il eut cessé, tout le monde monta aux mâts, aux hunes, aux cordages les plus élevés des navires, pour prendre possession par ses propres yeux du rivage entrevu par Pinzon, au sud-ouest. Colomb seul doutait; mais il aimait trop à croire pour contredire seul le délire de ses équipages. Bien qu'il ne cherchât sa terre à lui qu'à l'ouest, il laissa gouverner au sud pendant toute la nuit, aimant mieux perdre un peu de sa route pour complaire à ses compagnons, que de perdre la popularité passagère due à leur illusion. Le lever du soleil ne la dissipa que trop vite. La terre imaginaire de Pinzon s'était évanouie avec la brume de la nuit. L'amiral reprit la route de ses pensées vers l'ouest.

L'Océan avait de nouveau aplani sa surface; le soleil sans nuage et sans limite s'y réverbérait comme dans un second ciel. Les lames caressantes couronnaient la proue de légères écumes. Les dauphins, plus nombreux, bondissaient dans le sillage; toute la mer semblait habitée; les poissons volaient, s'élançaient et retombaient sur les ponts des navires. Tout semblait se concerter avec Colomb dans la nature pour entraîner par un espoir renaissant ses matelots qui oubliaient les jours. Le 1$^{er}$ octobre, ils s'imaginaient n'avoir fait que six cents lieues hors des parages fréquentés des navigateurs : le livre d'estime secret de l'amiral en accusait plus de huit cents. Cependant tous les signes du voisinage des terres se multipliaient autour d'eux, mais point de terre à aucun horizon. La terreur rentra dans leur âme. Colomb lui-même, sous son calme apparent, se troubla de quelque doute ; il craignit d'avoir passé sans les voir à travers les îles d'un archipel, de laisser derrière lui l'extrémité de l'Asie qu'il cherchait, et de s'égarer maintenant dans quelque troisième océan.

La plus légère de ses barques, *la Nina*, qui naviguait en avant-garde, le 7 octobre, hissa enfin son pavillon de découverte, et tira un coup de canon de joie pour annoncer une côte aux deux autres vaisseaux. En s'approchant, ils reconnurent que la *Nina* avait été déçue par un nuage. Le vent, en l'emportant dans les airs, emporta leur courte joie. Elle se changea en consternation. Rien ne lasse le cœur des hommes autant que ces alternatives de fausses joies et de déceptions amères. Ce sont les sarcasmes de la fortune. Les reproches recommencèrent à éclater sur tous les visages contre l'amiral. Ce n'était plus seulement leurs fatigues et leurs divisions que les équipages imputaient à leur guide, c'était leur vie sacrifiée sans espoir : le pain et l'eau allaient manquer.

Colomb, déconcerté par l'immensité de cet espace, dont il avait cru enfin toucher les bornes, abandonna sa route idéale tracée sur sa carte, et suivit deux jours et deux nuits le vol des oiseaux, pilotes célestes que la Providence semblait lui envoyer au moment où la science humaine défaillait en lui. « L'instinct de ces oiseaux, se disait-il, ne les dirigerait pas tous vers ce point de l'horizon, s'ils n'y voyaient pas un rivage. » Mais les oiseaux même semblaient, aux yeux des matelots, s'entendre avec le désert de l'Océan et avec les astres menteurs pour se jouer de leurs navires et de leurs vies. A la fin du troisième jour, les pilotes, montés sur les haubans à l'heure où le soleil dévoile en s'abaissant le plus d'horizon, le virent se plonger dans les mêmes vagues d'où il se levait en vain depuis tant d'aurores. Ils crurent à l'infini des eaux. Le désespoir qui les abattait se changea en sourde fureur. Qu'avaient-ils à ménager maintenant avec un chef qui avait trompé la cour, et et dont les titres et l'autorité, surpris à la confiance de ses souverains, allaient périr avec ses illusions? Le suivre plus loin, n'était-ce pas s'associer à son crime? L'obéissance ne finissait-elle pas là où finissait le monde? Restait-il un autre espoir, s'il en restait, que de retourner les proues vers l'Europe, de lutter en louvoyant contre ces vents, complices de l'amiral, et de l'enchaîner lui-même à son mât pour qu'il fût l'objet de la malédiction des mourants, s'il fallait mourir, ou pour livrer à la vengeance de l'Espagne, si le ciel leur permettait jamais d'en revoir les ports?

Ces murmures étaient devenus des clameurs. L'intrépide amiral les contint par l'impassibilité de son visage. Il invoqua contre les séditieux l'autorité, sacrée pour des sujets, des souverains dont il était investi. Il invoqua le ciel même, juge en ce moment entre eux et lui. Il ne fléchit pas; il offrit sa vie en gage de ses promesses; il leur demanda seulement, avec l'accent d'un prophète qui voit ce que le vulgaire ne voit que par son âme, d'ajourner de trois jours leur incrédulité et leur résolution de retour. Il fit serment, serment téméraire, mais politique, que si dans le cours du troisième soleil la terre n'était pas visible à l'horizon, il se rendrait à leurs instances, et il les ramènerait en Europe. Les signes révélateurs du voisinage d'îles ou de continents étaient si visibles aux yeux de l'amiral, qu'en mendiant ces trois jours à ses équipages révoltés, il se croyait certain de les conduire au but. Il tentait Dieu en assignant un terme à sa révélation, mais il avait à ménager des hommes. Les hommes, à regret, lui accordèrent ces trois jours, et Dieu, qui l'inspirait, ne le punit pas d'avoir trop espéré de lui.

Au lever du soleil du deuxième jour, des joncs fraîchement déracinés apparurent autour des vaisseaux. Une planche travaillée avec la hache, un bâton artistement ciselé à l'aide d'un instrument tranchant, une branche d'aubépine en fleur, enfin un nid d'oiseau suspendu à une branche rompue par le vent, rempli d'œufs que la mère couvait encore au doux roulis des vagues, flottèrent successivement sur les eaux. Les matelots recueillirent à bord ces témoins écrits, parlants ou vivants d'une terre voisine. C'étaient les voix du rivage qui confirmaient celle de Colomb. Avant de contempler la terre des yeux du corps, on la concluait par ces indices de vie. Les séditieux tombèrent à genoux devant l'amiral outragé la veille; ils implorèrent le pardon de leur défiance, et entonnèrent l'hymne de reconnaissance au Dieu qui les avait associés à son triomphe.

La nuit tomba sur ces chants de l'Église qui saluaient un monde nouveau. L'amiral ordonna de carguer les voiles, de sonder devant les navires, de naviguer avec lenteur, redoutant les bas-fonds et les écueils, convaincu que les premières clartés du crépuscule découvriraient la terre sous les proues de ses vaisseaux. Nul ne dormit dans cette nuit suprême. L'impatience d'esprit avait enlevé tout besoin de sommeil aux yeux; les pilotes et les matelots, suspendus aux mâts, aux vergues, aux haubans, rivalisaient entre eux de poste et d'attention pour lancer le premier regard sur le nouvel hémisphère. Un prix avait été promis par l'amiral à celui qui jetterait le premier cri de « Terre! » si la terre en effet reconnue vérifiait sa découverte. La Providence cependant lui réservait à lui-même ce premier regard, qu'il avait acheté au prix de vingt ans de sa vie et de tant de constance et de dangers. En se promenant seul, à minuit, sur la dunette de son vaisseau, et en plongeant son regard perçant dans les ténèbres, une lueur de feu passa, s'éteignit et repassa devant ses yeux au niveau des vagues. Craignant d'être trompé par un éblouissement ou par une phosphorescence de la mer, il appela à voix basse un gentilhomme espagnol de la cour d'Isabelle, nommé Guttierez, en qui il avait plus de foi que dans ses pilotes. Il lui indiqua de la main le point de l'horizon où il avait entrevu un feu, et lui demanda s'il n'apercevait pas une lumière de ce côté. Guttierez répondit qu'il voyait en effet étinceler une lueur fugitive dans cette direction. Colomb, pour se confirmer davantage dans sa conviction, appela Rodrigo Sanchez de Ségovie, un autre de ses confidents. Sanchez n'hésita pas plus que Guttierez à constater une clarté à l'horizon. Mais à peine ce feu se montrait-il, qu'il disparaissait pour reparaître dans une émersion alternative de l'Océan, soit que ce fût la flamme d'un foyer sur une plage basse, découverte et dérobée tour à tour par l'horizon ondoyant des grandes lames, soit que ce fût le fanal flottant d'un canot de pêcheurs, tour à tour élevé sur la crête et englouti dans le creux des vagues. Ainsi la terre et la vie apparurent à la fois à Colomb et à ses deux confidents sous la forme du feu dans la nuit du 11 au 12 octobre 1492. Colomb, commandant le silence à Rodrigo et à Guttierez, renferma en lui-même sa vision dans la crainte de donner encore une fausse joie et une amère déception à ses équipages. Il perdit de vue la lueur éteinte et veilla jusqu'à deux heures du matin, priant, espérant et désespérant seul sur le pont, entre le triomphe ou le retour dont le lendemain allait décider.

Il était plongé dans cette angoisse qui précède les grands enfantements de vérités, comme l'agonie précède le grand affranchissement de l'esprit par la mort, quand un coup de canon, retentissant sur l'Océan à quelques centaines de brasses devant lui, éclata comme le bruit d'un monde à son oreille, et le fit tressaillir et tomber à genoux sur la dunette. C'était le cri de « Terre ! » jeté par le bronze, signal convenu avec la *Pinta*, qui naviguait en tête de la flotte, pour éclairer la route et sonder la mer. A ce bruit, un cri général de « Terre ! » éclata de toutes les vergues et de tous les cordages des vaisseaux. On ferla les voiles, et l'on attendit l'aurore. Le mystère de l'Océan avait dit son premier mot au sein de la nuit. Le jour allait le révéler tout entier aux regards. Les parfums les plus suaves et les plus inconnus arrivaient par haleines jusqu'aux vaisseaux avec l'ombre d'une côte, le bruit des lames sur les récifs et le vent de terre. Le feu aperçu par Colomb annonçait la présence de l'homme et le premier élément de la civilisation. Jamais nuit ne parut plus lente à dévoiler l'horizon ; car cet horizon, c'était pour les compagnons de Colomb et pour lui-même une seconde création de Dieu.

Le crépuscule, en se répandant dans l'air, fit peu à peu sortir les formes d'une île du sein des flots. Ses deux extrémités se perdaient dans la brume du matin. Sa côte basse s'élevait en amphithéâtre jusqu'à des sommets de collines dont la sombre verdure contrastait avec la limpidité bleue du ciel ; à quelques pas de l'écume des vagues mourantes sur un sable jaune, des forêts d'arbres majestueux et innomés s'étendaient en gradins sur les étages successifs de l'île. Des anses vertes et des clairières lumineuses dans ces fonds laissaient percer à demi par les yeux ces mystères de la solitude. On y entrevoyait des habitations disséminées, semblables à des ruches d'hommes par leur forme arrondie et par leurs toits de feuillages desséchés ; des fumées s'élevaient çà et là au-dessus des cimes des bois. Des groupes d'hommes, de femmes et d'enfants, étonnés plus qu'effrayés, se montraient demi-nus entre les troncs d'arbres les plus rapprochés du rivage, s'avançaient timidement, se retiraient tour à tour, témoignant, par leurs gestes et par leurs attitudes naïves, autant de crainte que de curiosité et d'admiration à l'aspect de ces navires et de ces étrangers apportés la nuit par les flots.

Colomb, après avoir contemplé en silence ce premier rivage avancé de la terre si souvent construite dans ses calculs et si magnifiquement colorée dans son imagination, la trouva supérieure encore à ses pensées. Il brûlait d'impatience d'imprimer le premier le pied d'un Européen sur ce sable, et d'y arborer, dans le signe de la croix et dans le drapeau de l'Espagne, l'étendard de la conquête de Dieu et de la conquête de ses souverains par son génie. Mais il contint en lui-même et dans ses équipages cette hâte d'aborder le rivage, voulant donner à cette prise de possession d'un monde nouveau la solennité du plus grand acte accompli peut-être jamais par un navigateur, et appeler, à défaut des hommes, Dieu et les anges, la mer, la terre et le ciel en témoignage de sa conquête sur l'inconnu.

Il se revêtit de toutes les marques de ses dignités d'amiral de l'Océan et de vice-roi des royaumes futurs ; il déploya son manteau de pourpre, et, prenant dans sa main droite le drapeau brodé d'une croix où les chiffres de Ferdinand et d'Isabelle, entrelacés comme leurs royaumes, étaient surmontés de leur couronne, il descendit dans sa chaloupe, et s'avança, suivi des chaloupes d'Alonzo Pinzon et d'Yonès Pinzon, ses deux lieutenants, vers le rivage. En touchant la terre, il tomba à genoux pour consacrer, par un acte d'humilité et d'adoration, le don et la grandeur de Dieu dans cette partie nouvelle de ses œuvres. Il baisa le sable, et, le visage collé sur l'herbe, il pleura. Larmes à double sens et à double augure qui mouillaient, pour la première fois, l'argile de cet hémisphère visité par des hommes de la vieille Europe : larmes de joie pour Colomb, qui débordaient d'un cœur superbe, reconnaissant et pieux ! larmes de deuil pour cette terre vierge, qui semblaient lui présager les calamités, les dévastations, le feu, le fer, le sang et la mort que ces étrangers lui apportaient avec leur orgueil, leurs sciences et leur domination !

C'était l'homme qui versait ces larmes, c'était la terre qui devait pleurer.

« Dieu éternel et tout-puissant, s'écria Colomb en relevant son front de la poussière dans une prière latine qui nous a été conservée par ses compagnons, Dieu, qui, par l'énergie de ta parole créatrice, as enfanté le firmament, la mer et la terre! que ton nom soit béni et glorifié partout! que ta majesté et ta souveraineté universelle soient exaltées de siècle en siècle, toi qui as permis que, par le plus humble de tes esclaves, ton nom sacré soit connu et répandu dans cette moitié jusqu'ici cachée de ton empire. »

Puis il baptisa cette île du nom du Christ, l'île de San-Salvador.

Ses lieutenants, ses pilotes, ses matelots, ivres de joie et pénétrés d'un respect surhumain pour celui qui avait vu pour eux au delà de l'horizon visible, et qu'ils outrageaient la veille de leur défiance, vaincus par l'évidence et foudroyés par cette supériorité qui prosterne l'homme, tombèrent aux pieds de l'amiral, baisèrent ses mains et ses habits, et reconnurent un moment la souveraineté et presque la divinité du génie ; victimes hier de son obstination, aujourd'hui compagnons de sa constance, et resplendissants de la gloire qu'ils venaient de blasphémer! Ainsi est faite l'humanité, persécutant les initiateurs, héritant de leurs victoires.

Pendant la cérémonie de la prise de possession, les habitants de l'île, d'abord retenus à distance par la terreur, puis attirés par cette curiosité instinctive, premier lien de l'homme à l'homme, s'étaient rapprochés. Ils s'interrogeaient entre eux sur les spectacles merveilleux de cette nuit et de cette aurore. Ces vaisseaux manœuvrant leurs voiles, leurs antennes, leurs vergues comme des membres immenses se déployant et se repliant à l'impulsion d'une pensée intérieure, leur avaient paru des êtres animés et surnaturels, descendus pendant les ténèbres du firmament de cristal qui entourait leur horizon, des habitants du ciel flottant sur des ailes et s'abattant à leur gré sur les rivages dont ils étaient les dieux. Saisis de respect à la vue des chaloupes qui abordaient leur île et des hommes revêtus de tissus éclatants et d'armes où se réverbérait la lumière, ils avaient fini par s'en approcher, comme fascinés par leur toute-puissance. Ils les adoraient et les imploraient avec la naïveté d'enfants qui ne soupçonnent pas le mal sous l'attrait. Les Espagnols, les examinant à leur tour, s'étonnaient de ne retrouver dans ces insulaires aucun des caractères physiques de conformation et de couleur des races africaines, asiatiques, européennes, qu'ils avaient l'habitude de fréquenter. Leur teint cuivré, leur chevelure souple et répandue en ondes sur leurs épaules, leurs yeux sombres comme leur mer, leurs traits délicats et féminins, leur physionomie confiante et ouverte, leur nudité enfin, et les dessins coloriés dont ils teignaient leurs membres, révélaient en eux une race entièrement distincte des familles humaines répandues sur l'hémisphère ancien, race conservant encore les simplicités et les douceurs de l'enfance, oubliée pendant des siècles dans ce fond ignoré du monde, ayant, à force d'ignorance, conservé la simplicité, la candeur et la douceur des premiers jours.

Colomb, persuadé que cette île était un appendice avancé sur l'océan des Indes, vers lesquelles il croyait toujours naviguer, leur donna le nom imaginaire d'Indiens, qu'ils ont conservé jusqu'à leur extinction, par une erreur de langage survivant à l'erreur du navigateur.

Bientôt ces Indiens, s'apprivoisant avec leurs hôtes, leur montrèrent leurs sources, leurs habitations, leurs villages, leurs canots, leur apportèrent en tribut leurs fruits nourriciers, leur pain de cassave, qui renouvela les vivres des Espagnols, et quelques ornements d'or pur, qu'ils portaient suspendus aux oreilles, aux narines, en bracelets ou en colliers autour du cou et des jambes des femmes. Ils ignoraient le commerce et l'usage de la monnaie, ce supplément vénal mais nécessaire à la vertu de l'hospitalité ; ils recevaient en échange avec ivresse les moindres objets usuels des Européens. La nouveauté faisait à leurs yeux le prix de toute chose. *Rare* et *précieux* est le même mot par tout l'univers. Les Espagnols, qui cherchaient le pays de l'or et des pierreries, s'informèrent par signes des lieux d'où venait ce métal. Les Indiens leur montrèrent le midi ; l'amiral et ses compagnons crurent comprendre qu'il y y avait de ce côté une île ou un continent des Indes correspondant par sa richesse et par ses arts aux merveilleux récits de Marco Paolo, le Vénitien. Cette terre dont ils se croyaient maintenant rapprochés était, selon eux, l'île fabuleuse de *Cipangù* ou du Japon, dont le souverain foulait sous ses pieds des planchers formés de plaques d'or. L'impatience de reprendre leur course vers ce but de leur chimère ou de leur avidité les fit remonter promptement sur leurs vaisseaux. Ils s'étaient approvisionnés d'eau fraîche aux ruisseaux de l'île, et leurs ponts étaient chargés des fruits des racines et des cassaves, présents de ces heureux et pauvres Indiens. Ils en amenèrent un avec eux pour apprendre leur langue et leur servir ensuite d'interprète.

En tournant l'île de San-Salvador, ils se trouvèrent comme égarés dans les canaux d'un archipel composé de plus de cent îles d'inégale grandeur, mais toutes à l'aspect le plus luxuriant de jeunesse, de fécondité, de végétation. Ils abordèrent la plus vaste et la plus peuplée. Ils furent entourés de canots creusés dans un seul tronc d'arbre, et commercèrent avec les habitants, donnant des boutons et des grelots contre de l'or et des perles. Leur navigation et leurs relâches au milieu de ce labyrinthe d'îles inconnues ne fut pour eux que la répétition de leur atterrage à San-

Salvador. La même curiosité inoffensive les accueillait partout. Ils s'enivraient du climat, des fleurs, des parfums, des couleurs, des plumages d'oiseaux inconnus que chacune de ces oasis étalait à leurs sens; mais leur esprit tendu vers une seule pensée, la découverte du pays de l'or, vers ce qu'ils supposaient l'extrémité de l'Asie, les rendait moins sensibles à ces trésors naturels et les empêchait de soupçonner l'immense et nouveau continent dont ces îles étaient les avant-postes sur cet océan. Aux signes et aux regards de ces Indiens qui lui indiquaient une région plus splendide encore que leur archipel, Colomb fit voile vers la côte de Cuba, où il aborda en trois jours de douce navigation, sans perdre de vue les îles charmantes de Bahama, qui jalonnaient sa route.

Cuba, avec ses côtes étagées et prolongées sans limites, s'adossant à des montagnes qui fendaient le ciel, avec ses havres, ses embouchures de fleuves, ses golfes, ses rades, ses forêts, ses villages, lui rappela en traits plus majestueux l'antique Sicile. Il resta indécis si c'était un continent ou une île. Il jeta l'ancre dans le lit ombragé d'une vaste rivière, descendit à terre, parcourut les grèves, les forêts, les jardins d'orangers et de palmiers, les villages, les huttes des habitants. Un chien muet fut le seul être vivant qu'il trouva dans ces habitations abandonnées à son approche. Il se rembarqua et remonta avec ses vaisseaux le lit de la rivière ombragée de palmiers à larges feuilles et d'arbres gigantesques couverts à la fois de fruits et de fleurs. La nature semblait avoir pris soin de prodiguer d'elle-même et sans travail, à ces peuplades heureuses, les éléments de la vie et de la félicité sans travail. Tout rappelait l'Éden des livres sacrés et des poëmes. Les animaux inoffensifs, les oiseaux aux plumes de lapis et de pourpre, les perroquets, les piverts, les colibris volaient, criaient, chantaient en nuages colorés de branches en branches; des insectes lumineux éblouissaient l'air lui-même ; le soleil, tempéré par l'haleine des montagnes, par l'ombre des arbres, par le courant des eaux, y fécondait tout sans rien calciner ; la lune et les étoiles s'y réverbéraient pendant les ténèbres dans le lit du fleuve avec des splendeurs et des rejaillissements de clarté douce qui enlevaient ses terreurs à la nuit. Un enivrement général exaltait l'âme et les sens de Colomb et de ses compagnons. C'était bien là une nouvelle terre plus vierge et plus maternelle à la fois que la vieille terre d'où ils étaient venus. « C'est la plus belle île, écrit Colomb dans ses notes, que jamais l'œil de l'homme ait contemplée. On voudrait y vivre à jamais. On n'y conçoit ni la douleur ni la mort ! »

L'odeur des épices qui arrivait de l'intérieur jusqu'à ses vaisseaux, et la rencontre des huîtres qui produisent les perles sur le rivage, lui persuadaient de plus en plus que Cuba était un prolongement de l'Asie. Il s'imaginait que derrière les montagnes de cette île ou de ce continent, car il était encore incertain si Cuba tenait ou non à la terre ferme, il trouverait les empires, la civilisation, les mines d'or, et les merveilles dont les voyageurs enthousiastes dotaient le Cathay et le Japon. Ne pouvant joindre les naturels qui fuyaient tous de la côte à l'approche des Espagnols, il envoya deux de ses compagnons, dont l'un parlait l'hébreu et l'autre l'arabe, à la recherche de ces fabuleuses capitales, où il conjecturait que le souverain du Cathay faisait sa résidence. Ces ambassadeurs étaient chargés de présents pour les indigènes. Ils avaient ordre de ne les échanger que contre de l'or, dont ils croyaient que la source intarissable était dans l'intérieur de cette terre.

Les envoyés revinrent aux vaisseaux sans avoir découvert d'autre capitale que des huttes de sauvages et une nature prodigue de végétation, de parfums, de fleurs et de fruits. Ils avaient réussi à apprivoiser, à force de présents quelques-uns des naturels, et ils les ramenaient avec eux à l'amiral. Le tabac, plante légèrement enivrante, dont les habitants faisaient de petits rouleaux enflammés par le bout pour en aspirer la fumée; la pomme de terre, racine farineuse qui se convertissait en pain tout préparé dans la cendre; le maïs, le coton filé par les femmes, les oranges, les limons, les fruits innomés de leurs vergers, étaient les seuls trésors qu'ils avaient trouvés autour des habitations disséminées par groupes dans les clairières.

Déconcerté dans ses rêves d'or, l'amiral, sur la foi des indigènes mal compris, quitta à regret ce séjour enchanté pour se diriger vers l'est, où il plaçait toujours sa fabuleuse Asie. Il embarqua quelques hommes et quelques femmes de Cuba plus hardis et plus confiants que les autres, pour lui servir d'interprètes dans les terres voisines qu'il se proposait de visiter, pour les convertir à la foi, et pour offrir à Isabelle ces âmes rachetées, selon lui, par sa généreuse entreprise.

Persuadé que Cuba, dont il n'avait pas aperçu les limites, faisait partie de la terre ferme d'Asie, il vogua quelques jours à peu de distance du véritable continent américain sans le voir. Son illusion obstinée lui voilait une réalité si rapprochée de sa proue. — Cependant l'envie, qui devait empoisonner ses jours, était née dans l'âme de ses compagnons le jour même où ses découvertes avaient couronné la pensée de sa vie entière. Amerigo Vespucci, Florentin obscur, embarqué sur un de ses navires, devait donner son nom à ce monde vers lequel Colomb seul l'avait guidé. Vespucci ne dut cette fortune de son nom qu'au hasard et à ses voyages subséquents avec Colomb vers ces mêmes parages. Lieutenant subalterne et dévoué de l'amiral, il ne chercha jamais à lui dérober cette gloire. Le caprice de la fortune la lui donna sans qu'il eût jamais cherché à tromper l'opinion de l'Europe, et la routine la lui conserva. Le nom du chef fut déshérité de l'honneur de nommer un monde, le nom du subordonné prévalut. Dérision de la gloire humaine dont Colomb fut victime, mais dont Amerigo ne fut du moins pas coupable. On peut reprocher une injustice et une ingratitude à la postérité, on ne peut reprocher un larcin volontaire au pilote heureux de Florence.

Mais cette envie qui naît dans le cœur des hommes le même jour que le succès, brûlait déjà le cœur du principal lieutenant de Colomb, Alonzo Pinzon. Commandant la *Pinta*, second navire de l'escadre, Pinzon, dont les voiles devançaient plus légèrement les deux autres navires, feignit de s'égarer dans la nuit et disparut aux regards de son chef. Il avait résolu de profiter de la découverte de Colomb pour découvrir lui-même, sans génie et sans efforts, d'autres terres, et, après leur avoir donné son nom, de revenir le premier en Europe usurper la fleur de la gloire et des récompenses dues à son maître et à son guide en navigation.

Colomb s'était trop aperçu depuis quelques jours de l'envie et de l'insubordination de son lieutenant. Mais il devait beaucoup à Alonzo Pinzon : sans lui, sans ses encouragements et sans son assistance à Palos, il ne serait jamais parvenu à équiper ses navires et à engager ses matelots. La reconnaissance l'avait empêché de sévir contre les premières insubordinations d'un homme dont il avait tant reçu. Le caractère tolérant, modeste et magnanime de Colomb le détournait de toute rigueur odieuse. Plein de justice et de vertu, il comptait sur les retours de justice et de vertu des autres. Cette bonté, qu'Alonzo Pinzon avait prise pour de la faiblesse, l'encourageait à l'ingratitude. Il s'élança audacieusement entre Colomb et les nouvelles découvertes qu'il avait résolu de lui arracher.

L'amiral gémit, entrevit le crime, affecta de croire à une déviation involontaire de la *Pinta*, et, cinglant avec ses deux navires au sud-est, vers une ombre immense qu'il apercevait sur la mer, il aborda à l'île d'Hispaniola, nommée depuis Saint-Domingue. Sans ce nuage autour des montagnes de Saint-Domingue, qui lui fit virer de bord, il allait rencontrer encore le continent. L'archipel américain, en le séduisant et en l'égarant d'île en île, semblait le détourner à plaisir du but auquel il touchait sans l'apercevoir. Ce fantôme de l'Asie, qui l'avait conduit au bord de l'Amérique, s'interposait maintenant entre l'Amérique et lui, pour lui dérober par une chimère la grande réalité.

Cette terre neuve, riante, féconde, immense, noyée dans une atmosphère de cristal et baignée par une mer dont les lames roulaient des parfums, lui apparut comme l'île merveilleuse, détachée du continent des Indes, qu'il cherchait à travers tant de distances et de périls, sous le nom chimérique d'île de Cipangù. Il lui donna le nom d'*Hispaniola*, pour la marquer du signe éternel de sa patrie d'adoption. Les naturels, simples, doux, hospitaliers, candides et respectueux, accoururent en foule sur le rivage, comme au-devant de créatures d'une nature supérieure qu'un prodige céleste leur envoyait des bornes de l'horizon ou du fond du firmament pour être adorées et servies par eux à l'égal des dieux. Une population nombreuse et heureuse couvrait alors les plaines et les vallées d'Hispaniola. Les hommes et les femmes étaient des types de force et de grâce. La paix perpétuelle qui régnait entre leurs peuplades marquait leur physionomie d'une impression de douceur et de bonté. Leurs lois n'étaient que les instincts bienveillants du cœur, passés en traditions et en coutumes. On eût dit un peuple enfant dont les vices n'avaient pas eu encore le temps de se développer et que les inspirations d'une innocente nature suffisaient à gouverner. Ils connaissaient de l'agriculture, de l'horticulture et des arts tout ce qui est nécessaire à l'administration, à l'habitation, aux premières nécessités de la vie. Leurs champs étaient admirablement cultivés, leurs cases élégantes, groupées en villages au bord de forêts d'arbres à fruit, dans le voisinage des fleuves ou des sources. Leurs vêtements, sous un ciel tiède qui ne leur faisait éprouver ni les extrémités de l'hiver ni celles de l'été, ne consistaient qu'en ornements destinés à les embellir, en tissus de coton, en nattes et en ceintures suffisants pour voiler leur pudeur. Leur gouvernement était simple et naturel comme leurs idées. C'était la famille agrandie par la suite des générations, mais toujours groupée autour d'un chef héréditaire qu'on appelait le cacique. Ces caciques étaient les chefs, non les tyrans de leur tribu. Les coutumes, constitutions non écrites, mais inviolables et protectrices comme une loi divine, régnaient sur ces petits rois. Autorité toute paternelle d'un côté, toute filiale de l'autre, contre laquelle la révolte semblait inconnue.

Les naturel de Cuba que Colomb avait embarqués avec lui pour lui servir de guides et d'interprètes sur ces mers et sur ces îles commençaient à comprendre la langue des Européens. Ils entendaient à demi celle des habitants d'Hispaniola, branche détachée de la même race humaine. Ils établirent ainsi des rapports d'intelligence prompts et faciles entre Colomb et le peuple qu'il venait visiter.

Les prétendus Indiens conduisirent sans défiance les Espagnols dans leurs maisons, leur présentant le pain de cassave, les fruits inconnus, les poissons, les racines savoureuses, les oiseaux apprivoisés, au riche plumage, au chant mélodieux, les fleurs, les palmes, les bananes, les limons, tous les dons de la mer, du ciel, de la terre, du climat. Ils les traitèrent en hôtes, en frères, presque en dieux. « La nature, dit Colomb, y est si prodigue, que la propriété n'y a pas créé le sentiment de l'avarice ou de la cupidité. Ces hommes paraissent vivre dans un âge d'or, heureux et tranquilles au milieu de jardins ouverts et sans bornes, qui ne sont ni entourés de fossés, ni divisés par des palissades, ni défendus par des murs. Ils agissent loyalement l'un envers l'autre, sans lois, sans livres, sans juges. Ils regardent comme un méchant homme celui qui prend plaisir à faire mal à un autre. Cette horreur des bons contre les méchants paraît être toute leur législation. » Leur religion n'était aussi que le sentiment d'infériorité, de reconnaissance et d'amour envers l'Être invisible qui leur avait prodigué la vie et la félicité.

Quel contraste entre l'état de ces heureuses populations au moment où les Européens les découvrirent pour leur apporter le génie de l'ancien monde, et l'état où ces malheureux Indiens tombèrent en peu d'années après cette visite de leurs prétendus civilisateurs ! Quel mystère de la Providence que cette visite inattendue de Colomb à un nouveau monde, où il croit apporter la vertu et la vie, et où il sème à son insu la tyrannie et la mort !

Le pilote de Colomb, en cherchant à pénétrer successivement dans toutes les anses et dans toutes les embouchures de fleuves de l'île, échoua pendant le sommeil de l'amiral. Le vaisseau, menacé d'être submergé par les lames mugissantes, fut abandonné par le pilote et par une partie des matelots qui, sous prétexte de porter une ancre à terre, s'enfuirent à force de rames pour gagner l'autre navire, croyant Colomb livré à une mort inévitable. L'énergie de l'amiral sauva encore, non le navire, mais ses compagnons. Il lutta contre les brisants jusqu'au démembrement de la dernière planche, et, plaçant ses hommes sur un radeau, il aborda en naufragé sur cette même côte où il venait d'aborder en conquérant. Il y fut rejoint bientôt par le seul navire qui lui restât. Son naufrage et son infortune ne refroidirent pas l'hospitalité du cacique dont il avait été l'hôte quelques jours auparavant. Ce cacique, nommé Guacanahari, premier ami et bientôt première victime de ces étrangers, versa des larmes de compassion sur le désastre de Colomb. Il offrit sa demeure, ses provisions, ses secours de toute nature aux Espagnols. Les débris du naufrage, les richesses des Européens, arrachés aux flots et étalés sur la grève, y furent préservés, comme des choses saintes, de toute violation, et même de toute importune curiosité. Ces hommes, qui ne connaissaient pas la propriété pour eux-mêmes, semblaient la reconnaître et la respecter dans des hôtes malheureux. Colomb s'attendrit, dans ses lettres au roi et à la reine, sur la générosité sans efforts de ce peuple. « Il n'y a point dans l'univers, écrit-il, une meilleure nation et un meilleur pays. Ils aiment leurs voisins comme eux-mêmes ; ils ont toujours un langage doux et gracieux et le sourire de la tendresse sur les lèvres. Ils sont nus, il est vrai, mais vêtus de leur décence et de leur candeur. »

Colomb, après avoir établi avec le jeune cacique des relations de la plus tendre et de la plus confiante hospitalité, reçut de lui en présent quelques ornements d'or. A la vue de l'or, la physionomie des Européens exprima tout à coup tant de passion, d'avidité et de férocité dans le désir, que le cacique et ses sujets s'étonnèrent et s'alarmèrent par instinct, comme si leurs nouveaux amis avaient changé subitement de nature et de dispositions envers eux. Cela n'était que trop vrai : les compagnons de Colomb ne cherchaient que les richesses fantastiques de l'Orient, pendant que lui-même cherchait une partie mystérieuse de l'univers. La vue de l'or les avait rappelés à leur convoitise ; leur visage était devenu âpre et violent comme leur pensée. Le cacique, apprenant que ce métal était la divinité des Européens, leur expliqua, en leur montrant les montagnes qu'il y avait derrière ces sommets, une région d'où lui venait en abondance cet or. Colomb ne douta plus d'avoir enfin remonté jusqu'à la source de ces richesses de Salomon, et, préparant tout pour son retour rapide en Europe, afin d'y annoncer son triomphe, il construisit un fort dans le village du cacique, pour y laisser une partie de ses compagnons en sûreté pendant son absence. Il choisit parmi ses officiers et ses matelots quarante hommes d'élite et les mit sous le commandement de Pedro de Arana. Ils étaient chargés de recueillir des notions sur la région de l'or, et d'entretenir les Indiens dans le respect et dans l'amitié des Espagnols. Il partit, pour revenir en Europe, comblé des dons du cacique, et rapportant tous les ornements et toutes les couronnes d'or pur qu'il avait pu se procurer pendant sa relâche, par des dons ou par des échanges avec les naturels.

En côtoyant les contours de l'île, il rencontra son infidèle compagnon Alonzo Pinzon. Sous prétexte d'avoir perdu de vue l'amiral, Pinzon avait fait route à part. Caché dans une anse profonde de l'île, il était descendu à terre, et, au lieu d'imiter la douceur et la politique de Colomb, il avait ensanglanté ses premiers pas. L'amiral, en retrouvant son lieutenant, feignit de se contenter de ses excuses, et d'attribuer sa désertion à la nuit. Il ordonna à Pinzon de le suivre avec son navire en Europe. Ils reprirent ensemble la mer, impatients d'annoncer à l'Espagne la nouvelle de leur merveilleuse navigation. Mais l'Océan, qui les avait portés complaisamment par les vents alizés, de vague en vague, à la côte d'Amérique, semblait, avec ses vents et ses flots contraires, vouloir les repousser obstinément de la terre qu'ils brûlaient de revoir. Colomb, grâce à ses connaissances en navigation et à ses notes d'estime dont il gardait le secret à ses pilotes, savait seul la route et évaluait seul les vraies distances. Ses compagnons se croyaient encore à des milliers de lieues de l'Europe qu'il pressentait déjà le voisinage des Açores. Il les aperçut bientôt. Des coups de vent terribles, des nuages amoncelés, des éclairs et des foudres tels qu'il n'en avait jamais vu s'allumer dans le ciel et s'éteindre dans la mer, des vagues montagneuses et écumantes faisant tourbillonner ses navires, insensibles à la voile et au gouvernail, ouvrirent et refermèrent pendant six jours et six nuits son tombeau et celui de ses compagnons aux portes de leur patrie. Les signaux que se faisaient les deux vaisseaux dans les ténèbres disparurent. Ils crurent à la perte l'un de l'autre en flottant chacun au gré d'une éternelle tempête entre les Açores et la côte d'Espagne. Colomb, qui ne doutait pas que la *Pinta* ne fût ensevelie avec Pinzon dans les abîmes, et dont les voiles déchirées et le gouvernail livré aux lames ne dirigeaient plus l'esquif, s'attendait à chaque instant à sombrer sous une de ces montagnes d'eau qu'il gravissait et redescendait avec leur écume. Il avait fait le sacrifice de sa vie, mais il ne pouvait sans désespoir faire le sacrifice de sa gloire. Sentir le mystère de la découverte qu'il rapportait au vieux monde enseveli pour des siècles avec lui si près du port était une dérision si cruelle de la Providence qu'il ne pouvait y plier même sa piété. Son âme se révoltait contre ce jeu du sort. Mourir en touchant du pied seulement le rivage de l'Europe et après avoir déposé son secret et son trésor dans la mémoire de son pays, c'était une destinée qu'il acceptait avec joie ; mais laisser un second univers mourir, pour ainsi dire, avec lui, et emporter au tombeau le mot enfin trouvé de cette énigme du globe que les hommes, ses frères, chercheraient peut-être en vain pendant autant de siècles qu'il leur avait été dérobé, c'était un million de morts en une ! Il ne demandait à Dieu, dans ses vœux à tous les sanctuaires d'Espagne, que de porter du moins à la côte, avec ses débris, les preuves de sa découverte et de son retour. Cependant les tempêtes succédaient aux tempêtes, le vaisseau était rempli d'eau ; les regards hostiles, les murmures irrités ou le silence morne de ses compagnons lui reprochaient l'obstination qui les avait ou séduits ou forcés à cette fatale traversée. Ils regardaient cette colère prolongée des éléments comme une vengeance de l'Océan, jaloux qu'un homme trop audacieux lui eût dérobé son mystère. Ils parlaient de le jeter à la mer pour obtenir, par une éclatante expiation, l'apaisement des flots.

Colomb, insouciant de leur colère, mais uniquement préoccupé du sort de sa découverte, écrivit sur parchemin plusieurs courtes relations de sa découverte, enferma les unes dans un rouleau de cire, les autres dans des caisses de cèdre, et jeta ces témoignages à la mer, pour que le hasard les fît flotter un jour, après lui, jusqu'au rivage. On dit qu'une de ces bouées abandonnées aux vents et aux flots fut ballottée pendant trois siècles et demi sur la surface, dans le lit ou sur les grèves de la mer, et que le matelot d'un navire européen, en embarquant du lest pour son vaisseau, il y a quelque temps, sur les galets de la côte d'Afrique en face de Gibraltar, ramassa une noix de coco pétrifiée, et l'apporta à son capitaine comme une vaine curiosité de la nature. Le capitaine, en ouvrant la noix pour s'assurer si l'amande aurait résisté au temps, trouva, renfermé dans l'écorce creuse, un parchemin sur lequel étaient écrits en lettres gothiques, déchiffrées avec peine par un érudit de Gibraltar, ces mots :

« Nous ne pouvons résister un jour de plus à la tempête ; nous sommes entre l'Espagne et les îles découvertes d'Orient. Si la caravelle sombre, puisse quelqu'un recueillir ce témoignage !

» Christophe Colomb. »

L'Océan avait gardé trois cent cinquante-huit ans ce message et ne le rendait à l'Europe qu'après que l'Amérique, colonisée, florissante et libre, rivalisait avec le vieux continent. Jeu du sort, pour apprendre aux hommes ce qui aurait pu rester caché tant de siècles, si la Providence n'avait pas défendu aux vagues de submerger dans Colomb son grand messager !

Le lendemain on cria : « Terre ! » C'était l'île portugaise de Sainte-Marie, à l'extrémité des Açores. Colomb et ses compagnons en furent repoussés par la jalouse persécution des Portugais. Livrés de nouveau à toutes les extrémités de la faim et de la tempête pendant de longs jours, ils n'entrèrent que le 4 mars dans l'embouchure du Tage, où ils jetèrent enfin l'ancre sur une côte européenne, mais rivale des Espagnols. Colomb, présenté au roi de Portugal, lui fit le récit de ses découvertes, sans lui dévoiler la route, de peur que ce prince n'y devançât les flottes d'Isabelle. Les Portugais de la cour de Jean II, roi de Portugal, conseillèrent à ce prince de faire assassiner le grand navigateur, afin d'ensevelir avec lui son secret et les droits de la couronne d'Espagne sur les terres nouvelles. Jean II s'indigna de cette lâcheté. Colomb, honoré par lui, envoya par terre un courrier à ses souverains, pour leur annoncer son succès et son prochain retour par mer à Palos. Il y débarqua le 15 mars, au lever du jour, au milieu d'une population ivre de joie et d'orgueil, qui s'avançait jusque dans les flots pour le porter en triomphe à terre. Il tomba dans les bras de son ami et de son protecteur, le pauvre prieur du couvent de la Rabida, Juan Perès, qui seul avait cru en lui, et qu'une moitié du globe récompensait de sa foi. Colomb se rendit, pieds nus et processionnellement, à l'église du monastère, pour y rendre grâces de son salut, de sa gloire, de la conquête de l'Espagne. Un peuple entier le suivait en le bénissant à la porte de cet humble couvent où il avait demandé, seul, à pied, avec son enfant, quelques années auparavant, l'hospitalité des mendiants. Jamais homme parmi les hommes n'a rapporté à sa patrie et à la postérité une telle conquête depuis l'origine du globe, excepté ceux qui apportèrent à la terre la révélation d'une idée ; et cette conquête de Colomb n'avait coûté jusque-là ni un crime, ni une vie, ni une goutte de sang, ni une larme à l'humanité. Les plus beaux de ses jours furent ceux qu'il passa à se reposer dans son espérance et dans sa gloire au monastère de la Rabida, près de son hôte et de son ami le prieur du couvent, et dans les embrassements de ses fils.

Et comme si le ciel eût voulu mettre le comble à sa félicité et le venger de l'envie qui le poursuivait, Alonzo Pinzon, commandant de son second navire, entra le jour suivant avec la *Pinta* dans le port de Palos, où il espérait devancer son chef et lui dérober les prémices du triomphe. Mais trompé dans son coupable dessein, et craignant la punition de sa désertion révélée par l'amiral, Pinzon mourut de douleur et d'envie en touchant le rivage et en voyant le vaisseau de Colomb à l'ancre dans le port. Colomb était trop généreux pour se réjouir, encore moins pour se venger, et la jalouse Némésis des grands hommes semblait expirer d'elle-même à ses pieds.

Isabelle et Ferdinand, informés de son retour et de leur conquête par le message que leur amiral avait envoyé de Lisbonne, l'attendaient à Barcelone avec des triomphes et des munificences dignes de la grandeur de ses services. La noblesse des Espagnes y accourut de toutes les provinces pour lui faire cortége. Il y entra en triomphateur et en roi des royaumes à venir. Les Indiens ramenés par l'escadre, comme une preuve vivante de l'existence d'autres races humaines sur ces terres découvertes, marchaient en tête du cortége, le corps peint de diverses couleurs, et orné de colliers d'or et de perles; les animaux et les oiseaux, les plantes inconnues, les pierres précieuses recueillies sur ces rivages, étaient étalés dans des bassins d'or et portés sur la tête par des esclaves noirs ou maures. La foule avide se pressait, les rumeurs fabuleuses couraient sur les pas des officiers et des compagnons de gloire de l'amiral. Colomb, monté sur un cheval du roi richement caparaçonné, paraissait ensuite, escorté d'un nombreuse cavalcade de courtisans et de gentilshommes. Tous les regards se concentraient sur cet homme inspiré de Dieu qui avait soulevé le premier le rideau de l'Océan. On cherchait dans ses traits le signe visible de sa mission, on croyait l'y voir. La beauté de ses traits, la majesté pensive de sa physionomie, la vigueur de l'éternelle jeunesse jointe à la gravité des années déjà mûres, la pensée sous l'action, la force sous les cheveux blancs, le sentiment intime de sa valeur joint à la piété envers Dieu qui l'avait choisi entre tous, la reconnaissance envers ses souverains qui lui rendaient en honneurs ce qu'il leur apportait en conquêtes, faisaient en ce moment de Colomb, disent les spectateurs de son entrée à Barcelone, une de ces figures de prophètes et de héros bibliques, sous les pas de qui le peuple jetait les palmes du prodige et de l'adoration. « Nul ne se mesurait à lui, disent-ils ; tous sentaient en lui le plus grand et le plus favorisé des hommes. » Isabelle et Ferdinand le reçurent sur leur trône, voilé du soleil par un dais d'or. Ils se levèrent devant lui comme devant un envoyé du ciel. Ils le firent asseoir ensuite au niveau de leur trône, et ils écoutèrent le récit solennel et circonstancié de ses voyages. A la fin du récit, que l'éloquence et la poésie qui découlaient habituellement des lèvres de l'amiral avaient coloré de son inépuisable imagination et allumé de son saint enthousiasme, le roi et la reine, émus jusqu'aux larmes, tombèrent à genoux et entonnèrent, comme une pieuse exclamation, le *Te Deum*, hymne de la plus grande victoire que le Tout-Puissant eût jamais accordée à des souverains.

Des courriers partirent à l'instant pour porter à toutes les cours de l'Europe la grande nouvelle et le nom triomphal de Colomb. L'obscurité qui avait jusque-là entouré sa vie se changea en un bruit et en un éclat de son nom qui remplirent la terre. La découverte du pauvre géographe de Cordoue fut l'entretien du monde. Colomb ne laissa ni enfler son âme par ces honneurs décernés à son nom, ni humilier sa modestie par les jalousies qui commençaient à s'élever autour de sa gloire. Un jour qu'il avait été invité à la table de Ferdinand et d'Isabelle, un des convives, envieux de ces honneurs décernés au fils d'un cardeur de laine, lui demanda astucieusement s'il pensait que nul autre que lui n'aurait découvert cet autre hémisphère dans le cas où il ne serait pas né. Colomb ne répondit point à la question, dans la crainte de dire trop ou trop peu de lui-même. Mais, prenant un œuf entre ses doigts, il s'adressa à tous les convives, et les invita à le faire tenir sur un bout. Nul n'y put parvenir. Colomb alors écrasa l'œuf par une des extrémités, et, le posant sur son ovale brisé, montra à ses rivaux qu'il n'y avait aucun mérite dans une idée simple, mais que nul cependant ne pouvait la soupçonner avant qu'un premier inventeur en eût donné l'exemple aux autres, renvoyant ainsi à l'inspirateur suprême le mérite de son entreprise, mais revendiquant en même temps pour lui seul l'honneur de la primauté. Cet apologue devint depuis la réponse de tout homme élu de la Providence pour montrer une route à ses semblables, et pour y monter le premier, sans être toutefois plus grand, mais plus favorisé de l'inspiration que ses frères.

Les honneurs, les titres, les dotations futures des terres dont il irait achever la découverte et la conquête devinrent, dans des traités formels avec la cour, l'apanage de Colomb. Il obtint la vice-royauté, l'administration et le quart des richesses ou produits de toute nature des mers, des îles et des continents où il irait planter la croix de l'Église et le drapeau des Espagnes. L'archidiacre de Séville, Fonséca, fut, sous le titre de patriarche des Indes, chargé des préparatifs et des armements de la nouvelle expédition que Colomb allait conduire à de plus vastes conquêtes. Mais, de ce jour, Fonséca devint le rival occulte du grand navigateur; et, comme s'il eût été jaloux de ravaler le génie qu'il était chargé de seconder, en paraissant prodiguer à Colomb les moyens, il lui suscitait les obstacles. Ses lenteurs et ses prétextes réduisirent à dix-sept navires l'escadre destinée à reporter l'amiral de l'autre côté de l'Atlantique.

Cependant, le génie aventureux des Espagnols de cette époque, l'esprit de prosélytisme religieux et l'esprit de chevalerie précipitèrent sur ces vaisseaux un grand nombre de religieux, de gentilshommes et d'aventuriers, pressés, les uns de porter la foi, les autres de rapporter la renommée et la fortune, en s'élançant les premiers dans ces contrées qui élargissaient l'imagination humaine. Des ouvriers de tous les métiers, des cultivateurs de toutes les zones, des animaux domestiques de toutes les races, des graines, des plantes, des ceps de vigne, des arbres à fruit, des roseaux à sucre, des échantillons de tous les arts et de tous les commerces européens furent embarqués sur les navires de transport pour essayer le ciel, féconder le sol, tenter les hommes de ces nouveaux climats, et pour leur arracher l'or, les perles, les parfums, les épices de l'Inde, par des échanges contre les choses de peu prix en Europe. C'était la croisade de la religion, de la guerre, de l'industrie, de la gloire et de la cupidité; pour les uns, le ciel; pour les autres, la terre; pour tous, l'inconnu et le merveilleux.

Le plus illustre de ces compagnons qui s'embarquèrent avec Colomb était Alonzo de Ojeda, autrefois page d'Isabelle, le plus beau, le plus intrépide et le plus aventureux des chevaliers de cette cour. Son cœur et ses sens débordaient tellement de courage, qu'il en portait le fanatisme jusqu'à la démence. C'était lui qui, un jour qu'Isabelle était montée au sommet de la tour démesurée de Séville, appelée la Giralda, pour en admirer l'étonnante élévation, et pour contempler d'en haut les rues et les maisons de la ville, semblables à une fourmilière à ses pieds, s'élança sur une poutre étroite qui débordait des créneaux ; et, pirouettant sur un seul pied, à l'extrémité de cette solive, exécuta des prodiges d'adresse et d'audace sur l'abîme, pour plaire à sa souveraine, sans que le vertige de la mort présente troublât ses yeux ou intimidât son cœur.

Le 25 septembre 1493, la flotte sortit de la baie de Cadix. Des cris de joie de tous les rivages étaient l'augure de ce second départ, qui ne semblait destiné qu'à un long triomphe. Les deux fils de Colomb accompagnèrent leur père jusqu'au vaisseau amiral ; il les bénit et les laissa en Espagne, pour que la meilleure moitié de sa vie restât du moins abritée des périls qu'il allait affronter. Trois grands vaisseaux et quatorze caravelles composaient l'armée navale. L'Océan se laissa franchir aussi facilement que la première fois. La flotte découvrit, le 2 novembre, la Guadeloupe, croisa au milieu des îles Caraïbes, baptisa cet archipel de noms empruntés à des souvenirs pieux ; et, touchant bientôt après à la pointe d'Hispaniola, aujourd'hui Haïti, Colomb fit voile vers le golfe où il avait construit le fort et laissé ses quarante compagnons. Il revenait à la fois plein d'anxiété et d'espérance ; la nuit couvrait le rivage quand il jeta l'ancre dans la rade. Il n'attendit pas le jour pour s'assurer du sort de sa colonie. Une salve de ses canons retentit sur les flots pour avertir les Espagnols de son retour. Mais le canon du fort resta muet ; l'écho seul de ces solitudes répéta le salut de l'Europe au nouveau monde. Le lendemain, au lever du jour, il aperçut le rivage désert, le fort détruit, les canons à demi enfoncés sous ses ruines, les ossements des Espagnols blanchissant sur le sable, le village même des caciques abandonné. Le petit nombre de naturels qui se montraient de loin, au bord des forêts, semblaient hésiter à s'approcher, comme s'ils eussent été retenus par le sentiment d'un remords ou par la crainte d'une vengeance. Le cacique, plus confiant dans son innocence et dans la justice de Colomb, qu'il avait appris à aimer, s'avança enfin, pleura sur les crimes des Espagnols, qui avaient abusé de l'hospitalité de ses sujets pour opprimer les naturels, enlevé leurs filles et leurs femmes, réduit leurs hôtes en servitude, et suscité enfin la vengeance de sa tribu. Après avoir immolé un grand nombre d'Indiens et incendié leurs cases, ils avaient été immolés eux-mêmes. Le fort incendié, recouvrant leurs ossements, était le premier monument du contact entre ces deux familles humaines, dont l'une apportait à l'autre la servitude et la dévastation. Colomb pleura sur les crimes de ses compagnons et sur les malheurs du cacique. Il résolut d'aller chercher une autre plage de débarquement et d'établissement sur les côtes de l'île.

Parmi les jeunes Indiennes captives des îles voisines, prisonnières à bord, la plus belle d'entre elles, Catalina, avait charmé les yeux d'un cacique qui avait visité le vaisseau de Colomb. Un complot d'évasion avait été tramé entre ce cacique et l'objet de son amour dans ce langage des signes que les Européens ne comprenaient pas. La nuit où Colomb déploya ses voiles, Catalina et ses compagnes, trompant la vigilance de leurs tyrans, se précipitèrent dans la mer; poursuivies en vain par les canots des Européens, elles nagèrent vers le rivage où le jeune cacique avait allumé un feu pour les guider. Les deux amants, réunis par ce prodige d'audace et de force, se réfugièrent dans les forêts à l'abri de la colère des Européens.

Colomb, abordant de nouveau sur une plage vierge à quelque distance, y fonda la ville d'Isabelle, établit des rapports d'amitié avec les naturels; bâtit, cultiva, gouverna la première colonie d'Européens, mère de tant d'autres; envoya des détachements armés visiter les plaines et les montagnes d'Hispaniola; caressa d'abord, attira ensuite, assujettit enfin, par des lois douces et sages, les différentes peuplades de ces vastes contrées; construisit des forts, traça des routes vers les différentes parties de son empire; chercha l'or, moins abondant qu'il ne l'attendait dans ces régions toujours confondues par lui avec les Indes, et n'y trouva que les richesses inépuisables d'un sol prodigue, et un peuple aussi facile à asservir qu'à tyranniser. Il renvoya la plus grande partie de ses vaisseaux en Espagne, pour demander à son souverain de nouveaux convois d'hommes, d'animaux, d'outils, de plantes et de graines nécessaires à l'immensité des territoires qu'il allait conquérir aux mœurs, à la religion, aux arts de l'Europe. Mais les mécontents, les ambitieux et les jaloux s'embarquèrent les premiers sur sa flotte, afin d'aller semer contre lui les murmures, les accusations et les calomnies. Il resta seul, affligé de la goutte, souffrant des douleurs cruelles, condamné à l'inaction du corps pendant le travail incessant de son esprit, assiégé, dans sa colonie naissante, par les rivalités, les séditions, les complots, les débordements honteux et les disettes de ses équipages.

Toujours indulgent et magnanime, Colomb, triomphant, par la seule force morale de son caractère, des turbulences de ses compatriotes et des révoltes de ses lieutenants, se borna à reléguer les insubordonnés à bord des vaisseaux dans la rade. Rétabli de sa longue maladie, il parcourut l'île à la tête d'une colonne d'hommes d'élite, cherchant en vain les mines d'or de Salomon, mais étudiant la nature et les mœurs de l'île, et semant partout, sur son passage, le respect et l'amour de son nom.

Il retrouva, à son retour, les mêmes désordres, les mêmes insubordinations et les mêmes vices. Les Espagnols abusaient de la superstition des naturels envers eux, et de la terreur que leur inspiraient les chevaux. Les Indiens les prenaient pour des êtres monstrueux ne faisant qu'un avec leurs cavaliers, frappant, foulant et foudroyant à la fois les ennemis des Européens. Grâce à cette terreur, ils subjuguaient, enchaînaient, profanaient, violaient, martyrisaient cette douce et obéissante population. Colomb sévit encore contre cette tyrannie de ses compagnons sur les Indiens. Il voulait leur apporter la foi et les arts de l'Europe, non le joug, le vice et la mort. Après avoir rétabli un peu d'ordre, il s'embarqua pour aller visiter l'île, à peine entrevue, de Cuba. Il y toucha et longea longtemps ses rives, sans apercevoir l'extrémité de cette île, qu'il prit pour un continent. Il navigua de là vers la Jamaïque, autre île d'une immense étendue, dont il apercevait les sommets dans les nuages. Traversant ensuite un archipel, qu'il nomma *les Jardins de la reine*, à cause de la richesse et des parfums de la végétation qui paraient ces îles, il revint à Cuba, et parvint à y établir quelques relations avec les naturels. Les Indiens assistèrent avec un étonnement mêlé de respect aux cérémonies du culte chrétien que les Espagnols célébrèrent dans une grotte, sous les palmiers du rivage. Un de leurs vieillards s'approcha de Colomb, après la cérémonie, et lui dit, avec un accent solonnel : « Ce que tu viens de faire est bien, car il paraît que c'est ton culte au Dieu universel. On dit que tu viens dans ces régions avec une grande force et une autorité supérieure à toute résistance. Si cela est ainsi, apprends de moi ce que nos ancêtres ont dit à nos pères, qui nous l'ont redit. Après que les âmes des hommes sont séparées des corps par la volonté des êtres divins, elles vont, les unes, dans un pays sans soleil et sans arbres; les autres, dans des régions de clarté et de délices, selon qu'elles ont bien ou mal mérité ici-bas, en faisant du bien ou du mal à leurs semblables. Si donc tu dois mourir comme nous, prends soin de ne point nous faire de mal, à nous et à ceux qui ne t'en ont point fait! »

Ce discours du vieillard indien, relaté par Las Casas, atteste que les Indiens avaient une religion presque évangélique par la simplicité et la pureté de sa morale, émanation mystérieuse, ou d'une nature primitive dont les dépravations et les vices n'avaient pas encore terni les clartés, ou d'une civilisation vieillie et usée qui avait laissé ces lueurs dans leurs traditions!

Colomb, après une longue et pénible exploration, rentra mourant à Hispaniola. Ses fatigues et ses anxiétés, jointes à ses souffrances et au poids des années que son esprit ne sentait pas, mais qui pesait sur ses membres, avaient un moment triomphé de son génie. Ses matelots le ramenèrent à Isabelle insensible et anéanti. Mais la Providence, qui ne l'avait jamais abandonné, veillait sur lui pendant l'absence de ses facultés. Il trouve, en s'éveillant de son évanouissement, son frère chéri, Barthélemy Colomb, au chevet de sa couche. Barthélemy Colomb était arrivé d'Europe à Hispaniola, comme s'il avait eu l'inspiration des périls et des nécessités où allait se trouver son frère. C'était la force de la famille, dont Diego, le troisième frère, était la douceur, et dont Christophe était le génie. La vigueur de son corps égalait celle de son âme. Il était d'une taille athlétique, d'une trempe de fer, d'une santé robuste, d'un aspect imposant, d'un accent de voix dominant les vents et les flots; navigateur dès son jeune âge, soldat et aventurier toute sa vie, doué par la nature et par l'habitude de cette audace qui commande l'obéissance et de cette justice qui fait accepter la discipline, homme aussi capable de gouverner que de combattre, c'était le second qui convenait le mieux à Colomb dans l'extrémité des circonstances où l'anarchie avait jeté son empire, et, par-dessus tout, c'était un frère pénétré d'autant de respect que de tendresse pour le chef et pour la gloire de sa maison. L'esprit de famille répondait à Colomb de la fidélité de son lieutenant. La tendresse entre les deux frères était le meilleur gage de la confiance de l'un et de la soumission de l'autre. Colomb lui remit le commandement et le gouvernement, pendant les longs mois où la nature épuisée le condamnait lui-même à l'inaction et au repos, sous le titre d'*adelantado* ou intendant général et sous-gouverneur des terres de sa domination. Barthélemy, plus sévère administrateur que son frère, imposa plus de respect, mais souleva aussi plus de résistances.

La témérité et la perfidie du jeune guerrier espagnol Ojéda suscitèrent des guerres de désespoir entre les Indiens et la colonie. Cet intrépide aventurier, s'étant avancé avec quelques cavaliers jusqu'aux parties les plus lointaines et les plus indépendantes de l'île, persuada à un des caciques de l'accompagner au retour avec un grand nombre d'Indiens, pour admirer à Isabelle la grandeur et la richesse des Européens. Le cacique, séduit, suivit Ojéda. Après quelques jours de marche, pendant une halte au bord d'une rivière, Ojéda, abusant de la simplicité de ce chef indien, lui fit admirer une paire de menotes d'acier poli dont l'éclat éblouit le cacique. Ojéda lui dit que ces fers étaient des bracelets dont les rois d'Europe se paraient dans les jours de cérémonie aux yeux de leurs sujets. Il inspira à son hôte le désir de s'en parer à son tour, de monter un cheval comme un Espagnol et de se montrer à ses Indiens dans cet appareil prétendu des souverains du vieux monde. Mais à peine l'infortuné cacique eut-il monté en croupe derrière le rusé Ojéda, et revêtu les menotes, objets de sa vanité enfantine, que les cavaliers espagnols, partant au galop en entraînant leur prisonnier dans leur course, traversèrent l'île, et l'amenèrent enchaîné à la colonie, où ils le retinrent dans les fers qu'il avait innocemment désirés.

Une vaste insurrection souleva les Indiens contre cette perfidie des étrangers dans lesquels ils avaient vu d'abord des hôtes, des amis, des bienfaiteurs, des dieux. Cette insurrection motiva la vengeance des Espagnols. Ils réduisirent les Indiens à l'état d'esclaves, et ils envoyèrent quatre vaisseaux, chargés de ces victimes de leur cupidité, en Espagne, pour en faire un infâme commerce comme d'un bétail humain ; compensant ainsi par le prix de ces esclaves l'or qu'ils s'étaient promis de recueillir comme la poussière dans ces contrées où ils ne trouvaient que du sang. La guerre alors dégénéra en chasse d'hommes. Des chiens apportés d'Europe et dressés à cette poursuite dans les forêts, flairant, déchirant et saisissant les naturels par le cou, secondèrent les Espagnols dans cette inhumaine dévastation du pays.

Colomb, rétabli enfin de sa longue maladie, ressaisit les rênes du gouvernement, fut entraîné lui-même par ces guerres allumées pendant son interrègne, se fit guerrier et pacificateur, après avoir été navigateur, remporta des batailles décisives sur les Indiens, les assouplit au joug adouci par sa bonté et sa politique, et leur imposa seulement un léger tribut d'or et de fruits de leurs contrées en signe d'alliance plus que de servitude. L'île refleurit sous sa modération ; mais le malheureux et confiant cacique Guacanahari, qui avait accueilli le premier ces hôtes dans ses terres, honteux et désespéré d'avoir été involontairement le complice de l'asservissement de sa patrie, s'enfuit pour jamais dans les montagnes escarpées de l'île, et y mourut libre pour ne pas vivre esclave sous les lois de ceux qui avaient abusé de ses vertus.

Pendant cette langueur de Colomb et ces agitations de l'île, ses ennemis, travaillant à sa perte à la cour, l'avaient attaqué dans le cœur de Ferdinand. Isabelle, plus inébranlable dans son admiration pour ce grand homme, le protégeait en vain de sa faveur. La cour avait envoyé à Hispaniola un magistrat investi de pouvoirs secrets qui l'autorisaient à informer contre les prétendus crimes du vice-roi, à le déposséder de son autorité et à l'envoyer en Europe si ses crimes étaient avérés. Ce juge partial, nommé Aguado, arriva à Hispaniola pendant que le vice-roi était à la tête des troupes dans l'intérieur de l'île, occupé à pacifier et à administrer le pays. Oubliant la reconnaissance qu'il devait à Colomb, premier auteur de sa fortune, Aguado, avant même de recueillir des informations, déclara Colomb coupable et déchu provisoirement de ses fonctions souveraines. Entouré à son débarquement et applaudi par les mécontents de la colonie, il envoya ordre à Colomb de se rendre à Isabelle, capitale des Espagnols, et de reconnaître sa mission. Colomb, entouré de ses amis et de ses soldats les plus dévoués, pouvait contester son obéissance aux insolentes injonctions d'un subordonné. Il s'inclina au contraire devant le nom seul de son souverain, se rendit désarmé près d'Aguado, et, lui remettant l'autorité tout entière, le laissa instruire librement l'odieux procès que ses calomniateurs lui intentaient.

Mais au moment même où sa fortune l'abaissait ainsi devant la persécution, elle lui ménageait une de ces faveurs qui pouvaient le plus lui concilier celles de la cour. Un de ses jeunes officiers, nommé Miguel Diaz, ayant tué en duel un de ses camarades, s'enfuit de peur du châtiment dans une partie sauvage et reculée de l'île. La peuplade qui habitait ces montagnes était gouvernée par une jeune Indienne d'une grande beauté, veuve d'un cacique. Elle conçut pour l'Espagnol fugitif un ardent amour et l'épousa. Diaz, aimé et couronné par l'objet de son amour, ne put cependant oublier sa patrie, ni dissimuler la tristesse que le regret de ses compatriotes répandait sur ses traits. Sa femme, en cherchant à lui arracher l'aveu de sa mélancolie, apprit de lui que l'or était la passion des Espagnols, et qu'ils viendraient habiter avec lui ces contrées s'ils avaient l'espérance d'y découvrir ce précieux métal. La jeune Indienne, ravie de conserver à ce prix la présence de celui qu'elle aimait, lui révéla l'existence de mines inépuisables, cachées dans ces montagnes. Possesseur de ce secret, et sûr à ce prix d'obtenir son pardon, Diaz accourut apporter à Colomb la révélation de ce trésor. Le frère du vice-roi, Barthélemy Colomb, partit avec Diaz et une escorte de troupes pour vérifier cette découverte. Ils arrivent en peu de jours à une vallée où la rivière roulait l'or avec le sable, et où les rochers de son lit étaient incrustés de parcelles de ce métal. Colomb établit une forteresse dans le voisinage, creusa et élargit des mines déjà ouvertes dans l'antiquité, en recueillit d'immenses richesses pour ses souverains, et se persuada de plus en plus qu'il avait abordé dans la contrée fabuleuse d'Ophir. Diaz, reconnaissant, et fidèle à la jeune Indienne à qui il devait sa grâce, sa fortune et son bonheur, fit bénir son union avec elle par les prêtres de son culte et gouverna en paix sa tribu.

Colomb, après cette découverte, cédant sans résistance aux ordres d'Aguado, s'embarqua avec son juge pour l'Espagne. Il y arriva après huit mois de navigation, plus en accusé qu'on mène au supplice, qu'en conquérant qui rapporte des trophées. La calomnie, l'incrédulité, le reproche, l'accueillirent à Cadix. L'Espagne, qui s'était attendue à des prodiges, ne voyait revenir de la terre de ses rêves que des aventuriers déçus, des accusateurs et des esclaves nus. L'infortuné cacique, toujours enchaîné dans les menottes d'Ojéda, amené comme un trophée vivant à Ferdinand et à Isabelle par Aguado, était mort en mer en maudissant sa confiance dans les Européens et leur trahison.

Colomb, conformant son costume à la tristesse et à la misère de sa situation, se rendit à Burgos, où était la cour, en habit de franciscain, n'ayant sur ce vêtement qu'une corde pour ceinture, la tête chargée d'années, de soucis, d'affliction et de cheveux blancs, les pieds nus comme un suppliant de génie qui vient demander pardon de sa gloire. Isabelle seule le reçut avec une tendre compassion, et s'obstina à croire à sa vertu et à ses services. Cette faveur constante quoique voilée de la reine soutint l'amiral contre les dénigrements et les accusations des courtisans. Il proposa de nouveaux voyages et des découvertes plus vastes. On consentit à lui confier encore des vaisseaux, mais on lui fit consumer dans des lenteurs systématiques le peu d'années que son âge avancé laissait à ses forces. La pieuse Isabelle, en accordant à Colomb des pouvoirs et des titres nouveaux, stipula en faveur des Indiens des conditions de liberté et d'humanité qui devançaient les idées de son siècle. Le cœur d'une femme proscrivait d'instinct l'esclavage que la philosophie et la religion ne devaient abolir que quatre siècles après. Enfin, Colomb justifié put s'embarquer et faire voile vers sa nouvelle patrie. Mais la haine et l'envie le poursuivirent jusqu'à bord du vaisseau où il arborait son pavillon d'amiral de l'Océan. Bréviesca, trésorier du patriarche des Indes; Fonséca, ennemi de Colomb, se répandirent en outrages contre l'amiral, au moment où on levait l'ancre. Colomb, qui s'était contenu jusque-là par la force intérieure, la patience et le sentiment de l'immensité de sa mission, déborda pour la première fois d'amertume et d'indignation. A cette dernière ignominie de ses ennemis, il redevint homme enfin pour un instant, et tombant de toute la hauteur de son âme, et de toute la force de son bras, redoublée par la colère, sur son indigne persécuteur, il l'abattit sur le pont et le foula avec mépris sous ses pieds. Tel fut l'adieu de la jalousie de l'Europe à celui qui lui semblait trop grand ou trop heureux pour un mortel. Cette vengeance soudaine de l'amiral laissa un nouveau ressentiment dans le cœur de Fonséca, et une nouvelle accusation à exploiter à ses ennemis. Le vent qui s'élevait l'enleva à la vue du rivage et aux indignités de sa patrie.

Parvenu cette fois, par une autre route, à l'île de la Trinité, il la reconnut, la nomma, et, doublant cette île, il côtoya la véritable terre d'Amérique, près de l'embouchure de l'Orénoque. La douceur de l'eau de la mer, qu'il goûta dans ces parages, aurait dû le convaincre que le fleuve qui se déchargeait dans l'Océan avec une masse suffisante pour dessaler ses vagues ne pouvait descendre que d'un continent. Il descendit cependant sur cette côte sans soupçonner qu'elle était la plage du monde inconnu. Il la trouva déserte et silencieuse comme un domaine qui attend ses hôtes. Une fumée lointaine au-dessus des vastes forêts, une cabane abandonnée, et quelques traces de pieds nus sur le sable du rivage, furent tout ce qu'il contempla de l'Amérique. Il ne fit lui-même qu'y imprimer son premier pas, et qu'y passer une seule nuit sous la voile qui lui servait de tente; mais ce premier pas aurait dû suffire à donner son nom à ce demi-monde.

Il repartit du golfe de Paria, et revit, après de laborieuses investigations de toutes ces mers, le rivage d'Hispaniola. Ses peines d'âme et de corps, sa longue patience en Espagne, l'ingratitude de ses compatriotes, la froideur de Ferdinand, la haine de ses ministres, les veilles pendant les traversées, les infirmités de l'âge, l'avaient plus brisé que les flots. Ses yeux, échauffés par les insomnies et par la contemplation des cartes et du firmament, étaient enflammés; ses membres, roidis et endoloris par la goutte, refusaient de le soutenir. Son âme seule était saine, et son génie, perçant dans l'avenir, le transportait par la pensée au-dessus de ses souffrances et au delà du temps. Barthélemy Colomb, son frère, qui avait continué à régir la colonie en son absence, fut encore son consolateur et son appui. Il accourut au-devant de l'amiral dès que ses vigies signalèrent des voiles en mer.

Barthélemy raconta à son frère les vicissitudes d'Hispaniola pendant son absence. A peine avait-il achevé l'exploration et la pacification du pays, que les excès des Espagnols et les conspirations de ses propres lieutenants avaient renversé l'ouvrage de sa sagesse et de sa vigueur. Un surintendant de la colonie, nommé Roldan, homme populaire et astucieux, s'était fait un parti parmi les matelots et les aventuriers, écume de l'Espagne, rejetée par la mère-patrie dans la colonie. Il s'était cantonné avec eux sur le rivage opposé de Saint-Domingue, et s'était ligué contre Barthélemy avec les caciques des peuplades voisines; il avait construit ou enlevé des forteresses d'où il bravait l'autorité de son chef légitime. Les Indiens, témoins des divisions de leurs tyrans, en avaient profité pour s'insurger eux-mêmes et pour refuser le tribut. L'anarchie déchirait la nouvelle possession. L'héroïsme de Barthélemy en retenait seul les lambeaux dans ses fortes mains. Ojéda avait frété des navires pour son propre compte en Espagne; il était venu croiser et descendre sur la côte méridionale de l'île, et s'était ligué avec Roldan. Puis Roldan avait trahi Ojéda, et s'était rangé de nouveau sous l'autorité du gouverneur. Pendant ces déchirements de la colonie, un jeune Espagnol, d'une beauté remarquable, don Fernand de Guérara, avait inspiré une violente passion à la fille d'Anacoana, veuve du cacique emmené par Ojéda en Espagne, et mort captif dans la traversée. Anacoana, elle-même, était jeune encore, célèbre parmi les peuplades de l'île, par son incomparable beauté, par son génie naturel et par son talent poétique, qui faisait d'elle la Sibylle adorée de ses compatriotes. Elle avait conçu, malgré les malheurs de son mari, une haute admiration et une inclination invincible pour les Espagnols. Le peuple nombreux qu'elle gouvernait avec son frère était l'asile de ces étrangers. Elle les comblait d'hospitalité, d'or et de protection dans leurs disgrâces. Ses sujets, plus civilisés que les autres tribus indiennes, vivaient en paix, riches et heureux sous ses lois. Roldan, qui gouvernait la partie de l'île soumise à la belle Anacoana, avait été jaloux du séjour et de l'influence de Fernand de Guérara à la cour de cette princesse. Il lui défendit d'épouser sa fille, et lui ordonna de s'embarquer. Fernand, retenu par son amour, avait refusé d'obéir, et conspira contre Roldan. Surpris et enchaîné dans la demeure d'Anacoana par les soldats de Roldan, il avait été conduit à Isabelle pour y être jugé. Une expédition, partie de la capitale de la colonie sous prétexte de parcourir l'île, avait été accueillie avec un empressement amical dans la capitale d'Anacoana. Le chef perfide de cette expédition, abusant de la confiance et de l'hospitalité de cette reine, avait fait inviter par elle trente caciques du midi de l'île aux fêtes qu'elle préparait pour les Espagnols. Les Espagnols, pendant les danses et les festins auxquels ils assistaient, avaient conspiré l'incendie et la mort de leur généreuse protectrice, de sa famille, de ses hôtes et de son peuple. Ils invitèrent Anacoana, sa fille, les trente caciques et le peuple à contempler, du haut d'un balcon, les évolutions de leurs chevaux et un combat simulé entre les cavaliers de leur escorte; ces cavaliers fondent tout à coup sur le peuple sans armes, rassemblé par la curiosité sur la place; ils le massacrent et le foulent aux pieds de leurs chevaux; puis, entourant d'une haie de fantassins le palais d'Anacoana, pour empêcher cette reine et ses amis d'en sortir, les Espagnols avaient incendié le palais, encore plein des fêtes et des festins auxquels ils venaient de s'asseoir eux-mêmes; ils avaient contemplé avec une cruauté égale à leur ingratitude la belle et malheureuse Anacoana, repoussée dans son palais, expirant par le feu, et appelant sur eux, du milieu des flammes, la vengeance de ses dieux!

Ce crime contre l'hospitalité, contre l'innocence, contre la souveraineté, contre la beauté et le génie dont la célèbre Anacoana était le symbole parmi les Indiens, avait jeté dans l'île une horreur et un bouleversement dont Colomb ne pouvait de longtemps triompher, malgré toute sa vertu et toute sa politique. Les flammes et le sang du palais de cette reine dont la beauté les éblouissait, et dont les poésies nationales les enivraient d'amour et d'enthousiasme, s'élevèrent entre les oppresseurs et les opprimés. L'île devint un champ de carnage, un bagne et un cimetière des malheureux Indiens. Les Espagnols, aussi fanatiques dans leur prosélytisme que barbares dans leur cupidité, préludèrent, à Hispaniola, aux crimes qui devaient bientôt dépeupler le Mexique. Ces deux races d'hommes s'étouffèrent en s'embrassant.

Pendant que Colomb s'étudiait à séparer et à pacifier ces deux parties de la population, le roi Ferdinand, informé par ses ennemis des malheurs de l'île, les imputait à celui qui les guérissait. Colomb ayant demandé à la cour de lui envoyer un magistrat d'un rang élevé pour imposer par ses jugements l'autorité royale à ses compagnons indisciplinés, la cour lui envoya Bobadilla, homme intègre de mœurs, mais fanatique et indomptable d'orgueil. L'autorité mal définie dont il était investi par le décret royal le subordonnait à la fois et l'élevait au-dessus de tout autre pouvoir. En arrivant à Hispaniola, prévenu contre l'amiral, il le somma insolemment de comparaître en accusé devant lui ; et, faisant apporter des chaînes, il ordonna aux soldats d'en charger les membres de leur général. Les soldats, accoutumés au respect et à l'amour de leur chef, rendu plus vénérable à leurs yeux par l'âge et par la gloire, hésitèrent et restèrent immobiles comme si on leur eût commandé un sacrilége. Mais Colomb, tendant de lui-même les bras aux fers que son roi lui envoyait, se laissa enchaîner aux pieds et aux mains par un de ses propres serviteurs, bourreau volontaire, vil stipendié de sa domesticité, nommé Espinosa, dont Las Casas a conservé le nom comme un type d'insolence et d'ingratitude.

Colomb ordonna lui-même à ses deux frères, Barthélemy et Diego, qui étaient encore à la tête du corps d'armée dans l'intérieur, de se soumettre sans résistance et sans murmure à son juge. Enfermé dans le cachot de la forteresse d'Isabelle, il subit pendant plusieurs mois l'instruction de son procès, où tous ses révoltés et tous ses ennemis, devenus ses accusateurs et ses juges, le chargèrent à l'envi des plus odieuses et des plus absurdes accusations. Devenu l'objet de la dérision et de la fureur publiques, il entendait du fond de sa prison les railleries féroces et les fanfares de ses persécuteurs qui venaient tous les soirs insulter à sa captivité. Il s'attendait à chaque instant à voir entrer ses bourreaux. Bobadilla cependant n'osa pas le dernier crime. Il ordonna que l'amiral serait expulsé de la colonie et envoyé en Espagne, à la justice ou à la merci du roi. Alonzo de Villejo fut chargé de sa garde pendant la traversée. C'était un homme de cœur, obéissant par devoir militaire, indigné et miséricordieux jusque dans l'obéissance. Colomb, en le voyant entrer dans son cachot, ne douta pas que sa dernière heure ne fût arrivée. Il s'y était préparé par l'innocence et par la prière. La nature cependant se troublait en lui. « Où me conduisez-vous ? dit-il en interrogeant du regard et de l'accent l'officier. — Aux vaisseaux où vous allez être embarqué, monseigneur, répondit Villejo. — M'embarquer? reprit Colomb incrédule à ce message qui lui rendait la vie, ne me trompez-vous pas, Villejo? — Non, monseigneur, répliqua l'officier ; je vous jure, par Dieu, que rien n'est plus vrai ! » Il soutint les pas de l'amiral, et le fit monter sur le vaisseau, écrasé du fardeau de ses fers, et poursuivi par les insultes d'une lâche populace.

Mais à peine les vaisseaux furent-ils sous voile que Villejo et Andreas Martin, commandants du navire devenu le cachot flottant de leur chef, s'approchèrent avec respect de lui ainsi que tout l'équipage et voulurent lui enlever ses fers. Colomb, pour qui ces fers étaient à la fois un signe d'obéissance à Isabelle et un signe de l'iniquité des hommes, dont il souffrait dans son corps, mais dont il était glorieux dans son âme, leur rendit grâce, mais refusa obstinément d'être délivré de ces anneaux. « Non, dit-il, mes souverains m'ont écrit de me soumettre à Bobadilla. C'est en leurs noms qu'ils m'ont chargé de ces fers. Je les porterai jusqu'à ce qu'ils m'en déchargent eux-mêmes, et je les conserverai après, ajouta-t-il avec une satisfaction amère de ses services et de son innocence, comme un monument de la récompense accordée par les hommes à mes travaux. »

Son fils raconte, ainsi que Las Casas, que Colomb fut fidèle à cette promesse, qu'il garda toujours depuis ses chaînes suspendues sous ses yeux dans ses demeures, et que, dans son testament, il ordonna qu'elles fussent enfermées avec lui dans son cercueil : comme s'il eût voulu en appeler à Dieu de l'injustice et de l'ingratitude de ses contemporains, et présenter au ciel les preuves matérielles de l'iniquité et de la cruauté de la terre !

Cependant les haines des partis ne traversent pas les

mers. Le dépouillement, la captivité, les fers de Colomb soulevèrent de miséricorde et d'indignation le peuple de Cadix. Quand on vit ce vieillard qui avait apporté naguère un empire à sa patrie, rapporté lui-même de cet empire comme un vil criminel pour expier le service par l'opprobre, les cœurs éclatèrent contre Bobadilla. Isabelle, qui était alors à Grenade, versa des larmes sur cette indignité, ordonna que ses fers fussent remplacés par de riches vêtements, et ses geôliers par une escorte d'honneur. Elle l'appela à Grenade. Il tomba à ses pieds, et ses sanglots de reconnaissance lui coupèrent longtemps la voix. Le roi et la reine ne daignèrent pas même examiner le procès d'un si grand accusé. Il était absous par leur respect autant que par sa vertu. Ils gardèrent quelque temps l'amiral à leur cour et envoyèrent un autre gouverneur, nommé Ovando, pour remplacer Bobadilla. Ovando avait les vertus qui font l'homme intègre, sans la grandeur d'âme qui fait l'homme généreux. C'était un de ces caractères où tout est étroit, même le devoir, et où l'honnêteté ressemble à une parcimonie de la nature. C'était l'homme le moins fait pour comprendre et pour suppléer un grand homme. Il reçut d'Isabelle l'ordre de protéger les Indiens et la défense de les vendre comme esclaves. La part des revenus dévolus à Colomb par les traités devait lui être envoyée en Espagne, ainsi que les trésors dont il avait été dépossédé par Bobadilla. Une flotte de trente voiles porta le nouveau gouverneur à Hispaniola.

Colomb, insensible à la vieillesse et déjà reposé des persécutions, souffrait impatiemment le repos et même les honneurs dans sa patrie. Vasco de Gama venait de découvrir la route des Indes par le cap de Bonne-Espérance. Le monde était plein de l'étonnement et de l'admiration de cette découverte du navigateur portugais. Une noble rivalité travaillait l'âme du navigateur génois. Convaincu de la rotondité du globe, il croyait arriver aux terres prolongées de l'Est en naviguant droit à l'orient : il sollicita à la cour d'Espagne le commandement d'une quatrième expédition et s'embarqua à Cadix, le 19 mai 1502, pour la dernière fois. Son frère Barthélemy Colomb et son fils Fernando, âgé de quatorze ans, l'accompagnaient. Sa flotte se composait de quatre petits vaisseaux propres à naviguer sur les côtes et à entrer sans danger dans les anses et dans les embouchures des fleuves qu'il voulait explorer. Ses équipages ne comptaient que cent cinquante hommes de mer. Bien qu'il approchât de soixante et dix ans, sa verte vieillesse avait résisté par la vigueur de l'âme au poids des années ; ni ses maladies douloureuses ni la mort ne le détournaient de son but. « L'homme, disait-il, est un outil qui doit se briser à l'œuvre dans la main de la Providence qui s'en sert pour ses desseins. Aussi longtemps que le corps peut, l'esprit doit vouloir. »

Il avait résolu de toucher en passant à Hispaniola pour se radouber. Il avait cette autorisation de la cour. Il franchit l'Océan par une mer orageuse, et il arriva avec ses mâts brisés, ses voiles en lambeaux, ses vaisseaux sans eau et sans vivres, en vue d'Hispaniola. Ses notions maritimes lui présageaient un ouragan plus terrible que ceux qu'il avait essuyés. Il envoya une chaloupe demander au gouverneur Ovando la permission de s'abriter dans la rade d'Isabelle. Instruit par ses pronostics du danger que la mer allait déchaîner sur ces côtes, Colomb, dans sa lettre, avertissait Ovando de retarder le départ d'une flotte nombreuse prête à partir d'Hispaniola pour l'Espagne, et chargée de tous les trésors du nouveau monde. Ovando refusa impitoyablement à Colomb l'asile d'un moment qu'il implorait dans le port de sa propre découverte. Il s'éloigna indigné et proscrit, et cherchant loin de la domination d'Ovando un abri sous les falaises écartées de l'île, il y attendit la tempête qu'il avait prédite à Ovando. Elle engloutit la flotte entière de ce gouverneur, les trésors et la vie d'un millier d'Espagnols. Colomb la ressentit jusque dans la rade où il s'était abrité, gémit sur les malheurs de ses compatriotes, et, quittant cette terre inhumaine, il revit la Jamaïque et aborda sur la terre ferme dans les baies d'Honduras.

Soixante jours de tempête continue, le ballottement d'un cap à l'autre et du continent aux îles, sur les bords inconnus de cette Amérique dont les orages semblaient lui disputer la conquête! Il perdit un de ses navires et les cinquante hommes qui le montaient à l'embouchure d'une rivière qu'il nomma la plage du Désastre.

La mer s'obstinant à lui fermer la route de ces Indes qu'il croyait toujours entrevoir, il jeta l'ancre entre une île délicieuse et le continent. Visité par les Indiens, il en embarqua sept sur ses vaisseaux pour se familiariser avec leur langue et pour en obtenir des indices. Il côtoya avec eux une terre où l'or et les perles abondaient dans les mains des naturels. Au commencement de l'année 1504, il remonta la rivière Veragua et envoya son frère Barthélemy, à la tête de soixante Espagnols, visiter les villages de ces bords, à la recherche des mines d'or. Barthélemy ne trouva que des sauvages et des forêts. L'amiral abandonna ce fleuve et pénétra dans un autre, dont les rives étaient peuplées d'Indiens qui prodiguaient l'or à ses équipages en échange des plus vulgaires hochets de l'Europe. Il se crut au but de ses chimères, il était au comble de ses revers. La guerre éclata entre cette poignée d'Européens et le peuple nombreux de ces rivages. Barthélemy Colomb terrassa de sa main et emmena captif le cacique le plus puissant et le plus redoutable des Indiens. Un village que les compagnons de Colomb avaient construit sur la côte pour commercer avec l'intérieur fut pris et incendié la nuit par les naturels; huit Espagnols, percés par leurs flèches, périrent sous les débris de leurs cabanes; Barthélemy rallia les plus courageux et refoula ces hordes dans leurs forêts; mais l'antipathie s'accrut des deux côtés par le sang répandu, les canots des Indiens assaillirent en foule la chaloupe de l'escadre qui cherchait à remonter plus haut le fleuve. Tous les Européens qui la montaient furent immolés. Pendant cette lutte acharnée, Colomb, retenu à bord de ses navires par la faiblesse de son corps et par les maladies, gardait le cacique et les chefs indiens prisonniers sur son vaisseau. Ces chefs, informés du ravage de leur territoire et de la captivité de leurs femmes, tentèrent de s'évader en soulevant pendant une nuit obscure la trappe qui fermait leur cachot flottant. L'équipage, réveillé par le bruit, les refoula dans leur prison et ferma l'écoutille avec une barre de fer. Le lendemain, quand on rouvrit l'écoutille pour leur porter la nourriture, on ne trouva que leurs cadavres. Ils s'étaient tous entre-tués de désespoir pour échapper à l'esclavage.

Bientôt séparé par les brisants de son frère Barthélemy, qui était à terre avec les restes de l'expédition, Colomb n'eut plus pour communiquer avec lui que le courage d'un de ses officiers, franchissant à la nage les écueils pour porter et rapporter des nouvelles toujours plus sinistres. Il ne pouvait ni s'éloigner des siens ni les abandonner dans leurs désastres. L'inquiétude, la maladie, la faim, la perspective d'un naufrage sans refuge et sans témoins sur une terre si désirée et si funeste, combattaient dans son cœur sa constance héroïque et sa résignation pieuse aux ordres de Dieu, dont il se sentait à la fois l'envoyé et la victime. Il écrivait ainsi, pendant ses insomnies, l'état de son esprit : « Épuisé, je m'étais assoupi, quand une voix pénétrée de douleur et de compassion me fit entendre ces paroles : « Homme insensé! homme si lent à croire et à servir

» ton Dieu, le Dieu de l'univers! que fit-il autrement de
» Moïse et de David, ses serviteurs? Depuis l'instant de ta
» naissance, il a toujours pris le plus grand soin de toi. Dès
» que tu as été en âge d'homme, il a fait retentir merveil-
» leusement ton nom obscur par toute la terre; il t'a donné
» en possession les Indes, cette partie favorisée de sa créa-
» tion, il t'a fait trouver les clefs des barrières de l'immense
» Océan, fermées jusque-là par des chaînes si fortes...
» Tourne-toi vers lui et bénis sa miséricorde sur toi; s'il
» reste encore quelque grande entreprise à accomplir, ton
» âge ne sera point un obstacle à ses desseins. Abraham
» n'avait-il pas plus de cent ans quand il engendra Isaac, et
» Sara était-elle jeune...? Qui a causé tes afflictions d'au-
» jourd'hui, est-ce Dieu ou le monde? Les promesses qu'il
» t'a faites, il ne les a jamais violées; il n'a jamais dit, après
» avoir reçu tes services, que tu l'avais mal compris. Il tient
» tout ce qu'il doit, lui, et au delà; ce que tu souffres au-
» jourd'hui est le salaire des travaux et des dangers que tu
» as subis en servant d'autres maîtres... Ne crains donc rien
» et prends confiance dans le désespoir même; toutes ces
» tribulations sont écrites sur le marbre, et ce n'est pas sans
» raison: il faut qu'elles s'accomplissent! » Et la voix qui
m'avait parlé me laissa plein de consolation et de constance!»

Enfin la saison apaisa la mer, et les deux frères, si longtemps séparés, se rejoignirent sur les vaisseaux. Ils regagnèrent lentement Hispaniola. Une des trois caravelles sombra de fatigue en approchant du rivage. Il ne lui resta que deux barques vieillies pour entasser tous ses équipages. Ses compagnons abattus, sans vivres et sans forces, ses ancres perdues, ses navires faisant eau et toutes leurs membrures rongées des vers et percées, dit-il, « d'autant de trous qu'un rayon de miel; » les vents et la mer impitoyables le repoussant d'Hispaniola à la Jamaïque, ses navires, prêts à s'abîmer, lui donnèrent à peine le temps de les échouer sur le sable, dans une baie inconnue, de les lier ensemble par des câbles et par des planches qui n'en faisaient qu'un bloc, d'élever sur ces deux ponts réunis des tentes pour ses équipages, et d'attendre, dans cette affreuse situation d'un naufragé, le secours de la Providence.

Les Indiens, attirés par le spectacle de ce naufrage et de cette forteresse bâtie par des étrangers sur leur grève, échangèrent avec les Espagnols des vivres contre des objets sans valeur, dont la nouveauté faisait le prix à leurs yeux. Cependant les mois s'écoulaient, les provisions s'épuisaient, les terreurs de l'avenir et les murmures séditieux des équipages jetaient l'âme de l'amiral dans une pensive anxiété. Le seul espoir de salut qui restât était donc un avis de sa détresse donné au gouverneur d'Hispaniola, Ovando. Mais cinquante lieues de mer séparaient Hispaniola de la Jamaïque. Un canot de sauvages était la seule embarcation qu'il pût mettre à flot; quel homme assez dévoué pour ses frères jouerait sa vie contre un élément si vaste et si terrible, sur un tronc d'arbre creusé et sans autre gréement qu'une rame? Diego Mendez, jeune officier de l'escadre de Colomb, qui avait déjà montré dans d'autres extrémités l'oubli de soi-même qui fait les héros et les miracles, s'offrit une nuit à la pensée de l'amiral. Il le fit appeler en secret près de son lit où la goutte le retenait et lui dit : « Mon fils, de tous ceux qui sont ici, vous et moi nous comprenons seuls les dangers dans lesquels nous n'avons en perspective que la mort. Un seul moyen nous reste à tenter, il faut qu'un seul s'expose à périr pour tous ou nous sauve tous. Voulez-vous être celui-là? » Mendez répondit: « Monseigneur, je me suis plusieurs fois dévoué pour mes frères; mais il y en a qui murmurent, et qui disent que votre faveur me choisit toujours quand il y a une action d'éclat à tenter. Proposez donc demain à tout l'équipage la mission que vous m'offrez; et si nul ne l'accepte, je vous obéirai. » L'amiral fit le lendemain ce que Mendez avait demandé. Tout l'équipage interrogé se récria sur l'impossibilité d'une traversée immense sur un morceau de bois, jouet du vent et des lames. Mendez alors s'avança et dit modestement: « Je n'ai qu'une vie à perdre, mais je suis prêt à l'exposer pour votre service et pour le salut de tous; je m'abandonne à la protection de Dieu! » Il partit, et se perdit dans les brumes et dans les écumes de l'horizon, aux yeux des Espagnols, dont il portait la vie avec la sienne.

Cependant l'attente sans espoir, l'isolement absolu du monde connu et l'excès du malheur aigrirent contre l'amiral ses compagnons, qui lui imputèrent leur perte. Deux de ses officiers favoris, Diego et Francisco de Porras, qu'il avait traités comme ses fils et investis des principaux commandements dans l'escadre, furent les premiers à élever contre lui le murmure, l'insulte et bientôt la sédition. Profitant d'une crise de ses infirmités qui clouait leur bienfaiteur sur sa couche, et entraînant avec eux la moitié des matelots et des soldats, ils s'emparèrent d'une partie des vivres et des armes, ameutèrent leurs complices aux cris de « Castille! Castille! » et couvrirent de malédictions et d'outrages l'amiral. Colomb, que la maladie désarmait et qui ne pouvait que lever les mains vers le ciel, les supplia en vain de rentrer dans le devoir. Ils méprisèrent ses larmes comme ses ordres. Ils lui reprochèrent sa vieillesse, ses cheveux blancs, ses souffrances corporelles, et levèrent le fer sur sa tête. Barthélemy Colomb s'arma de sa lance, se jeta entre eux et l'amiral que des serviteurs soutenaient dans leurs bras, et, secondé par une partie fidèle de l'équipage, il sauva les jours et l'autorité de son frère sur les vaisseaux. Les deux Porras et cinquante de leurs complices quittèrent les bâtiments, ravagèrent la contrée, soulevèrent les naturels par leurs crimes; tentèrent en vain de construire des barques pour se rendre à Hispaniola, périrent en partie dans la tentative, revinrent attaquer Colomb et leurs compatriotes dans les vaisseaux, furent vaincus par le bras intrépide de Barthélemy qui tua leur chef, Francisco Porras, et se soumirent enfin au devoir, suppliant Colomb de pardonner à leur ingratitude et à leur rébellion.

Cependant le messager de Colomb, sur son frêle tronc d'arbre, avait été dirigé par la Providence sur ce désert d'eau, et il avait échoué, comme le débris d'un naufrage lointain, sur les écueils d'Hispaniola. Conduit à travers l'île par les naturels, il était parvenu, après des fatigues et des dangers sans nombre, jusqu'au gouverneur Ovando. Il lui avait remis le message de l'amiral, et il avait ajouté par son récit à l'intérêt et à la pitié que la situation désespérée de Colomb et de ses compagnons devait inspirer à des compatriotes. Mais, soit incrédulité, soit lenteur, soit attente secrète de la ruine d'un rival trop grand pour ne pas embarrasser la reconnaissance, les Espagnols d'Hispaniola avaient laissé, sous divers prétextes, s'écouler les jours et les mois. Puis ils avaient envoyé, comme à regret, un léger navire, commandé par Escobar, pour reconnaître seulement la situation des vaisseaux naufragés, sans aborder la côte et sans parler aux équipages. Ce navire avait apparu et disparu à distance, une nuit, aux regards de Colomb et de ses matelots, avec tant de mystère, que leur superstition l'avait pris pour le fantôme d'un bâtiment qui venait tenter leur crédulité ou prophétiser leur mort.

Enfin Ovando se décida à envoyer des vaisseaux à l'amiral pour l'arracher à la sédition, à la disette et à la mort. Après un naufrage de seize mois, l'amiral, accablé de ses années, de ses infirmités et de ses revers, revit, pour quelques jours, l'île dont il avait fait un empire, et dont l'ingratitude et la jalousie le proscrivaient. Il y passa quelques mois, bien accueilli en apparence, dans la maison du gouverneur, mais exclu de toute influence dans le gouvernement, voyant ses ennemis en faveur, ses amis expulsés ou persécutés à cause de leur fidélité, et pleurant sur la ruine et sur l'esclavage de cette terre qu'il avait découverte comme le jardin du monde, et qu'il revoyait comme le tombeau de ses chers Indiens. Ses propres biens confisqués, ses revenus dilapidés, ses terres dépeuplées ou incultes, le livraient à la fois à la vieillesse, à la maladie et à l'indigence. Jeté enfin avec son frère, son fils et quelques serviteurs sur un vaisseau qui revenait en Europe, une mer implacable le porta de tempête en tempête à San-Lucar, où il débarqua le 7 novembre, et d'où on le transporta à Séville, vaincu de force, mourant de corps, invincible d'esprit, immortel de volonté et d'espérance.

Le possesseur de tant d'îles et de continents n'avait pas un toit pour abriter sa tête. « Si je veux manger ou dormir, écrit-il de Séville à son fils, il faut que je frappe à la porte d'une hôtellerie, et souvent je n'ai pas de quoi y payer mon repas et ma nuit! » Ses malheurs et son indigence lui étaient moins intolérables que la misère de ses compagnons et de ses serviteurs, qu'il avait attachés par tant d'espérances à sa fortune, et qui lui reprochaient leur déception et leur misère. Il écrivit au roi et à la reine en leur faveur. Mais l'ingrat Porras, ce révolté vaincu, qui devait la vie à sa magnanimité, l'avait devancé à la cour, et pervertissait contre son bienfaiteur l'esprit de Ferdinand. « J'ai servi Vos Majestés, écrivait Colomb au roi et à la reine, avec autant de zèle et de constance que j'aurais fait pour mériter le paradis, et si j'ai failli en quelque chose, c'est parce que mon esprit ou mes forces n'allaient pas au delà! »

Il comptait avec raison sur la justice et sur la faveur de sa protectrice, la reine Isabelle; mais ce soutien de sa cause allait défaillir aussi : l'infortune domestique l'avait atteinte elle-même. Elle languissait, inconsolable de la mort de sa fille de prédilection. Près d'expirer, elle écrivit dans son testament ce témoignage de son humilité dans le rang suprême, et de la constance de sa tendresse pour l'époux auquel elle voulait rester unie jusque dans la mort : « Que mon corps soit enseveli dans l'Alhambra de Grenade, dans une tombe au niveau de terre et foulée aux pieds ; qu'une simple pierre y dise mon nom. Mais si le roi mon seigneur se choisit une sépulture dans quelque autre temple ou dans quelque autre partie de nos royaumes, je désire que mon corps soit exhumé et transporté et enseveli à côté du sien, afin que l'union de nos corps dans la sépulture atteste et signifie l'union de nos cœurs pendant notre vie, et, je l'espère par la miséricorde de Dieu, l'union de nos âmes dans le ciel ! »

« O mon fils ! écrivit Colomb à Diego en apprenant la mort de sa bienfaitrice, que ceci te soit une leçon de ce que tu auras à faire à présent. La première chose est de recommander pieusement et affectueusement à Dieu l'âme de la reine notre souveraine. Elle fut si bonne et si sainte, que nous pouvons être sûrs de sa gloire éternelle et de son abri dans le sein de Dieu contre les soucis et les tribulations de ce monde. La seconde chose que je te recommande est de veiller et de travailler de toutes tes forces pour le service du roi ; il est le chef de la chrétienté. Souviens-toi, en pensant à lui, que quand la tête souffre, tous les membres sont en souffrance. Tout le monde doit prier pour la consolation et la conservation de ses jours, mais nous surtout qui sommes ses serviteurs ! »

Tels étaient les sentiments de reconnaissance et de fidélité de Colomb au comble de ses disgrâces. Mais la mort d'Isabelle n'entraînait pas seulement sa fortune, elle entraînait sa vie. Retenu à Séville par le dénûment de ses équipages et par les infirmités croissantes de ses membres, il n'avait pour consolateurs que son frère Barthélemy et son second fils, Fernando. Ce fils, âgé de seize ans, annonçait toutes les qualités sérieuses de l'homme mûr dans toutes les grâces de l'adolescent : « Aime-le comme un frère, écrit Colomb à son fils aîné, Diego, alors à la cour ; tu n'en as pas d'autres. Dix frères ne seraient pas trop pour toi ! Jamais je n'ai eu de meilleurs amis que mes frères ! » Il pria Barthélemy de conduire ce jeune homme à la cour, et de le recommander à son fils légitime Diego. Barthélemy partit avec Fernando pour Ségovie, résidence alors de la cour. Il sollicita en vain l'attention de la justice pour Colomb. Quand le printemps eut tempéré l'air, Colomb, accompagné de son frère et de ses fils, s'achemina lui-même vers Ségovie. Sa présence y parut importune au roi ; son indigence était un reproche à la cour. Le jugement de sa conduite et la restitution de ses biens et priviléges furent remis à des conseils de conscience, qui, sans oser nier ses droits, usèrent sa patience en délais. Ils usaient en même temps sa vie. Ses inquiétudes d'esprit, la prévision du dénûment où il laisserait ses frères et ses fils, aigrissaient ses souffrances corporelles. « Votre Majesté, écrivait-il au roi de son lit de douleur, ne juge pas à propos d'exécuter les promesses que j'ai reçues d'elle et de cette reine qui est maintenant dans la gloire. Lutter contre votre volonté, ce serait lutter contre le vent. J'ai fait ce que je devais faire ; que Dieu, qui m'a toujours été propice, fasse le reste selon sa divine justice ! »

Il sentait que la vie, et non la constance, allait lui manquer. Son frère Barthélemy et son fils Diego s'étaient absentés sur son ordre pour aller implorer la reine Juana, fille d'Isabelle, qui revenait de Flandre en Castille. La douleur physique, l'angoisse morale, le sentiment de l'abréviation de ses jours, trop courts maintenant pour qu'il pût espérer justice avant sa fin ; les triomphes de ses ennemis à la cour, la dérision des courtisans, la froideur du prince, les pressentiments de la dernière heure, l'isolement où l'absence de son frère et de son fils le laissait dans une ville oublieuse ou ingrate ; les souvenirs d'une vie dont la moitié s'était passée à attendre l'heure d'une grande destinée, l'autre moitié à déplorer l'inutilité du génie ; sans doute aussi la pitié pour cette race innocente et heureuse d'Indiens qu'il avait trouvés libres et enfants dans leur jardin de délices, et qu'il laissait esclaves, dépouillés et profanés dans les mains de leurs oppresseurs; ses frères sans soutien, ses fils sans héritage; le doute sur le sort de sa mémoire parmi les hommes à venir ; cette agonie du génie méconnu, toutes ces tribulations de ses membres, de son esprit, de son corps, de son âme, du passé, du présent, de l'avenir, pesèrent à la fois sur le vieillard, abandonné dans sa chambre de Ségovie, pendant l'absence de ses frères et de ses enfants. Il demanda à un de ses serviteurs, vieux et dernier compagnon de ses traversées, de sa gloire et de ses misères, de lui apporter sur son lit un petit bréviaire, don du pape Alexandre VI dans le temps où les souverains le traitaient en souverain. Il écrivit, de sa main affaiblie, son testament sur une page de ce livre, auquel il attribuait une vertu de consécration divine.

Étrange spectacle pour son pauvre serviteur! Ce vieillard, abandonné de l'univers et couché sur un lit d'indigent dans une maison d'emprunt de Ségovie, distribuait, dans son testament, des mers, des hémisphères, des îles, des continents, des nations, des empires! Il institua, pour héritier principal, son fils légitime Diego; en cas de mort de Diego sans postérité, il substituait à ses droits son fils naturel, le jeune Fernando; et enfin, si Fernando lui-même venait à mourir avant d'avoir eu des fils, l'héritage passait au frère chéri de Colomb, don Barthélemy, et à ses descendants. « Je prie mes souverains et leurs successeurs, disait-il, de maintenir à jamais mes volontés dans la distribution de mes droits, de mes biens et de mes charges; moi qui, étant né à Gênes, suis venu les servir en Castille, et qui ai découvert, à l'ouest, la terre ferme, les îles et les Indes!... Mon fils possédera ma charge d'amiral de la partie de l'Océan qui est à l'ouest d'une ligne tirée d'un pôle à l'autre! »... Passant de là à l'emploi des revenus qui lui avaient été assurés par son traité avec Isabelle et Ferdinand, le vieillard distribuait avec libéralité et sagesse les millions qui devaient revenir à sa famille, entre ses fils et Barthélemy, son frère. Il en assignait un quart à ce frère; deux millions par an à Fernando, son second fils. Il se souvenait de la mère de cet enfant, dona Béatrice Enriquez, qu'il n'avait jamais épousée, et dont sa conscience lui reprochait l'abandon depuis ses années de pérégrination sur les mers. Il chargea son héritier de faire une opulente pension à cette compagne de ses jours obscurs, pendant qu'il luttait, à Tolède, contre les rigueurs de son premier sort. Il parut même s'accuser de quelque ingratitude ou de quelque négligence de cœur envers l'objet de ce second amour, car il ajoute, au legs qu'il lui fait, ces mots, qui durent peser à sa main mourante : « Et que cela soit accompli pour le soulagement de ma conscience, car ce nom et ce souvenir sont un poids lourd sur mon âme! »

Se reportant ensuite vers cette première patrie qu'une seconde patrie n'efface jamais dans le cœur de l'homme, il eut un souvenir pour cette ville de Gênes, où le temps avait moissonné toute sa maison paternelle, mais où il lui restait quelque parenté éloignée, comme ces racines qui restent dans le sol après le tronc coupé : « J'ordonne à Diego, mon fils, écrivit-il, d'entretenir toujours, dans la ville de Gênes, un membre de notre famille qui y résidera avec sa femme, et de lui assurer une existence honorable, telle qu'il convient à une personne qui nous est alliée. Je veux que ce parent conserve pied et nationalité dans cette ville, en qualité de citoyen; car c'est là que je suis né, et c'est de là que je suis venu! Que mon fils, ajoute-t-il, avec ce sentiment chevaleresque de vassalité et d'inféodation de soi-même au souverain qui était la seconde religion de ce temps, que mon fils serve, en mémoire de moi, le roi, la reine et leurs successeurs, même jusqu'à la perte des biens et de la vie, puisque, après Dieu, ce sont eux qui m'ont fourni les moyens de faire mes découvertes! Il est bien vrai, reprend-il avec un accent involontaire d'amertume, semblable à un reproche mal étouffé dans sa mémoire, que je suis venu les leur offrir de loin, et qu'il s'est écoulé bien du temps avant qu'on ait voulu croire au présent que j'apportais à Leurs Majestés; mais cela était naturel, car c'était un mystère pour tout le monde, et qui ne pouvait inspirer qu'incrédulité! C'est pourquoi je dois en partager la gloire avec ces souverains qui se sont les premiers fiés à moi! »

Colomb reporta ensuite toutes ses pensées à ce Dieu qu'il avait toujours considéré comme un seul et véritable souverain, comme s'il avait relevé directement de cette Providence, dont il s'était senti plus que tout autre l'instrument et le ministre. La résignation et l'enthousiasme, ces deux ressorts de sa vie, ne lui manquèrent pas à sa mort. Il s'humilia sous la main de la nature, et se releva sous la main de Dieu, qu'il avait toujours vu à travers ses triomphes et ses revers, et qu'il voyait de plus près au moment de son départ de la terre. Il s'abîma dans le repentir de ses fautes et dans l'espérance de sa double immortalité. Poëte de cœur, comme on l'a vu dans ses discours et dans ses écrits, il emprunta aux poésies sacrées des psaumes les dernières aspirations de son âme et les derniers balbutiements de ses lèvres. Il prononça en latin l'adieu suprême à ce monde, et remit à haute voix son âme à son Créateur.

Serviteur satisfait de son œuvre et congédié du monde visible, qu'il avait agrandi, pour aller dans le monde invisible s'emparer de l'espace incommensurable des univers infinis.

L'envie et l'ingratitude de son siècle et de son souverain s'évanouirent avec le dernier soupir du grand homme dont ils avaient fait leur victime. Les contemporains semblent pressés d'expier envers les morts les persécutions qu'ils ont infligées aux vivants. On fit à Colomb de royales funérailles. Son corps, et plus tard celui de son fils, après avoir habité plusieurs monuments funèbres dans différentes cathédrales d'Espagne, furent transportés et ensevelis selon leurs vœux à Hispaniola, comme le conquérant dans sa conquête. Ils reposent maintenant à Cuba. Mais par un bizarre jugement de Dieu, et par une ingrate inconséquence des hommes, de toutes ces terres d'Amérique qui se disputèrent l'honneur de garder sa cendre, aucune ne garda son nom.

Tous les caractères du véritable grand homme sont réunis dans ce nom. Génie, travail, patience, obscurité du sort vaincue par la force de la nature, obstination douce mais infatigable au but, résignation au ciel, lutte contre les choses, longue préméditation de pensée dans la solitude, exécution héroïque de la pensée dans l'action, intrépidité et sang-froid contre les éléments dans les tempêtes, et contre la mort dans les séditions, confiance dans l'étoile, non d'un homme, mais de l'humanité, vie jetée avec abandon et sans regarder derrière lui en se précipitant dans cet Océan inconnu et plein de fantômes, Rubicon de quinze cents lieues, bien plus irrémédiable que celui de César! Étude infatigable, connaissances aussi vastes que l'horizon de son temps, maniement habile mais honnête des cours pour les séduire à la vérité, convenance, noblesse et dignité de formes extérieures, qui révélaient la grandeur de l'âme et qui enchaînaient les yeux et les cœurs, langage à la proportion et à la hauteur de ses pensées; éloquence qui convainquait les rois et qui domptait les séditions de ses équipages, poésie de style qui égalait ses récits aux merveilles de ses découvertes et aux images de la nature; amour immense, ardent et actif de l'humanité jusque dans ce lointain où elle ne se souvient plus de ceux qui la servent; sagesse d'un législateur et douceur d'un philosophe dans le gouvernement de ses colonies; pitié paternelle pour ces Indiens, enfants de la race humaine dont il voulait donner la tutelle au vieux monde et non la servitude et des oppresseurs; oubli des injures, magnanimité de pardon envers ses ennemis; piété, enfin, cette vertu qui contient et qui divinise toutes les autres quand elle est ce qu'elle était dans l'âme de Colomb; présence constante de Dieu dans l'esprit, justice dans la conscience, miséricorde dans le cœur, reconnaissance dans les succès, résignation dans les revers, adoration partout et toujours.

Tel fut cet homme. Nous n'en connaissons pas de plus achevé. Il en contenait plusieurs en un seul. Il était digne de personnifier le monde ancien auprès de ce monde inconnu qu'il allait aborder le premier, et de porter à ces hommes d'une autre race toutes les vertus du vieux continent sans un seul de ses vices. Nul par la grandeur de son influence ne mérita mieux le nom de civilisateur.

Son action sur la civilisation fut sans mesure. Il compléta l'univers, il acheva l'unité physique du globe. C'était avancer, bien au delà de ce qui avait été fait jusqu'à lui, l'œuvre de Dieu: l'unité morale du genre humain. Cette œuvre à laquelle Colomb concourut ainsi était trop grande en effet pour être dignement récompensée par l'imposition de son nom au quatrième continent de la terre. L'Amérique ne porte pas son nom; le genre humain, rapproché et réuni par lui, le portera sur tout le globe.

# CROMWELL

# CROMWELL

ANNÉE 1599 DE J.-C.

---

Le nom de Cromwell a signifié jusqu'ici ambition, astuce, usurpation, férocité, tyrannie; nous croyons que sa véritable signification est fanatisme.

L'histoire est comme la Sibylle : elle ne livre ses secrets au temps que feuille à feuille. Elle n'avait pas livré jusqu'ici le secret du caractère et des actes de cet homme énigmatique. On l'avait pris pour un grand politique, ce n'était qu'un grand sectaire. Des historiens à vue pénétrante et à profonde investigation, Hume, Lingard, Bossuet, Voltaire, s'y étaient trompés. Ce n'était pas leur faute, c'était celle du temps. Les vrais documents n'avaient pas été exhumés encore; le portrait de Cromwell n'avait été peint que par ses ennemis. Sa mémoire avait été traînée sur la claie, comme son cadavre, par la restauration de Charles II, par les royalistes des deux branches, par les catholiques et par les protestants, par les *whigs* et par les *tories*, également intéressés à défigurer l'image de ce protecteur républicain.

Mais l'erreur n'a qu'un temps, et la vérité a des siècles. Son tour devait venir : un hasard l'avança.

Un de ces hommes de recherche, qui sont à l'histoire ce que les faiseurs de fouilles sont aux monuments, Thomas

Carlyle, écrivain écossais, réunissant en lui l'enthousiasme qui exalte à la patience qui s'obstine, Thomas Carlyle, mécontent de ces Cromwell de convention et de superficie peints jusqu'à présent par l'histoire, résolut de découvrir et de restituer le véritable Cromwell. Les contradictions évidentes dont les historiens de son pays et de tous les pays avaient construit jusqu'alors l'image d'un tyran de fantaisie et d'un hypocrite de mélodrame, faisaient justement conjecturer à M. Carlyle que, sous une figure historique aussi contradictoire avec elle-même et dont aucun des mobiles qu'on lui attribue ne motivait logiquement les actes, il devait y avoir un autre Cromwell, un Cromwell de la nature, complétement différent de ce Cromwell d'imagination.

Guidé par cet instinct de la logique et de la vérité qui est le génie des découvertes dans l'érudition, M. Carlyle, esprit sectaire lui-même et qui se complaît à marcher seul, entreprit d'exhumer et de compulser toutes les correspondances enfouies au fond des archives privées ou publiques, dans lesquelles, à toutes les dates de sa vie obscure et de sa vie militaire ou politique, Cromwell, sans songer alors à se peindre, s'est peint en effet pour la postérité.

Muni de ces trésors de vérité et de révélation, M. Carlyle s'enferma un certain nombre d'années dans une solitude champêtre et studieuse, pour qu'aucune distraction ne vînt détacher un moment ses yeux de son travail. Puis, après avoir amassé, classé, étudié, commenté, reproduit ces volumineuses lettres de son héros, et après en avoir fait ressortir enfin, comme d'une tombe fermée, l'esprit de l'homme et du siècle, il a livré cette correspondance inédite à l'Europe, en disant avec plus de motifs que Jean-Jacques Rousseau : « PRENEZ ET LISEZ, voilà le vrai Cromwell! » C'est sur ces nouveaux et incontestables documents que nous allons nous-même écrire la vie de ce dictateur.

Cromwell, que la plupart des historiens, échos des pamphlétaires de son temps, donnent pour fils d'un brasseur de bière ou d'un boucher, était né d'une famille noble, illustrée même par les premiers titres de l'Angleterre. Son grand-oncle, Thomas Cromwell, créé comte d'Essex par Henry VIII, et décapité ensuite par un des retours de caractère et de férocité de ce prince, avait été un des spoliateurs les plus ardents des biens de l'Église romaine et des monastères après l'établissement du protestantisme par son maître. Le grand tragique anglais Shakspeare met prophétiquement en scène ce Thomas Cromwell, comte d'Essex, dans une de ses tragédies. C'est à lui que le cardinal Wolsey, conduit au cachot et à la mort par l'inconstance de Henry VIII, dit, en marchant au supplice : « Cromwell ! Cromwell ! prends garde à l'ambition. Prends-y garde ! Si j'avais employé à servir mon Dieu la moitié du zèle que j'ai employé à servir mon roi, je ne serais pas ici dépouillé et saignant sous la main de mes ennemis !... »

Ce Cromwell, comte d'Essex, un moment premier ministre de Henry VIII, employa un de ses neveux, Richard Cromwell, à la persécution contre les catholiques, et l'enrichit des dépouilles des églises et des couvents. Richard Cromwell fut le bisaïeul du protecteur Olivier Cromwell.

L'aïeul d'Olivier, connu dans sa province sous le nom du *Chevalier d'or*, par allusion aux richesses dont sa famille s'était investie dans la spoliation des couvents, se nommait Henri Cromwell. Il vivait dans le comté de Lincoln ; il habitait le domaine d'Hinschinbrook, ancien monastère de religieuses expulsées, transformé par les Cromwell en manoir seigneurial. Il fit épouser à son fils aîné, Richard Cromwell, une fille de la famille de Stuart, établie dans le même comté. Cette Élisabeth Stuart fut la tante d'Olivier Cromwell, qui devait plus tard immoler Charles I$^{er}$, la destinée semblant se complaire ainsi à mêler dans les mêmes veines le sang de la victime et du meurtrier.

Le roi Jacques Ier d'Écosse, en passant par le comté de Lincoln pour venir régner en Angleterre, honora de sa présence la demeure des Cromwell, à cause de cette parenté avec Élisabeth Stuart, mère du futur protecteur. L'enfant, né en 1599, avait alors quatre ans; il put se souvenir plus tard, quand il régnait lui-même dans le palais des Stuarts, à White-Hall, d'avoir vu sous son toit et à la table de sa propre famille ce roi, père du roi qu'il allait lui-même détrôner et décapiter !

Cette famille ne tarda pas à déchoir de sa richesse. L'aîné des fils vendit à bas prix le manoir seigneurial d'Hinschinbrook. Il se retira dans un petit domaine qu'il possédait parmi les marais d'Huntingdon. Son frère cadet, Robert Cromwell, père du futur souverain de l'Angleterre, élevait pauvrement sa nombreuse famille dans un autre domaine voisin, sur les bords de la rivière d'Ouse, nommé Ély. La nature indigente, âpre et morose de cette contrée aquatique, l'horizon monotone, la rivière fangeuse, le ciel nébuleux, les arbres grêles, les chaumières rares, les mœurs rudes des habitants, étaient de nature à concentrer et à assombrir le caractère de l'enfant. L'âme des sites semble passer dans l'âme des hommes; les grands fanatismes sortent généralement des contrées ingrates et tristes : Mahomet, des vallées brûlées de l'Arabie; Luther, des montagnes froides de la basse Allemagne; Calvin, des plaines inanimées de la Picardie; Cromwell, des marécages stagnants de l'Ouse. Tel lieu, tel homme. L'âme est un miroir avant d'être un foyer.

Olivier Cromwell, celui dont nous écrivons l'histoire, était le cinquième enfant de son père. Il perdit ce père avant l'âge. Envoyé à l'université de Cambrigde, ville voisine de la maison paternelle, il y fit ses études libérales, et en revint à l'âge de dix-huit ans, après la mort de son père, pour servir d'appui à sa mère et de second père à ses sœurs. Il avait six sœurs, qu'il parut aimer toutes tendrement. Il gouverna sous les yeux de sa mère et avec une raison prématurée le domaine et la maison paternelle. A vingt et un ans il épousa Élisabeth Bouchier, jeune et belle héritière de la province, dont les portraits révèlent, sous une chaste et calme figure du Nord, une âme capable d'enthousiasme, de piété et de contemplation. Ce fut le premier et le seul amour de son mari.

Cromwell s'établit avec sa jeune épouse dans la maison de sa mère et de ses sœurs, à Huntingdon : il y vécut dix ans dans les délices d'une union pieuse, dans les soins domestiques d'une fortune étroite, dans les occupations rurales d'un gentilhomme fermier qui cultive lui-même son domaine, et dans les pensées religieuses de réforme qui agitaient en ce temps-là jusqu'à la démence l'Écosse, l'Angleterre et l'Europe.

Sa famille, ses amis, ses voisins, le peuple de son voisinage, étaient fanatiquement attachés à la cause nouvelle du protestantisme et du puritanisme, cause encore contestée en Angleterre par les restes de l'ancienne Église vaincue, toujours prêts à revivre. Le fameux patriote Hampden, qui devait donner le signal d'une révolution sur le trône par le refus légal d'un impôt de vingt schellings à la couronne, était cousin du jeune Cromwell et puritain comme lui. Cette famille, révolutionnaire en religion et en politique, devait s'échauffer mutuellement dans la solitude par la passion du temps concentrée en un petit nombre de fidèles. Cette passion, dans la nature ardente et sombre du jeune Cromwell, s'exaltait souvent jusqu'à la maladie d'imagination : il craignait pour son salut éternel ; il avait des scrupules de ne pas faire assez pour sa foi ; il se reprochait comme une lâcheté la tolérance de quelques symboles catholiques, tels que la croix au sommet des édifices et quelques ornements religieux, que le protestantisme récent laissait subsister encore dans l'église d'Huntingdon. Il se sentait menacé d'une mort prochaine, et redoutait les jugements de Dieu. Warwick, un de ses contemporains, raconte que Cromwell, saisi de ses accès de mélancolie religieuse, envoyait fréquemment chercher pendant la nuit le médecin de la ville voisine de sa demeure, et s'entretenait avec lui de ses scrupules et de ses terreurs sur la foi. Il assistait assidûment aux prédications des ministres puritains ambulants qui venaient réchauffer l'ardeur des polémiques et des haines; il cherchait la solitude, il méditait les textes sacrés au bord de la rivière qui traversait ses champs; la maladie du temps, l'interprétation de la Bible, qui s'était emparée alors de toutes les imaginations pieuses, travaillait douloureusement la sienne. Il écoutait en lui les inspirations intérieures sur le sens religieux et politique des textes sacrés; il admettait, comme les puritains ses frères, cette révélation individuelle et perpétuelle par les pages et les versets d'un livre infaillible et divin, mais dont aucune autre autorité que l'esprit de Dieu soufflant et parlant en nous ne pouvait donner une interprétation obligatoire. Le puritanisme de Cromwell était l'obéissance absolue à l'Écriture sainte et la liberté absolue dans l'interprétation de cette Écriture; dogme contradictoire mais séduisant de cette secte, qui commande d'un côté sur parole de croire à la divinité d'un livre, et qui abandonne d'un autre côté à l'imagination de chacun le sens du livre imposé.

De cette foi dans l'inspiration propre et continue du fidèle à l'hallucination et à la prophétie de chaque fidèle, il n'y avait qu'un pas. Les fervents puritains, et Cromwell lui-même, s'y laissaient naturellement glisser à chaque instant. Chacun était à la fois son inspirateur et son inspiré, son séide et son prophète. Cette religion, qui s'écoutait sans cesse parler elle-même dans l'âme du croyant, était surtout la religion des imaginations malades : plus on était fanatique, plus on était pieux. Cromwell s'enivrait dans sa retraite de ces miasmes de son époque, concentrés et exaltés en lui par la jeunesse, par l'énergie et par l'isolement de ses pensées.

Les seules distractions qu'il eût dans sa retraite étaient l'accroissement de sa famille, la culture de ses champs, la multiplication et la vente de ses troupeaux. Il allait lui-même, comme un fermier économe, acheter aux foires du voisinage les jeunes animaux pour les engraisser dans ses prairies et les revendre avec un médiocre bénéfice après le pâturage. Il avait vendu deux mille guinées une partie des terres de son héritage, pour acquérir un domaine plus rapproché de l'eau et plus abondant en prairies, près de la petite ville de Saint-Yves, à quelques milles d'Huntingdon. Il s'y établit avec sa famille déjà nombreuse, consistant en deux fils et quatre filles, dans un petit manoir enfoui sous les saules au bord des prairies, appelé le manoir du Sommeil (*Sleep Hall*) ; il avait alors trente-six ans. Sa correspondance à cette époque n'est pleine que des affections de famille, des louanges de sa femme, des satisfactions de ses enfants, des détails domestiques de ménage et des sollicitudes de son âme pour les missionnaires puritains, dont il propage les prédications, et dont il soutient charitablement le zèle par des cotisations volontaires. Sa vie exemplaire, la bonne administration de sa maison, sa réputation d'habile et économe cultivateur, son intervention assidue et intelligente dans les intérêts généraux de la province, lui avaient conquis cette popularité rurale qui désigne un homme modeste à l'estime et à la confiance du peuple pour représenter convenablement les intérêts en souffrance et les opinions en majorité dans les conseils délibérants de son pays. Cromwell, qui se sentait dépourvu d'éloquence naturelle, et dont l'ambition alors ne dépassait pas le cercle de sa félicité domestique, de sa fortune restreinte et de ses champs bornés, ne briguait pas les suffrages des électeurs d'Huntingdon et de Saint-Yves; mais dans l'intérêt de la religion, qui était toute sa politique, il crut sa conscience engagée à les accepter.

Il fut élu, le 17 mars 1627, membre du parlement dans son comté. Sa vie publique commençait avec les orages parlementaires de la Grande-Bretagne qui allaient jeter un roi sur l'échafaud et élever un fermier de campagne plus haut que le trône.

Pour bien comprendre Cromwell et la place que lui faisait à son insu la destinée, jetons un regard sur l'Angleterre au moment où Cromwell entre inconnu et silencieux sur la scène.

Henry VIII, ce Caligula breton, dans un accès de colère contre Rome, avait fait changer de religion à son royaume : c'est le plus grand acte de souveraineté qui ait jamais été accompli par un homme sur une nation. Le caprice d'un roi était devenu la conscience d'un peuple; l'autorité civile avait subjugué les âmes. Le vieux catholicisme, répudié par le prince et livré en dérision et en dépouille à la cupidité des grands et du peuple, s'était écroulé avec ses dogmes, sa hiérarchie, son clergé, ses moines, ses monastères, ses possessions sacrées, ses territoires inféodés, ses richesses, ses temples. La foi catholique était devenue un crime d'État, son nom un scandale et une accusation contre ses fidèles. L'apostasie nationale avait été aussi soudaine et aussi écrasante qu'un coup de foudre : la nation catholique avait disparu sous la nation anglicane. Henry VIII et ses conseillers avaient voulu néanmoins conserver de l'antique religion d'État ce qu'elle avait de favorable au prince, d'utile au clergé, de prestigieux pour le peuple, c'est-à-dire le principe d'autorité s'imposant par le prince, chef de la religion, aux âmes; la hiérarchie, les honneurs, les richesses aux évêques; enfin la liturgie et la splendeur des cérémonies aux peuples. Prenant un milieu politique entre l'Église de Luther et l'Église de Rome, l'Angleterre avait constitué sa propre Église; cette Église était rebelle à Rome, qu'elle imitait en la combattant, soumise à Luther, qu'elle restreignait en lui ressemblant : c'était un établissement plus civil que religieux, qui donnait plus de corps que d'âme et plus d'appareil que de réalité à la piété officielle du peuple.

Le peuple néanmoins, par fierté d'avoir secoué le joug de Rome, par antipathie contre la suprématie antique qui avait si longtemps plié et possédé ces îles, et par horreur contre le *papisme*, mot dans lequel on avait résumé pour lui toutes les superstitions et toutes les servitudes étrangères; le peuple s'était assez facilement attaché à sa nouvelle Église. Il voyait en elle un symbole de son indépendance, un palladium contre Rome, un gage de sa nationalité. Les souverains, depuis Henry VIII, quelles que fussent leurs croyances personnelles, avaient été obligés de protéger ou de défendre le culte anglican. La déclaration de foi catholique eût été pour eux égale à une abdication; le peuple ne se serait pas fié, pour son indépendance civile, à des princes qui auraient professé leur dépendance spirituelle envers Rome.

Cependant la liberté avait pénétré naturellement avec la révolte dans les consciences en Angleterre. Après s'être insurgée, à la voix de son prince, contre l'autorité antique et sacrée de l'Église romaine, il était absurde de penser que la conscience nationale s'astreindrait sans murmurer à l'unité de la nouvelle institution. Les fondements qui en avaient été jetés sous ses yeux dans la débauche et dans le sang du tyran de l'Angleterre étaient trop récents pour lui paraître divins. Chaque conscience avait voulu profiter de sa liberté. Les sectes étaient nées de l'anarchie religieuse : elles étaient innombrables comme les pensées de l'homme livré à son propre sens, ferventes comme les nouveautés dans la foi; les décrire toutes dépasserait nos limites. La plus nombreuse était celle des puritains, sorte de jansénistes de la Réforme. Les puritains, parti logique et extrême du protestantisme, étaient les radicaux et les républicains de la Réforme. Une fois entrés dans la région des croyances libres et individuelles, ils ne voyaient pas de raison pour transiger avec ce qu'ils appelaient les superstitions, les idolâtries, les abominations, les symboles, les cérémonies, les vertiges de l'Église romaine. Ils n'attribuaient d'autorité absolue qu'à la Bible. Ils ne reconnaissaient pour souveraineté qu'un texte; mais ce texte même, ils n'en recevaient l'explication et l'application que de ce qu'ils appelaient l'*esprit*, c'est-à-dire l'inspiration arbitraire qui montait de leurs propres pensées à leur entendement. Ils portaient l'oracle en eux, et ils consultaient perpétuellement l'oracle. Afin de l'évoquer avec plus de puissance, ils tenaient des assemblées pieuses, et ils formaient des cénacles et des églises où chacun prenait la parole quand il sentait le frémissement sacré, et où les plus étranges divagations des fidèles passaient pour la parole de Dieu.

Telle était la secte qui, depuis Henry VIII, luttait à la fois contre l'Église anglicane dominante et contre les restes du catholicisme proscrit.

Trois règnes avaient été agités par ces dissensions du culte : celui de la reine Marie, fille catholique d'Henry VIII, qui avait favorisé le retour de ses sujets à sa propre foi, et dont les puritains abhorraient la mémoire comme une Jézabel papiste; celui de la grande reine Élisabeth, fille protestante du même roi, mais d'une autre mère, qui avait persécuté les catholiques, immolé Marie Stuart d'Écosse, et prescrit l'amende, les cachots et la mort même contre ceux de ses sujets qui ne faisaient pas, au moins une fois tous les six mois, acte du culte anglican ; celui de Jacques I*er*, fils de Marie Stuart, mais élevé dans l'Église protestante par les puritains d'Écosse, prince appelé au trône d'Angleterre par déshérence de la maison de Tudor à la mort d'Élisabeth, homme doux, philosophe, tolérant, qui avait voulu ménager les deux cultes, et faire vivre en paix sous ses lois les sectes rivales et frémissantes de cette trêve forcée.

Charles I*er*, son fils, venait de lui succéder à vingt-six ans. C'était un prince doué par la nature, par le caractère et par l'éducation, de tous les dons propres au gouvernement d'une nation puissante et éclairée dans un temps ordinaire ; beau de visage, brave de cœur, loyal d'esprit, éloquent de parole, honnête et ferme de conscience, ambitieux de l'amour de son peuple, soigneux de la gloire de son pays, incapable d'attenter aux lois et aux libertés de la constitution, mais jaloux seulement de conserver par devoir à ses successeurs la part entière et mal définie d'autorité royale que cette constitution, moins écrite que pratiquée, affectait aux rois d'Angleterre.

En montant sur le trône, Charles I*er* avait trouvé et conservé par déférence au poste de premier ministre un favori sans mérite de son père, le duc de Buckingham. Le duc de Buckingham, dont la beauté du corps, la grâce des manières et l'insolence d'orgueil étaient les seuls titres, n'était qu'un de ces caprices de la fortune dont la faveur des rois faibles peut faire une puissance, mais dont elle ne fait jamais un homme d'État. Plus propre au rôle de mignon qu'à celui de ministre, Buckingham, après avoir payé d'ingratitude les folles faveurs du père et avoir cabalé sourdement dans le parlement contre Jacques, prétendait continuer à régner par habitude sous le nom du fils.

La modestie de Charles lui laissa quelques années agiter l'Angleterre et brouiller l'État. Il fit tour à tour, selon l'intérêt de sa propre influence, avancer et reculer son jeune maître dans les rapports de la couronne avec le parlement au delà et en deçà des limites que le droit et les traditions attribuent à ces deux pouvoirs. Il créa ainsi l'esprit de résistance et d'empiétement parlementaires, en opposition avec l'esprit d'entreprise et de prépotence royales. Buckingham affectait le pouvoir absolu du cardinal de Richelieu, sans en avoir ni le génie ni le caractère. Le poignard d'un fanatique, qui le frappa à Plymouth pour se venger d'une injustice que Buckingham lui avait faite en le destituant d'un grade dans l'armée, en délivra enfin Charles I$^{er}$.

De ce jour, le roi voulut, comme Louis XIV en France, gouverner lui-même sans premier ministre. Mais l'infortuné Charles I$^{er}$ n'avait eu ni un Richelieu pour abattre devant son règne les résistances, ni un Mazarin pour les corrompre. De plus, la France, au moment où Louis XIV arrivait au trône, était à la fin de ses agitations et de ses guerres civiles, et l'Angleterre était au commencement. On ne peut donc pas raisonnablement attribuer à l'infériorité personnelle de Charles I$^{er}$ des malheurs qui étaient bien moins ses fautes que les fautes du temps.

En peu d'années, les luttes entre le jeune roi et son parlement, luttes envenimées par les factions religieuses bien plus encore que par les factions politiques, jetèrent l'Angleterre, l'Écosse et l'Irlande dans une fermentation, prélude des guerres civiles et des catastrophes dans l'État. Le parlement, plusieurs fois dissous par impatience de ses révoltes, toujours rappelé par la nécessité de ses subsides, devint le foyer et le centre actif et populaire de tous les partis opposés au roi. L'Angleterre tout entière se rangea derrière ses orateurs. Le roi fut l'ennemi commun de toutes les sectes religieuses, de toutes les libertés patriotiques, de toutes les ambitions avides de conquérir sur sa prérogative royale un lambeau de sa couronne.

Charles Ier la défendit vainement avec énergie pendant quelque temps, tantôt avec un ministère, tantôt avec un autre. L'esprit d'opposition était tellement universel, que tout ce qui entrait dans le conseil du roi était à l'instant frappé de suspicion, d'impuissance et de discrédit par l'esprit public.

Un ministre plus habile et plus hardi que ses prédécesseurs, Thomas Wentworth, comte de Strafford, homme qui avait conquis une haute renommée dans l'opposition par son éloquence, et que cette renommée avait désigné au roi, lui dévoua enfin sa popularité et ses talents.

Strafford parut un moment relever, à force d'éloquence, de sagesse et de fermeté intrépide, le trône chancelant. Le parlement décréta le ministre d'accusation. Le roi, qui l'aimait, ne put le défendre. Strafford, menacé de la peine capitale pour ses services plus que pour ses crimes imaginaires, comparut, après une longue captivité, devant une commission de juges composée de ses ennemis par le parlement. Le roi ne put obtenir d'autre faveur que celle d'assister caché dans une tribune grillée au procès de son ministre. Il reçut de là au cœur tous les coups portés par la haine du parlement à son conseiller. Jamais la parole d'un accusé ne répondit mieux à la majesté de l'innocence que dans le dernier discours prononcé par Strafford devant ses ennemis et devant son roi. Athènes et Rome n'ont rien de plus tragique et de plus pathétique dans leurs annales.

« Ne pouvant trouver dans ma conduite, dit Strafford à ses juges, aucun acte auquel puisse s'appliquer le mot et la peine de la trahison, on invente, à défaut de loi, je ne sais quelle évidence constructive et accumulatoire, au moyen de laquelle chacun de mes actes, innocent ou louable en soi, produirait une trahison collective?... Où donc, dans nos lois antiques, cette nature invisible et impalpable de crime s'est-elle tenue si longtemps enfouie ? Il vaudrait bien mieux être sans loi que de nous figurer qu'il y a des lois sur lesquelles nous devons régler nos actes, et de trouver à la fin qu'il n'y a de loi que l'inimitié et l'arbitraire de nos accusateurs. Si, faisant voile sur la Tamise, je brise mon vaisseau sur une ancre, et qu'il n'y ait point sur l'eau de bouée pour signaler l'ancre qui me brise, la patrie me tiendra compte du dommage ; mais, si l'écueil est bien signalé, ma perte ne sera imputée qu'à moi... Où est ici la marque attachée au crime? A quel signe ai-je pu reconnaître que j'étais criminel? Il est demeuré caché sous l'eau ; toute la prudence, toute l'innocence humaines, ne pouvaient me préserver de la ruine dont je me vois menacé.

» Il n'y a pas moins de deux cent quarante ans que toutes les natures de trahison ont été définies, et, pendant un si long espace de temps, je suis le premier, je suis le seul pour qui la définition de ce crime ait été élargie à ce point, afin de m'envelopper dans ses réseaux. Milords, nous avons vécu, heureusement pour nous-mêmes, dans l'intérieur de notre patrie, nous avons vécu glorieusement en dehors pour le monde : contentons-nous de ce que nos pères nous ont laissé ; que l'ambition ne nous fasse pas souhaiter d'être plus consommés qu'eux dans ces arts ruineux et perfides d'incriminer l'innocence. Vous serez sages, milords ; vous aurez ainsi pourvu à votre propre sûreté, à celle de vos descendants, à celle du royaume entier. Si vous jetez au feu ces sanglants et mystérieux répertoires des trahisons constructives, comme les premiers chrétiens y jetèrent leurs livres d'art dangereux, pour vous attacher à la simple lettre de la loi en vigueur, qui vous dit ce qui est crime, où est le crime, et comment, en vous abstenant du crime, vous n'encourrez pas la peine du crime!...

» Gardez-vous de réveiller ces lions endormis pour notre propre destruction... A toutes mes afflictions, milords, n'en joignez pas une que je regarderais comme la plus funeste ; ce serait pour mes autres péchés comme homme, et non pour ma trahison comme ministre, que j'aurais le malheur d'introduire un pareil précédent, un pareil exemple de procédure si attentatoire aux lois et aux libertés de mon pays!...

» Milords, j'ai fatigué beaucoup plus longtemps votre attention que je n'aurais dû et voulu le faire. Ah! continua-t-il en abaissant ses regards sur ses enfants en bas âge, qui assistaient en deuil, comme des suppliants, au procès de leur père, ah! si ce n'était l'intérêt de ces chers gages, qu'une sainte, maintenant heureuse dans le ciel, m'a laissés, je ne serais pas capable!... » Ici ses larmes lui coupèrent la voix ; il se calma et reprit : « Ce que j'ai à perdre pour moi-même n'est rien ; mais j'avoue que si mon silence ou mon indiscrétion étaient funestes à ces orphelins, la blessure dans mon cœur serait profonde. Votre bonté vous fera pardonner ma faiblesse... J'aurais encore quelque chose à ajouter, mais je vois que je n'en suis pas capable, et je laisse ce que j'avais à dire de plus.

» A présent donc, milords, grâce à la bonté du ciel, je me vois assez instruit de toute la vanité des grandeurs d'ici-bas, comparées à l'importance de notre éternelle durée ailleurs ; et dans cet état, milords, je me soumets avec autant de tranquillité d'esprit que d'humilité, hautement et librement, à votre sentence. Que votre équitable arrêt soit pour la vie ou pour la mort, je me reposerai également plein de gratitude et de confiance dans le sein du souverain auteur de mon être!... *Te Deum laudamus!* »

Un arrêt de mort répondit à cette éloquence et à cette vertu.

L'arrêt ne pouvait être légal sans être revêtu de la sanction du roi. L'accorder, pour Charles, c'était mentir à la conviction, à la reconnaissance, à l'amitié, à la dignité; la refuser, c'était jeter le défi au parlement et au peuple, et appeler sur la couronne elle-même les foudres populaires que la mort du ministre détournait. Charles tenta tous les moyens dilatoires pour échapper à cette honte ou à ce danger; il parut en suppliant plus qu'en roi devant son parlement; il conjura les juges de lui épargner ce supplice. Pressé par la reine, qui n'aimait pas Strafford et qui ne mettait pas en balance dans son cœur la mort de son mari et celle d'un ministre, Charles avoua au parlement qu'il ne croyait pas Strafford innocent de quelques irrégularités et de quelques dilapidations du trésor public; il ajouta que, si le parlement bornait l'arrêt au crime de dilapidation, il donnerait sa sanction en conscience à la peine, mais que, pour le crime de haute trahison, sa conviction et son honneur lui interdisaient de sanctionner par la mort une calomnie et une iniquité.

Le parlement fut inflexible, la reine pleura, l'Angleterre fermenta; Charles, prêt à céder, hésitait encore. La reine, Henriette de France, fille d'Henri IV, princesse d'une beauté accomplie, pour laquelle le roi conserva jusqu'à la mort la fidélité d'un mari et la passion d'un amant, se présenta devant lui en habits de deuil avec ses petits enfants. Elle conjura à genoux son mari de céder au peuple la vengeance qu'il ne pouvait lui arracher désormais sans tourner contre ces chers gages de leur amour cette mort qu'il détournait en vain d'une tête condamnée. « Choisissez, lui dit-elle, entre votre vie, la mienne, celle de nos enfants, et la vie de ce ministre odieux à la nation! »

Charles, ému d'horreur à l'idée de sacrifier une épouse adorée et des fils au berceau, seul espoir de la monarchie, répondit que, s'il ne s'agissait que de sa propre tête, il la donnerait en échange de celle de son ministre innocent, mais que le sacrifice d'Henriette et de ses enfants dépassait son devoir et ses forces. Il ajournait néanmoins la signature de l'arrêt.

Strafford, cédant vraisemblablement aux sollicitations secrètes de la reine, écrivit lui-même à son malheureux maître pour décharger la conscience et l'affection du roi de sa propre mort. « Sire, lui disait-il dans cette lettre, sublime effort d'une vertu qui triomphe de l'intérêt de la vie pour enlever le remords même à ses meurtriers, Sire, n'hésitez plus à me sacrifier à la malignité des temps et à la passion publique qui a soif de ma mort. Mon consentement volontaire à la sanction de mon supplice, que l'on sollicite de vous, vous déchargera plus devant Dieu que tout le monde ensemble. On ne fait pas d'injustice au malheureux en consentant à ce qu'il désire et à ce qu'il demande lui-même. Puisque la grâce du ciel me rend capable de pardonner à tout le monde avec une tranquillité et une résignation qui jettent un contentement infini dans mon âme prête à changer de demeure, je puis, Sire, vous résigner cette vie terrestre avec toute la liberté et toute la joie possibles, par un juste sentiment de reconnaissance pour toutes les faveurs dont vous avez comblé mon existence ! »

Cette lettre vainquit les derniers scrupules du roi ; il crut que le consentement de la victime avait le droit d'innocenter le meurtre, et que Dieu lui pardonnerait ce que le mourant lui pardonnait. Il accepta le sacrifice de cette vie qu'on lui offrait en échange de celle de ses fils, de sa femme, de la sienne peut-être, et du salut de la monarchie. La passion pour sa femme et pour ses enfants, l'espoir de prévenir la guerre civile, de ramener le parlement à la raison, à la justice, à la reconnaissance par ce sacrifice, épaissirent le bandeau sur ses yeux. Il crut enlever quelque chose à l'horreur et à l'ingratitude de cette lâcheté en ne la commettant pas directement de sa propre main, et en plaçant un intermédiaire entre lui et le crime. Il nomma une commission de trois membres de son conseil, et il leur délégua le pouvoir de sanctionner en son nom l'arrêt du parlement contre Strafford. Les commissaires ratifièrent la sentence. Le roi s'enferma pour pleurer et pour ne pas voir la lumière du jour qui allait éclairer le supplice de son serviteur innocent. Il crut qu'en oubliant lui-même de compter ce jour dans sa vie, ce jour ne lui serait pas compté à lui-même dans le ciel et sur la terre. Il le passa tout entier dans les ténèbres, dans la prière pour le mourant et dans les larmes. Mais ce jour se leva pour éclairer l'iniquité du roi, la trahison de l'ami, la grandeur d'âme de la victime.

« J'ai péché contre ma conscience, écrivit quelques années après le roi à la reine, en se reprochant à lui-même cette signature arrachée à sa tendresse de père et d'époux : ma conscience m'a averti ; elle m'a saisi le cœur au moment même où je signais cette basse et criminelle concession. »

« Dieu veuille, s'écria l'archevêque, son conseiller ecclésiastique, en lui voyant rejeter la plume après avoir signé la nomination des commissaires, Dieu veuille que Votre Majesté n'ait pas sa conscience blessée à mort par cet acte !

» — Ah! Strafford est plus heureux que moi, répondit le prince en cachant ses yeux dans ses mains : dites-lui bien que, s'il ne s'agissait pas du royaume, j'aurais offert ma vie pour la sienne ! »

L'ennemi personnel et acharné de Strafford, le féroce Pym, ce démagogue anglais qui jetait des colères feintes au parlement et des innocents au peuple pour nourrir son ambitieuse popularité de victimes, se félicita tout haut, comme d'un triomphe, de cette lâcheté du roi, dont il n'osait pas espérer tant de faiblesse. « Ah! dit-il, il nous donne la tête de Strafford? Il ne nous refusera plus rien, pas même la sienne! »

Cependant le roi se flattait encore que la chambre des communes, satisfaite de son humiliation et de sa déférence, n'exigerait pas le sang de son ami, et accorderait une commutation de supplice. Il ne connaissait pas les partis, plus implacables que les tyrans, parce que les partis n'ont que des passions d'esprit et point de cœur, et qu'on n'attendrit pas un système. Les hommes de parti votent à l'unanimité, par crainte les uns des autres, ce que chacun d'eux, pris isolément, répugnerait même à penser. Les hommes en masse ne sont plus des hommes, mais un élément. Pour émouvoir cet élément sourd et cruel de la chambre des communes, Charles employa ce qui pouvait le plus flatter l'orgueil et toucher la sensibilité de ces tribuns du peuple. Il écrivit aux communes une lettre pathétique arrosée de ses larmes; il fit porter cette lettre au parlement, pour la rendre plus irrésistible, par la main d'un enfant, son fils, le prince de Galles, dont l'âge, la beauté, l'innocence, devaient interdire tout refus à des sujets sollicités par un tel suppliant.

Le roi, dans cette lettre, ouvrait son âme aux communes, dénudait les plaies de son cœur, avouait les angoisses qu'il avait eu à surmonter en immolant son honneur de roi, ses sentiments d'ami à la volonté de ses sujets; il exaltait la grandeur de la satisfaction qu'il avait enfin donnée aux communes, ne demandait, en retour de tant d'abnégation, qu'une prison perpétuelle au lieu de la mort pour son ancien ministre! Enfin, comme s'il eût douté lui-même du succès de sa supplique, il conjurait, dans un post-scriptum, les communes d'accorder, au moins jusqu'au samedi suivant, un sursis au condamné pour se préparer à la mort.

Tout fut sourd à la voix du père et à l'intercession de l'enfant : les tribuns du parlement n'accordèrent ni un adoucissement au supplice ni une heure à la vie du condamné. Leur popularité imposait à leur ambition l'inexorabilité et la promptitude devant le peuple qu'eux-mêmes ils imposaient au roi. La belle comtesse de Carlisle, sorte de Cléopâtre anglaise, dont Strafford avait été l'amant préféré pendant sa grandeur, tenta des efforts généreux de séduction dans le parlement pour obtenir la vie de celui dont l'amour avait fait son orgueil. La comtesse de Carlisle échoua contre ces cœurs endurcis. Comme s'il eût été dans la destinée de Strafford d'être abandonné à la fois par l'amitié et par l'amour, cette beauté versatile, amoureuse de la puissance plus que de la personne de ses adorateurs, passa ensuite comme une dépouille de Strafford à Pym, et devint la maîtresse du meurtrier après avoir été celle de la victime! Pym, dit l'histoire anglaise, si profondément compulsée par M. Chasles, était un ambitieux qui jouait le fanatisme sans l'éprouver : *Homo ex luto et argilla epicurea factus*, selon l'énergique expression de Haket : Homme pétri de boue et d'argile sensuelle, tel qu'il s'en rencontre dans les partis populaires comme dans les partis monarchiques, servant et flattant les partis, qui, à leur tour, assouvissent leurs serviteurs en relevant la satiété des voluptés par le goût du sang.

Strafford était préparé à tout après ces deux défections de ce qu'il avait le mieux servi et le plus aimé sur la terre. Cependant, quand on vint lui annoncer que le roi avait signé le bill de sa condamnation, la nature eut un retour en lui sur la résignation, et il lui échappa un reproche dans un gémissement : « *Nolite fidere principibus et filiis hominum!* s'écria-t-il en levant avec un geste d'étonnement ses mains vers la voûte de son cachot; *quia non est salus in illis!* Gardez-vous de placer votre confiance dans les princes et dans les enfants des hommes, car il n'y a pas d'espoir de salut en eux! »

Il demanda à s'entretenir un moment avec l'archevêque de Londres, Laud, emprisonné à la tour pour la même cause que lui. Laud était un prélat d'une haute piété et d'une âme supérieure à son siècle. Cet entretien, dans lequel les deux royalistes espéraient se fortifier l'un l'autre pour la vie ou pour la mort, leur fut refusé. « Eh bien, dit Strafford au gouverneur de la tour, dites du moins à l'archevêque de se placer demain à sa fenêtre à l'heure où je marcherai au supplice, pour recevoir mon dernier adieu! »

Le lendemain on pressa Strafford de demander une voiture pour aller à l'échafaud, dans la crainte que la fureur du peuple n'anticipât sur le bourreau en déchirant de ses propres mains celui que Pym et les orateurs des communes lui avaient travesti en ennemi public. « Non, répondit Strafford; je sais regarder la mort et le peuple en face : que je meure par la main du bourreau ou par la furie de la populace, si cela peut leur plaire, peu m'importe! »

En passant sous la fenêtre de l'archevêque, dans la cour de la prison, Strafford se souvint du rendez-vous donné la veille à son ami : il leva les yeux vers les barreaux de fer de la fenêtre, qui lui disputaient la vue de Laud. On ne voyait que les deux mains tremblantes et décharnées du vieillard tendues à travers les barreaux et cherchant à tâtons à bénir le mourant.

Strafford s'agenouilla dans la poussière et inclina la tête. « Monseigneur, dit-il à l'archevêque, votre bénédiction et vos prières... »

Le cœur du vieillard ne put supporter le coup de cette voix et de cette émotion : il s'évanouit en bénissant dans les bras de ses geôliers. « Adieu, monseigneur, lui cria Strafford : que Dieu protége votre innocence! » Et il marcha d'un pas ferme, malgré les douleurs de la maladie et l'affaiblissement de ses forces, à la tête des soldats, qui semblaient moins l'escorter que le suivre.

Selon la coutume si humaine de l'Angleterre et de Rome, qui laisse le condamné, quel qu'il soit, marcher à son supplice au milieu du cortége de ses parents et de ses amis pour l'encourager au dernier pas, Strafford avait son frère pleurant à côté de lui. « Frère, lui dit-il, pourquoi pleurer ainsi? Voyez-vous rien dans ma vie ou dans ma mort qui puisse vous rendre honteux de moi? Est-ce que j'ai l'air tremblant comme un criminel, ou fanfaron comme un athée? Supposez, pour vous raffermir l'âme, que c'est ici mon troisième mariage, et que vous êtes mon garçon de noces. Ce billot, ajouta-t-il en lui montrant le bloc de bois où il allait placer sa tête, sera mon oreiller, et j'y reposerai bien, sans peine, sans douleur et sans crainte! »

Monté sur l'échafaud avec son frère et ses amis, il se mit à genoux un moment, comme pour saluer l'autel de son sacrifice; il se releva bientôt, et, regardant le peuple innombrable et muet qui couvrait la colline et la tour de Londres, dite de l'Échafaud, il éleva la voix avec autant de vibration et de gravité qu'à la chambre des communes, théâtre de sa majestueuse éloquence.

« Peuple rassemblé ici pour me voir mourir, dit-il, soyez témoin! Je souhaite, en mourant, à ce royaume toutes les prospérités que Dieu peut donner à ceux qui vivent sur la terre! Vivant, j'ai toujours fait ce qui était en moi pour assurer le bonheur du peuple anglais; mourant, c'est encore mon seul vœu. Mais je supplie chacun de ceux qui m'écoutent d'examiner sérieusement, et la main sur le cœur, si le début d'une réforme salutaire doit être écrit en caractères de sang?... Pensez-y bien en rentrant chez vous!... A Dieu ne plaise que la moindre goutte de mon sang retombe sur aucune de vos têtes; je crains cependant que vous ne vous avanciez dans une voie fatale! »

Après ces premières paroles, jetées du haut de son échafaud en sollicitude et en avertissement à sa patrie, Strafford s'agenouilla de nouveau, et pria avec tous les signes d'une humble et ardente ferveur pendant plus d'un quart d'heure. Le fanatisme révolutionnaire des Anglais ne disputait pas au moins les dernières minutes aux mourants. Cependant Strafford, entendant un sourd murmure, soit de pitié, soit d'impatience, dans la foule, se releva, et, s'adressant à ceux qui l'entouraient : « J'ai presque fini, dit-il. Un seul coup va rendre ma femme veuve, mes chers enfants orphelins, mes pauvres serviteurs sans maître ! Que Dieu soit avec eux et avec vous ! Grâce au soutien intérieur que ce Dieu me prête, ajouta-t-il en dépouillant lui-même son habit et en relevant ses cheveux pour qu'aucun vêtement n'amortît le tranchant de la hache sur son cou, j'ôte mon habit, le cœur aussi tranquille que je l'ai jamais quitté chaque soir de ma vie pour m'endormir ! »

Il fit signe alors au bourreau d'approcher, lui pardonna charitablement le sang qu'il allait répandre, coucha lui-même sa tête sur le billot en dirigeant encore un regard et une prière vers le ciel. Sa tête roula aux pieds de ses amis. « Dieu sauve le roi ! » s'écria l'exécuteur en ramassant la tête et en l'élevant dans ses mains pour la montrer au peuple.

Le peuple, muet et compatissant jusque-là, poussa un cri de joie, de vengeance et de salut, qui attestait la frénésie du temps. Ce peuple se réjouit comme un insensé d'avoir arraché de son sein son plus grand citoyen, et se répandit dans les rues de Londres pour ordonner des illuminations publiques.

Le roi, pendant ce sacrifice, s'était tenu renfermé dans son palais, demandant son pardon à Dieu pour le sang qu'on arrachait à sa faiblesse. L'ecclésiastique qui avait accompagné Strafford à l'échafaud fut seul admis dans l'appartement de Charles pour lui rendre compte des derniers moments de son ministre. « Rien n'égala jamais, dit l'ecclésiastique au roi, le calme et la majesté de cette mort : j'en ai vu beaucoup mourir ; jamais âme aussi blanche et aussi purifiée ne retourna à son créateur. »

A ces mots le roi détourna la tête pour pleurer.

Le repentir de sa concession, et le pressentiment de l'impuissance de cette concession pour racheter son propre salut et la paix du royaume, se confondirent en une immense et sombre douleur dans son âme. Il vit clairement qu'il s'était frappé lui-même du coup dont il avait laissé frapper son serviteur et son ami, et que le supplice de Strafford n'était que la répétition de son propre supplice. Cœur vaincu, mais conscience droite, Charles ne se défendit pas par le sophisme contre le remords. Il ne s'excusa ni devant lui-même, ni devant la politique, ni devant Dieu. Il s'accusa avec autant de sévérité que l'histoire devait l'accuser un jour ; il s'humilia dans sa faute et dans sa douleur ; il jura que ce serait sa première et sa dernière transaction avec l'iniquité de ses ennemis, et il puisa dans l'amertume de ses regrets la force de vivre, de combattre et de mourir pour son droit, pour le droit de sa couronne et pour le droit du dernier de ses sujets.

Le parlement en effet ne vit dans la mort de Strafford qu'une victoire sur la puissance royale et sur le cœur de Charles. Les conflits entre la couronne et les communes se reproduisirent à l'instant sous d'autres prétextes et sous d'autres exigences. Le roi prit en vain des ministres dans le sein du parlement, il ne retrouva pas un Strafford : la nature n'en avait pas fait deux. Charles n'avait à choisir qu'entre des fidélités médiocres ou des ennemis implacables ; et encore ces ennemis appelés par le roi dans son conseil pour leur livrer le gouvernement se refusaient à y entrer. L'esprit de faction était si universel et si irréconciliable en Angleterre contre la couronne, que les membres populaires du parlement se sentaient plus forts en restant les chefs de factions dans les communes qu'en devenant les ministres d'un prince suspect et condamné. Le parti puritain dans les communes tenait alors Charles I$^{er}$, en Angleterre, dans le même isolement où le parti des Girondins tint Louis XVI, en 1791, en France : assiégeant le ministère et refusant d'être ministres, afin d'avoir le droit d'attaquer toujours le pouvoir royal qu'on leur livrait en vain, ou ne consentant à le prendre que pour le trahir, en le livrant par adulation au peuple, et par complicité aux républicains.

Telle était la situation réciproque du roi et du parlement pendant les premières années où Cromwell était membre de la chambre des communes.

Les luttes parlementaires n'étaient pas le domaine de Cromwell, et ces agitations purement politiques l'agitaient peu lui-même. Il n'était pas factieux de sa nature, il était sectaire. Il ne tenait que par l'esprit de sa secte au triomphe du parti puritain, non sur la couronne, mais sur l'Église anglicane et sur l'Église de Rome, que la couronne était suspecte de favoriser. Tout autre intérêt était étranger à son âme austère. Son imagination froide sur tout ce qui ne touchait pas à la religion, son esprit juste mais peu étendu, son élocution sans abondance, sans couleur et sans clarté, son ambition bornée au succès de ses coreligionnaires, mais n'aspirant à rien de personnel, si ce n'est au salut de son âme et au service de sa cause, l'éloignement des discussions. Muet pendant des sessions entières sur son banc, il n'était signalé dans les chambres des communes que par son abnégation de toute importance personnelle par son dédain des applaudissements populaires, et par la ferveur de son zèle à préserver la liberté de conscience de ses frères en piété.

Rien, du reste, ni dans son intérieur ni dans son génie, n'était de nature à appeler sur Cromwell l'attention d'une chambre agitée par l'éloquence de Strafford ou de Pym. Sa figure sans distinction dans les traits tenait à la fois du paysan, du soldat et du prêtre : on y voyait la vulgarité du campagnard, la résolution du militaire, la ferveur de l'homme de prières ; mais aucun de ces caractères n'y prédominait assez pour faire éclater au dehors une vocation oratoire, et pour donner aux regards le pressentiment d'un dominateur futur.

Sa taille était moyenne, son buste carré, ses membres robustes, sa démarche pesante et mal assurée, son front large et bombé, ses yeux bleus, son nez proéminent, partageant inégalement son visage, incliné irrégulièrement à gauche, gros et coloré vers les narines, de ces rougeurs suspectes qu'on reproche aux buveurs, mais qui ne révélaient chez Cromwell que l'âcreté d'un sang échauffé par le fanatisme ; ses lèvres trop fendues, trop épaisses et grossièrement modelées, n'indiquaient ni la finesse d'intelligence, ni la délicatesse de sentiment, ni la volubilité de parole nécessaire à l'éloquence ; son visage était plus rond qu'ovale ; son menton solide et avancé en portait fermement le poids. Ces traits reproduits dans ses portraits et dans ses masques, par les artistes les plus consommés de l'Italie, chargés de le fixer pour leurs cours, n'indiqueraient qu'un homme vulgaire, si le nom de Cromwell ne les relevait ; en les étudiant avec impartialité, il est impossible d'y discerner les traces et les organes du génie. On y sent l'homme fait grand par le choix de son parti et par la combinaison des circonstances, plutôt que l'homme fait grand par la nature. On peut même conclure de ce visage qu'une intelligence plus haute et plus développée aurait nui à la grandeur de la destinée de cet homme ; car avec plus d'esprit, Cromwell aurait été moins sectaire, et, s'il eût été moins sectaire, son parti se serait moins personnifié dans un chef qui n'aurait pas partagé ses passions et ses crédulités. La grandeur d'un homme populaire est bien moins dans son génie que dans les proportions de son génie avec les préjugés et même avec les stupidités de son temps. Les fanatiques d'une époque ne choisissent pas pour chef le plus capable, mais le plus fanatique. Les Jacobins de France l'ont montré dans Robespierre, comme les puritains d'Angleterre dans Cromwell.

Les seules traces que la présence de Cromwell au parlement ait laissées dans les annales parlementaires pendant ces dix années de silence, sont quelques mots prononcés à de longs intervalles par lui, pour protéger ses frères les missionnaires puritains, et pour dénoncer les ministres de l'Église anglicane dominants, et les catholiques qui aspiraient à dominer de nouveau. On voit seulement aux égards de ses collègues à la chambre des communes, en écoutant ces mots échappés au zèle religieux du représentant d'Huntingdon, que ce gentilhomme fermier, aussi sobre de popularité que de discours, jouissait à la chambre de cette considération qui s'attache dans les assemblées délibérantes aux hommes modestes, sensés, silencieux, désintéressés d'applaudissements, mais fidèles à leur cause.

Juge de paix de son canton, Cromwell revenait, après chaque session ou chaque dissolution du parlement, se retremper dans les passions religieuses du peuple puritain de son voisinage, dans les entretiens avec les missionnaires de sa foi, dans les sermons, les méditations et les prières, seul délassement de sa vie agricole. La douceur, la piété, la ferveur de sa femme, adonnée comme lui aux soins domestiques et aux travaux champêtres, l'éducation de ses fils, la tendresse pour ses filles, écartaient alors de son âme toute autre ambition que celle de son progrès spirituel dans la vertu, et du progrès de sa secte dans les consciences. Dans toute sa correspondance intime pendant ces longues années de retraite et de domesticité, il n'y a pas un mot qui révèle en lui une autre passion que celle de sa croyance, une autre aspiration que celle du ciel. De quoi pouvait servir à un homme qu'on ne regardait pas alors, cette hypocrisie dont les historiens ont fait le fonds et le mobile de son caractère? Quand personne ne connaissait le visage, à quoi bon le masque? Non, Cromwell ne se masquait pas si longtemps d'avance devant sa femme, devant sa sœur, devant ses filles et devant Dieu ; il ne paraît si bien masqué à l'histoire que parce qu'il vivait et pensait à visage découvert.

Détachons quelques passages de ces lettres familières qui jalonnent cette époque ignorée de sa vie :

« Mon très-cher bon ami, écrit-il de Saint-Yves, le 11 janvier 1635, à un des confidents de ses œuvres pieuses, bâtir des temples matériels et des hôpitaux pour soulager les corps et rassembler les fidèles doit être considéré sans doute comme une œuvre de piété ; mais ceux qui bâtissent des temples spirituels, qui procurent la nourriture aux âmes, ceux-là, mon ami, sont les hommes vraiment pieux. C'est l'œuvre que vous avez faite en fondant une chaire de sermons dans laquelle vous avez placé le docteur Wells, homme de sainteté et de capacité, égal à tout ce que je connais de meilleur. Je suis convaincu que, depuis son arrivée ici, le Seigneur a fait beaucoup de bien parmi nous. Il faut maintenant que Celui qui vous a inspiré de faire cette fondation vous pousse à la maintenir et à l'achever. Élevez *à lui* vos cœurs ! Vous qui vivez dans une cité renommée par les lumières resplendissantes de l'Évangile, Londres, vous savez que supprimer le traitement du prédicateur, c'est faire tomber la chaire. Car, qui va guerroyer à ses dépens? Je vous supplie donc par les entrailles de Jésus-

Christ, mettez la chose en bon train ; faites donner la solde à ce digne ministre : les âmes des enfants de Dieu vous béniront pour cela ! et ainsi ferai-je moi-même. Et je demeure à jamais votre affectionné ami dans le Seigneur.

» Olivier Cromwell. »

Ce n'était pas seulement de ses paroles, c'était de sa modique fortune, fruit d'un travail rural ingrat et obstiné, que Cromwell soutenait la cause de sa foi. On lit trois ans après ces lignes, dans une lettre confidentielle à un des sectateurs de sa communion, M. Hand :

« Remettez quarante *schellings* (somme importante alors, pour un pauvre fermier qui nourrissait péniblement sa famille croissante), pour rémunérer les médecins de la guérison de Benson. Si nos amis ne veulent pas allouer cette somme au moment où nous réglerons les comptes de notre comité, gardez ce billet, et je vous payerai de ma bourse personnelle.

» Votre ami, » Olivier Cromwell. »

« Je demeure, écrit-il quelques années après à sa cousine, femme du procureur général Saint-John, et toujours dans le même esprit de componction ; je demeure dans *Cédar*, mot qui signifie ténèbres et noirceur. Cependant le Seigneur ne m'abandonne pas ; il finira par me conduire, je l'espère, à son lieu de repos, à son tabernacle. Mon cœur repose dans l'espérance avec les compagnons du premier-né ; et si je puis rendre gloire au Seigneur, soit par action, soit par souffrance, je serai grandement consolé ! Véritablement, aucune créature n'a plus de motifs que moi de se jeter en avant pour la cause de son Dieu. J'ai reçu d'avance des grâces choisies, et je suis sûr que je n'acquitterai jamais assez le prix de ces dons. Que le Seigneur m'accepte donc dans son fils Jésus-Christ, et qu'il nous donne de marcher dans la lumière, car il est lumière. Je ne puis pas dire qu'il détourne tout à fait sa face de moi ; il m'accorde de voir la lumière au moins en lui : un seul rayon dans un lieu obscur porte avec soi beaucoup de rafraîchissement. Béni soit son nom de briller dans un lieu aussi sombre que mon âme !... Hélas ! vous savez quelle a été ma vie ! J'aimais les ténèbres, j'y vivais, je haïssais la lumière ! J'étais le chef des pécheurs ; cependant Dieu a eu miséricorde de moi ! Oh ! les trésors de la miséricorde de Dieu !... Louez-le pour moi, priez pour moi ; que Celui qui a commencé un si grand changement dans mon âme daigne l'achever en Jésus-Christ !... Et que le Seigneur soit avec vous !... Ainsi le demande votre affectionné cousin,

» Olivier Cromwell. »

Tout ce que l'on retrouve de la main de Cromwell pendant ce long recueillement de sa vie, de vingt à quarante et un ans, porte la même empreinte de mysticisme, d'exaltation et de sincérité : une sombre mélancolie, éclairée cependant par l'illumination éblouissante d'une foi active, forme le fonds de son caractère. Cette mélancolie devait être nourrie encore par la monotonie de ses occupations rurales et par la tristesse du ciel et du site où la fortune confinait sa vie.

Sa maison, que l'on montre encore de nos jours aux voyageurs, dans les bas-fonds qui entourent la petite bourgade de Saint-Yves, a quelque chose d'un cloître abandonné. Les rideaux d'arbres qu'il avait plantés en haies sur les lisières de ses champs, dans ces marécages, en interceptent tout horizon étendu, ou riant aux fenêtres. Un ciel bas et terne pèse sur l'imagination comme sur le toit. La tradition désigne encore un oratoire surbaissé, bâti en briques par le gentilhomme puritain derrière sa maison et attenant à la salle de famille, où Cromwell convoquait les paysans des alentours pour entendre la parole de Dieu de la bouche des missionnaires de sa secte, et pour prêcher et prier souvent lui-même quand l'inspiration débordait en lui.

De longues et profondes lignes d'arbres séculaires, peuplés de corneilles sinistres, bornent de tous côtés la vue. Ces arbres empêchent de voir même le cours de la rivière d'Ouse, dont les eaux noirâtres et encaissées dans des bords fangeux ressemblent à l'immense égout d'une usine ; ils ne laissent voir au-dessus de leurs têtes que les fumées de charbon de la petite ville de Saint-Yves, qui salissent perpétuellement le ciel de cette vallée. Un tel séjour devait enfermer l'âme de ses habitants dans les vulgaires pensées du trafic, de l'industrie, du pâturage, ou les forcer à s'élancer plus haut que la terre, dans les extases de la contemplation.

C'est là cependant que Cromwell et sa jeune femme, modelée en tout sur la simplicité et sur la piété de son mari, élevaient pauvrement et dans le silence les sept enfants que l'amour et la fidélité conjugale leur donnaient. Ils ne cherchaient pas le vent du monde ; ce fut le vent du monde qui vint les chercher.

On voit, aux vestiges de la vie de Cromwell pendant cette époque, comment le bruit des controverses religieuses en Angleterre, en Irlande, en Écosse, et comment les pamphlets politiques qui commençaient à se multiplier avec la passion publique, préoccupent sa solitude et sont lus par lui avec avidité ; mais il ne s'attachait jamais qu'aux arguments religieux de ces écrits.

Le nom immortel du grand poëte anglais Milton, ce Dante britannique, apparaît pour la première fois sur un de ces pamphlets républicains.

Milton revenait d'Italie, où il avait respiré dans les

débris de Rome ancienne l'odeur de la liberté antique, et où le spectacle de la corruption de la Rome moderne l'avait rejeté dans l'indépendance en matière de culte. Milton donnait, comme Chateaubriand et madame de Staël en 1814, l'accent immortel aux passions passagères du temps.

Les indépendants en matière de gouvernement commençaient, par une logique forcée, à naître de ce besoin d'indépendance en matière de foi. Les deux libertés se tiennent. Comment croire librement dans la servitude qui empêche de dire ce qu'on veut, et de pratiquer ce qu'on croit? Ce besoin absolu de professer et de répandre librement sa croyance inclinait Cromwell à la république. Hampden, son parent, popularisé jusqu'au délire par sa résistance à l'autorité royale, voulut fortifier le parti républicain par l'accession d'un homme aussi convaincu et aussi irréprochable de mœurs que Cromwell; il le fit nommer député au parlement par la ville de Cambridge, où Hampden avait une souveraine influence.

Cette nouvelle nomination de Cromwell par un comté plus illustre et dans un instant plus politique ne distrait pas sa pensée de l'unique but de sa vie : « Envoyez-moi, écrit-il à son ami Willingham à Londres, les arguments des Écossais, pour soutenir l'uniformité dans la religion exprimée dans leur proclamation. Je désire la relire avant que nous entamions dans les communes ce débat qui s'ouvrira bientôt. »

Un intérêt populaire se mêla un moment pour lui au grand intérêt religieux. Il embrassa cet intérêt par sentiment de la justice de la cause sans doute, mais certainement aussi pour ranger le peuple du côté des indépendants et des républicains, par l'appui que le bon droit populaire trouvait dans les hommes de ce parti contre la couronne.

Il s'agissait du droit de clore des terrains communaux

en les enclavant ainsi dans leurs fiefs, que des rois d'Angleterre avaient accordé jadis, indûment, à des favoris, et que le peuple contestait avec raison. « Cromwell, dit le ministre du roi dans ses mémoires, que je n'avais jamais entendu parler aux communes, fut élu membre du comité du parlement, chargé de s'entendre avec les ministres sur ce sujet. Cromwell s'emporta contre moi dans la discussion. Il me reprocha d'intimiter les témoins. Il parla avec tant d'indécence et de grossièreté, ses procédés furent si âpres et son attitude si insolente, que je fus forcé d'ajourner le comité. Cromwell ne me pardonna jamais! »

La popularité que la défense de cette cause valut à Cromwell et à son parti l'encouragea à en rechercher une autre dans la défense des pamphlétaires acharnés contre la couronne et l'Église, pamplets que le roi et les évêques livraient de temps en temps au bourreau de Londres. Il présenta au parlement la pétition d'un de ces martyrs. L'indignation de sa conscience blessée lui ouvrit les lèvres pour la première fois. « C'était en novembre 1640, dit un spectateur royaliste dans ses souvenirs; moi qui étais aussi membre du parlement, j'avais la vanité de me croire un modèle d'élégance et de noblesse; car, nous autres jeunes courtisans, nous nous vantions de notre costume. Je vis, en entrant dans la salle, un orateur qui parlait. Je ne le connaissais pas; il était vêtu d'une manière fort commune, en habit de drap sans broderie, qui semblait avoir été coupé par quelque tailleur de campagne. Son linge était grossier et sale. Je me rappelle qu'il y avait une ou deux taches de sang sur le col rabattu de sa chemise, qui ne dépassait qu'à peine le collet de son habit. Son chapeau était sans ganse. Il était d'une assez belle stature. Son épée était collée sur sa cuisse. Son visage était rond et gonflé; sa voix était stridente, peu harmonieuse et peu flexible; mais il s'exprimait avec une éloquence pénétrée de ferveur. Sa cause ne permettait guère le bon sens ; il parlait pour un libelliste supplicié par le bourreau. Je déclare que l'attention prêtée par l'assemblée à ce gentilhomme diminua de beaucoup ma considération pour les communes. »

Tous les moyens de résistance et toutes les concessions du roi Charles I<sup>er</sup> envers son parlement étant épuisés, le pressentiment d'une guerre civile inévitable pesait sur toutes les âmes. On s'y préparait plus ou moins ouvertement des deux côtés. Cromwell profita d'un de ces moments de calme qui précèdent les grandes tempêtes politiques pour aller conforter sa mère et sa femme et embrasser ses enfants à Saint-Yves, avant de se précipiter dans la mêlée. Il anima de son feu mystique le peuple de son voisinage. De ses sectaires il fit des soldats. Il dépensa toutes ses économies de père de famille et de cultivateur à envoyer des armes à Cambridge. Il osa même s'emparer, en qualité de membre du parlement, du château de Cambridge, et confisquer pour solder la milice du peuple l'argenterie de l'université royale, déposée dans le trésor du château. Ces milices le reconnurent pour chef, à titre de député de Cambridge, et du plus résolu des citoyens. Il souleva, également par le seul appel au sentiment commun, les milices des campagnes entre Cambridge et Huntingdon, et fit arrêter les royalistes qui allaient se ranger sous le drapeau du roi ; il désarma partout les partisans de la couronne. « Je ne vous ferai point de mal, répondit-il, à cette époque de trouble, à un gentilhomme de son voisinage qui réclamait contre les violations de son foyer ; je viens au contraire pour empêcher le royaume de se déchirer davantage. Agissez avec intégrité, et ne craignez rien ; mais, si vous agissez mal, pardonnez-moi alors les rigueurs que m'imposeront mes devoirs envers le peuple ! »

Il n'épargna pas cette visite au manoir de son oncle

Cromwell d'Hinschinbrook, gentilhomme royaliste ruiné, qui habitait un donjon dans les marais. « Le siècle présent est batailleur, écrit-il à un autre gentilhomme. La pire des colères est, à mon avis, celle qui prend sa source dans la différence d'opinions. Blesser les hommes dans leur personne, dans leur maison ou dans leurs biens, ne peut être un bon remède à cette colère. Protégez les légitimes droits de ce peuple. »

Les associations pour la défense de l'indépendance et de la religion contre l'Église et la cour couvrirent l'Angleterre, mais ne tardèrent pas à se dissoudre, faute d'une âme commune et d'un chef actif. Il ne resta debout que cette association des Sept-Comtés de l'Ouest dont Cromwell fut l'âme et le bras. Son nom se répandit de là sur le pays, et commença à présager un chef à la guerre sainte. On l'appelait dans les assemblées puritaines le Machabée de l'Église de Dieu. « Continuez, écrit néanmoins Cromwell au ministre de l'Église anglicane, allez lire les Écritures au peuple, prêchez dans votre cathédrale, là où vous avez l'habitude de le faire, et même plus souvent. »

Ainsi Cromwell, qui se lève pour conquérir la liberté de la foi pour lui et les siens, la protége dans les autres. « Vous renvoyez de vos troupes un officier anabaptiste, écrit-il à un de ses lieutenants. Vous êtes certainement mal conseillé en cela. Je ne saurais comprendre qu'un incrédule déplorable, connu pour son irréligion, ses jurements, ses débauches, vous paraisse plus digne de confiance que celui qui craint la débauche, les jurements, le péché! Soyez tolérant envers ceux qui ont une foi autre que la vôtre. L'État, monsieur, en choisissant des serviteurs, ne s'inquiète pas de leurs opinions, mais de leurs services et de leur fidélité! »

On voit dès les premiers actes de Cromwell, actes précurseurs pour lui de la guerre civile et de l'empire, poindre cet esprit de gouvernement qui rallie des partisans à sa cause, au lieu de livrer des victimes à ses partisans. Cette association des Sept-Comtés, soumise ainsi volontairement à l'influence d'un patriote actif et d'un religionnaire zélé, fut le noyau de la popularité future de Cromwell. Elle fut bientôt pour le long-parlement le levier de la guerre civile.

Nous avons vu qu'elle devenait de jour en jour plus inévitable. L'Écosse, plus fanatisée encore que l'Angleterre par ses chefs puritains, hommes d'une foi ardente et d'un génie sanguinaire, en donna le signal. Ce royaume, quoique indépendant par ses lois et son parlement distinct, faisait partie de la couronne du roi Charles. L'esprit de révolte, masqué encore, commé en Angleterre, sous l'esprit d'indépendance et d'opposition, fit avancer une armée écossaise sur le territoire anglais, sous prétexte de défendre, de concert avec les puritains et avec le parlement de Londres, les droits des deux peuples, menacés par la même cour.

Forts de cet appui, les orateurs de l'opposition dans le parlement de Londres et les zélateurs du puritanisme ne connurent plus de bornes à leur audace et à leurs empiétements sur la royauté. Les tribuns les moins infatués de zèle pour la foi nouvelle, tels que Pym, Hampden, Vane, en prirent les apparences. Ils devinrent, aux yeux des républicains, les Caton, les Brutus, les Cassius de l'Angleterre; aux yeux des puritains, ils en devinrent les martyrs. L'ombrageuse susceptibilité du parti puritain s'indigna de voir quelques prêtres catholiques amenés de France par la reine Henriette pour diriger sa conscience, habiter la cour et exercer dans Londres leur culte. Ils affectèrent de voir une conspiration terrible contre le protestantisme dans cette inoffensive fidélité d'une jeune et charmante reine aux convictions de sa conscience et aux rites de sa jeunesse.

Ils accusèrent le roi de faiblesse ou de complicité avec l'épouse qu'il adorait. Le roi, dans un esprit de paix, cédait à toutes ces exigences. On le somma de sanctionner un bill qui autorisait le parlement à se rassembler de fait si le roi laissait écouler un intervalle de trois ans sans le convoquer. Jusque-là la convocation annuelle ou triennale des parlements avait été un usage plus qu'un droit de la liberté anglaise. Charles, en consentant à cette sommation, reconnaissait la souveraineté représentative en face de la sienne. Le parlement, dont l'ambition se nourrissait de toutes les concessions du roi, établit encore avec son consentement la permanence de son contrôle et de son pouvoir par un comité toujours subsistant à Londres pendant l'intervalle des sessions. Il en établit un autre, chargé de suivre la personne du roi dans le voyage de pacification que ce prince fit en Écosse. Enfin il poussa l'audace et l'usurpation jusqu'à demander la nomination d'un *protecteur* du royaume, sorte de tribun national ou de vice-roi du parlement, élevé en face du roi lui-même. C'est ce titre, rêvé dès cette époque par le délire de l'esprit parlementaire, qui devint naturellement le titre de Cromwell quand la guerre civile en eut fait l'arbitre de son pays. Il ne l'inventa pas, comme on l'a cru, à son usage ; il le trouva tout fait, à l'usage des factions qui détrônaient le roi.

Pendant le voyage du roi en Écosse, l'Irlande, abandonnée à elle-même par le rappel des troupes qui y maintenaient la paix au nom de ce prince, s'agita jusqu'à la révolte contre l'autorité royale. Son parlement, distinct aussi, répondit par ses turbulences et par ses empiétements aux exemples du parlement d'Angleterre. La nation irlandaise, divisée en deux races et en deux religions acharnées de tout temps l'une contre l'autre, se confédéra d'abord unanimement pour s'affranchir du joug de la couronne. Bientôt les catholiques et les vieux Irlandais des provinces les plus éloignées du centre rompirent la ligue. Ils profitèrent des troubles de la capitale et de la faiblesse de l'autorité du roi qui les contenait, égorgèrent dans ces nouvelles Vêpres siciliennes, plus sanglantes que celles de Sicile, tous les colons anglais établis depuis des siècles dans les mêmes villages, et avec lesquels la cohabitation, les liens de parenté, les mariages, les avaient confondus en un même peuple, et presque en un même sang. Les massacres de la Saint-Barthélemy, les journées de septembre, les proscriptions de Rome sous Marius, ou de la France sous la Terreur, n'égalent pas les barbaries dont les Irlandais de ces provinces souillèrent le caractère de leur race et flétrirent les annales de leur patrie. Les chefs de cette conspiration de la province d'Ulster frémirent eux-mêmes des férocités du peuple haineux, fanatique, inexorable, qu'ils avaient déchaîné. Les fêtes par lesquelles ce peuple vainqueur par l'assassinat célébra sa victoire furen les supplices les plus lents et les plus cruels que jamais l'imagination des cannibales ait inventés. Il prolongea les martyres et les agonies des deux sexes pour prolonger ses infernales jouissances. Il fit couler le sang goutte à goutte, et la vie souffle à souffle pour entretenir sa propre fureur.

Ces massacres s'étendirent de proche en proche à toutes les autres provinces de l'Irlande, excepté à Dublin, sa capitale, où un faible noyau de troupes royales conservait la paix. Plus de cent mille victimes innocentes, hommes, femmes, enfants, vieillards, infirmes, jonchèrent de leurs cadavres le seuil qu'ils habitaient, les champs qu'ils cultivaient en commun avec ces frères dénaturés. La flamme de leur village ne s'éteignit que dans leur sang. Tous ceux qui échappèrent par la fuite à leurs assassins, en emportant dans leurs bras leurs enfants jusqu'aux sommets des montagnes, succombèrent d'inanition et de froid dans les neiges de l'hiver. L'Irlande parut s'entr'ouvrir pour être le tombeau de la moitié des fils qu'elle avait portés. On ne peut lire, dans les historiens les plus impartiaux, les récits de ce long crime national, sans exécration pour ses instigateurs et pour ses bourreaux. On comprend les longues malédictions du ciel sur l'Irlande. On ne justifie jamais la tyrannie; mais une nation qui a de tels égorgements à expier dans son histoire ne peut accuser les sévices de ses oppresseurs sans réveiller le souvenir de ses propres forfaits. Le malheur des peuples n'est pas toujours le crime de leurs conquérants, il est quelquefois la vengeance de leurs propres crimes. Ce malheur-là est le plus irrémédiable, car il n'enlève pas seulement l'indépendance, il enlève jusqu'à la pitié.

Le parlement accusa le roi de ces calamités; le roi accusa avec plus de justice le parlement de son impuissance. Le parti républicain prit de nouvelles forces dans le pays par ce conflit acharné et stérile entre la couronne et les parlementaires qui laissaient décomposer le royaume et massacrer leurs coreligionnaires par les catholiques. Les exaltés firent aisément voter par le parlement, sous le nom de remontrances, un appel au peuple de la Grande-Bretagne, véritable et sanglante accusation contre le gouvernement du roi. On y résumait en un seul groupe d'incriminations tous les torts et tous les malheurs du règne. On rejetait sur le roi seul les fautes et les crimes de tous les partis. On déversait sur sa tête le sang même des Anglais massacrés par les catholiques en Irlande. On y concluait, ou on y faisait conclure tacitement, que le seul salut de l'Angleterre était désormais dans la restriction du pouvoir royal et dans l'accroissement illimité du pouvoir parlementaire.

Le roi, poussé aux dernières limites de ses concessions, répondit à cette accusation par une justification touchante, mais sans force. L'insolence de quelques membres de la chambre éclata contre lui dans des attentats si évidents contre sa prérogative et sa dignité, qu'il n'eut plus que le choix entre une honteuse dégradation de son titre de roi ou une revendication énergique de son droit. Il se rendit lui-même à la chambre des communes pour y faire arrêter les membres coupables de lèse-majesté. Il somma le président de les lui désigner.

« Sire, lui répondit le président à genoux, dans la place que j'occupe, j'ai des yeux pour voir, une langue pour parler sous l'inspiration seule de la chambre dont je suis le serviteur. Je demande humblement pardon à Votre Majesté de lui désobéir ! »

Charles, humilié, se retira avec sa garde, et se rendit à l'hotel de ville de Londres pour conjurer le conseil de la Cité de refuser asile aux coupables. Le peuple de la Cité ne lui répondit à son retour que par des cris de « Vive le parlement ! » Les habitants de Londres s'armèrent aux cris bibliques de « *Israël, à vos tentes !* » et passèrent fièrement en revue par terre et par eau sous les fenêtres du palais de White-Hall, séjour du roi. Le roi, impuissant, menacé et insulté par ces émeutes, se retira dans le château royal de Hampton-Court, résidence de campagne solitaire, imposante et fortifiée, à quelques heures de Londres.

La reine, intimidée pour son mari et pour ses enfants, conjura le roi d'apaiser l'émotion du peuple à force de condescendance. Tout fut vain ; les pétitions les plus incendiaires assiégeaient le parlement, devenu l'idole du peuple et sa sauvegarde depuis la retraite du roi. Le parlement, sous prétexte de prémunir le peuple contre le retour de l'armée royale, s'empara du pouvoir militaire, et nomma lui-même les gouverneurs de places fortes et les généraux des troupes. Charles, réduit à un petit nombre de partisans et de défenseurs à Hampton-Court, se résolut à la guerre ; mais, avant de la déclarer, il conduisit la reine au bord de la mer, et la contraignit à s'embarquer pour le continent, afin de soustraire du moins à la malignité de sa fortune ce qu'il avait de plus cher sur la terre.

La séparation fut déchirante, comme le pressentiment d'un éternel adieu. L'infortuné prince adorait cette compagne de sa jeunesse, il la plaçait au-dessus de toutes les femmes. Il ne lui avait fait partager que ses humiliations et ses revers. Il voulait l'abriter au moins contre le supplice qu'il entrevoyait de loin au fond de sa destinée.

Henriette, transportée évanouie sur le vaisseau, ne reprit ses sens que pour adresser, du haut des vagues qui l'emportaient, ses reproches à l'Angleterre et ses vœux au ciel pour le plus tendre des époux.

Le roi, déchiré dans son amour, mais fortifié dans son courage par ce départ, s'éloigna de Hampton-Court et s'établit dans la ville plus fidèle d'York, au milieu d'un peuple et d'une armée royalistes. Il emmena avec lui ses enfants.

Le parlement, présentant au peuple cet éloignement comme une déclaration de dangers publics, leva une armée contre celle du roi, et en donna le commandement au comte d'Essex. La nation se leva à la voix des communes, et chaque ville envoya de nombreux volontaires à l'armée du peuple.

Charles, plus grand dans l'adversité que sur le trône, retrouva dans une situation décidée la résolution et la lumière qui lui avaient quelquefois manqué dans les ambiguïtés de sa lutte avec un parlement qu'il ne savait ni combattre ni subir. La noblesse et la bourgeoisie, moins fanatisées que les classes populaires par les prédications puritaines, et moins accessibles aux séductions des tribuns du parlement, se rangèrent en majorité dans le parti du roi. On les appela les *cavaliers*. Les grandes villes et la capitale, foyers d'agitations et de force populaire, se dévouèrent au parlement. Le comte d'Essex, général accrédité, mais temporisateur, et plus fait pour la guerre régulière que pour la guerre civile, s'avança à la tête de quinze mille hommes contre le roi, qui n'en comptait que dix mille dans son camp.

Une première rencontre douteuse dans ses résultats entre les deux armées attesta seulement la bravoure personnelle du roi. Il combattit en soldat plus qu'en monarque à la tête de ses escadrons les plus engagés. Cinq mille morts de deux côtés couvrirent le champ de bataille. Londres trembla, mais se rassura en apprenant que le roi, trop affaibli par sa lutte, n'avançait pas sur sa capitale.

Cette première bataille, qu'on appelle la bataille d'Edge-Hill, quoique glorieuse pour les armes de ce prince, ne décida rien. Le fanatisme presque universel de la nation recrutait indéfiniment l'armée du parlement. La noblesse et les soldats des troupes réglées recrutaient seules l'armée de Charles. La cause royale n'avait qu'une armée, celle de la révolte avait un peuple. La guerre en se prolongeant devait l'user. « A nos ennemis le vieil honneur, s'écriait dans les communes le républicain Hampden ; à nous la religion ! »

L'ambassadeur de France auprès de Charles I$^{er}$ pensait ainsi, malgré la partialité de sa cour pour la cause du roi. « Je suis confondu, écrivait-il au cardinal Mazarin, de voir combien ce roi est prodigue de sa vie, infatigable, laborieux, constant dans les revers; du matin au soir il marche avec son infanterie, plus souvent à cheval qu'en voiture. Les soldats semblent comprendre toutes les nécessités et toutes les détresses de leur roi ; ils se contentent gaiement du peu qu'il peut faire pour eux, et marchent de cœur et sans solde contre des troupes mieux équipées et mieux armées. Je vois tout cela de près. Ce prince, en qui le malheur révèle un héros de courage, se montre le roi le plus brave, le plus judicieux, le moins troublé devant ces grandes vicissitudes de la politique et de la guerre. Lui-même donne tous ses ordres, jusqu'aux plus minutieux; il ne signe pas un papier sans le plus scrupuleux examen; il descend de cheval à chaque instant, et marche à la tête de son armée. Il désire la paix; mais, comme il voit que tout le monde la repousse, il est forcé de vouloir la guerre... Je crois qu'il aura l'avantage au commencement; mais ses resources sont trop bornées pour que cela dure longtemps... »

Il n'avait pas de pain à donner à ses soldats, qui ne lui demandaient que de les nourrir. Le journal de ces quatre années de guerre inégale et errante à travers son royaume ressemble plus à la vie romanesque d'un aventurier qu'à la lutte majestueuse d'un roi contre les factions au milieu de ses troupes et de son peuple. «Tantôt, dit le fidèle serviteur qui tient les registres de ses journées, tantôt nous couchons dans le palais d'un évêque, tantôt dans la hutte d'un bûcheron. Aujourd'hui le roi dîne en plein champ... le lendemain il n'a pas même un morceau de pain pour nourriture; dimanche, à Worcester, point de dîner, une journée atroce; nous avons marché sans manger de six heures du matin à minuit. Un autre jour nous avons marché longtemps à pied dans les montagnes, et le roi n'a eu à manger que deux pommes. Il nous a été impossible de trouver des vivres jusqu'à deux heures du matin... Nous avons couché sans abri sur la terre devant le château de Donnington. » Ailleurs : « Le roi a couché dans son chariot sur la bruyère de Bockonnok: il n'a pas dîné. Le lendemain il a déjeuné chez une pauvre femme veuve, sur la lisière d'une forêt. »

Cette constance du roi à combattre la fortune et à subir les mêmes privations et les mêmes dangers que le dernier de ses soldats les enchaînait à son sort par l'admiration. On n'abandonne guère que les rois qui s'abandonnent eux-mêmes. C'était un Henri IV disputant son royaume, mais un Henri IV malheureux. Le spectacle de cette constance et de cette résignation ramenait à sa cause, dans les campagnes qu'il traversait, ses ennemis eux-mêmes. L'un d'eux, nommé Roswell, déserta l'armée du parlement pour passer à la petite troupe du roi. Fait prisonnier par les républicains, on l'interroge sur les motifs de sa défection. « Je passais, répondit Roswell, par une route qui côtoyait la bruyère où le roi Charles, entouré seulement de quelques fidèles sujets, était assis pour rompre un morceau de pain avec eux. Je m'approchai par curiosité, et je fus tellement ému de la gravité, de la douceur, de la patience et de la majesté de ce prince, que l'impression en resta dans mon âme et me prédisposa à me dévouer à sa cause. »

Charles dérobait même sa sensibilité à ses soldats et à ses serviteurs, de peur de montrer dans le roi les plus légitimes attendrissements de l'homme. Un jour qu'il avait vu lord Litchfield, un de ses plus intrépides et de ses plus affidés compagnons d'armes, tomber à ses pieds frappé d'une balle mortelle, le roi continua à donner ses ordres et à combattre avec une apparente impassibilité qui trompa tout le monde. Après avoir assuré la retraite et sauvé l'armée en dirigeant l'arrière-garde, il fit camper les troupes et s'enferma dans sa tente pour disposer ses manœuvres du lendemain. Il passa la nuit à écrire seul ; mais, en entrant dans sa tente au lever du jour, ses serviteurs reconnurent à ses yeux encore humides qu'il avait pleuré Litchfield une partie de la nuit.

Pendant que Cromwell, son antagoniste, qui combattait alors dans l'armée d'Essex contre le roi, parlait et agissait toujours avec une telle exaltation mystique qu'on prenait cet enthousiasme de la foi pour l'ivresse du vin, disent les écrivains du temps, Charles, comme il convient aux hommes qui sont aux prises avec le malheur, retrouvait sa majesté dans son imperturbable sérénité. « Jamais, écrit un des généraux de son armée, je ne l'ai vu exalté par le succès ou abattu par le revers. Son égalité d'âme semblait défier la fortune et supérieure à tous les événements. »

Il lui arrivait souvent, disent encore les écrivains du temps, de chevaucher la nuit tout entière et de voir poindre l'aurore. Il galopait alors pour atteindre le sommet de quelque colline, d'où il examinait la marche et la situation de l'armée du parlement.

« Messieurs, dit-il un jour au petit nombre de cavaliers qui le suivaient, voici le matin, dispersez-vous ; vous avez un lit et une famille, il est temps que vous alliez prendre du repos. Moi, je n'ai plus ni toit ni famille : un cheval frais m'attend ; et nous marcherons lui et moi tout le jour et toute la nuit. Si Dieu m'a donné assez de maux pour exercer ma patience, il m'a donné assez de patience pour supporter mes misères ! »

Ainsi, dit une poésie du temps, « il combattait pour combattre et pour maintenir son droit, il ramait sans avoir de port. » Ainsi la guerre grandissait ce prince, non pour le trône, mais pour la postérité.

Les limites de notre sujet ne nous permettent pas de suivre dans ses péripéties cette guerre de quatre ans entre un roi et son peuple, la plus longue, la plus diverse et la plus dramatique des guerres civiles.

Cromwell, qui commandait au commencement un régiment de cavalerie volontaire, formé de ses confédérés d'Huntingdon, dans l'armée d'Essex, grandit dans les camps de tout l'enthousiasme religieux qui le dévorait et qu'il communiquait à ses soldats. Moins militaire qu'apôtre, il aspirait autant au martyre du champ de bataille qu'à la victoire. Ni les succès, ni les revers, ni les grades, ni la renommée, ne donnèrent la moindre diversion à son âme pendant cette guerre sacrée. Le comte d'Essex, lord Fairfax, Waller, Hampden, Falkland y combattaient, y succombaient ou y mouraient, les uns pour leur prince, les autres pour leur patrie et pour leur foi. Cromwell seul de tous n'éprouvait jamais de défaite. Élevé par le parlement au grade de général, il fortifiait son corps d'armée en le purifiant. Peu lui importait le nombre, il ne voulait que le fanatisme dans ses rangs. En divinisant ainsi la cause, le but, les moyens de la guerre, il élevait ses soldats au-dessus de l'humanité ; il pouvait leur demander l'impossible. Les historiens des deux partis sont unanimes à reconnaître dans ce fanatisme religieux inspiré par Cromwell à ses troupes la transformation d'une armée de factieux en une armée de saints : des victoires signalèrent toutes ses rencontres avec les armées du roi. Sa correspondance compulsée, et comme nous l'avons fait déjà, aux différentes dates de sa vie militaire, atteste partout que cette piété de Cromwell n'était point un rôle, mais un enthousiasme. Elle révèle l'homme dans le chef de parti, avec d'autant plus d'évidence que ces lettres sont presque toutes adressées à sa femme, à ses sœurs, à ses filles, à ses plus intimes amis. Parcourons-les encore ; chacune de ces lettres est un coup de pinceau qui achève la physionomie véritable du héros de ce temps.

Voici d'abord la peinture de son corps d'armée :

« Les soldats puritains de Cromwell sont armés de toutes pièces, vêtus de toutes couleurs, et souvent de haillons. Les piques, les hallebardes, les longues épées droites à côté des mousquets. Tantôt ils font halte pour se prêcher entre eux, tantôt ils chantent des psaumes en faisant l'exercice. On y entend les capitaines crier : « *En joue, feu ! au nom du Seigneur !* » Après l'appel à leur compagnie, les officiers lisent l'Évangile ou la Bible ; leurs drapeaux sont couverts de peintures symboliques et de versets des deux Testaments. Ils règlent leur pas dans les

marches en psalmodiant les psaumes de David, tandis que les royalistes marchent à eux aux chants cyniques de la débauche et du vin. La licence de la noblesse, des cavaliers et des troupes réglées du roi ne pouvait lutter, malgré leur bravoure, avec ces martyrs de leur foi. Les champions qui se croyaient les soldats de Dieu devaient l'emporter tôt ou tard de toute la supériorité d'une cause divine sur une cause humaine. Cromwell le sent le premier, et le prédit à sa femme dès les premières batailles. « Nos soldats, lui écrit-
» il le lendemain d'un engagement, étaient dans un état
» d'épuisement et de lassitude tels qu'on n'en vit jamais ; il
» a plu à Dieu de faire pencher la balance en faveur de
» cette poignée d'hommes ! Malgré le nombre, nous nous
» heurtâmes cheval contre cheval, et nous travaillâmes de
» l'épée et du pistolet un assez joli espace de temps. Nous
» les rompîmes et nous les poursuivîmes. Je culbutai leur
» commandant (le jeune lord Cavendish, de vingt-trois ans,
» la fleur de la cour et de l'armée) jusqu'au bas de la côte
» dans un marais où sa cavalerie s'embourba, et où mon
» lieutenant le tua lui-même d'un coup d'épée dans les
» fausses côtes. L'honneur de cette journée est dû à Dieu
» plus qu'à toute autre chose. Qu'il vous inspire ce qu'il y
» a à faire ! »

Il jette sa modique fortune, sans compter, comme son sang, à la cause qu'il croyait sainte. « Je vous déclare, écrit-il la seconde année à son cousin Saint-John, que la guerre d'Irlande et d'Angleterre m'a déjà coûté trente mille francs ; c'est pourquoi ma bourse privée ne peut plus guère aider le trésor public. J'ai donné ma fortune et ma foi ; j'espère en Dieu, et je veux lui donner ma vie ! Mes compagnons, mes soldats, ma famille, pensent de même ; mes troupes augmentent ; tous des hommes que vous estimeriez si vous les connaissiez ; tous d'honnêtes et exemplaires croyants. ! » On appela ses soldats les *côtes d'airain*, par allusion à leur imperturbable confiance en Dieu.

« Mes soldats ne font pas de moi une idole, dit-il dans une autre lettre au président du parlement; je puis dire avec vérité que ce n'est pas sur moi, mais sur vous qu'ils ont les yeux, prêts à combattre, prêts à mourir pour votre cause. Leur attachement est à leur foi, non à leur chef. Nous ne recherchons que la gloire du Tout-Puissant; le Seigneur est notre force; priez pour nous! réclamez les prières de mes amis. »

« On dit que nous sommes des factieux, dit-il quelques jours après à un ami, et que nous cherchons à imposer par la force nos opinions religieuses, chose que nous détestons et que nous abhorrons. Je déclare que je ne pourrais me réconcilier moi-même avec cette guerre si je ne croyais à sa légitimité pour nous maintenir dans nos droits, et dans cette juste cause j'espère prouver que je suis un honnête homme au cœur sincère et droit! Pardonnez-moi d'être importun. Je n'écris que rarement; cette lettre me donne au moins un peu l'occasion, au milieu des calomnies qui nous dénaturent, d'épancher mon cœur dans celui d'un ami. »

Il raconte ailleurs à son collègue Fairfax une rencontre de ses troupes avec un rassemblement de *clubmen*, parti neutre, mais armé, qui s'était formé par patriotisme pour se jeter entre les royalistes et le parlement, afin de sauver le pays des calamités qui l'ensanglantaient.

« Après les avoir assurés, écrit Cromwell, que vous ne vouliez que pacifier le pays, et que notre ferme intention était d'empêcher toute violence et tout pillage, j'ai renvoyé leurs députés chargés de leur transmettre mes paroles. Ils ont fait feu sur mes troupes: je les ai fait charger; j'en ai fait prisonniers quelques centaines, et, quoiqu'ils eussent été cruels envers les prisonniers de notre cause qu'ils avaient pris eux-mêmes, je les ai renvoyés libres comme des idiots. »

Il n'y avait déjà plus de transaction possible entre les deux partis extrêmes qui se partageaient l'Angleterre. Les royalistes ne pouvaient plus pactiser avec un parlement qui avait combattu son roi ; les parlementaires étaient devenus des républicains par logique, après avoir été des factieux par colère. Les textes de la Bible contre les rois, commentés par les puritains dans les villes et dans les camps, républicanisaient le peuple et l'armée. La doctrine républicaine faisait désormais partie de la doctrine religieuse. Cromwell, indifférent par nature à ces controverses purement politiques, ne pouvait assurer le triomphe de sa foi qu'en la remettant au gouvernement populaire. L'Église anglicane et la royauté se confondaient ensemble dans le roi Charles ou dans tout autre roi de sa race. Le puritanisme n'avait de garantie que dans la république. Le bon sens de Cromwell le décida à détrôner les Stuarts pour introniser le règne de Dieu. Sa conviction commençait à le rendre inexorable à tout esprit de pacification. Il marchait de victoire en victoire ; bien qu'il n'eût pas encore le titre de général en chef du parlement, il en avait l'autorité sur l'opinion. Le parlement n'était vainqueur que là où combattait Cromwell. Il renvoyait à Dieu toute la gloire et toute la joie de ses succès. « Monsieur, écrit-il après la prise de Worcester et de Bristol, cette affaire est une nouvelle grâce divine. Vous voyez que Dieu ne se lasse pas de nous protéger. Je vous le répète, que Dieu en ait toute la louange, car tout ceci est son ouvrage ! »

Chacun de ses récits ou de ses commentaires militaires atteste en lui la même confiance dans l'intervention divine. « Quiconque parcourra le récit de la bataille de Worcester, dit-il en terminant ce récit, verra qu'il n'y a pas dans tout ceci autre chose que la main de Dieu. Il faudrait être athée, ajoute-t-il avec un redoublement de conviction, pour ne pas en convenir. Souvenez-vous de nos soldats dans les prières ! C'est leur récompense et leur joie d'avoir été les instruments de la gloire de Dieu et du salut de leur pays. Il a daigné se servir d'eux : les hommes employés à ces grandes choses savent que la foi et les prières seules leur ont donné ces victoires et ces villes. Presbytériens, puritains, indépendants, tous ont le même esprit de prières et de foi, demandent les mêmes choses, et les obtiennent d'en haut : en cela ils sont d'accord. Quel dommage qu'il n'en soit pas de même en politique ! Dans les choses spirituelles nous n'employons envers nos frères d'autre contrainte que celle de la raison. Dans les autres choses Dieu a mis l'épée aux mains du parlement pour la terreur de ceux qui font le mal ! Si quelques-uns essayent d'arracher cette arme des mains du peuple, j'espère qu'ils seront confondus. Dieu la conserve dans vos mains ! »

Dans l'intervalle de ses campagnes, Cromwell avait déjà marié deux de ses filles. La plus jeune et la plus chérie avait épousé le républicain Ireton. Elle s'appelait Brigitte. Son âme exaltée et sa piété ardente la rendaient la confidente habituelle des pensées religieuses de son père. On retrouve dans quelques lambeaux de ses lettres à cette jeune femme la préoccupation constante de son esprit. « Je n'écris pas à ton mari, parce qu'il me répond des milliers de lettres pour une que je lui adresse. Cela le fait veiller trop tard ; ensuite j'ai bien d'autres affaires à soigner maintenant. Votre sœur Claypole (sa fille aînée) est travaillée par des pensées de trouble ; elle voit sa propre vanité et les torts de son esprit charnel ; mais elle cherche la seule chose qui donne la paix. Chercher ainsi, c'est prendre la première place après ceux qui ont trouvé. Toute âme fidèle et humble qui cherche ainsi sera bien sûre de trouver à la fin. Heureux qui cherche ! Heureux qui trouve ! Qui jamais a goûté la grâce du Seigneur sans désirer d'en être inondé dans une pleine jouissance? Mon cher cœur, sollicite avec ferveur que ni ton mari ni rien au monde ne refroidisse ton amour pour le Christ. J'espère que ton mari ne sera pour toi qu'un encouragement à mieux aimer et à mieux servir. Ce que tu dois aimer en lui, c'est l'image du Christ qu'il porte dans son être! Vois cela! préfère cela! et n'aime tout le reste que pour cela seul! Adieu, je prie pour toi et pour lui ; prie pour moi !... »

Est-ce là le style d'un astucieux politique qui ne se démasquerait pas même devant sa fille préférée, et dont les plus intimes confidences de famille ne seraient que d'indignes supercheries pour tromper un monde qui ne devait pas les lire de son vivant?

Ce mysticisme n'était pas isolé dans le général, c'était l'âme de l'armée. « Pendant que nous creusions la mine sous le château, écrit-il ailleurs, dans sa campagne d'Écosse, M. Stapleton prêchait, et les soldats qui l'écoutaient témoignaient leur componction par des gémissements et par des larmes. »

« Ceci est une glorieuse journée, dit-il après sa victoire de Preston. Que Dieu aide l'Angleterre à répondre à ses grâces et à profiter de ses miséricordes! »

Et après une autre défaite des royalistes, dans une lettre à son cousin Saint-John : « Je ne puis parler, écrit-il, comme oppressé de sa reconnaissance; je ne puis rien dire; mais sûrement le Seigneur mon Dieu est un Dieu grand et glorieux! Lui seul est digne d'être tour à tour notre crainte et notre confiance! On doit surtout compter sur sa présence, il ne faillira pas à son peuple! Que tout ce qui respire loue le Seigneur! Rappelez-moi à mon cher père, Henry Vane (son collègue au parlement, enflammé du même zèle religieux et républicain); que Dieu nous protége tous! Ne nous inquiétons pas de ce que les hommes pensent de nos actions. Bon gré mal gré, ils feront selon la volonté du souverain maître, et nous, nous servirons les générations à venir. Nous attendons notre gloire et notre repos ailleurs. Celui-là sera durable. N'ayons souci de demain ou d'autre chose. L'Écriture a été un grand appui pour moi. Lisez Isaïe, versets 8, 11, 14; lisez tout le chapitre.

» Un de mes pauvres soldats mourut à Preston. La veille de la bataille, étant malade et près d'expirer, il pria sa femme, qui faisait sa cuisine dans la chambre, de lui apporter une poignée d'herbe. Elle le fit; et quand il eut cette herbe verte dans la main, il demanda à sa femme si cette herbe se dessécherait maintenant qu'elle était coupée? « Oui certainement, lui répondit la pauvre femme. — Eh » bien, reprit le mourant, souvenez-vous qu'il en sera ainsi » de l'armée du roi! » Et il mourut en prophétisant. »

Il nomme les combats un appel à Dieu. Il justifie le parlement contre ceux qui lui reprochent d'avoir porté trop loin la révolte par des raisons exclusivement religieuses. Il soutient ses amis dans leur lassitude de la guerre et dans leurs hésitations, par des motifs empruntés à la divinité de leurs missions. Ce Mahomet du Nord a la résignation obstinée du Mahomet de l'Orient dans les extrémités de sa fortune. Le rôle de martyr lui convient autant que celui de vainqueur. Il est rassasié de popularité à la fin de ces années de lutte, et il ne s'enivra pas une minute de sa vaine gloire. « Vous voyez cette foule, dit-il tout bas à Vane, son ami, le jour de son entrée triomphale à Londres : il y en aurait bien davantage s'il s'agissait de me voir pendu! »

Son cœur est ici, sa gloire est plus haut. Nul ne juge mieux le peuple; mais, tout en le jugeant, il ne se croit pas le droit de le mépriser; car le peuple est la créature de Dieu. Il ne veut le dominer que pour le servir, il ne rêve pas l'empire durable dans ses mains; il ne cherche pas à fonder une dynastie. Il n'est qu'un interrègne. Dieu le retirera quand il aura achevé son œuvre et affermi sa foi par la liberté de conscience assurée à son peuple.

Cependant la valeur du roi et la fidélité de ses partisans prolongeaient la lutte avec des succès divers. La reine, son épouse, impatiente de revoir son mari et ses enfants, était débarquée en Angleterre avec des renforts amenés de Hollande et de France. L'amiral qui commandait la flotte du parlement, n'ayant pu empêcher le débarquement de cette princesse, s'approcha de la côte où elle avait touché terre, et foudroya toute la nuit de ses boulets la chaumière qui servait d'asile à cette héroïque princesse. Elle fut obligée de s'échapper à demi vêtue des ruines de la maison détruite, et de chercher derrière une colline inhabitée un abri contre l'artillerie de ses sujets. Elle rejoignit enfin le roi, à qui l'amour rendit un heureux courage.

Dans une bataille à forces égales à Marston, il combattit corps à corps l'armée confiée ce jour-là à Cromwell. Cinquante mille hommes, enfants du même sol, tachèrent en vain de leur sang la terre natale. Le roi, vainqueur pendant la journée, abandonné le soir par ses principaux généraux et par une partie de ses troupes, se replia dans le nord.

Dans sa retraite il osa attaquer encore l'armée du comte d'Essex, généralissime du parlement. Essex, surpris et vaincu, s'embarqua et revint sans armée à Londres. Le parlement, comme les Romains, remercia son général de n'avoir pas désespéré de la patrie, il lui rendit une nouvelle armée.

Cette armée, renforcée de celles de Cromwell et du comte de Manchester, dispersa celle du roi à Newbury. Essex, vainqueur, mais las des dissensions qui travaillaient son armée, fut remplacé par Fairfax, modèle de patriotisme, héros de bataille, mais incapable de diriger une grande guerre. Fairfax eut la modestie de demander Cromwell pour lieutenant et pour conseil. Ces deux chefs réunis ne laissèrent au roi aucun espoir de reconquérir l'Angleterre; à peine y conserva-t-il un champ de bataille. Fairfax, Cromwell et Ireton, gendre de Cromwell, l'attaquèrent et le vainquirent à Naseby. Les corps d'armée des derniers partisans de Charles furent successivement détruits par Fairfax et par Cromwell.

Pendant que l'Angleterre échappait au roi, un jeune héros, le comte de Montrose, relevait par une conspiration chevaleresque et par une bataille heureuse la cause royaliste en Écosse contre les factieux puritains de ce royaume. Les braves montagnards de Montrose, plus propres, comme nos Vendéens, à des exploits qu'à des campagnes, s'étant dispersés après la victoire pour revoir leurs familles, Montrose, attaqué par l'armée puritaine pendant leur absence, perdit en un jour le fruit de ses exploits. Bientôt traqué lui-même dans les montagnes, où il se dérobait sous des déguisements à ses ennemis, il fut trahi par la beauté de son visage, reconnu, enchaîné et décapité. Sa mort fut aussi sublime que son entreprise avait été héroïque; martyr de la fidélité à son roi, après avoir été son dernier ami.

Le roi, qui n'avait plus qu'une poignée de cavaliers autour de lui, écrivit à sa femme que, puisqu'il ne pouvait plus combattre en roi, il préférait mourir en soldat. Il fit de nouveau partir cette épouse, son seul regret sur la terre, pour le continent. Il parvint à conduire les restes de son armée dans Oxford. Il en sortit la nuit par une porte secrète, accompagné seulement de trois gentilshommes, s'avança, sans être reconnu, jusqu'au sommet de la colline d'Harrow, d'où il contempla longtemps sa capitale, délibérant en lui-même s'il n'y entrerait pas pour se remettre à la merci du parlement ou pour l'embarrasser par sa présence. Puis, changeant de pensée, il alla se jeter avec une feinte confiance dans l'armée écossaise, auxiliaire de ses ennemis, mais qui n'avait pas encore totalement abjuré comme les Anglais la fidélité à la couronne.

Les généraux de l'armée écossaise, étonnés de son apparition, et n'osant du premier coup tromper sa confiance, lui rendirent les honneurs dus à leur roi, et lui donnèrent une garde destinée à le surveiller plus qu'à le défendre. Ces honneurs lui déguisaient mal sa captivité. Des négociations s'ouvrirent entre le parlement et lui. Les conditions du parlement étaient une véritable abdication de la royauté. Elles rappellent la constitution de 1791, imposée à Louis XVI par l'Assemblée législative et par les Jacobins. Le roi les rejeta.

Pendant ces négociations, l'armée écossaise marchanda lâchement la liberté du prince qui s'était livré à son honneur, et consentit à le vendre au parlement au prix de quatre-vingts millions, trafic judaïque qui déshonora ce jour-là le nom de l'Écosse.

Le parlement d'Écosse refusa d'abord de ratifier le marché ; mais le parti populaire et fanatique du clergé écossais le fit ratifier. Charles Ier jouait aux échecs dans sa chambre, au moment où on lui apporta la dépêche qui lui enlevait la dernière illusion sur son sort. Il était devenu, par l'habitude de l'adversité, si résigné et si maître de lui-même qu'il continua la partie avec une attention soutenue sans changer de couleur, et que les spectateurs ne se doutèrent pas qu'il venait de lire son arrêt dans la lettre.

Livré le soir même par les Écossais aux commissaires du parlement, il traversa captif, mais sans insulte et même au milieu des témoignages de respect et des larmes de son peuple, les provinces qui le séparaient de Holmby, ville choisie par le parlement pour sa prison ; il y subit une captivité souvent brutale. Le parlement et l'armée, déjà divisés, semblaient se disputer sa possession. Cromwell, qui trouvait dans l'armée un fanatisme égal au sien, et qui craignait que le parlement, maître du roi, ne fît avec la royauté un accommodement fatal à la république, seule garantie, selon lui, de la foi puritaine, fît enlever le roi à l'insu de Fairfax, son général, par un de ses officiers à la tête de cinq cents hommes d'élite. Charles, qui prévoyait un sort pire pour lui des soldats que des peuples, résista en vain à l'émissaire et aux ordres de Cromwell. Il suivit enfin à regret ses nouveaux geôliers. On le conduisit à l'armée anglaise, près de Cambridge.

Le parlement, affecté de l'acte d'omnipotence de l'armée, réclama le roi. L'armée, déjà accoutumée à tout prétendre et à tout oser contre le pouvoir civil, se déclara tumultueusement contre le parlement et contre Fairfax, son propre chef, pour Cromwell, plus cher au fanatisme puritain et aux soldats. Elle marcha d'elle-même sur Londres, entraînant ses généraux dans sa révolte.

Le parlement tremblant l'arrêta aux portes de Londres par une concession à tous ses caprices. De ce jour, le parment, subjugué par l'armée, comme le roi avait été subjugué par le parlement, ne fut plus que l'instrument de Cromwell. Il l'épura lui-même de ceux de ses membres qui avaient montré le plus de résolution contre ses troupes. Cromwell et Fairfax traitèrent le roi avec plus d'égards que les commissaires du parlement; ils lui permirent de voir sa famille et ses enfants les plus jeunes, retenus jusque-là à Londres. Cromwell, qui avait lui-même des enfants, et qui assista à l'entrevue de Charles et de sa famille, versa des larmes d'émotion. L'homme en lui prévalait encore en ce moment sur le sectaire; il ne croyait pas que sa cause eût besoin du supplice, mais seulement du détrônement du roi. Il témoignait à son captif tous les respects et toute la compassion compatible avec la sûreté de sa foi; il ne parlait qu'avec une tendre admiration des vertus personnelles de Charles, et des sentiments que la nature faisait éclater dans le père et dans l'époux.

Charles, ému de ces respects, et tenant pour ainsi dire sa cour dans sa prison, disait à Cromwell et à ses officiers : « Vous reviendrez par nécessité à moi ; vous ne pourrez exister sans moi, vous ne parviendrez jamais à recomposer la nation sans ma royauté. » Le roi espérait mieux maintenant de l'armée que du parlement. On lui rendit une habitation royale au château de Hampton-Court. Il y fut, quoique prisonnier, le centre et l'arbitre des négociations avec les principaux partis qui voulaient se fortifier de son nom en l'enchaînant à leur cause.

Ces trois partis principaux étaient l'armée, le parlement et les Écossais. Cromwell et Ireton, son gendre, se croyaient les plus sûrs de leur influence sur le roi ; un accident les détrompa. Le roi, ayant écrit une lettre secrète à sa femme, chargea un de ses domestiques de confiance de cacher cette lettre dans la selle de son cheval et de la porter à Douvres, où des bateaux de pêcheurs servaient sa correspondance avec le continent. Cromwell et Ireton soupçonnaient cette correspondance. Ils voulurent s'assurer par leurs propres yeux des sentiments intimes du roi. Instruits du départ du messager et de la cachette où il avait enfoui la lettre du roi, ils montèrent à cheval et se rendirent la nuit à Windsor ; ils y précédèrent de quelques heures le passage de l'émissaire du roi.

« Nous y descendîmes dans l'hôtellerie, et nous y bûmes de la bière une partie de la nuit, dit plus tard Cromwell, jusqu'à ce que notre espion vînt nous avertir que le messager du roi allait passer. Nous nous levâmes, nous nous avançâmes nos sabres nus vers cet homme, nous lui dîmes que nous avions l'ordre de visiter tout ce qui entrait ou sortait dans l'hôtellerie. Nous laissâmes l'homme dans la rue, nous portâmes la selle de son cheval dans la salle où nous avions bu, et, l'ayant ouverte, nous y prîmes la lettre, puis nous rendîmes la selle au messager, sans qu'il se doutât qu'elle avait été fouillée. Il repartit, croyant emporter son secret. Après son départ, nous lûmes la lettre du roi à sa femme. Il lui disait que toutes les factions cherchaient à l'attirer à elles, mais qu'il croyait devoir conclure avec les Écossais plutôt qu'avec les autres. Nous retournâmes au camp, et voyant que nous n'avions rien à attendre du roi pour notre cause, nous résolûmes de le perdre. »

La garde fut doublée. Le roi la trompa : suivi seulement de Berkley et d'Ashburnham, ses deux confidents, il traversa la nuit la forêt de Windsor, et marcha vers le bord de la mer, où le bâtiment qui devait l'attendre ne se trouva pas. Il chercha un asile sûr et indépendant dans la petite île de Wight, dont le château fort, commandé par un officier qu'il crut dévoué, lui promettait sûreté; il espérait traiter librement de là avec son peuple. Il s'aperçut trop tard qu'il était prisonnier dans le château dont il s'était cru le maître. Le gouverneur obéissait en apparence à son roi, en secret au parlement.

Charles y passa l'hiver en négociations avec les commissaires envoyés par le parlement. Pendant ces vaines négociations, Cromwell, Ireton et ses officiers les plus fanatiques, inquiets de ces transactions, se réunissaient à Windsor, dans un conseil secret, et après avoir, dans leur fanatisme, imploré avec prières et larmes les lumières célestes, ils prenaient la résolution de proclamer la république, de juger le roi dans un tribunal d'État, et de l'immoler, dirent-ils, au salut du peuple. « Point de paix, s'écria-t-il, pour la nation, point de sécurité pour les *saints*, tant que ce prince, même dans les murs d'une prison, sera l'instrument des négociations des partis, l'espérance secrète des ambitieux, l'espoir ou la pitié des peuples. »

Une religion implacable inspira les fanatiques, la peur inspira les lâches, l'ambition inspira les audacieux, et la passion de chacun passa aux yeux de tous pour la réponse du ciel. Le crime fut résolu d'une voix unanime. A dater de ce jour, ce crime déjà accompli dans la pensée de Cromwell sembla visiblement égarer son âme, enlever l'innocence à sa religion, la sincérité à ses paroles, la piété à ses actes, et mêler fatalement, dans toute sa conduite, l'astuce de l'ambitieux et la cruauté du meurtrier à la superstition du sectaire. On ne lit plus dans son âme avec clarté; il devient obscur et énigmatique pour les autres et pour luimême. On flotte entre le fanatique et l'assassin. Juste punition d'une résolution criminelle qui prend l'intérêt de sa cause pour un droit de vie et de mort sur sa victime, et qui emploie le meurtre pour faire triompher la vertu!

Au moment où les conjurés militaires de Windsor prononçaient ainsi l'arrêt de Charles, lui-même le prononçait dans l'île de Wight, en rompant les négociations trop exigeantes avec le parlement et en refusant de signer l'avilissement de sa couronne. De ce jour, on ne lui déguisa plus la captivité sous les honneurs et sous les respects. Enfermé comme dans un cachot dans la chambre d'un château fort, privé de toute communication avec ses amis, il n'eut pour tout serviteur et pour toute consolation, pendant un long hiver, qu'un pauvre vieillard invalide qui venait lui allumer son feu et lui apporter sa nourriture. C'est pendant cette longue et dure solitude, en face de sa destinée et au bruit des vagues de l'Océan, qu'il fortifia par la religion une âme déjà forte, quoique tendre, et qu'il se rendit égal à la mort que tous les partis tramaient contre lui. Sa vie était devenue le gage que chaque faction craignait de laisser à la faction contraire. Nulle de ces factions ne haïssait l'homme, et toutes aspiraient à se défaire du roi. Sa mort, comme celle des proscrits d'Antoine, d'Octave et de Lépide à Rome, fut le sacrifice mutuel que se firent des ambitions ou des lâchetés opposées.

Une autre faction plus radicale, celle des *niveleurs*, les communistes religieux du temps, se levait déjà dans les troupes de Cromwell. Armée, à son exemple, des textes de la Bible et de l'Évangile, interprétés par eux dans le sens de l'égalité absolue des conditions et du partage des dons divins sur la terre, cette faction, que Cromwell avait suscitée à son insu, fut étouffée énergiquement par lui dans le sang de quelques-uns de ses propres soldats. A mesure qu'il se rapprochait du pouvoir et qu'il exerçait le commandement, le sectaire en lui faisait place au politique. L'esprit de secte disparaissait dans son âme sous l'esprit de domination. Il reléguait dans le ciel des théories saintes dans leurs aspirations, mais inapplicables dans les sociétés humaines. Son bon sens lui révélait la nécessité du commandement et la sainteté de la propriété, ces deux instincts de l'État et de la famille. Il entra dans Londres, fit purger une seconde fois le parlement, par le colonel Pride, des membres qui lui résistaient, et proclamer la république sous le nom de convention du peuple.

L'armée et le parlement, à l'instigation des puritains et des républicains, se décidèrent à faire le procès du roi. Cromwell parut encore hésiter devant l'énormité de l'attentat. Il reprit son siége au parlement, et, dans un discours d'inspiré plus que de politique, il parut céder à un ascendant surnaturel en consentant au jugement du roi.

« Si quelqu'un, dit-il avec une émotion qui ressemblait à la démence, si quelqu'un m'avait proposé volontairement de juger et de punir le roi, je l'aurais regardé comme le plus grand des traîtres ! Mais, puisque la Providence et la nécessité nous imposent ce fardeau, je prierai le ciel de répandre sa bénédiction sur vos conseils, quoique non préparé moi-même à vous donner mon avis sur cette capitale mesure. Vous confesserai-je, ajouta-t-il avec une attitude d'humiliation intérieure, que moi-même, lorsqu'il y a peu de temps encore, je présentais des pétitions pour la conservation de Sa Majesté, j'ai senti ma langue qui se collait à mon palais? J'ai pris cette sensation surnaturelle pour une réponse que le ciel, qui rejetait le roi, faisait à ma supplication !... »

Ce mot rappelait l'*Alea jacta est* de César en poussant son cheval dans le Rubicon. Mais le Rubicon de Cromwell était le sang d'un innocent et d'un roi, versé par le crime et par l'ingratitude de son peuple.

Le parlement, entraîné par l'animosité et par la véhémence de la passion commune, vota le jugement. Le colonel Harrison, fils d'un boucher, homme brutal de cœur et sanguinaire d'habitude, alla chercher le roi à l'île de Wight, comme une victime pour l'étal. Charles, en passant à Windsor, sous l'ombre du château royal de ses pères, entendit une voix éplorée qui lui criait à travers les barreaux d'une prison : « Mon maître ! mon cher maître ! est-ce bien vous que je revois ainsi ? » Le roi reconnut dans ce captif un de ses vieux serviteurs, Hamilton, prisonnier, et réservé à l'échafaud comme lui. « Oui, lui répondit le roi, c'est ce que j'ai toujours voulu être pour vous ! » Le féroce Harrison ne permit pas un plus long entretien au roi et au serviteur. Il força le roi à marcher plus vite ; Hamilton le suivit des yeux, du geste et de la voix.

Une haute cour de justice, composée de trois cent trente-trois personnes, mais où n'en siégèrent que soixante-dix, attendait le prince à Londres. Il fut logé dans son propre palais de White-Hall, converti en prison.

Les yeux avaient peine à reconnaître la noble figure de ce prince, empreinte toutefois de tant de grâce, de majesté et de sérénité. Depuis sa captivité solitaire dans le château de l'île de Wight, il avait laissé croître sa barbe, et l'ombre de son cachot semblait avoir pâli son front. Il portait d'avance le deuil de sa propre vie. Il avait cessé de rien espérer de la terre, et ses regards, comme ses pensées, ne se tournaient plus que vers l'éternité. Nul ne fut jamais plus préparé à l'iniquité des hommes.

Les juges s'assemblèrent dans la vaste salle gothique de Westminster, palais des communes. Au premier appel des membres qui devaient composer le tribunal, lorsqu'on appela le nom de Fairfax, absent, une voix sortie de la foule des spectateurs répondit : « Il a trop de sens pour être ici ! » Lorsqu'on lut l'acte d'accusation contre le roi, au nom du peuple d'Angleterre, la même voix cria : « Pas d'une dixième partie du peuple ! » L'officier de l'armée qui commandait la garde dans la salle ordonna de faire feu sur la tribune d'où partaient ces insolents démentis à la nation. En recherchant les coupables, on découvrit que cette voix était celle de lady Fairfax, épouse du généralissime Fairfax. Cette femme, d'abord entraînée comme son mari dans la cause du parlement par esprit de parti et par attachement à son mari, frémissait maintenant, comme Fairfax lui-même, des conséquences de son entraînement, et rachetait, par le courage de son indignation et de sa pitié, le malheur qu'il avait eu d'amener la victime au pied des juges.

Le roi entendit cette protestation de repentir, et pardonna dans son cœur à Fairfax des victoires qu'il n'avait pas voulu pousser jusqu'à la mort ni même jusqu'à la dégradation. On lui lut son acte d'accusation, formule banale, où les mots de traître, de meurtrier et d'ennemi public, servent à tous les partis d'injure et de crime aux victimes vaincues. Il les écouta avec la supériorité calme de l'innocence. Préoccupé surtout de ne pas avilir la majesté indélébile des rois, dont il se croyait dépositaire et comptable à la constitution et à tous les rois, il répondit qu'il ne s'abaisserait pas à se justifier devant un tribunal de ses sujets, tribunal que la religion comme les lois de l'Angleterre lui interdisaient de reconnaître. « Je laisserai donc à Dieu, dit-il en finissant, le soin de ma justification, de peur qu'en ratifiant en vous par mes réponses une autorité qui n'avait d'autre fondement que celle des voleurs et des pirates, je ne m'attire dans la postérité le reproche d'avoir trahi moi-même la constitution, au lieu de me faire estimer et applaudir comme son martyr. »

Le président Bradshaw réfuta cette noble récusation du roi comme un blasphème ; ses paroles, auxquelles la haine enlevait jusqu'à la dignité et la justice, mêlèrent l'insulte des sujets révoltés à l'impassibilité des juges. Les groupes de soldats dont Cromwell avait entouré le parlement imitèrent les outrages de Bradshaw contre celui qui avait été leur roi, et qui était aujourd'hui leur vaincu. Au moment où Charles, ramené à White-Hall, traversait leurs rangs, ils poussèrent des cris de mort contre lui et lui crachèrent au visage. Charles, sans s'irriter ni s'humilier de ces pronations du rang et du malheur dans sa personne, leva les yeux au ciel, et fit un appel résigné aux mêmes outrages soufferts avec patience par l'Homme-Dieu dont il professait la foi. « Ce sont là les soldats, dit-il à ceux qui l'accompagnaient ; pauvres mercenaires, soldés pour me maudire aujourd'hui, et qui maudiraient demain leurs chefs actuels s'ils étaient soldés pour ma cause ! » La versatilité de l'armée, instrument alternatif de tous les partis, avait frappé vivement son esprit depuis la révolution, et lui inspirait plus de pitié que de colère.

Cependant un seul soldat de ces détachements protesta contre la lâcheté des autres. En voyant passer devant lui son roi découronné, il se jeta à genoux, et invoqua à haute voix le ciel sur « la majesté dégradée de cette tête royale. » Les officiers présents à cet acte de pieuse compassion d'un simple soldat pour l'infortune de son souverain frappèrent le soldat de leurs épées, et punirent la pitié et la prière comme deux crimes. Charles détourna les yeux de cette scène de férocité : « Quel supplice, dit-il, et pour quelle faute ! »

Le peuple, entièrement comprimé par l'armée de Cromwell, demeura spectateur immobile du procès, se bornant à exprimer par une tristesse morne et par le silence la répugnance et la douleur qu'inspirait cette tragédie à la nation. On espérait que l'armée, après avoir obtenu la condamnation, épargnerait à l'Angleterre la honte du supplice. Mais le roi lui-même n'espérait plus rien des hommes.

Les républicains ne voulaient pas consacrer, par une indulgence qui aurait paru une superstition monarchique, les droits des enfants à la couronne. Cromwell cependant ne se faisait aucune illusion sur le retour inévitable de la monarchie, après une éclipse plus ou moins longue. Il avait trop d'intelligence des hommes pour se flatter de fonder lui-même une dynastie de son sang; il avait même trop de désintéressement religieux pour désirer cette gloire. La gloire courte de la terre disparaissait trop à ses yeux pour celle du ciel. L'ambition féroce de son salut éternel et du salut de ses frères était au fond sa seule ambition; mais il voulait que la république, cimentée par le sang du roi, et intimidant par ce sang les entreprises monarchiques, durât du moins le temps nécessaire à fonder la liberté religieuse assez solidement pour que le catholicisme ou l'Église anglicane, ramenés par la royauté dans les trois royaumes, ne pussent plus prévaloir contre les libres croyants. Tout dans les lettres, dans les confidences et dans les conversations de Cromwell avec sa famille, à cette époque, atteste que ce fut là son unique pensée en livrant Charles I$^{er}$ à la mort. C'est ce désintéressement surnaturel de lui-même dans cette crise de sa vie qui lui voila l'iniquité et la férocité de l'acte, et qui lui donna, une fois son inspiration interrogée et obéie, cette sérénité et cette quiétude implacable de visage et de paroles que les historiens ont prise pour cruauté et qui ne fut que fanatisme.

Ce fanatisme tranquille, que M. Villemain appelle éloquemment la *gaieté du crime*, se signala par les mots et par les gestes les plus révoltants de cynisme pendant les derniers jours du procès. Le sectaire soldatesque y remplaça entièrement l'homme de chair et de sang dans Cromwell. Mari tendre pour sa femme, père de famille amolli jusqu'à la faiblesse pour ses enfants, il n'épargna ni le mari, ni le père, ni les enfants dans la victime qu'il offrait à Dieu, comme un chef de l'ancienne loi, à qui un prophète implacable de la Bible aurait ordonné le massacre d'un roi ennemi de son peuple. La férocité de ces temps bibliques avait tout entière transpiré de son livre sacré dans son cœur. Il tenait le couteau d'une main aussi obéissante qu'il avait tenu l'épée. Le meurtre de Charles I$^{er}$ fut un meurtre moins anglais qu'hébraïque. Cromwell accorda avec peine à son roi le sursis de trois jours que Charles avait imploré après son arrêt pour se préparer à la mort et pour consoler lui-même sa femme absente et ses enfants présents. Il trompa par de misérables et ironiques subterfuges la pitié et l'indécision des généraux moins endurcis que lui, et qui lui représentaient l'énormité, l'inutilité, la barbarie de l'exécution. Il éluda également les supplications des ambassadeurs étrangers qui lui offraient de racheter la vie de Charles par les plus larges compensations d'alliance et de tribut envers l'Angleterre et envers lui. Il déjoua impitoyablement l'intercession du colonel, son proche parent, sir John Cromwell. Il répondit à tous par l'oracle et l'inspiration consultée de nouveau dans ses prières, en répondant toujours, dit-il, malgré ses larmes, par le mot du fanatisme : La mort! Un autre de ses parents, le colonel Ingolsby, étant entré par hasard dans la salle où les officiers signaient l'arrêt du parlement, et se refusant à signer un arrêt qui révoltait sa conscience, Cromwell se leva de son siége, et, enlaçant Ingolsby dans ses bras, comme si la mort du roi eût été une facétieuse jovialité des camps dans laquelle on emploie une douce violence, il entraîna le colonel vers la table, et, conduisant la plume dans sa main, il le contraignit en riant à signer. Quand tous eurent apposé leurs noms, de gré ou de force, sur le papier, Cromwell, comme s'il n'eût pu contenir sa joie, arracha la plume des doigts du dernier des officiers, la trempa dans l'encre, et en barbouilla joyeusement le visage de son voisin, sans songer, ou en songeant peut-être, que cette encre était le sang de son roi !

Jamais un même jour ne montra davantage dans le meurtrier et dans la victime le contraste entre la férocité du fanatique et la sainteté de l'homme véritablement pieux. Pendant que Cromwell jouait ainsi avec le glaive, les trois jours de sursis accordés au roi par le *decorum* de la justice politique dévoilaient à la terre tout ce que le cœur d'un roi, d'un homme, d'un mari, d'un père, d'un chrétien, peut contenir d'héroïsme, de tendresse mâle, de résignation, d'espérances immortelles et de sainteté. Ces jours et ces nuits suprêmes furent uniquement employés, minute par minute, par Charles, à vivre jusqu'au terme avec la sérénité surnaturelle d'un sage dont la vie entière n'eût été que l'apprentissage de la mort, ou d'un homme qui aurait eu la sécurité d'une longue vie devant lui. Les entretiens résignés, les exercices pieux, les examens sévères sans indulgence, comme sans faiblesse, de sa conscience, les regards sur sa conduite passée, les remords d'avoir livré Strafford pour franchir une difficulté de règne, qu'il retrouvait plus inévitable et moins glorieuse à la fin, les préoccupations royales et patriotiques sur le sort futur de ce royaume qu'il allait laisser aux hasards d'un sombre avenir; enfin les retours de l'amant sur une épouse jeune, belle, toujours adorée, et les retours du père sur les enfants en bas âge qu'il laissait en Angleterre entre les mains de ses implacables ennemis, remplirent ces jours et ces nuits funèbres de soucis, de prières, de larmes, de recommandations de son âme à Dieu, mais surtout de paix : de la paix d'en haut, qui descend à travers la voûte des cachots dans la conscience de l'innocent et du juste. De toutes les agonies historiques modernes, en y comprenant l'agonie de Louis XVI au Temple, celle qui ressemble le plus à la fin d'un philosophe antique, c'est la fin de Charles I$^{er}$. La royauté et la religion ajoutent même à ces deux morts quelque chose de plus auguste et de plus divin qu'aux morts philosophiques de l'antiquité. Le trône et l'échafaud semblent avoir entre eux un abîme plus incommensurable à franchir que l'intervalle entre la vie et la mort ordinaires. Plus on quitte de grandeur et de félicité humaines, plus on est admirable de tout quitter avec ce sourire de paix. Mais, quoique la vertu soit égale dans ces deux rois, celle de Charles est plus éclatante, parce que Charles I$^{er}$ était héroïque, et que Louis XVI n'était que saint. Il y avait dans Charles I$^{er}$ la force d'un grand homme; il n'y avait dans Louis XVI que la résignation d'un grand martyr.

La nature cependant (et c'est là le sublime pathétique de ses dernières heures, car rien n'est beau en dehors et au-dessus de la nature), la nature combattit, mais sans vaincre en lui le courage, quand il fallut dire adieu à ses chers enfants. C'étaient la princesse Élisabeth, le duc de Glocester et le duc d'York, à peine en âge de bien pleurer le père qu'ils allaient perdre. Leur mère avait enlevé les autres ainsi que le prince de Galles au parlement. Elle les gardait en France pour remplacer un jour sur le trône et pour venger leur père. Sa fille, la princesse Élisabeth, était

la plus mûre de raison et de sentiment pour ses années.
Les vicissitudes, les fuites, les captivités, les larmes intérieures de sa famille, dont elle avait été témoin depuis le
berceau, avaient avancé son intelligence par le malheur,
qui est une précoce maturité du cœur dans les enfants. Son
père se complaisait à retrouver en elle la grâce et la sensibilité de sa mère absente. Elle la remplaçait dans la confidence du mourant. Il se plaisait à croire qu'elle retiendrait
toutes ses pensées et qu'elle les transmettrait toutes chaudes
de ses dernières tendresses à sa chère épouse. « Dis-lui
bien, recommandait-il à sa jeune fille, que, pendant tout
le cours de notre union, je n'ai jamais manqué, même en
idée, à la fidélité que je lui dois, plus par prédilection que
par devoir, et que mon amour durera autant de minutes
que mon existence. Je finirai de l'aimer ici-bas pour recommencer de l'aimer dans l'éternité ! »

Puis, prenant le petit duc de Glocester, âgé de cinq
ans, sur ses genoux, et voulant graver par une image tragique dans l'esprit de l'enfant la recommandation qu'il
adressait en lui à tous ses fils : « Mon enfant, lui dit-il
gravement, ils vont couper la tête à ton père ! » Cette
image, en effet, étonna et attira les regards de l'enfant sur
le visage de son père. « Oui, poursuivit le roi en insistant
pour bien imprimer le souvenir par l'horreur dans sa tendre
imagination ; oui, ils vont me couper la tête, et peut-être
voudront-ils te faire roi ! Mais fais bien attention à ce que
j'ajoute : tu ne dois pas être roi aussi longtemps que tes
frères Charles et Jacques seront en vie. Ils couperont la
tête à tes frères s'ils peuvent mettre la main sur eux, et
peut-être qu'à la fin ils te couperont la tête à toi aussi. Je
t'ordonne donc de ne pas souffrir qu'ils te fassent roi ! »
L'enfant, qu'une scène si lugubre et une recommandation
si solennelle semblèrent illuminer d'une lumière et pénétrer
d'une obstination d'obéissance supérieure à ses années,

répondit avec un geste précoce de résolution : « Non : je ne le serai pas ! Je ne le serai jamais ; je me laisserai plutôt déchirer en morceaux ! » Charles crut entrevoir dans cet héroïsme d'une volonté puérile une intervention divine qui lui assurait par la voix de cet enfant l'innocence et la probité de sa race dans la compétition de son trône après lui. Il pleura de joie en remettant le duc de Glocester entre les bras des geôliers.

On entendait de sa chambre dans le palais de White-Hall les coups de marteau des ouvriers qui enfonçaient les clous et les chevilles de la charpente de l'échafaud, dressé nuit et jour avec grande hâte contre les murs du palais. Ces préparatifs, qui multipliaient en lui la sensation de sa mort par chacun de ses sens, n'abrégeaient point son sommeil et n'interrompaient point ses entretiens. Le jour du supplice, en se levant, le trouva debout avant l'aurore. Il appela Herbert, le seul serviteur qu'on lui eût laissé, et il lui recommanda de donner plus de temps et plus de soin que les autres jours à sa toilette, afin que son extérieur participât par une apparence de fête « à une si grande et si heureuse solennité, dit-il, celle de la fin de mes peines ici-bas, et de mon entrée dans l'éternité. » Il passa la matinée renfermé et en prières avec l'évêque de Londres, le vénérable et éloquent Juxton, homme digne par sa vertu et sa piété de comprendre, de servir et d'égaler une telle mort. Leurs entretiens furent déjà dans le ciel. Les officiers de Cromwell les interrompirent pour annoncer que l'heure du supplice avait sonné, et que l'échafaud attendait sa victime. Il était adossé au palais en face de la grande place de White-Hall; on y passait de plain-pied par une fenêtre de la galerie du palais. Charles y marcha d'un pas assuré et lent, qui ne hâtait ni ne précipitait le moment suprême, comme s'il eût craint de devancer ou de retarder par un mouvement volontaire l'heure de Dieu. Une haie profonde d'officiers et de soldats de Cromwell entourait l'échafaud. Le peuple de Londres et des provinces voisines couvrait la place, les toits, les arbres, les balcons de toutes les parties de la ville d'où l'on pouvait dominer le lieu d'exécution ; les uns pour voir, les autres pour jouir, le plus grand nombre pour frémir et pleurer. Cromwell, sachant l'horreur générale qu'inspirait à la plus grande partie du peuple le supplice d'un roi, considéré comme une sorte de déicide, et voulant prévenir l'effet que les paroles suprêmes de Charles pouraient produire en sa faveur sur la multitude, avait placé à dessein la foule des citoyens au delà de la portée de la voix. Mais l'échafaud a des échos qui font retentir jusqu'aux extrémités de la terre et des temps les dernières paroles et les derniers soupirs. Le colonel Tomlinson, choisi par Cromwell pour garder le roi et pour le conduire au billot, avait été transformé par le spectacle continu de l'intrépidité, de la résignation et de la majesté du roi. Le geôlier était devenu l'ami et le consolateur du captif. Les officiers qui entouraient Tomlinson avaient éprouvé pour la plupart ce ramollissement de haine et ce culte involontaire pour l'innocent condamné que la Providence réserve ordinairement aux mourants, comme le dernier adieu de la terre et le pressentiment de la justice tardive des hommes. Ce fut au milieu de ce cortége d'ennemis adoucis ou d'amis en pleurs que Charles, debout et plus roi que jamais sur les marches de ce trône éternel, prit la parole réservée en Angleterre au mourant qui a le funèbre privilége de parler le dernier dans sa cause.

Après avoir justifié pleinement son innocence et même démontré qu'il n'avait fait qu'accomplir son devoir de roi en prenant les armes après que le parlement les avait prises lui-même, et cela pour défendre dans la prérogative royale une partie fondamentale de la constitution dont il était responsable à ses successeurs, à son royaume et à Dieu lui-même, il reconnut avec une humilité toute chrétienne que, s'il était innocent devant la loi des crimes pour lesquels on le faisait mourir, il ne l'était pas devant sa propre conscience de faiblesses et de fautes justement expiées par la mort qu'il acceptait sans murmure. « J'ai ratifié lâchement, dit-il en faisant allusion à Strafford, une injuste sentence, et la sentence injuste que je vais subir est une juste rétribution de mon Créateur qui me frappe de la même peine dont j'ai frappé un innocent! Je ne rends donc personne entre vous responsable de la mort à laquelle je suis condamné par la justice divine, qui se sert pour son instrument de l'injustice humaine. Je remets entièrement mon sang à vous et à mon peuple, ne demandant d'autre compensation à mon supplice que le retour de ce royaume à la paix et à la fidélité qu'il doit à mes enfants. »

Les pleurs coulèrent de tous les yeux à ces paroles. Il les termina par un adieu à ceux qui furent ses sujets, par une invocation à Celui qui allait être son vrai juge, incorruptible et miséricordieux à la fois. On n'entendait que des sanglots dans les intervalles de ses épanchements suprêmes. Il se tut. Celui qui l'assistait à la mort, l'évêque Juxton, son ami, au moment où Charles s'avançait déjà vers le billot, lui dit :

« Sire, il ne vous reste plus qu'un dernier pas pénible et répugnant à la nature, mais court à faire! Songez qu'en une seconde il va vous conduire bien loin, c'est-à-dire de la terre au ciel! et que là vous allez trouver dans une joie infinie et inépuisable le prix de votre sacrifice et la couronne qui ne tombe plus !

» — Ami, reprit Charles en l'interrompant pour achever lui-même avec un calme parfait l'exhortation de son dernier ami, je passe d'une couronne corruptible à celle dont aucune corruption ne peut approcher, et que je suis assuré de posséder à jamais sans trouble !... »

Il allait continuer, lorsque, apercevant un des assistants qui maniait maladroitement la hache de l'exécuteur, couchée à côté du billot, et qui risquait en l'ébréchant de multiplier les sensations du coup : « Ne touchez pas à la hache ! » lui cria-t-il d'une voix forte et vibrante d'un accent de légitime colère. Il pria encore un moment à voix basse, puis, s'approchant de l'évêque Juxton pour l'embrasser, il lui dit, en lui secouant la main avec force, comme pour mieux graver une recommandation dans sa mémoire, un seul mot : « *Remember !* » c'est-à-dire : « Souvenez-vous ! » Ce mot énigmatique, qu'on interpréta plus tard dans des sens mystérieux et forcés, n'était que la recommandation déjà adressée à Juxton par le roi d'ordonner à ses enfants, quand ils seraient grands, et s'ils redevenaient rois, de pardonner à ses ennemis. Juxton lui fit une muette inclination de tête, qui était le serment de tenir sa promesse. Le roi s'agenouilla, et courba tranquillement sa tête sur le billot. Deux hommes masqués, qu'on a supposé avoir été Cromwell et un de ses généraux affidés, s'emparèrent alors de Charles et le disposèrent respectueusement pour le supplice ; l'un d'eux, levant la hache, lui trancha la tête d'un seul coup ; l'autre, relevant la tête qui roula dans le sang sur les planches de l'échafaud, la montra au peuple en s'écriant : « Voilà la tête d'un traître ! »

Un immense murmure, premier soulèvement de la conscience du peuple, s'éleva de la foule innombrable des spectateurs à ce cri, outrage qui dépassait la mort même. Les larmes du royaume protestèrent contre la férocité des bourreaux de l'armée. L'Angleterre crut sentir sur elle le crime et les peines futures d'un parricide. Cromwell fut tout-puissant, mais odieux. Le meurtrier en lui s'associa dans l'imagination publique au politique et au héros. La liberté ne pouvait plus se plier volontairement sous un tel homme qui avait consterné ainsi sa puissance et sa mémoire. Il ne pouvait plus gouverner que par l'armée vendue et complice à sa solde, parce que l'armée sert et ne discute pas, et que sa troupe de séides rassasiés n'avait plus que sa solde pour conscience. Il était conduit à la dictature par son crime.

Le parlement était déjà trop plié à la volonté de l'armée et trop incompatible avec le sentiment public de l'Angleterre pour rien contester à Cromwell. Pour s'assurer un protecteur, il était forcé d'accepter un maître : il vota la suppression de la monarchie, mais non de la servitude. On fut embarrassé des enfants du roi : on délibéra si on ne mettrait pas la princesse Élisabeth en apprentissage chez un fabricant de boutons de la Cité ; mais l'enfant chérie du roi, plus avancée dans la douleur que ses frères, mourut de saisissement du supplice de son père. On remit le duc de Glocester à sa mère.

Un livre terrible, ouvrage et justification posthume de Charles Ier, intitulé *Licon-Basiliki*, sortit comme une voix souterraine de la tombe à peine refermée du roi, et troubla jusqu'au délire la conscience de l'Angleterre. C'était l'appel de la mémoire et de la vertu à la postérité. Ce livre, répandu à profusion dans le peuple et dans toute l'Europe, élevait un second procès, procès éternel entre les rois et leurs juges. Cromwell, intimidé par l'immense murmure que ce livre souleva contre lui, chercha parmi les républicains ses amis la voix d'un vivant assez forte pour contrebalancer celle du mort.

Il trouva Milton, le plus épique des poëtes et le seul immortel des républicains de l'Angleterre. Milton revenait d'Italie ; il y avait respiré, avec la poussière des Brutus et des Cassius, les miasmes de l'assassinat politique, justifié, selon lui, par la tyrannie. Il y avait contracté, dans ses commerces littéraires avec les grandes mémoires populaires de l'antiquité, la noble passion de la liberté républicaine. Il vit dans Charles Ier un tyran, dans Cromwell un libérateur; il crut servir la cause opprimée des peuples en combattant le privilége de l'inviolabilité de la vie des rois; mais il eut ici la lâcheté de plaider la cause du meurtrier contre celle de la victime. Son livre sur le régicide consterna le monde. Ce sont de ces questions qu'on ne sonde qu'avec le glaive, jamais avec la plume. Toutes les fois que la mort d'un seul par tous est au fond d'une polémique, la mort est lâche quand elle n'est pas criminelle, et l'homme juste et généreux s'abstient également, ou par équité, ou par clémence, de la justifier. Le livre de Milton, payé par la reconnaissance de Cromwell et par la place de secrétaire du nouveau conseil d'État sous le gouvernement républicain, est une tache de sang sur sa gloire. Elle disparut dans sa vieillesse, quand, devenu aveugle, indigent, proscrit comme Homère, il célébra comme lui, dans un poëme divin, la première innocence de la terre, les révoltes des enfers, les factions du ciel et le triomphe de l'éternelle justice sur la rébellion de l'esprit du mal.

Cromwell, obligé d'imposer silence pour garder la tyrannie, fit supprimer la liberté de la presse par son parlement. Il trembla un instant devant la faction populaire des *niveleurs*, qui voulaient tirer de l'égalité évangélique les conséquences antisociales de l'égalité et de la communauté des biens. Il sentit une seconde fois que tout dictateur qui laisserait mettre la société au pillage et la famille au hasard de ces rêveries destructives de la propriété et de l'hérédité, seules conditions de l'existence du genre humain, serait un chef de bandits et non un chef de gouvernement. Son bon sens lui montra l'impossibilité de raisonner avec de pareils niveleurs, et la nécessité de poser la borne devant la société, la propriété, l'hérédité et la famille, ce foyer sacré des nations. « Point de milieu ici, s'écria-t-il devant le parlement et devant les principaux chefs de l'armée : il faut mettre ce parti en poussière, ou se résoudre à être mis en poussière par lui ! » Les niveleurs s'évanouirent devant ce mot, comme ils s'évanouirent quelques années plus tard devant l'insurrection de Londres sous Charles II, comme s'évanouira toujours l'impossible devant la réalité.

Mais toutes ces factions qui travaillaient le peuple et l'armée le décidèrent à aller subjuguer l'Irlande indomptée et anarchique. Il partit en roi, dans un carrosse à six chevaux, escorté d'un escadron de ses gardes, du parlement et du conseil d'État, qui l'accompagnèrent jusqu'à Brentford. Le marquis d'Ormond, qui commandait l'armée royaliste des Irlandais, fut vaincu devant Dublin. Cromwell changea les victoires en massacres, et ne pacifia l'Irlande que dans son sang. Rappelé à Londres, après neuf mois de combats et de supplices, par les troubles de l'Écosse, il laissa l'Irlande à son lieutenant Ireton.

La cause royaliste renaissait de ses tronçons sous ses pas.

Le prince de Galles, fils aîné de Charles I$^{er}$, devenu roi par le supplice de son père, mais abandonné et même lâchement expulsé de la France par la complaisance du cardinal Mazarin pour Cromwell, s'était réfugié en Hollande, puis dans la petite île de Jersey, pour épier l'heure de rentrer en Angleterre par l'Écosse. Le parlement écossais, composé de presbytériens fanatiques, mais aussi ennemis de la religion indépendante de Cromwell qu'ils l'étaient du papisme, traitait du trône avec le prince de Galles. On ne lui demandait pour condition de sa restauration en Écosse que de reconnaître l'Église écossaise. Cette Église presbytérienne était une espèce de mysticisme biblique, féroce, soi-disant inspiré, fondé sur les ruines du catholicisme par un prophète nommé Knox, le glaive à la main, l'excommunication sur les lèvres, la superstition dans le cœur. Véritable religion de guerre civile, remplaçant une intolérance par une autre, et donnant à la férocité du peuple le prétexte de la plus dérisoire sainteté. L'Écosse rappelait en ce moment une tribu hébraïque gouvernée par un esprit prétendu divin, interprété par ses inspirés et par ses prêtres. C'était la théocratie de la démence. Les pratiques étaient dignes du dogme. Une superstition sincère chez les uns, une sombre hypocrisie chez les autres, imprimaient aux mœurs, au gouvernement, à l'armée elle-même, une austérité et une piété implacables qui rappelaient dans cette insurrection contre le catholicisme les silences, les terreurs et les bûchers de l'inquisition espagnole. Le prince de Galles, jeune, beau, léger, voluptueux, incrédule, véritable Alcibiade anglais, condamné à gouverner une nation de sectaires superstitieux et cruels, hésitait à accepter un trône sur lequel il ne pourrait se maintenir qu'en feignant le même fanatisme et la même hypocrisie que son parlement, ou en se révoltant témérairement contre le joug de ses prêtres.

D'ailleurs, au même moment où le parlement écossais lui offrait la couronne à un si vil prix, un autre homme la lui promettait plus libre et plus glorieuse au prix de ses exploits. C'était le jeune Montrose, un de ces héros tranchés dans leur fleur, qui tiennent également de l'antiquité et de la chevalerie par leur nature, et que les historiens du temps comparent tour à tour aux héros du roman et aux héros de Plutarque.

Montrose était un seigneur écossais d'un haut rang et d'une opulente fortune. Après avoir combattu à la tête de l'armée royaliste pour Charles II jusqu'à l'extinction de la cause royale, il s'était réfugié sur le continent; son nom, sa cause, ses exploits, sa jeunesse, sa beauté, les grâces de sa conversation, son caractère, lui avaient préparé dans les cours d'Allemagne un accueil encourageant pour ses pensées de restauration du trône légitime dans son pays.

Il méprisait et il détestait les puritains fanatiques, lèpre de sa patrie. Il était adoré des clans montagnards, peuple rural et belliqueux, sorte de Vendéens d'Écosse, qui ne reconnaissaient que leur épée et leur roi. Montrose, après avoir enrôlé à ses frais cinq cents soldats allemands pour servir de noyau à l'armée que ses pas faisaient lever pour Charles II dans ses montagnes, débarqua en Écosse, combattit en aventurier et en héros, à la tête des premiers groupes de ses partisans; mais, environné par l'armée du parlement d'Écosse avant d'avoir insurgé toutes ses tribus, il fut vaincu, blessé, enchaîné et traîné en pompe à Edimbourg, pour y servir de jouet et de victime au fanatisme des prêtres et du parlement. Le front découvert et cicatrisé de blessures, ses habits rouges de son sang, un collier de fer au cou, deux chaînes pendantes d'un côté de chacun de ses bras, et attachées de l'autre aux moyeux des roues de sa charrette, le bourreau marchant à cheval devant la voiture, il entra aux chants des psaumes et aux insultes des parlementaires et des ministres dans Édimbourg. Le peuple pleurait, mais cachait ses larmes, de peur que sa pitié ne parût impie aux presbytériens de Knox. Les prêtres, le dimanche suivant, prêchèrent contre ces larmes compatissantes, et disaient que l'endurcissement des cœurs était le signe des élus. Cité devant le parlement changé en juges, Montrose se défendit avec éloquence pour l'honneur et non pour la vie. Son discours égale les plaidoyers de Rome ou d'Athènes. Une mort prompte et ignominieuse répondit à ce discours.

Les prêtres presbytériens, sous prétexte de prier pour son salut, après avoir demandé son sang, vinrent l'outrager dans sa prison de leur charité dérisoire. « Ayez pitié, Seigneur, disaient-ils à haute voix, de cet incrédule, de ce scélérat, de ce traître, qui ne va passer de l'échafaud de son supplice que dans le supplice éternel réservé à ses impiétés! »

Ils lui annoncèrent que son arrêt le condamnait à être pendu à un gibet de trente pieds de haut, où il resterait exposé trois heures ; qu'ensuite sa tête serait coupée et clouée aux portes de sa prison ; qu'enfin ses bras et ses jambes, arrachés du tronc, seraient distribués entre les quatre principales villes du royaume.

« Je voudrais seulement, répondit Montrose, avoir assez de membres pour qu'ils fussent dispersés dans toutes les villes de l'Europe, et pour qu'ils portassent témoignage de la cause pour laquelle je combats et je meurs ! »

Délivré de la présence de ses persécuteurs sacrés, Montrose, qui cultivait la poésie comme le luxe de l'âme, écrivit des vers inspirés par l'amour et par la mort, dans lesquels il éternisait, autant qu'il était en lui, dans la langue immortelle, ses adieux à ce qu'il avait aimé ici-bas. Le poëte dans ces vers suprêmes est digne du héros.

Le lendemain, il subit en martyr son supplice. Sa tête fut clouée, et ses membres furent envoyés aux quatre capitales de l'Écosse.

Charles II, en apprenant à Jersey la défaite, la mort de son ami et le triomphe du parlement, n'hésita plus à accepter la couronne des mains sanglantes des presbytériens écossais, désormais sans rivaux à Édimbourg. Il débarqua en Écosse, au milieu de l'armée qui était venue au-devant de lui. Le premier spectacle qui frappa ses yeux fut un lambeau du corps de son partisan Montrose, cloué sur la porte de la ville.

On peut présumer ce que fut le règne de ce jeune prétendant, asservi par un parlement, surveillé par les prêtres, dominé par les généraux de l'armée qui embrassait ainsi sa cause, prisonnier plus que roi de ses superstitieux sujets, obligé de simuler, pour leur complaire, un fanatisme et une austérité dont il se moquait, persécuté jusque dans son palais par les remontrances des prophètes presbytériens, qui épiaient jusqu'aux battements de son cœur et qui lui faisaient des crimes publics des légèretés de son âge. Il leur échappa un jour par la fuite, préférant la liberté au trône à ce prix. Ressaisi par eux et ramené à Édimbourg, le besoin qu'ils avaient de son nom lui fit restituer un peu d'autorité. On lui permit de combattre à la tête de l'armée qui marchait sur l'Angleterre, à l'appel des royalistes anglais du nord. Cromwell marcha à lui avec son armée et entra en Écosse. Le prince de Galles, échappant avec quatorze mille Écossais aux manœuvres mal combinées de Cromwell, pénétra hardiment sur les derrières de l'armée anglaise, et fit lui-même une invasion sur le sol anglais ; il s'empara de Worcester, et appela de là tous ses partisans à s'unir à lui. Cromwell, surpris, mais infatigable, ne lui en donna pas le temps ; il fondit sur Worcester avec quarante mille hommes, combattit dans la ville, l'inonda de sang, et dispersa l'armée évanouie du prince de Galles. Ce prince lui-même, après des exploits précoces et dignes de son rang dans les rues de Worcester, s'échappa à la faveur des ténèbres, suivi seulement d'une poignée de ses cavaliers. Après avoir parcouru vingt lieues dans l'espace d'une nuit, ils abandonnèrent leurs chevaux et se dispersèrent dans les forêts.

Suivi du seul comte de Derby, gentilhomme anglais qui lui avait amené des combattants de l'île de Mann, Charles, réfugié chez un fermier nommé Penderell, y prit le costume et la hache du bûcheron avec les quatre fils du fermier, pour tromper les yeux des soldats de Cromwell, répandus jusque dans les forêts pour l'atteindre. Couché sur la paille, nourri de pain d'orge dans la chaumière de Penderell, il fut contraint, par les visites domiciliaires des puritains, de quitter même cet abri et de coucher plusieurs nuits sur un chêne, qu'on appela depuis le *chêne royal*, et dont les feuilles le dérobèrent aux regards des soldats postés à ses pieds. Un colonel royaliste, nommé Lane, l'abrita ensuite à Bentley, et tenta de lui faire atteindre le port de Bristol, où il pourrait s'embarquer pour le continent. La marche avait tellement blessé les pieds du jeune roi, qu'il fallut lui faire traverser à cheval les contrées parcourues par les cavaliers ennemis. La seconde fille du colonel Lane le conduisit, sous les habits d'un paysan, dans la demeure de sa sœur, madame Morton, aux environs de Bristol. Mademoiselle Lane, en arrivant chez sa sœur, ne confia à personne le nom du jeune paysan qui la suivait ; elle demanda seulement une chambre et un lit pour lui, disant qu'il avait la fièvre, et le recommandant aux soins des serviteurs. Un de ces serviteurs entra dans la chambre du jeune paysan pour lui porter sa nourriture : le visage noble, majestueux et beau du prince éclata, sous son costume, aux yeux du domestique de madame Morton ; il tomba à genoux devant le lit de Charles, et le salua comme son maître, en faisant à haute voix la prière usitée par les royalistes pour le roi. Charles insista en vain, il fallut se laisser reconnaître et recommander seulement le silence.

De là, n'ayant point trouvé de navire sur la côte, il fut recueilli par la famille royaliste d'une veuve nommée Windham, qui avait perdu son mari et trois fils pour la cause de Charles I$^{er}$, et offrait encore avec dévouement les deux qui lui restaient au fils du roi décapité. Elle reçut Charles, non en fugitif, mais en roi. « Quand mon mari fut sur son lit de mort, lui dit-elle, il fit approcher nos cinq enfants, et il leur dit : « Mes enfants, nous avons vu jusqu'ici des
» jours sereins et paisibles sous nos trois derniers souve-
» rains ; mais je dois vous avertir que je vois des nuages et
» des tempêtes qui s'accumulent sur le royaume. Je vois
» des factions s'élever de toutes parts, et le repos de notre
» patrie menacé ! Écoutez-moi bien : quels que soient les
» événements, respectez votre prince légitime, obéissez-

» lui, et restez fidèles à la couronne ! Oui, ajouta-t-il avec
» force, je vous recommande de rester fidèles à la couronne,
» *quand même elle pendrait à un buisson du chemin!* »
Ces derniers mots ont gravé le devoir dans le cœur de mes
cinq fils, poursuivit la mère, et ceux qui me restent ici
sont à vous comme ceux qui sont morts sont à votre père!»

Tous les royalistes de la contrée connurent et gardèrent
le secret de la résidence de Charles chez les Windham. Le
sceau de la fidélité était sur les lèvres comme sur les cœurs
du pays. Ce secret, longtemps et miraculeusement gardé,
ne courut risque d'être découvert qu'au moment où le
jeune roi, déguisé, fuyait vers la côte pour mettre enfin
les vagues de la mer entre sa tête et le glaive de Cromwell.
Le fer de son cheval s'étant détaché, le maréchal auquel le
roi s'adressa pour le reclouer examina, avec l'intelligence
de son métier, le métal, et dit tout bas, avec l'apparence
du soupçon, que ces fers n'avaient pas été forgés dans le
pays, mais dans le nord de l'Angleterre. Mais le forgeron
fut aussi discret que le gentilhomme. Charles, remontant
en sûreté à cheval, galopa vers la falaise où l'attendait
l'esquif. Le continent l'abrita de nouveau contre Cromwell.

Les royalistes vaincus, le roi décapité, les niveleurs réprimés, l'Irlande égorgée, l'Écosse soumise, la noblesse
caressée, le parlement assoupli, les factions religieuses
éteintes et amorties par la liberté de conscience, la guerre
maritime avec la Hollande, heureuse et féconde en
triomphes sur la mer; la démission de Fairfax de ses commandements par dégoût et par repentir; la souplesse de
Monk, laissé par Cromwell à Édimbourg pour contenir
les Écossais; la subordination volontaire, servile et adulatrice des autres chefs militaires, empressés de se rallier aux
succès: toutes ces circonstances, tous ces crimes, toutes
ces lâchetés, tous ces bonheurs qui s'accumulent dans tous
les temps sous les pas des favoris de la fortune, n'auraient

rien laissé à désirer à Cromwell, si la possession incontestée de sa patrie eût été son but ; mais, pour tout homme qui étudie impartialement ce caractère, il en avait un autre, c'était la possession du ciel. Son salut le préoccupait plus que l'empire. Jamais il ne fut plus théologien que quand il fut tout-puissant : au lieu de faire proclamer sa souveraineté sous un titre quelconque, il laisse ses amis proclamer la république, il se borne à en tenir l'épée et en répandre la parole. Ses décrets sont des oracles ; il ne veut être que le grand inspiré de sa patrie.

Sa correspondance, à cette époque, atteste les humbles pensées d'un père de famille chrétien, qui ne désire ni ne présage aucun trône à ses enfants. « Monte le petit cheval de ferme de notre père, et ne monte pas dans les carrosses du luxe, » écrit-il à sa fille Dorothée. Il marie son fils aîné, Richard Cromwell, à la fille d'un de ses amis, de condition modeste et de fortune bornée ; il lui donne, en le mariant, plus de dettes que de biens ; il écrit à cet ami, beau-père de son fils : « Je vous confie Richard : je vous en prie, donnez-lui de sages conseils ; j'ai peur qu'il ne se laisse entraîner aux plaisirs du monde. Engagez-le à étudier : l'étude est bonne, subordonnée aux choses divines cependant. Cela vaut mieux que l'oisiveté et les voluptés apparentes du monde. Ces choses rendent propre à servir le peuple, et c'est pour cela que l'homme est né ! »

« Ne vous découragez pas, écrit-il à un autre de ses sectaires, lord Warthon : vous vous scandalisez de ce que, dans les élections, ce peuple choisit souvent à contre-sens ses représentants, renvoyant les bons, conservant les mauvais dans le parlement. Il en est ainsi depuis neuf ans ; et voyez cependant ce que Dieu a fait avec ces mauvais instruments en neuf années ! Ne jugez pas la manière dont Dieu agit !... Chez vous, à cause de ces scandales et de ces murmures de votre esprit, ajoute Cromwell, il y a trouble, peine, embarras, doute; chez moi, il y a confiance, certitude, lumière, satisfaction! oui, satisfaction intérieure! Oh! nos cœurs faibles! s'écrie-t-il en finissant au courant rapide de la plume, oh! ce monde mensonger! oh! nos pensées courtes et flatteuses de notre orgueil!... Combien il est plus grand d'être le serviteur du Seigneur dans l'ouvrage le plus dur! Combien nous avons de peine à nous élever dans ce service jusqu'au-dessus du monde, jusqu'à la hauteur du service que Dieu exige de nous! Combien il est aisé de nous décourager là où la chair a tant d'empire sur l'esprit!... »

La pompe et l'enthousiasme qui éclatèrent à son retour à Londres, après sa double conquête d'Irlande et d'Écosse, ne l'éblouirent pas. « Vous voyez cette foule, vous entendez ces acclamations, dit-il tout bas, en se penchant vers l'oreille d'un de ses amis dans le cortége : il y en aurait bien plus encore si l'on me conduisait à la potence! » La lumière d'en haut lui éclairait du jour vrai le néant des popularités humaines.

Ses lettres intimes à son fils Richard sont pénétrées de cette onction de piété et de domesticité, qu'on n'attendrait jamais d'un homme qui avait les pieds dans le sang de son roi, de l'Irlande, de l'Écosse, de l'Angleterre, mais qui avait le cœur en repos dans sa fausse conscience, et la tête dans l'auréole de la plus sincère mysticité.

« Vos lettres me plaisent et m'attendrissent, écrit-il à Richard, qu'il caresse de son nom enfantin de *Dick*; j'aime les mots qui coulent du cœur tout simplement, sans étude et sans recherche. Je suis persuadé que c'est la bonté du ciel qui vous a placé dans la famille où vous êtes! Soyez-en heureux et reconnaissant; remplissez-y tous vos devoirs pour la gloire de Dieu. Recherchez constamment le Seigneur et sa divine présence : que ce soit là la grande affaire de votre vie, et toute votre force! La connaissance de Dieu n'est pas dans les livres ou dans les définitions théologiques; non, elle est intérieure; elle transforme l'esprit par une action indépendante de nous et toute divine! Connaître Dieu, c'est être divinisé soi-même en lui, par lui!... Combien peu les saintes Écritures sont connues parmi nous!... Mes faibles prières sont à votre intention!... Efforcez-vous de comprendre la république que j'ai fondée, ainsi que les bases sur lesquelles elle repose. J'ai beaucoup souffert en me donnant aux autres... Le père de votre femme, mon compère Mayor, vous servira beaucoup dans cette intelligence... Vous penserez peut-être que je n'ai pas besoin de vous recommander d'aimer votre chère femme? Que le Seigneur vous enseigne à l'aimer cependant, autrement vous ne l'aimerez pas saintement. Quand le lit et l'amour sont purs, cette union est justement comparée à celle du Seigneur avec les pauvres âmes que son Église renferme. Faites mes amitiés à votre femme; dites-lui que je l'aime de toute mon affection, et que je me réjouis des faveurs du ciel sur elle. Je désire qu'elle soit féconde de toutes les manières! et vous, *Dick*, que le Seigneur vous bénisse de toutes les bénédictions!

» Votre affectionné père,

» OLIVIER CROMWELL. »

La même préoccupation des choses du ciel, mêlée à la même inquiétude sur les choses de la terre, se révèle à chaque ligne dans ses lettres privées à ses amis d'autrefois. Qu'avait-il à feindre avec ses enfants et avec ses familiers? Et quelle hypocrisie que celle qui n'aurait pas laissé tomber le masque une seule minute de sa vie, même pour respirer avec sa femme et ses enfants, dans le foyer le plus secret de la famille, dans les effusions de la vie et sur le lit de mort?

« Je serais bien content d'apprendre comment va le petit (l'enfant de Richard et de Dorothée), écrit-il au beau-père de Richard, son compère et son ami ; je gronderais volontiers le père et la mère de leur négligence envers moi. Je sais que Richard est un paresseux, mais j'avais meilleure opinion de Dorothée. J'ai peur que son mari ne la gâte : dites-leur cela de ma part. Si Dorothée est enceinte, je lui pardonne, mais non autrement... Que le Seigneur la bénisse !... J'espère que vous donnez de bons conseils à mon fils Richard ; il est à l'époque dangereuse de la vie, et ce monde est plein de vanité. Oh ! combien il est bon de se rapprocher de bonne heure du Seigneur ! cela mérite nos pensées ; et j'espère que vous me garderez toute votre ancienne amitié ! vous voyez comme je suis occupé ; j'ai besoin de pitié ! Je sais ce que je ressens de peines dans mon cœur. Une haute situation, un haut emploi dans le monde, ne méritent pas qu'on les recherche. Je n'aurais pas de consolation intérieure dans mes travaux, si mon espoir et mon repos n'étaient pas dans la présence du Seigneur. Je n'ai pas ambitionné ces choses !... Véritablement, je n'y ai été appelé que par le Seigneur. C'est pour cela que je ne suis pas sans quelque espérance qu'il donnera à son pauvre ver de terre, à son faible serviteur, la force de faire sa volonté et d'atteindre le seul but pour lequel je suis né ; et en cela je vous demande vos prières ! Rappelez-moi à l'amitié de ma chère sœur, à mon fils, à notre fille Dorothée, à ma cousine Anna ! et je suis toujours votre affectionné frère,

» Olivier. »

Les mêmes expressions, attendries encore par la sainte union d'une vie déjà longue entre les deux époux, émeuvent le cœur dans ses lettres à sa femme. « *Pour ma femme chérie, Élisabeth Cromwell.* » Cette lettre porte la suscription de ses billets. « Tu me grondes dans tes lettres de ce que j'oublie en apparence par mon silence toi et nos petits enfants : véritablement ce serait à moi de gronder ; car je ne vous aime que trop. Tu es pour moi la plus chère de toutes les créatures : que cela suffise !... Le Seigneur nous a montré une miséricorde extrême. J'ai été miraculeusement soutenu dans mon être intérieur ; quoi que je tâche, je deviens vieux, et je sens que les infirmités de l'âge s'emparent rapidement de moi. Plût à Dieu que mes penchants au péché diminuassent dans la même proportion que mes forces physiques. Prie pour moi, et demande pour moi cette grâce ! »

Il confirme les forts, il fortifie les douteux, il prêche les faibles dans sa foi avec une fièvre toujours ardente de persuasion, qui montre combien il était lui-même persuadé ; il sent que son zèle va quelquefois en paroles jusqu'à l'extravagance. « Pardonnez-le-moi, écrit-il, à l'apogée de sa puissance, à un ami qui s'éloignait de lui par répugnance contre l'implacable sévérité de ses armes en Irlande et en Écosse : quelquefois cette extravagance, que vous me reprochez, a fait du bien ; quoiqu'elle dépasse le bon sens, elle est inspirée par la charité et par le zèle ! Je vous en prie, reconnaissez-moi pour un homme sincère du Seigneur ! — Seigneur, s'écrie-t-il en finissant, ne détourne pas ta face et ta miséricorde de mes yeux ! — Adieu ! »

« Je ne puis me décider, écrit-il ailleurs à sa femme, à laisser partir ce courrier sans un mot pour toi, quoique, en vérité, j'aie peu de chose à écrire, mais j'aime à écrire pour écrire à ma bien-aimée, qui repose sans cesse au fond de mon cœur. Que le Seigneur multiplie toujours ses dons sur toi ! Le grand bien, le seul que ton âme puisse désirer, c'est que le Seigneur répande sur toi la lumière de sa force, ce qui vaut plus que la vie ! qu'il bénisse tes bons conseils et tes bons exemples à nos chers enfants ! Prie pour ton Olivier ! »

Son gendre Fleetwood, un des lieutenants auxquels il a laissé un commandement en Écosse avec Monck, n'a pas moins de part à ces épanchements à la fois familiers et théologiques de Cromwell. Après avoir exprimé à Fleetwood le chagrin d'être séparé, par la nécessité des affaires, de cette branche de sa famille : « Embrassez pour moi votre chère femme, lui écrit Cromwell; recommandez-lui bien de prendre garde (dans sa piété) de n'avoir pas le cœur servile. La servilité produit la crainte, l'amour est le contraire de la crainte! Pauvre *Biddy* (nom de caresse de sa fille), je sais que c'est là son erreur. L'amour raisonne bien autrement! quel Christ-Loi! quel père en lui et par lui! quel nom que celui de ce Père céleste! il s'appelle lui-même le miséricordieux, le patient, le faiseur de toutes grâces, le pardonneur de toutes fautes et de toutes transgressions! Ainsi est vraiment sublime l'amour de Dieu! Faites mes amitiés à mon fils Henry! je prie pour lui afin qu'il grandisse et se fortifie dans l'amour du Seigneur. Rappelez-moi à tous les officiers. »

Tout prospérait à Cromwell, et il renvoyait toute gloire et toute prospérité de la république au ciel. Aucune trace historique ou privée ne trahit en lui la volonté de fixer sa fortune et sa puissance par un changement dans son titre de général et dans l'espèce de condescendance volontaire qui lui assujettissait le parlement, l'armée, le peuple. L'histoire, qui finit par tout savoir et par tout révéler, ne découvre dans Cromwell à cette époque qu'une répugnance extrême à s'élever plus haut. Il est évident que, selon ses propres expressions, il cherchait Dieu dans sa volonté et l'oracle dans les événements. Ni Dieu ni l'oracle ne s'étaient expliqués clairement pour lui. Prêt à descendre comme à monter, il attendait l'ordre ou l'inspiration. L'inspiration et l'ordre lui vinrent de la mobilité naturelle du peuple et de l'impatience ambitieuse de l'armée.

Le long parlement de cinq ans, que le peuple avait baptisé d'un de ces noms de mépris qui sont les arrêts cyniques du dégoût de la multitude, le *parlement croupion*, à cause de son éternelle session sur les bancs de Westminster, ce long parlement avait lassé l'Angleterre. Les déclamations de ses puritains, les bigoteries de ses *saints*, les impopularités de ses démagogues, les folies antisociales de ses *niveleurs*, le meurtre d'un roi innocent et héroïque, dont le remords agitait la conscience de la nation, les impôts et les égorgements de la guerre civile, enfin la lassitude de cette tyrannie anonyme que le peuple supporte plus impatiemment que la tyrannie sous un nom glorieux, tout cela retombait en odieux et en ridicule sur le parlement. Cromwell avait eu l'art, ou plutôt le bonheur, d'agir pendant que ce parlement discourait, de grandir pendant qu'il s'abaissait, de lui laisser la responsabilité des crimes, et de prendre la responsabilité des victoires. Ce parlement, qui n'avait pas conscience de son impopularité, commençait à s'agiter sous son maître. Cinq ou six grands républicains, ombrageux comme la liberté, tramaient la perte de Cromwell. Les discours d'Henry Vane, leur principal orateur, contestaient tout à l'autorité militaire, et recueillaient des applaudissements significatifs, qui paraissaient autant de menaces à l'armée. Les chefs de l'armée présents à Londres, pressentant le danger, se réunirent et signèrent à l'envi une pétition à Cromwell pour demander la dissolution de ce parlement avili.

Cromwell, que l'on accusa d'avoir inspiré la pétition à l'armée, en était innocent. On n'a jamais besoin d'inspirer l'ambition aux généraux et le despotisme aux soldats. La pétition était menaçante. La lutte allait éclater d'elle-même entre l'armée et le parlement. La victoire des uns comme des autres pouvait également effacer Cromwell s'il persistait à rester neutre. « Prenez-y garde; arrêtez cela, la chose est sérieuse, » lui dit tout bas Bulstrade, un de ses familiers, pendant la harangue des officiers. Il suspendit sa résolution, et se borna à remercier l'orateur de l'armée de son zèle pour le salut public. Mais la nuit et la méditation lui portèrent conseil. Il tenta un accommodement entre le parlement et l'armée dans des conférences conciliatrices, en sa présence.

Le parlement comble la mesure de ses exigences, et demande de se perpétuer en instituant un comité permanent, choisi parmi ses membres actuels, qui validera ou invalidera à son gré toutes les élections futures !

« Ah ! c'est trop fort ! » s'écria enfin Cromwell indécis, en apprenant cet acte d'omnipotence sur le pays présent et à venir. C'était le 20 avril, dans la matinée ; il se promenait dans sa chambre, en habit noir et en bas gris. Il sort dans ce simple costume, en disant à tous ceux qu'il rencontre sur son passage : « Ce n'est pas juste, ce n'est pas honnête ! Non, ce n'est pas même de l'honnêteté la plus vulgaire ! » Il donne ordre, en passant, à un officier de ses gardes, de se porter avec trois cents soldats à Westminster, et de s'y poster à toutes les issues du palais. Il y entre lui-même, et s'assied en silence à sa vieille place dans la salle, écoutant en apparence les discours. Les orateurs républicains et parlementaires parlaient alors en faveur du *bill* qui devait assurer la perpétuité de leur pouvoir par leur arbitraire sur les élections futures du peuple. Le bill allait être mis aux voix, lorsque Cromwell, comme s'il eût épié le moment de frapper ce corps en flagrant délit d'iniquité et de tyrannie, relève sa tête appuyée sur ses deux mains, et fait signe à Harrison, son plus fanatique sectateur, de venir s'asseoir près de lui. Harrison obéit. Cromwell reste encore un quart d'heure en silence, puis, comme cédant malgré lui à une impulsion intérieure, supérieure à toute hésitation dans son âme : « C'est le moment, je le sens, c'est l'instant, » dit-il à Harrison ! Il se lève, s'avance vers le président, pose son chapeau sur la table, et se dispose à parler au milieu du silence et de la stupeur de ses collègues.

Selon son habitude, sa parole lente, obscure, embarrassée, incohérente, pleine de circonlocutions, de parenthèses, de divagations, de répétitions et de retours sur elle-même, dégage difficilement sa pensée. Il commence par faire un tel éloge des services rendus par le parlement à la liberté, à la conscience, au pays, que les parlementaires, étonnés, et lui-même peut-être, s'attendaient à une conclusion conforme au décret que la chambre allait voter. Des murmures d'encouragement et de satisfaction des républicains s'élèvent à la fin de sa période, quand tout à coup, comme si l'accès de colère, longtemps et vainement combattu dans son âme, eût bouleversé ses pensées et changé, en s'exaltant, ses paroles sur ses lèvres, il s'arrête, il regarde avec menace et mépris les cinquante-sept membres des communes qui composaient seuls, ce jour-là, le parlement, il passe sans transition de la flatterie à l'outrage ; il énumère toutes les lâchetés, toutes les insolences, toutes les bassesses de ce corps usé par la révolte autant que par la servitude, et fulmine en masse, au nom de Dieu et du peuple, l'arrêt de sa réprobation.

A ces étranges invectives, auxquelles les caresses du début les avaient si peu préparés, les parlementaires s'indignent et s'insurgent ! Le président, digne de ses fonctions par son courage, lui interdit la parole. Wentworth, un des républicains les plus illustres et les plus imposants par son caractère, demande qu'il soit rappelé à l'ordre et au respect : « Ce langage est aussi inattendu que coupable, dit Wentworth, dans la bouche d'un homme qui avait hier toute notre confiance, que nous avons honoré des plus hautes fonctions de la république ! d'un homme qui...! »

Cromwell ne le laissa pas achever. « Allons ! allons !

assez de paroles comme cela, dit-il d'une voix tonnante : je vais finir tout ce bruit, et faire taire tous ces bavards ! » Et, s'avançant au milieu de la salle, enfonçant son chapeau sur sa tête avec un geste de défi, il frappe du pied les dalles, et s'écrie : « Vous n'êtes plus rien ! Vous ne siégerez pas une heure de plus. Cédez la place à des hommes qui valent mieux que vous ! »

A ces mots, Harrison, averti par un regard du général, s'échappe, et rentre une minute après à la tête de trente soldats, vétérans des longues guerres civiles, qui entourent Cromwell de leurs armes nues. Ces vétérans, levés par le parlement, n'hésitent pas, à la voix de leur chef, de tourner leurs armes contre ceux qui les ont armés, exemple de plus, depuis le Rubicon de César, de l'incompatibilité des armées permanentes et de la liberté.

« Misérables, reprend alors Cromwell, comme si la violence sans l'outrage n'eût pas suffi à sa colère, vous vous appelez un parlement, vous? Non, vous n'êtes pas un parlement, vous êtes un ramas de buveurs, de débauchés !... Toi, poursuit-il en montrant du doigt les vicieux les plus notoires de l'assemblée à mesure qu'ils passent devant lui pour vider la salle, toi tu es un ivrogne ! Toi, tu es un adultère ! Toi, tu es un vendu qui reçois le salaire de tes discours !... Vous tous, vous êtes des pécheurs scandaleux qui faites honte à l'Évangile !... Et vous seriez en masse un parlement du peuple de Dieu ?... Non, non, allez ! sortez ! partez ! qu'on n'entende plus jamais parler de vous ! Le Seigneur vous rejette !... »

A ces apostrophes, les membres violentés par les soldats sont chassés ou traînés hors de la salle. Cromwell revient vers la table, soulève avec un geste de mépris la masse en argent, signe vénéré de la souveraineté parlementaire, et, la montrant en souriant à Harrison : « Que ferons-nous de ce jouet? dit-il. Qu'on l'emporte. » L'un des soldats emporte la masse. Cromwell se retourne; il aperçoit derrière lui le président du parlement, Lenthall, qui, fidèle à la dignité de ses fonctions et à l'autorité des communes, refusait, avec une intrépidité héroïque, d'avilir le droit devant la force. « Descends! lui crie le dictateur. — Je ne descendrai du poste que m'a confié le parlement que si on m'en arrache, » répond Lenthall. Harrison, à ces mots, s'élance, arrache le président de son siége, et le traîne hors de l'enceinte au milieu des soldats.

Cromwell emporta les clefs de Westminster dans ses mains. « Je n'entendis pas un chien aboyer dans la ville, » écrivit-il quelques jours après. Le long parlement, si puissant pour détruire, était impuissant pour fonder. La guerre civile que ce parlement avait suscitée avait fait ce qu'elle fera toujours : elle avait substitué l'armée au peuple; elle avait fait surgir une dictature au lieu d'un gouvernement; elle avait tué le droit et inauguré la force : un homme avait pris la place de la patrie.

Cet homme était Cromwell. On fait toujours honneur aux hommes de la force des choses et du génie des circonstances. On leur suppose après coup les longues ambitions, les lentes préméditations, les astucieuses combinaisons des résultats souvent atteints par le hasard. Tout indique ici, au contraire, que Cromwell n'avait rien prémédité de son attentat contre les communes, qu'il y fut poussé par le mouvement général des choses, du peuple, de l'armée, et décidé, à la dernière minute, par cette puissance intérieure que Socrate appelait son démon, César son conseil, Mahomet son ange Gabriel, Cromwell son inspiration, divinité des grands instincts, qui sonne la conviction dans l'esprit et l'heure dans l'oreille. Les efforts laborieux que Cromwell avait faits pour réconcilier la veille le parlement et l'armée, le parlement nouveau qu'il convoqua le lendemain et auquel il remit toute l'autorité législative sans même se réserver la sanction de ses lois, enfin une conversation politique qui avait eu lieu à portes closes quelques jours auparavant, chez lui, entre lui et les grands conseillers de sa politique, semblent attester que cet éclat de foudre sur le parlement sortit de lui-même de tant de nuages.

On s'occupait dans cet entretien de rechercher dans les débris de la monarchie détruite les éléments d'une constitution à faire par le parlement. Les membres présents étaient Cromwell, Harrison son séide, Desborow, beau-frère de Cromwell, Olivier Cromwell son cousin, Witlocke son ami, Widrington, orateur éminent et homme d'État des communes, le président du parlement Linthall, et plusieurs autres officiers ou parlementaires, républicains éclairés.

« Il s'agit, dit Harrison, d'examiner ensemble, de concert avec le général, comment nous devons organiser un gouvernement.

» — Grande question en effet, dit Witlocke : constituerons-nous une république absolue, ou une république mêlée à quelques éléments monarchiques?

» — C'est cela, dit Cromwell : ferons-nous une république pure, ou une république corrigée par quelques principes d'autorité monarchique? Et, dans ce dernier cas, entre les mains de qui placerons-nous ce pouvoir emprunté à la monarchie? »

Widrington se prononça pour un gouvernement mixte qui emprunterait la liberté à la république, l'autorité à la monarchie, et qui remettrait l'exercice de cette part d'autorité monarchique à son possesseur naturel, un des fils du roi décapité. Widrington était flatteur et doux de caractère; il n'aurait pas proposé un tel parti devant Cromwell, s'il avait pressenti dans le dictateur cette implacable ambition pour lui-même, qui n'aurait jamais pardonné cette insinuation.

« Question délicate, » dit Fleetwood, sans se compromettre autrement.

Le lord chancelier Saint-John déclara que, dans son opinion, à moins de saper toutes les vieilles lois et toutes les habitudes de la nation, il fallait une large part de pouvoir monarchique dans tout gouvernement qu'on établirait.

« Ce serait en effet, dit le président du parlement, une étrange confusion de toutes choses, qu'un gouvernement parmi nous qui n'aurait pas quelque caractère de la monarchie ! »

Desborow, allié de Cromwell et colonel de l'armée, déclare qu'à son avis il n'y avait pas de raison pour que l'Angleterre ne pût pas se gouverner républicainement, comme tant d'autres nations antiques et modernes.

Le colonel Walley soutint, comme son collègue militaire, la république pure. « Le fils aîné de notre roi est en armes contre nous, dit-il; son second fils est également notre ennemi, et vous délibérez !

» — Mais le troisième fils du roi, le duc de Glocester, est entre nos mains, repartit Widrington : il est trop jeune pour avoir levé la main contre nous, ou pour avoir été infecté par les principes de nos ennemis !

» — On peut sommer les deux fils aînés de se rendre en un jour fixe au parlement, et débattre avec eux les conditions d'un gouvernement libre et monarchique, » dit Witlocke, sans craindre de blesser Cromwell.

Cromwell alors, jusque-là silencieux et impassible, prit la parole : « Cela serait, dit-il, une négociation bien difficile; cependant je pense que cela ne serait pas impossible avec sûreté pour nous et pour nos droits, tant comme Anglais que comme chrétiens, et je suis convaincu qu'une constitution libre, avec une forte dose du principe monarchique en elle, serait le salut de l'Angleterre et de la religion. »

On ne prit pas de résolution encore; Cromwell parut pencher vers la république consolidée par une autorité monarchique attribuée à un des fils du roi, gouvernement qui lui aurait assuré à lui la longue tutelle d'un enfant, ce qui aurait assuré au pays la transmission paisible du pouvoir national et libre.

Un conseil entièrement composé par lui de ses partisans et de ses amis les plus fanatiques se rassembla et constitua le gouvernement en république sous un *protecteur*. Un seul possesseur à vie de tout le pouvoir exécutif, Cromwell; et un seul corps élu, possesseur de tout le pouvoir législatif, le parlement : telle fut, dans sa simplicité, tout le mécanisme de la constitution anglaise. Véritable dictature, avec un nom plus spécieux et plus doux, qui déguisait la servitude sous la confiance et l'omnipotence sous l'égalité. Toutes les attributions du roi étaient dévolues à Cromwell, même celle de dissoudre le parlement et d'en appeler au pays en cas de conflit entre les deux pouvoirs. Il avait de plus le privilége presque dynastique de nommer son successeur. Or il avait un fils. Que manquait-il à cette royauté, si ce n'est la couronne? Cromwell montra assez, par les dix années de son gouvernement absolu, qu'il était loin de la désirer; mais, s'il se sentait l'élu de Dieu par l'inspiration pour gouverner le peuple de Dieu, il ne sentait nullement la même inspiration divine dans sa race. Il ne prit du peuple que ce qu'il croyait avoir reçu d'en haut, la responsabilité viagère du peuple, remettant le reste à d'autres inspirations divines qui susciteraient d'autres inspirés. On retrouve, en approfondissant bien sa conduite, toute sa secte dans sa politique. Il lui était alors plus difficile d'éluder le titre de roi que de le prendre. Le parlement lui aurait donné avec enthousiasme le trône pour se prémunir contre l'armée, l'armée le lui offrait presque avec violence pour se délivrer du parlement. On retrouve toute cette sincérité d'abnégation dans les discours de Cromwell devant les nouveaux parlements. Bien éloigné de prétendre à un plus haut titre, il s'excuse de celui de protecteur, qu'il a été contraint d'accepter.

« Les membres du conseil des communes et l'armée, qui ont délibéré, dit-il, hors de ma présence sur cette constitution, ne m'ont communiqué leur plan qu'après qu'il a été combiné ainsi librement et mûrement par eux. J'ai opposé lenteur sur lenteur, refus sur refus à leurs instances. Ils m'ont tellement démontré que, si je ne changeais pas de gouvernement, tout allait s'écrouler en confusion, en ruines, en guerres civiles, que j'ai dû céder, malgré mon immense répugnance, à revêtir un nouveau titre. Tout allait bien; je n'avais pas besoin de plus; ma situation était suffisante. J'avais un pouvoir arbitraire par le commandement général de l'armée et de la nation, et, j'ose le dire, avec la bienveillance de l'armée et la faveur du peuple; et je crois sincèrement que j'aurais été encore plus agréable à l'armée et au peuple en restant ce que j'étais qu'en acceptant ce pouvoir et ce titre de *protecteur*. Je prends à témoin les membres de cette assemblée, les officiers de l'armée, le peuple, de ma résistance jusqu'à la violence sur moi-même! Qu'ils parlent, qu'ils disent! Cela ne s'est pas fait à l'ombre dans un coin! cela s'est fait en plein jour, aux applaudissements de l'immense majorité du peuple. Je ne veux pas être cru sur parole, être mon témoin à moi-même : que le peuple anglais soit mon témoin!... Maintenant je jure que je maintiendrai cette constitution; je consens à être traîné sur la claie de mon sépulcre et enseveli dans l'infamie si j'y laisse toucher. Nous nous sommes perdus en nous déchirant au nom de la liberté de l'Angleterre! La liberté de l'Angleterre, c'est Dieu seul qui pouvait nous la donner! La voilà! plus de privilége devant Dieu ni devant les hommes; la plénitude du pouvoir législatif nous appartient. Je suis tenu de vous obéir, si vous n'écoutez pas mes observations ; je ferai mes observations sur vos lois, puis je me soumettrai. »

Il tint assez fidèlement parole ; seulement il se réserva toujours son inspiration pour dernière prérogative ; et, toutes les fois qu'il aperçut l'esprit de résistance, de faction ou de langueur dans ses parlements, il n'hésita pas à les dissoudre comme il l'avait fait du long parlement.

La brièveté de l'espace que la nature de cet ouvrage impose à l'histoire nous force à négliger les faits secondaires de son administration. Ce fut pour l'Angleterre un interrègne plus fort et plus fécond que ses plus grands règnes. Les factions avaient reconnu l'autorité du premier des factieux. Rien n'est plus souple et plus servile que les factions domptées. Comme elles contiennent généralement plus d'insolence que de force et plus de passion que de patriotisme, quand la passion épuisée se retire d'elles, les factions ressemblent aux globes des aérostats, qui semblent occuper une place immense dans l'espace et se confondre avec les étoiles pendant qu'ils s'élèvent gonflés d'air inflammable, et qui, lorsque ce gaz est évaporé, retombent à plat sur le sol et tiennent dans la main d'un enfant ! Le véritable patriotisme et le véritable esprit de liberté ne perdirent même pas à cette éclipse de dix ans des factions parlementaires. La nation anglaise, fière d'avoir pu se passer si longtemps de ses rois sans baisser en Europe et sans se déchirer au dedans, ne rappela ses rois qu'à des conditions de prérogative et de dignité pour le peuple qui firent de l'Angleterre nouvelle une véritable république représentative avec un *protecteur royal et héréditaire*, couronnement de cette république. Idée empruntée à Cromwell lui-même, comme nous l'avons vu dans sa conférence avec ses amis. Il gouverna en patriote qui n'avait à penser qu'à la force et à la grandeur de son pays, et non en roi qui aurait eu à ménager avec les partis ou avec les cours les intérêts de sa dynastie. Il eut de plus, grâce à la toute-puissance des républiques, la force d'accomplir ce qui aurait dépassé les forces d'une royauté. Les républiques sont des accès de vigueur dans une nation. Ces accès centuplent l'énergie du gouvernement par l'énergie de la nation tout entière. Rien ne leur est impossible de ce qui étonnerait la résolution de vingt monarchies. Anonymes et irresponsables, elles achèvent, avec la main de tous, des révolutions, des transformations, des entreprises qu'aucune royauté n'oserait rêver.

Ce fut ainsi que Cromwell vainquit un roi, dompta une aristocratie, pacifia les guerres religieuses, écrasa les niveleurs, réprima les parlements, établit la liberté de conscience, disciplina l'armée, créa la marine, triompha sur mer de la Hollande, de l'Espagne, de Gênes, conquit la Jamaïque et des colonies devenues depuis des empires dans le nouveau monde, s'établit à Dunkerque, contre-balança la France, força les ministres de la jeunesse de Louis XIV à des complaisances et à des alliances avec lui, et enfin, par ses lieutenants ou par lui-même, rattacha si invinciblement l'Irlande et l'Écosse à l'Angleterre, qu'il accomplit l'unité de l'empire britannique avec cette fédération discordante des trois royaumes, dont les luttes, les alliances, les discordes, les tiraillements étaient un germe d'éternelles faiblesses et une menace de mort dans l'empire. La révolution lui prêta sa force pour abattre d'une main le despotisme, de l'autre les factions, et pour achever une parfaite nationalité. Tout cela fut fait en dix ans, sous le nom du dictateur, mais, en réalité, par la force de la république, qui s'était, pour ces grandes œuvres, concentrée, incarnée et disciplinée en lui. C'est ce qui pouvait avoir lieu en France, en 1790, si la révolution française s'était donné en viager une dictature dans un des grands révolutionnaires animés de son fanatisme, tels que Mirabeau, La Fayette ou Danton, au lieu de se donner en propre à un soldat pour fonder, sur de vieux fondements, un nouvel empire.

Un malheur domestique atteignit Cromwell au cœur à cette période ascendante de sa vie, où l'on s'étonne de trouver des larmes dans les yeux de l'homme qui avait vu d'un œil sec l'infortuné Charles I$^{er}$ arraché des bras de ses enfants pour mourir. Il perdit sa mère, âgée de quatre-vingt-quatorze ans. C'était cette Élisabeth Stuart, fille du sang des rois qu'avait détrônés son fils, femme biblique, mère d'une nombreuse famille, source de leur piété, nourrice de leurs vertus, inspiration vivante de leur passion pour la liberté religieuse de leur secte; elle jouissait, dans la plénitude de ses facultés, de la gloire humaine, mais surtout de la gloire céleste du plus grand de ses fils, du Machabée de sa foi. Cromwell, dans toute sa puissance, la cultivait et la vénérait comme la racine de son cœur, de sa croyance et de sa destinée.

« La mère de mylord protecteur, écrit, à cette date de 1654, le secrétaire intime de Cromwell, Thurloe, est morte la nuit dernière, âgée de près d'un siècle. Un moment avant d'expirer, elle fit appeler son fils auprès de son lit, et, lui donnant de la main sa bénédiction : « Que le » Seigneur, lui dit-elle, fasse constamment briller la splen- » deur de sa face sur vous, mon fils! Qu'il vous soutienne » dans toutes vos adversités! Qu'il égale vos forces aux » grandes choses que le Très-Haut vous a chargé d'ac- » complir pour la gloire de son saint nom et pour le salut » de son peuple!... Mon cher fils, ajouta-t-elle en insistant » sur ce nom qui faisait sa gloire au dernier moment, mon » cher fils! je laisse mon esprit et mon cœur avec toi! » Adieu! adieu! » Et elle retomba, dit Thurloe, dans son dernier assoupissement. » Cromwell fondit en larmes comme un homme qui aurait perdu une partie de la lumière qui l'éclairait dans ses ténèbres. Sa mère, qui l'aimait comme fils et qui le vénérait comme élu de Dieu, habitait avec lui le palais des rois de White-Hall ; mais elle y vivait dans un appartement retiré et nu du palais, « ne voulant pas, disait-elle, approprier à elle et à ses autres enfants cette splendeur à laquelle le Seigneur condamnait son fils, mais qui n'était que la décoration passagère d'une hôtellerie à laquelle elle ne voulait pas attacher son cœur ni l'existence future de sa famille. » De cruels soucis troublaient ses jours et ses nuits dans ce palais des rois, où elle regrettait sa ferme champêtre du pays de Galles. La haine des royalistes, la jalousie des républicains, le ressentiment des niveleurs, le sombre fanatisme des presbytériens, la vengeance des Irlandais et des Écossais, les complots des parlementaires toujours présents à son esprit, lui montraient sans cesse le poignard ou le pistolet d'un assassin levé sur son fils. Quoique très-courageuse autrefois, elle ne pouvait entendre l'explosion d'une arme à feu dans les cours sans frémir, et sans courir aux appartements de Cromwell pour s'assurer que son fils n'était pas mort. Cromwell fit à sa mère des funérailles de reine, témoignage de piété filiale plus que d'ostentation. Elle fut ensevelie au milieu des poussières royales ou illustres, sous le parvis de Westminster, ce Saint-Denis des dynasties et des grandeurs britanniques.

Lui-même, depuis quelques années, redoutait de périr par un assassinat. Il portait une cuirasse sous ses habits, des armes défensives à la portée de sa main. Il ne couchait jamais longtemps dans la même chambre du palais, changeant de place et de lit, pour dérouter les trahisons domestiques et les complots militaires. Despote, il subissait les angoisses de la tyrannie. Le poids invisible des haines qu'il avait accumulées pesait sur son imagination et sur son sommeil. Les moindres murmures dans l'armée lui semblaient des présages d'insurrection contre son pouvoir. Tantôt il frappait, tantôt il caressait ceux de ses lieutenants dont il redoutait la révolte. Il cultivait Warwick, il flattait Fairfax, il domptait Ireton, il ramenait avec peine le républicain Fleetwood, à qui il avait donné une de ses filles, républicaine irréconciliable avec la dictature comme son mari; il éloignait Monk; il était alarmé de l'intrigue et de la popularité de Lambert, général qui cherchait un parti tantôt dans les royalistes, tantôt dans les républicains, tantôt dans les mécontentements de l'armée. Il craignait de blesser ou d'aliéner le parti militaire en sévissant contre ce soldat ambitieux. Il compensa le commandement qu'il lui enleva par une opulence prodigue, qui retenait Lambert dans la déférence par les liens de la corruption. Mais les partis étaient trop divisés en Angleterre pour se porter à des assassinats contre le dictateur, comme celui du sénat contre César. L'un surveillait l'autre. Cromwell vivait, parce qu'aucun de ces partis n'était certain de profiter de sa mort. Cependant il avait le sentiment de son impopularité; la pudeur de son ambition et ses dix discours aux divers parlements de l'interrègne attestent ses efforts, quelquefois humiliants, pour se faire pardonner le rang suprême. On ne connaîtrait pas bien l'homme si on ne connaissait pas ses paroles. L'âme est dans l'accent. Nous traduisons quelques mots au milieu de ce déluge de phrases. La pensée semble s'y noyer dans un verbiage tour à tour humble et impérieux. On y sent partout le fermier parvenu au trône, et le sectaire changeant la tribune en chaire, pour prêcher à son peuple après l'avoir dompté.

« Où en étaient, dit-il dans son premier discours au parlement des trois royaumes, réuni après la dissolution du long parlement, où en étaient, avant nous, les deux libertés fondamentales de l'Angleterre, la liberté de conscience et la liberté du citoyen? Deux choses pour lesquelles il est aussi beau et aussi juste de combattre que pour aucun des biens que Dieu nous ait donnés sur cette terre. On ne pouvait imprimer la Bible sans l'autorisation du magistrat! N'était-ce pas la libre foi du peuple remise à la merci de l'autorité civile? N'était-ce pas refuser la liberté religieuse et la liberté civile à ce peuple qui a reçu ces deux droits avec le sang? Qui oserait aujourd'hui imposer des restrictions à la foi? »

Il fulmine alors plus en prophète qu'en homme d'État contre les *hommes de la cinquième monarchie*, secte religieuse et politique, qui annonçait le règne direct du Christ, revenu sur la terre pour gouverner lui-même son peuple. On assurait même qu'il était déjà incarné dans la personne d'un jeune aventurier qui se faisait adorer sous ce nom de Christ. Puis il passe sans transition à sa joie de voir enfin devant lui un parlement librement élu. « Oui, affirme-t-il avec satisfaction, j'ai devant moi un libre parlement. Parlons un peu de nos affaires, » continue-t-il. Et il raconte longuement la marche et le succès de ses opérations en Hollande, en France, en Espagne, en Portugal. Il les congédie ensuite paternellement, en les assurant qu'il priera pour eux, et en les engageant à rentrer tranquillement chacun dans sa maison, pour réfléchir au bon maniement des affaires du pays qu'il va leur soumettre.

Dans le discours suivant, il revient avec amertume sur le joug que lui impose contre son gré le salut de l'État. « Je vous le dis dans la candeur de mon âme, je n'aime pas, non, je n'aime pas le poste où je suis; je l'ai déjà dit dans mes précédents entretiens avec vous. Oui, je vous l'ai dit, je n'ai désiré qu'une chose, c'est d'avoir la liberté pour moi comme pour les autres, de me retirer dans la vie privée; c'est d'avoir mon congé de ma charge. J'ai demandé cela encore et encore! Et Dieu sera juge entre moi et les

hommes, si je mens en vous le disant. Que je ne mens pas en vous disant ceci, bien des gens ici le savent!... Mais si je mens en vous disant ce que vous ne voulez pas croire, ce que beaucoup regardent comme un mensonge, une hypocrisie de ma part, que Dieu me juge!... Que les hommes sans charité, qui jugent les autres sur eux-mêmes, disent et pensent ce qu'ils voudront; mais je vous affirme que c'est la vérité. Mais, hélas! je ne pus pas obtenir ce que je désirais si vivement, ce que mon âme soupirait d'obtenir! Les autres furent d'avis que je ne le pouvais sans crime... Je suis indigne cependant de ce pouvoir que vous me forcez de retenir dans mes mains; je suis un pécheur! »
Il entra ensuite dans une digression diffuse sur les affaires du temps. « Enfin, dit-il, nous avons été suscités pour le salut de cette nation! Nous avons la paix chez nous et la paix dehors! »

Son quatrième discours est une objurgation amère contre ce même parlement, qui s'est laissé, dit-il, corrompre par les vieilles factions, et qu'il finit par dissoudre après l'avoir balancé deux heures entre les caresses et les malédictions, au gré de l'esprit qui souffle et de la parole qui tombe.

Le cinquième, devant le parlement suivant, est une divagation de quatre heures, à laquelle il est difficile aujourd'hui de rien comprendre, et qu'il termine par la récitation d'un psaume. « Je confesse, dit Cromwell, que j'ai été diffus; je sais que je vous fatigue; mais encore un mot. Hier, j'ai lu par hasard un psaume qu'il ne sera pas déplacé en moi de remarquer. C'est le soixante-sixième psaume! Il est véritablement instructif et applicable à nos circonstances. Je vous engage à le lire à loisir; il commence ainsi : « Seigneur, tu fus miséricordieux pour ta terre; tu » nous as rachetés de la captivité de Jacob! tu as remis tous » nos péchés. » Et il récite le psaume tout entier à son auditoire; puis, s'interrompant et fermant sa bible : « En vérité, en vérité, dit-il, je désire que ce psaume soit gravé dans nos cœurs encore plus lisiblement qu'il n'est imprimé dans ce livre, et que nous puissions nous écrier tous, comme David : « C'est toi, Seigneur, c'est toi seul qui fais » cela! » Allons, mes amis, du cœur à l'ouvrage, reprend-il en s'adressant au parlement; et si nous avons cœur à l'ouvrage, alors nous entonnerons joyeusement cet autre psaume : « Au nom du Seigneur, tous nos ennemis seront » confondus. » Non, nous ne craindrons ni le pape, ni les Espagnols, ni le diable! Non, nous ne tremblerons pas, quand même les plaines seraient soulevées au-dessus des montagnes, et que les montagnes seraient précipitées dans l'Océan! Dieu est avec nous!... J'ai fini, j'ai fini, dit-il enfin, tout ce que j'avais à vous dire. Priez Dieu qu'il vous favorise de sa présence, et allez-vous-en ensemble et en paix chacun chez vous! »

Ces discours, dont nous donnons ici seulement quelques lignes textuelles, durent des heures : on en saisit mal le sens. Il y a dans la même voix du Tibère, du Mahomet, du tyran, du patriote, du soldat, du prêtre, du fou. C'est l'inspiration laborieuse d'une âme triple, qui cherche à tâtons sa propre pensée, qui la trouve, qui la perd, qui la retrouve, et qui laisse flotter jusqu'à satiété ses auditeurs entre la terreur, l'ennui et la pitié. Quand le langage de la tyrannie n'est pas bref comme le coup de la volonté, il est ridicule; il ressemble aux lettres de Caprée au sénat romain, ou aux allocutions de Bonaparte vaincu au corps législatif français de 1813. La force absolue, qui veut se faire deviner ou qui s'explique devant des sénats vendus ou devant des citoyens asservis, s'embarrasse dans les sophismes, s'exalte dans les nues ou se traîne dans la trivialité. Le silence est la seule éloquence de la tyrannie, parce qu'il n'admet pas la réplique.

Nulle part ces caractères de la parole de Cromwell n'éclatèrent davantage que dans ses réponses au parlement qui vint trois fois en 1658 lui offrir la couronne. La première fois, ce n'était qu'une simple députation du parlement, qui venait le pressentir dans sa chambre sur l'offre que le parlement allait lui faire. La réponse est familière comme l'entrevue. Il ne voulait pas du titre de roi, parce que son inspiration politique lui disait qu'il n'en serait pas plus fort et qu'il en serait écrasé. D'un autre côté, il n'osait pas refuser trop nettement ce titre, parce que ses généraux, plus ambitieux encore que lui, lui imposaient de prendre le trône, afin de compromettre sans retour sa grandeur et celle de sa famille avec leur fortune. Il craignait que ses généraux n'allassent, par mécontentement de son refus, offrir le trône à quelque autre chef de l'armée plus téméraire et moins scrupuleux que lui-même. On comprend son embarras dans ses paroles ; il emploie huit jours et mille circonlocutions à s'expliquer.

« Messieurs, répond-il le premier jour à la députation confidentielle du parlement, j'ai vécu la plus grande partie de ma vie (si je puis parler ainsi) dans le feu, au milieu des troubles ; mais toutes les choses qui me sont survenues depuis que j'ai été mêlé aux affaires du bien public, si elles pouvaient être accumulées en bloc dans une seule perspective, ne me frapperaient pas autant de terreur et de respect devant Dieu que cette chose dont vous venez de prononcer le nom devant moi, et que ce titre que vous venez m'offrir ! Ce qui me rassure et me tranquillise dans toutes les crises de ma vie passée, c'est que les fardeaux les plus lourds qui ont pesé sur moi m'ont été imposés directement et sans ma participation par la main de Dieu ; et j'ai bien souvent reconnu que j'allais succomber sous ces fardeaux, s'il n'avait pas été dans les vues, dans les plans et dans la bonté de Dieu de m'aider à les soulever. Si donc je me permettais de vous donner une réponse dans une matière si soudainement et si inopinément présentée à ma décision, avant d'avoir senti cette réponse mise dans mon cœur et sur mes lèvres par Celui qui a été mon oracle et mon guide dans toutes les occasions, cette réponse vous donnerait peu de garanties de ma sagesse. Accepter ou refuser d'un mot ce que vous m'offrez par des raisons tirées de mon propre intérêt personnel, cela sentirait la chair et le sang. M'élever ainsi par des considérations d'ambition ou de vaine gloire, ce serait à la fois une malédiction pour moi, pour ma famille et pour cet empire lui-même. Il vaudrait mieux alors, sachez-le bien, que je ne fusse jamais né!

» Laissez-moi donc prendre conseil à loisir de Dieu et de mon propre sens, et j'espère que ni la rumeur d'un peuple léger et irréfléchi, ni l'ambition de ceux qui pourraient espérer grandir de ma grandeur, n'auront d'influence sur ma délibération, dont je vous ferai connaître le plus tôt possible le résultat. »

Trois heures après, le parlement revint hâter la réponse. Elle est confuse, inintelligible, à plusieurs sens. On croit voir le geste embarrassé de César repoussant avec un sourire la couronne d'Antonin et des soldats au cirque. Il n'en était rien, cependant; après quatre jours d'instances répétées de la part du parlement, d'ajournements polis mais significatifs de la sienne, Cromwell finit par s'expliquer intelligiblement dans un déluge de paroles :

» La royauté se compose de deux choses, leur dit-il : du titre de roi et des fonctions de la monarchie. Ces fonctions de la monarchie, elles sont tellement liées par les racines avec notre vieille législation, que toutes nos lois tombent s'il n'y a dans leur application une part d'autorité monarchique. Mais, quant au titre de roi, ce titre implique non-seulement une autorité suprême, mais j'oserai dire une autorité divine! J'ai pris la place que j'occupe pour prévenir les périls imminents de ma patrie, et pour la préserver encore. Je ne chicanerai pas sur le titre de *roi* ou de *protecteur*, car je suis prêt à vous servir, non-seulement comme protecteur ou comme roi, mais comme *constable*, si vous voulez, le dernier des magistrats du pays; car, en vérité, en examinant bien ma situation, je me suis dit souvent que je n'étais rien au fond qu'un *constable* maintenant l'ordre et la paix de la paroisse! Je juge en conséquence qu'il n'y a aucune nécessité à vous de me donner, à moi d'accepter le titre de roi... puisque tout autre nom est aussi utile!... »

Puis, avec un abandon trop humble pour n'être pas sincère : « Permettez-moi, ajouta-t-il, de faire ici tout haut devant vous un retour sur moi-même. Au moment où j'ai été appelé et préféré pour mon œuvre par Dieu à tant d'autres qui valaient mieux que moi, qu'étais-je? Je n'étais rien que simple capitaine de cavalerie dans un corps de milice; j'avais pour chef, là, un ami, un digne ami, un noble cœur, et dont je sais que vous chérissez comme moi la mémoire, Lampden. La première fois que j'allai au feu avec lui, je vis que nos troupes novices, indisciplinées, composées d'hommes qui ne craignaient pas Dieu, étaient toujours battues dans toutes les rencontres; j'introduisis un esprit nouveau, avec la permission de Lampden, un esprit de zèle et de piété, dans nos troupes; je formai mes hommes dans la crainte de Dieu. Depuis ce jour ils n'ont pas cessé de battre l'ennemi! A lui la gloire! Il en a été de même, il en sera de même, messieurs, dans le gouvernement. Le zèle et la piété nous sauveront sans roi!... Comprenez-moi bien : je consentirai volontiers à être victime ici pour le salut de tous; je ne pense pas, non, en vérité je ne pense pas qu'il soit nécessaire que cette victime pour tous soit un roi! »

Hélas! il l'avait malheureusement pensé pour Charles Ier; le sang de ce roi protestait trop tard contre ses paroles. Il avait voulu un roi innocent pour victime, non au peuple, mais à l'armée!

Il commençait à s'agiter dans ses remords. Ce fut, dit-on, pour les apaiser ou pour les nourrir que, pendant les jours où le parlement tenait ainsi la couronne suspendue sur sa tête, il se fit conduire dans le caveau souterrain de White-Hall, où reposait, en attendant un autre sépulcre, le corps décapité de Charles I$^{er}$. Allait-il chercher dans ce spectacle l'oracle de son incertitude et la leçon de son ambition? Allait-il implorer de sa victime le pardon du meurtre qu'il avait permis, la rémission de la vie et du trône qu'il lui avait ravis? On l'ignore; ce qu'on dit, c'est qu'il fit lever la planche du cercueil qui recouvrait le cadavre et la tête embaumés du roi supplicié, qu'il éloigna tous les témoins, et qu'il resta longtemps en silence face à face avec le mort : entrevue bien stoïque si elle n'était pas repentante! méditation dont Cromwell ne pouvait sortir que plus criminel s'il n'en sortait pas plus consterné. Ses serviteurs remarquèrent une pâleur inaccoutumée sur ses traits et un morne silence sur ses lèvres. La peinture a souvent reproduit cette scène étrange; on y a vu le triomphe de l'ambitieux sur le corps de sa victime; nous aimons mieux y voir le triomphe du remords sur le meurtrier.

Ses lettres intimes respirent, à cette époque de sa vie, la mélancolie d'une ambition qui a touché le sommet et le fond des grandeurs humaines, et qui sent son propre vide dans une destinée en apparence si pleine. Elles respirent aussi un ramollissement du cœur, qui amollit dans sa main les rênes du gouvernement.

« Véritablement, écrit-il à Fleetwood, son gendre et son lieutenant en Écosse, véritablement, mon cher Charles, jamais autant qu'à présent je n'ai eu besoin des secours, des prières de mes amis chrétiens! Ceux de chaque opinion veulent me faire adopter la leur préférablement à tout.

Cet esprit de douceur qui est maintenant en moi ne plaît à aucun. Je crois pouvoir le dire avec vérité, ma vie a été un sacrifice volontaire, et je crois un sacrifice pour tous! Persuadez aux amis qui sont auprès de vous d'être très-modérés! Si le jour du Seigneur approche, comme le disent quelques-uns, combien notre modération doit éclater! Dans ma tristesse, je suis prêt à dire : « Oh! que n'ai-je les ailes de » la colombe! alors, oh! alors, certes je m'envolerais!... » Mais, je le crains, c'est une impatience répréhensible. Je bénis le Seigneur de ce que j'ai dans ma femme et mes enfants quelque chose qui m'attache à la vie!... Excusez-moi donc de vous découvrir le fond de mes entrailles. Mon amour à votre chère femme, et ma bénédiction, si elle vaut quelque chose, à votre petit enfant. »

Il s'occupait dans le même temps d'assurer après lui quelque fortune indépendante à chacun de ses fils et de ses filles. Les sommes considérables que le parlement lui allouait pour la splendeur de son titre, ses propres biens et l'économie austère quoique décente de sa vie lui permettaient d'acquérir quelques domaines privés. On en trouve la liste et le revenu dans ses lettres à son fils Richard. Ce sont douze domaines de trente mille francs à six mille francs de revenu. « Qu'importe, au reste? disait-il quelquefois, je leur laisse pour fortune la grâce de Dieu, qui m'a tiré de si bas pour me placer si haut! » On eût dit qu'il avait le pressentiment de sa fin prochaine.

Ceux qui l'approchaient l'avouaient eux-mêmes. Le quaker Fox, un des fondateurs de cette secte pieuse et philosophique qui a réduit toute la théologie à la charité, s'entretenait quelquefois librement avec Cromwell; Fox a écrit en ces temps-là à un de ses amis : « J'ai rencontré hier Cromwell dans le parc de Hampton-Court; il était à cheval, à la tête de ses gardes. Avant même que je le visse, je sentis comme un esprit de mort qui passait entre lui et moi.

Quand je fus en face de lui, je vis sur son visage la pâleur du sépulcre. Il s'arrêta ; je lui parlai des souffrances des *amis* (les quakers) ; je lui donnai les avertissements que le Seigneur mit sur mes lèvres. Il me dit : « Venez me voir » demain. » Le lendemain j'allai à Hampton-Court ; on me dit qu'il était indisposé. Je ne le revis plus depuis ce jour. »

Hampton-Court, résidence féodale d'Henry VIII, était un séjour qui, par sa morne et monacale grandeur, devait plaire à Cromwell. Le château, flanqué de tours larges et surbaissées comme des bastions d'une place forte, est couronné de créneaux sans cesse noircis par des volées de corneilles. Il est bâti au bord de ces profondes forêts, luxe de la terre, cher à la race saxonne. Les chênes séculaires de son vaste parc semblent affecter la majesté d'une végétation royale pour s'égaler aux tours gothiques du château. De longues avenues voilées d'ombre et de brumes n'y ont pour perspective que de verts gazons traversés en silence par des troupeaux de daims apprivoisés. Des portes étroites, basses, cintrées en ogive, semblables à des ouvertures de caverne dans le massif du rocher, donnent accès à des souterrains, à des corps de garde, à des salles d'armes voûtées, tapissées de faisceaux d'armures antiques, d'écussons et de bannières chevaleresques. Tout y respire cette souveraineté ombrageuse qui fait le vide autour des rois par le respect ou par la terreur. Hampton-Court était le séjour de prédilection de Cromwell ; mais la douleur l'y retenait en ce moment autant que le délassement.

La Providence avait placé, comme il arrive à beaucoup de grands hommes, la vengeance et l'expiation de ses prospérités autour de lui, dans sa propre famille. Plusieurs filles avaient embelli son foyer. La première était mariée à lord Falconbridge, l'autre à Fleetwood, la troisième à lord Claypole, la quatrième, la plus jeune, lady Frances, était veuve à dix-sept ans de Rich, petit-fils du comte de Warwick, vieux compagnon d'armes du protecteur. La douleur de cette jeune femme bien-aimée de sa mère attristait l'intérieur de Hampton-Court. Fleetwood, républicain ombrageux, toujours combattu entre l'ascendant de Cromwell, qu'il subissait non sans remords, et les opinions des républicains purs, qui voyaient un tyran dans le protecteur, reprochait à son beau-père d'avoir absorbé la république en la sauvant. Il avait entraîné par fanatisme et par amour sa jeune femme dans ses mécontentements et dans ses murmures. Lady Fleetwood avait à la fois, comme un second Brutus, un invincible attrait et une invincible horreur pour son père, devenu le tyran de son pays. Le sang et l'esprit de secte se combattaient dans son cœur. Elle empoisonnait la vie de son père de ses reproches... Cromwell, au milieu des soucis du gouvernement, était sans cesse assiégé par ces invectives de sa fille républicaine contre les mesures absolues de son gouvernement, et sans cesse tremblait de découvrir la main de Fleetwood et de sa femme dans quelque entreprise des républicains contre lui. Le ton suppliant de ses lettres à lady Fleetwood donne la mesure des angoisses de ce père obligé de s'excuser dans sa maison, quand tout tremblait devant lui en Angleterre et en Europe. Mais cette fille de Cromwell, sans cesse agitée du remords de la liberté détruite, ne se calmait à la voix de son père que pour un moment. Il fallait sans cesse recommencer à la convaincre, de peur d'avoir à la punir. Elle était la Némésis de son père.

Sa fille Élisabeth, lady Claypole, en était la consolation. Cette jeune et séduisante femme possédait en grâces, en esprit et en sentiment tout ce qui justifiait la préférence, et on pourrait dire l'admiration de Cromwell pour elle. L'historien royaliste Hume, qui n'est pas suspect d'adulation ni même de justice pour la maison du meurtrier de son roi, avoue que lady Claypole avait en charmes et en vertu tout ce qu'il fallait pour justifier aussi l'adoration du monde. Une de ces fatalités cruelles qui semblent les hasards, mais qui sont les châtiments de la tyrannie, avait tout récemment brisé le cœur, jusqu'à la mort, de cette charmante femme, et élevé entre elle et son père une de ces dissensions tragiques de famille dans lesquelles la nature, déchirée par deux sentiments contraires, comme Camille entre sa patrie et son amant, ne peut abjurer l'un sans trahir l'autre. La mort est la seule issue à de telles situations.

Dans une des récentes conspirations royalistes contre le pouvoir du protecteur, un jeune *cavalier* (nom qu'on donnait aux partisans de Charles II) avait été condamné à mort. Cromwell avait le droit de faire grâce, et il l'aurait exercé si le coupable, pour lequel il connaissait le tendre intérêt de sa fille, avait consenti, par une condescendance quelconque, à donner prétexte à la clémence. Mais l'intrépide Hewet (c'était le nom du condamné) avait bravé le protecteur devant la justice, comme il avait bravé le péril dans la conspiration. Cromwell, sourd pour la première fois aux supplications, aux sanglots, au désespoir de sa fille prosternée à ses pieds pour lui arracher la vie de l'homme qui lui était cher, avait ordonné l'exécution. Lady Claypole se sentit frappée à mort du même coup. Cromwell avait tué sa fille à travers le cœur d'un de ses ennemis. Élisabeth, tombée dans une langueur mortelle, et retirée à Hampton-Court pour y recevoir les soins de sa mère et de ses sœurs, ne sortait de son abattement que pour reprocher à son père le sang de sa victime. Ses tragiques imprécations, interrompues par des repentirs et par des retours de tendresse pour son père, remplissaient le palais de trouble, de mystère, de remords, de consternation. La vie de lady Claypole se consumait rapidement dans ces alternatives de larmes et de malédictions. Celle de Cromwell lui-même s'usait en angoisses, en supplications, en tardifs repentirs. Il se sentait haï pour sa cruauté de l'être qu'il aimait le plus sur la terre, et, pour comble de remords, c'était lui-même qui s'était frappé dans sa fille. Ainsi la république qu'il avait trompée, d'un côté, la royauté qu'il avait martyrisée, de l'autre, prenaient, l'une le fanatisme, l'autre le cœur de ses filles pour venger sur son propre cœur, dans sa propre maison, son ambition ou ses inhumanités contre les deux causes. Situation de moderne Atride, qui corrompait toutes ses apparentes prospérités, capable de donner de la pitié à ses plus implacables ennemis!

Lady Claypole mourut dans ses bras à Hampton-Court, à la fin de 1658, en pardonnant à son père. Mais la nature ne lui pardonnait pas.

Du jour où il eut enseveli sa fille bien-aimée, il ne fit plus que languir.

Bien qu'il fût, en apparence, robuste de corps, et que sa verte maturité de cinquante-neuf ans, entretenue par la guerre, l'exercice, la sobriété, la chasteté des mœurs, lui conservât la souplesse et la vigueur d'un jeune homme, le dégoût de la vie, cette paralysie de l'âme, étreignit son cœur mort dans un corps sain. Il sembla ne plus prendre intérêt aux affaires du gouvernement ni aux distractions de sa propre famille. Ses confidents essayèrent de détourner ses pensées du tombeau de sa fille, en le contraignant à des changements de lieux et à des diversions de pensées propres à changer l'atmosphère morale qui le consumait. Son secrétaire Thurloe, et quelques-uns de ses amis les plus écoutés, de concert avec sa femme, lui ménagèrent, à son insu, des revues, des chasses, des courses, des entraînements de devoir ou de plaisir pour diversifier ses pensées. Ils le ramenèrent à Londres : la ville lui fut aussi odieuse que ses maisons de campagne. Ils imaginèrent de ranimer sa langueur par des repas champêtres, apportés du palais par ses serviteurs et dressés sur l'herbe, à l'ombre des plus beaux arbres, dans les sites qu'il aimait le plus. Son premier goût, le goût de la nature rurale et des animaux qui la vivifient, était le dernier qui mourait en lui. Le gentilhomme cultivateur et l'éleveur de bestiaux se retrouvaient sous le maître d'empire. La Bible et la vie patriarcale, à laquelle elle fait sans cesse allusion, s'associaient dans son imagination à ses souvenirs d'occupations rurales, qu'il regrettait jusque dans ses palais. Il disait souvent, comme Danton : « Heureux celui qui vit sous le chaume et qui cultive son champ ! »

Un jour que Thurloe et les domestiques de Cromwell lui avaient fait préparer un repas sur l'herbe, au milieu du jour, à l'ombre d'un bois de magnifiques chênes écarté de la ville et plus ténébreux alors qu'aujourd'hui, il se sentit plus rasséréné et plus gai qu'à l'ordinaire, et il voulut passer le reste de la journée dans cette solitude. Il ordonna à ses écuyers de lui amener six chevaux isabelles que les États de Hollande lui avaient envoyés en présent, pour les essayer à la voiture, dans les avenues du parc. Deux pages montaient le cheval de main des deux premiers couples. Cromwell fit asseoir Thurloe dans la voiture, à sa place, et, montant lui-même sur le siége, il prit en main les guides des deux chevaux du timon. Mais les animaux, fougueux et encore indomptés, ayant précipité, en se cabrant, les deux pages, emportèrent au hasard et brisèrent contre un arbre la légère voiture de Cromwell renversée sur lui. Sa chute fit partir la détente d'un pistolet qu'il portait sous ses habits. Il fut traîné un moment sur le sable parmi les débris de son équipage. Bien qu'il se relevât sans blessure, cette chute, la détonation de l'arme à feu révélant au peuple rassemblé par l'accident ses terreurs par ses précautions, les sarcasmes dont cette aventure ne manquerait pas de nourrir la malignité de ses ennemis, lui parurent un présage et lui causèrent un saisissement mal contenu. Il affecta cependant d'en rire avec Thurloe : « Il est plus aisé, lui dit-il, quelquefois de conduire un gouvernement qu'un attelage! »

Il se fit ramener à Hampton-Court, et l'image présente de sa fille chérie dans ses salles lui paraissait peupler, au moins, de douleurs moins cruelles que l'oubli, les lieux que sa mort avait laissés vides. Une fièvre lente et intermittente l'y saisit. Il en brava les premiers accès sans que personne autour de lui soupçonnât la gravité du mal. La fièvre devint tierce et plus aiguë. Elle consumait rapidement ses forces. Les médecins appelés de Londres l'attribuèrent à l'air marécageux des bords mal endigués de la Tamise, à l'extrémité des jardins de Hampton-Court. On le ramena au palais de White-Hall, comme s'il eût été dans les décrets de la Providence de le faire mourir devant la même fenêtre du même palais où l'on avait, par sa volonté, construit, dix ans auparavant, l'échafaud du roi sa victime.

Cromwell ne devait plus se relever du lit royal où on le coucha à son retour à Londres. On a mille fois travesti ou interprété ses actes et ses paroles pendant sa longue agonie, au gré des partis qui avaient à se venger de sa vie ou à se parer de sa mort. Un document nouveau, authentique et inappréciable, les notes prises à son insu, heure par heure et soupir par soupir, par l'intendant de sa chambre, qui le servait jour et nuit, font assister à toutes ses pensées et à toutes ses paroles. Les paroles de cette heure suprême sont le secret des pensées. La mort démasque tous les visages, et il n'y a pas d'hypocrisie sous la main levée de Dieu.

Dans les intervalles de ses accès de fièvre, il remplissait ses heures par des lectures de livres saints et par des retours, tantôt désespérés, tantôt résignés, sur la mort de sa fille. « Lisez-moi, dit-il dans un de ces moments à sa

femme, l'épître de saint Paul aux habitants des Philippes. »
Elle lut ces mots : « J'ai appris à être satisfait dans quel-
» que tribulation où Dieu me jette; j'ai appris à connaître
» les deux fortunes, l'excès des abaissements et l'excès des
» prospérités; je sais braver l'une et l'autre avec la force
» du Dieu qui me soutient! » La lectrice s'arrêta. « Ce verset, dit Cromwell, m'a sauvé une fois la vie, au moment
où la mort de mon premier né, le petit Olivier, m'entra
dans le cœur comme la lame d'un poignard. Ah! saint
Paul, continua-t-il, vous aviez le droit de parler ainsi,
vous! vous aviez correspondu à la grâce! Mais moi!... »
Puis, se reprenant d'un ton de confiance réfléchie, après
un peu de silence : « Mais celui qui était le Christ de Paul,
dit-il, n'est-il pas aussi le mien? »

On priait pour lui dans les trois royaumes : les puritains, pour leur prophète; les républicains, pour leur
champion; les patriotes, pour le soutien de leur patrie. Les
antichambres retentissaient du murmure sourd et perpétuel des ministres prêcheurs, des chapelains, des inspirés,
des amis de sa personne et de sa famille, offrant à Dieu
leurs gémissements pour racheter la vie de leur *saint*.
White-Hall ressemblait plus à un sanctuaire qu'à un palais; ce même esprit d'inspiration mystique qui l'avait
poussé dans cette demeure au commencement éclatait dans
sa fin. Il ne s'entretenait que de piété, jamais de politique, tant la pensée du salut l'emportait en lui sur la
pensée de prolonger son pouvoir. Il avait désigné son fils
Richard pour son successeur, dans un papier scellé et
égaré le jour même où il avait été nommé *protecteur*. On
aurait voulu, autour de lui, qu'il renouvelât cet acte; mais
il témoignait ou de l'indifférence ou de la répugnance à le
faire. Enfin, quand on lui demandait devant témoin s'il
n'était pas vrai que sa volonté fût que son fils Richard lui
succédât : « Oui, » balbutiait-il avec un signe de tête affir-

matif; et il changeait aussitôt l'entretien. Il était évident que cet homme, rompu aux vicissitudes des empires et à la versatilité des peuples, attachait peu de valeur aux testaments d'un dictateur, et s'en rapportait à la Providence du sort de sa dictature après lui. « Dieu gouvernera par l'instrument qu'il lui conviendra de choisir, disait-il : qui est-ce qui m'a donné à moi-même l'autorité sur son peuple? » Il croyait avoir déposé ce papier à Hampton-Court, on alla l'y chercher, on ne trouva rien ; on n'en reparla plus. Richard, qui vivait toujours à la campagne dans la maison paternelle de sa femme, arriva à Londres avec ses sœurs et ses beaux-frères pour entourer le lit de mort du chef de famille. Il ne semblait pas lui-même se faire plus d'illusion que son père sur l'hérédité de son pouvoir. Il n'en avait ni le goût ni l'ambition. Toute la famille, laissée par le protecteur dans la vie privée et dans la médiocrité de la vie commune, paraissait prête à y rentrer avec bonheur, comme des acteurs qui sortent de la scène après le drame. Ils n'avaient accumulé sur eux ni haines ni envies par leur insolence ou leur orgueil. Enfants de Sylla, qui pouvaient impunément se mêler à la foule, la tendresse mutuelle de cette famille et ses larmes étaient le seul appareil de cette mort autour du lit du protecteur.

« Ne pleurez pas ainsi, dit-il une fois à sa femme et à ses enfants qui sanglotaient dans sa chambre; n'aimez pas ce vain monde, je vous le dis au bord de ma tombe, n'aimez pas ce monde! » Il y eut un moment où il parut ressentir cependant quelque faiblesse pour la vie. « N'y a-t-il personne ici qui puisse me tirer du danger? » On ne répondit rien. « Les hommes ne peuvent rien, répondit-il, Dieu peut ce qu'il veut! Eh bien, n'y a-t-il personne qui veuille prier avec moi? »

Le silence de ses lèvres était interrompu de temps en temps par des aspirations mystiques et par des balbutie-

ments, et l'on entendait l'accent de la prière intérieure :
« Seigneur, vous m'êtes témoin que, si je désire vivre, c'est pour glorifier votre nom et achever vos œuvres ! Il est terrible, il est terrible, il est terrible, murmura-t-il trois fois de suite, de tomber entre les mains du Dieu vivant ! »

« Croyez-vous, dit-il à son chapelain, que l'homme puisse jamais perdre l'état de grâce devant Dieu, une fois qu'il y a été élevé ?

» — Non, dit le chapelain ; l'état de grâce ne suppose pas la possibilité de la rechute.

» — Eh bien, répliqua Cromwell, je suis content, car je suis sûr d'avoir été en état de grâce parfait à une certaine période de ma vie. »

Tous ses problèmes étaient de la vie à venir, aucun de la vie présente.

« Je suis le dernier des hommes, continua-t-il un moment après, mais j'ai aimé Dieu, loué Dieu, ou plutôt je suis aimé de Dieu ! »

Il y eut un moment où l'on crut que le danger de sa maladie était passé, où il le crut lui-même. White-Hall et les temples retentirent d'actions de grâces. Ce moment fut court, la fièvre redoubla. Il eut des jours et des nuits de tranquille affaiblissement et de vagues délires. Dans la matinée du 30 août, un de ses officiers, regardant par la fenêtre, reconnut le républicain Ludlow, exilé de Londres, qui passait sur la place. Cromwell, informé de la présence de Ludlow, s'inquiéta du motif qui donnait à Ludlow l'audace de se montrer dans la capitale, et de passer sous les fenêtres de son palais. Il craignit une explosion républicaine calculée pour éclater à son dernier soupir. Il envoya son fils Richard chez Ludlow pour sonder l'intention secrète des républicains. Ludlow assura Richard qu'il n'était venu à Londres que pour une affaire privée, et qu'il ignorait même, en y venant, la maladie du protecteur. Il promit de repartir le même jour. C'est ce même Ludlow qui, proscrit peu de temps après la mort de Cromwell comme régicide, alla vieillir et mourir impénitent de ce meurtre à Véray, sur les bords du lac Léman, où l'on voit sa tombe.

Cromwell, rassuré sur les intentions des républicains, ne s'occupa plus que de sanctifier sa fin. L'intendant de sa chambre, qui le veillait, l'entendit proférer, par versets décousus, sa dernière prière à haute voix. Il nota, pour sa propre édification, les paroles à mesure qu'elles s'échappaient des lèvres du protecteur mourant, et les transmit longtemps après à l'histoire.

« Seigneur, je suis une misérable créature. Mais je suis dans ta vérité par la grâce, et j'espère comparaître devant toi pour ce peuple. Tu m'as créé, quoique indigne, pour être l'instrument de quelque bien ici-bas, et de quelques services à mes frères. Beaucoup d'entre eux ont eu de moi une idée trop supérieure de mes forces, tandis que beaucoup d'autres vont se réjouir de ma mort : n'importe, ô mon Dieu ; continue de les combler de tes secours ; donne-leur la constance et la rectitude de sens ; rends par eux le nom du Christ de plus en plus glorieux dans l'univers ; enseigne à ceux qui se fiaient trop à ton instrument à ne placer la confiance qu'en toi seul ! Excuse ceux qui sont impatients de fouler aux pieds ce ver de terre ! et accorde-moi une nuit de paix, si c'est ton bon plaisir ! »

Le lendemain, anniversaire des batailles de Dumbar et de Worcester, ses plus grands triomphes, le bruit des fanfares militaires qui célébraient ces victoires monta jusque dans ses appartements. « Je voudrais, s'écria-t-il, vivre encore assez pour rendre de pareils services à ce peuple ; mais ma journée est faite.... Que Dieu soit toujours avec ses enfants ! »

Après une dernière nuit d'insomnie, on lui demanda s'il voulait boire ou dormir. « Ni boire ni dormir, maintenant, répondit-il, mais m'en aller vite à mon Père. » Au lever du soleil, il perdit la voix, mais on le voyait prier encore à voix basse.

L'ouragan d'équinoxe, qui soufflait depuis la veille, se changea, à ce moment, en une tempête sur l'Angleterre, si convulsive qu'elle ressemblait à un tremblement de terre. Les voitures qui amenaient à Londres les amis du protecteur, avertis de l'extrémité de ses périls, ne purent avancer contre le vent, et se réfugièrent dans des hôtelleries sur la route. Les maisons hautes de Londres semblaient osciller comme des navires sur les vagues. Des toits furent emportés, des arbres séculaires d'Hyde-Park déracinés et balayés sur le sol avec toutes leurs feuilles, comme des brins de paille. Cromwell expira à deux heures après midi, au milieu de ce bouleversement de la nature. La tempête l'emporta, comme elle l'avait apporté. La superstition du peuple vit un prodige dans cette coïncidence d'une convulsion de l'air avec la dernière convulsion de son Machabée. Il lui sembla qu'il avait fallu un effort suprême des éléments pour déraciner du trône et de la vie cet homme qui portait le poids des destinées de l'Angleterre, et dont la disparition allait creuser un vide qu'il comblait seul de sa dictature.

L'obéissance était tellement devenue une habitude, et la terreur survivait tellement au bras, qu'aucune faction n'osa respirer devant son cadavre, et que ses ennemis, comme ceux de César, furent obligés de feindre le deuil de ses funérailles. Il fallut plusieurs mois à l'Angleterre pour se convaincre que son maître n'existait plus, et pour tenter quelques mouvements de liberté après une si mémorable servitude. S'il y avait eu un Antoine à la tête des soldats de l'armée de Londres, et un Octave dans Richard Cromwell, le Bas-Empire pouvait commencer pour la Grande-Bretagne. Mais Richard abdiqua, après quelques jours d'exercice du pouvoir. Il avait embrassé, avec larmes, les genoux de son père, pour le supplier d'épargner la tête du roi Charles I*er*. L'abdication ne lui coûta pas, car il avait vu de trop près le prix du pouvoir suprême. Il redevint un simple et modeste citoyen de sa patrie, jouissant en paix de son obscurité et de son innocence.

Voilà le caractère de Cromwell enlevé au roman et restitué à l'histoire. Ce prétendu comédien de soixante ans redevient un homme. On ne le comprenait pas, on le comprend.

Un grand homme est toujours la personnification de l'esprit qui souffle à telle ou telle époque sur son temps et sur sa patrie. L'esprit biblique soufflait en 1600 sur les trois royaumes. Cromwell, plus pénétré qu'un autre de cet esprit, ne fut ni un politique, ni un ambitieux, ni un Octave, ni un César; ce fut un *juge* de l'Ancien Testament; sectaire d'autant plus puissant qu'il était plus superstitieux, plus étroit et plus fanatique. S'il avait eu plus de génie que son époque, il aurait été moins puissant sur son siècle. Sa nature était moins grande que son rôle : sa superstition fut la moitié de sa fortune. Véritable Calvin soldatesque, tenant la Bible d'une main, l'épée de l'autre, il visait au salut plus qu'à l'empire. Les historiens, mal informés jusqu'ici, ont pris une de ces ambitions pour l'autre. C'était celle du temps. Toutes les factions de ce siècle étaient religieuses, comme toutes les factions du nôtre sont politiques. En Suisse, en Allemagne, dans le Nord, en France, en Écosse, en Irlande, en Angleterre, tous les partis empruntaient leurs principes, leurs divisions, leur férocité, à la Bible : ce livre était devenu l'ORACLE universel. Interprété diversement par les sectaires opposés, cet ORACLE donnait à chaque interprétation l'âpreté d'un schisme, à chaque destinée la sainteté d'une révélation, à chaque chef l'autorité d'un prophète, à chaque vaincu l'héroïsme d'un martyr, à chaque vainqueur la férocité d'un bourreau sacrifiant à Dieu des victimes. Un accès de frénésie mystique avait saisi le monde chrétien; le plus frénétique devait l'emporter. Danton a dit qu'en révolution la victoire était au plus scélérat. On peut dire, avec la même justesse, qu'en guerres religieuses, la victoire est au plus superstitieux. Quand cet homme est en même temps un soldat, et qu'il anime de sa mysticité une soldatesque, il n'y a plus de bornes à sa fortune : il assujettit le peuple par l'armée, et l'armée par la superstition populaire. Il est Mahomet s'il a du génie, il est Cromwell s'il n'a que de la politique et du fanatisme.

On ne peut donc refuser à Cromwell la sincérité. Elle motive seule son élévation; elle n'excuse pas, mais elle explique ses crimes. Cette sincérité, qui fut sa vertu, donna à sa vie la foi, le dévouement, l'enthousiasme, la suite, le patriotisme, la tolérance, l'austérité des mœurs, l'application à la guerre et aux affaires, le sang-froid, la modestie, la prière, l'abnégation d'ambition personnelle pour sa famille, tout ce caractère patriarcal et romain de la première république, qui caractérisent sa vie et son interrègne. Elle lui donna aussi cette implacabilité d'un sectaire qui, en frappant ses ennemis, croit frapper les ennemis de Dieu. Les massacres de vaincus en Irlande, et le meurtre à froid de Charles I$^{er}$, sont les vertiges de cette fausse conscience. Elle n'était tempérée en lui par aucune de ces clémences du cœur qui font excuser dans César les inhumanités de l'ambition. On y sent le *vœ victis* brutal du sectaire, du démagogue et du soldat dans un même homme.

Ainsi qu'il arrive toujours, ces deux crimes sans pitié tournèrent, l'un contre sa cause, l'autre contre sa mémoire.

Que voulait Cromwell? Ce n'était pas le trône : nous avons vu qu'il l'avait eu dix fois sous la main, et qu'il l'avait repoussé pour laisser régner la seule Providence. Il voulait assurer à sa secte des *indépendants* en matière de foi la liberté religieuse, et il voulait que cette liberté religieuse fût garantie par la puissante représentation du peuple et du parlement, avec une direction monarchique à la tête de cette république des *saints*.

Voilà ce qui ressort nettement de toute sa vie, de tous ses actes, de toutes ses paroles.

Or, en épargnant la tête du roi vaincu, et en concluant avec lui ou avec ses fils un pacte national, une nouvelle *grande charte* garantissant la liberté religieuse et la liberté représentative à l'Angleterre, Cromwell laissait une tête à la république, un roi aux royalistes, un parlement tout-puissant à la nation, une indépendance victorieuse aux consciences. En tuant le roi et en massacrant l'Irlande, il donnait un grief sanglant aux royalistes, des martyrs aux cultes persécutés, une réaction longue et certaine au pouvoir absolu, au protestantisme d'État, ou au catholicisme romain. Il préparait le règne inévitable des derniers Stuarts survivants, car les dynasties ne meurent jamais dans le sang, mais dans la fuite. Sa férocité retombait donc tôt ou tard sur sa cause. Mais, de plus, elle devait retomber éternellement et justement sur sa mémoire. Ce Marius biblique ne pouvait jamais sortir absous de ces proscriptions. Après avoir beaucoup tué, il gouverna patriotiquement, c'est vrai ; il fonda sur terre et sur mer la grande puissance de l'Angleterre. Mais les nations, si souvent ingrates des vertus qu'on déploie pour elles, sont ingrates aussi et plus justement des crimes que l'on commet pour leur grandeur. Les nations, quoi qu'en disent les disciples de Machiavel et de la Convention, ont une conscience et des remords qui durent autant que l'histoire. Cromwell blessa celle de l'Angleterre autant par son humanité que par ses cruautés. Les éclaboussures de ce sang royal et de ce sang d'un peuple ont rejailli sur son nom. Sa mémoire est restée grande mais sinistre. C'est une gloire de l'Angleterre, mais une gloire par réticence. Ses historiens, ses orateurs, ses patriotes n'aiment pas à en parler et n'aiment pas qu'on leur en parle. Ils rougissent de devoir tout à un tel homme. Le patriotisme britannique, qui ne peut méconnaître historiquement la réalité de ses services, jouit des fondements que Cromwell a donnés en Europe à la puissance de sa patrie, mais il les récuse dans sa gloire. Il accepte l'œuvre, il répudie l'homme. Le nom de Cromwell est pour les Anglais comme ces pierres druidiques sur lesquelles leurs barbares ancêtres faisaient à leurs dieux des sacrifices humains, que l'on a jetées ensuite dans les fondations des édifices d'un autre âge, et qu'on ne peut déterrer et rendre à la lumière sans y voir encore les traces du sang versé par de féroces superstitions.

# TABLE

## DES MATIÈRES CONTENUES DANS CE VOLUME

Pages.

HÉLOISE, ABÉLARD.................................... 3

GUILLAUME TELL....................................... 47

GUTENBERG............................................ 85

JEANNE D'ARC......................................... 121

CHRISTOPHE COLOMB.................................... 199

CROMWELL............................................. 301

FIN DU TRENTE-CINQUIÈME VOLUME.

PARIS. — TYPOGRAPHIE DE COSSON ET COMP., RUE DU FOUR-ST-GERMAIN, 43.

www.ingramcontent.com/pod-product-compliance
Lightning Source LLC
Chambersburg PA
CBHW070927230426
**43666CB00011B/2342**